“十二五”普通高等教育本科国家级规划教材

普通高等教育机械类国家级特色专业系列规划教材

“机械学基础”综合训练图册

（第三版）

主　编　蒋秀珍

副主编　马惠萍

科学出版社

北　京

内 容 简 介

本图册是“机械学基础”等课程的配套教材，主教材《机械学基础》（第二版）（蒋秀珍主编，科学出版社）为普通高等教育“十一五”国家级规划教材。

本图册收集了机械仪器中的各种机构及应用举例。全册共分五篇：第一篇为课程设计题目；第二篇为仪器常用零、部件；第三篇为常用机构及装置；第四篇为极限与配合标准；第五篇为常用材料。附录编入课程设计指导书的有关内容及紧固件、轴承国家标准。

本图册全部采用最新的国家标准，并适度引入了科学前沿的最新成果，以启发学生的思路。

本图册可供高等院校非机械类专业的学生使用，也可供其他专业学生和工程技术人员参考。

图书在版编目(CIP)数据

“机械学基础”综合训练图册/蒋秀珍主编. —3版. —北京：科学出版社，2010.4
“十二五”普通高等教育本科国家级规划教材·
普通高等教育机械类国家级特色专业系列规划教材
ISBN 978-7-03-026990-4

Ⅰ.①机… Ⅱ.①蒋… Ⅲ.①机械学—高等学校—机械参考资料 Ⅳ.①TH11

中国版本图书馆 CIP 数据核字(2010)第 042641 号

责任编辑：朱晓颖 / 责任校对：张　琪
责任印制：霍　兵 / 封面设计：耕者设计工作室

科学出版社 出版
北京东黄城根北街 16 号
邮政编码：100717
http://www.sciencep.com
三河市骏杰印刷有限公司 印刷
科学出版社发行　各地新华书店经销
*
2002 年 1 月第 一 版　开本：787×1092　1/8
2010 年 4 月第 三 版　印张：16
2022 年 2 月第11次印刷　字数：365 000

定价：48.00 元

（如有印装质量问题，我社负责调换）

前　言

《“机械学基础”综合训练图册》（第三版）是《机械学基础》（“十二五”普通高等教育本科国家级规划教材，普通高等教育机械类国家级特色专业系列规划教材）、《精密机械学基础》的配套教材，可供高等院校非机械类专业的学生在完成课程作业、课程设计，以及毕业设计时使用，也可供精密机械、仪器设计人员参考。

大作业是教学中的一个重要实践环节。为便于训练，本图册编入了常用的紧固件标准、极限与配合标准及材料标准。在附录中还编入了课程设计指导书的有关内容，为学生的设计提供指导。本图册全部采用最新的国家标准，并收集了课程所涉及的仪器零件和部件的各种结构及应用举例。为增加学生的结构知识，还选编了一些典型机构的结构图，供设计时参考。为了培养学生的创新能力，促进学生多角度思维能力的提高，我们将科研项目中的一些最新成果适度地引入到本图册中。

本图册融入了我们多年教学实践的心血和成果。在少学时的情况下，本图册强化的是学生的工程意识和设计能力。具备这种能力的电类学生，适应能力强，能满足当前社会对人才的需求，有利于学生的就业选择。

本图册由教育部仪器科学与技术教学指导委员会委员、哈尔滨工业大学蒋秀珍教授主编。参与本图册编写的有哈尔滨工业大学蒋秀珍、张晓光、周海、孙玉芹、马惠萍、赵熙萍、张也晗、王军，以及北京信息科技大学董明利。欢迎广大读者提出宝贵意见。

编　者

2009年12月

目　录

第一篇　课程设计题目

一、开　锁　器

用　途

开锁器是一种机械式短时段延时机构。开锁器可应用于伞兵跳伞时自动延时开伞、空投物资的开伞、飞机驾驶员救生时的自动开伞、延时引爆等场合。开锁器还能根据实际需要，在指定的高度开锁。

工作原理

开锁器的传动原理如本页右侧所示：开锁器使用前，先将钢索 1 拉紧，使圆柱弹簧 2 压缩。弹簧顶部的滑轮 3 被扇形齿轮 5 上的制动块 4 锁住。此时，机构由于止动软锁针 15 的阻挡而不能工作（它阻止擒纵叉 13 和制动块 4 的摆动），并将钢索末端的环扣在需要开锁的对象（如降落伞）的锁针上。至此，开锁器做好了全部准备工作。若需要开锁器工作，可将止动软锁针拔出，由于弹簧恢复力的作用，机构开始工作：滑轮推动制动块，使扇形齿轮绕 O 点顺时针转动，通过三级升速齿轮传动将力矩传至擒纵轮组件 12，擒纵轮组件 12 与擒纵叉 13 组成的无固有周期擒纵调速器控制机构的延时时间，并使机构匀速运动。由于扇形齿轮与它上面的制动块一起顺时针转动，当制动块的最外端转过滑轮 3 圆周右侧边界点后，滑轮被释放，钢索将弹簧的恢复力传出。若用于开伞，此力就可以将伞包上的锁针拔出，使降落伞开启。开锁器的工作到此结束。

工作结束后，扇形齿轮轴上扭簧的恢复力矩将使它恢复到工作前的位置（图示的位置）。由于擒纵轮不能反转，因而在过轮组件 11 上装有棘轮式单向离合器，以保证扇形齿轮在工作结束后反转时，不损伤擒纵调速器。在准备工作阶段，制动块可以绕 O_2 点逆时针转动以让开下移的滑轮，然后在扭簧的作用下立即恢复到图示的位置，并且不能再绕 O_2 点作顺时针转动。

开锁器中还有一个高度控制机构，它用于伞兵延时开伞。当调整好指定的开伞高度后，在伞兵离开飞机降至此高度时，开锁器即自动打开伞包。它的原理如下：机构工作时立杆 O_2 将绕 O 点顺时针转动，当它运动至杠杆 7 并与其接触后，推杠杆 7 绕 O_1 点顺时针转动。杠杆 7 的末端则推动杠杆 8 绕 O_3 点逆时针转动，使杠杆 8 的另一端向真空膜盒 9 的中心杆 O_4 靠拢，直至二者接触，杠杆 8 停止运动，整个机构也就停止工作。真空膜盒是感受高度的元件。由于气压随高度的降低而增大，在伞兵未降至指定高度时，真空膜盒中心杆 O_4 高出杠杆 8 运动的平面，所以中心杆能阻挡杠杆 8 的运动。当降至指定高度时，大气压力的增加使中心杆降至杠杆 8 运动平面以下，释放了杠杆 8，使整个机构重新开始工作（时间大约持续 1s），直至滑轮被释放为止。这样，开锁器又实现了高度控制。真空膜盒下部硬心件上带有螺纹。膜盒周边上有高度刻度值。转动膜盒组件，整个膜盒组件可沿轴向移动，能使膜盒中心杆调整至所需要的位置，以保证在指定的高度上释放杠杆 8。

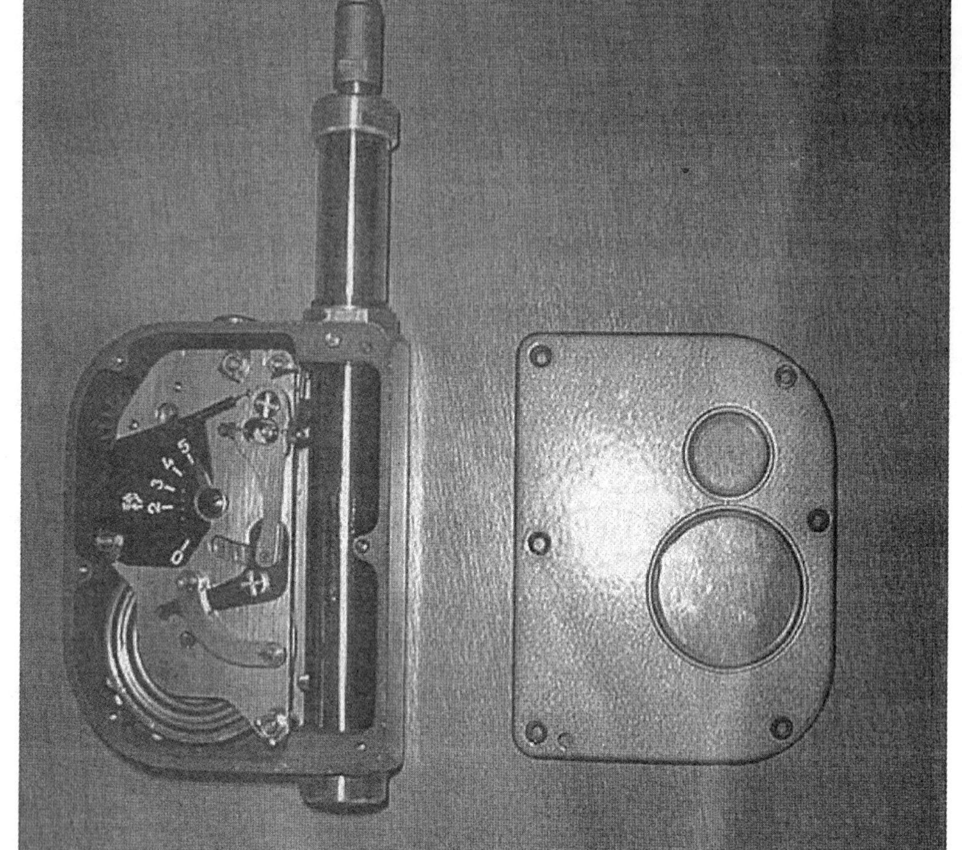

开锁器外形图

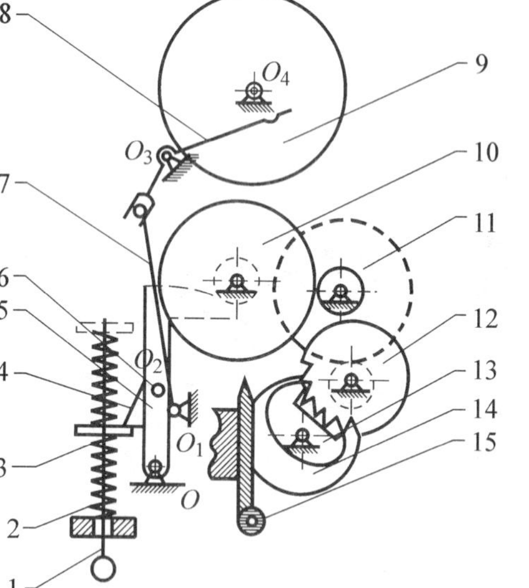

航空开锁器结构示意图

1—钢索　2—弹簧　3—滑轮　4—制动块　5—扇形齿轮　6—销子　7—杠杆一　8—杠杆二　9—膜盒组件　10—中心轮组件　11—过轮组件　12—擒纵轮组件　13—擒纵叉　14—惯性轮　15—软锁针

技 术 要 求

1. 延迟时间：5s±0.35s。
2. 释放时间弹簧恢复力 F：220N±10N。
3. 高度控制范围：500～7000m。
4. 机构工作中不允许出现卡死、停摆等现象。

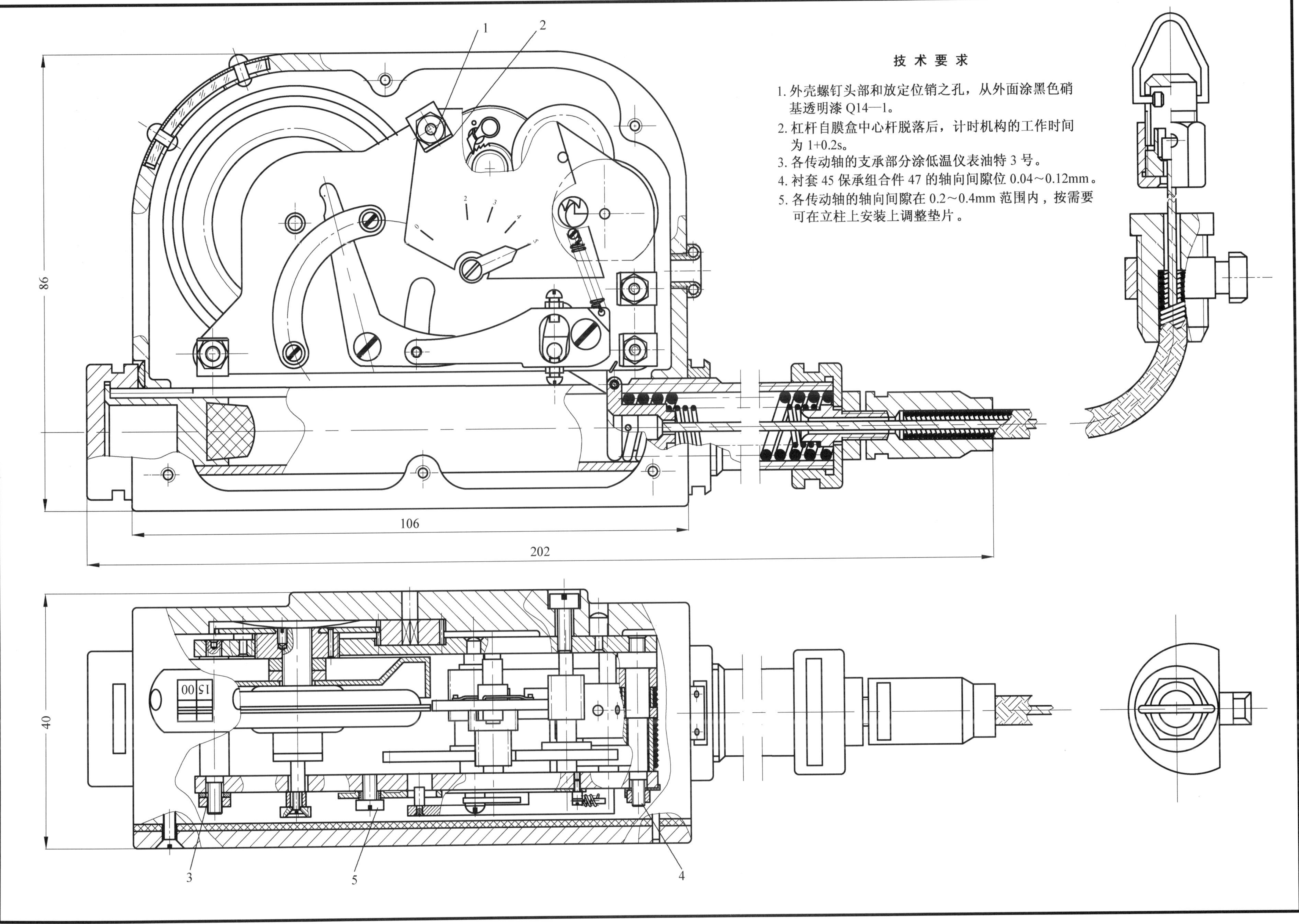

技术要求

1. 外壳螺钉头部和放定位销之孔，从外面涂黑色硝基透明漆 Q14—1。
2. 杠杆自膜盒中心杆脱落后，计时机构的工作时间为 1+0.2s。
3. 各传动轴的支承部分涂低温仪表油特 3 号。
4. 衬套 45 保承组合件 47 的轴向间隙位 0.04～0.12mm。
5. 各传动轴的轴向间隙在 0.2～0.4mm 范围内，按需要可在立柱上安装上调整垫片。

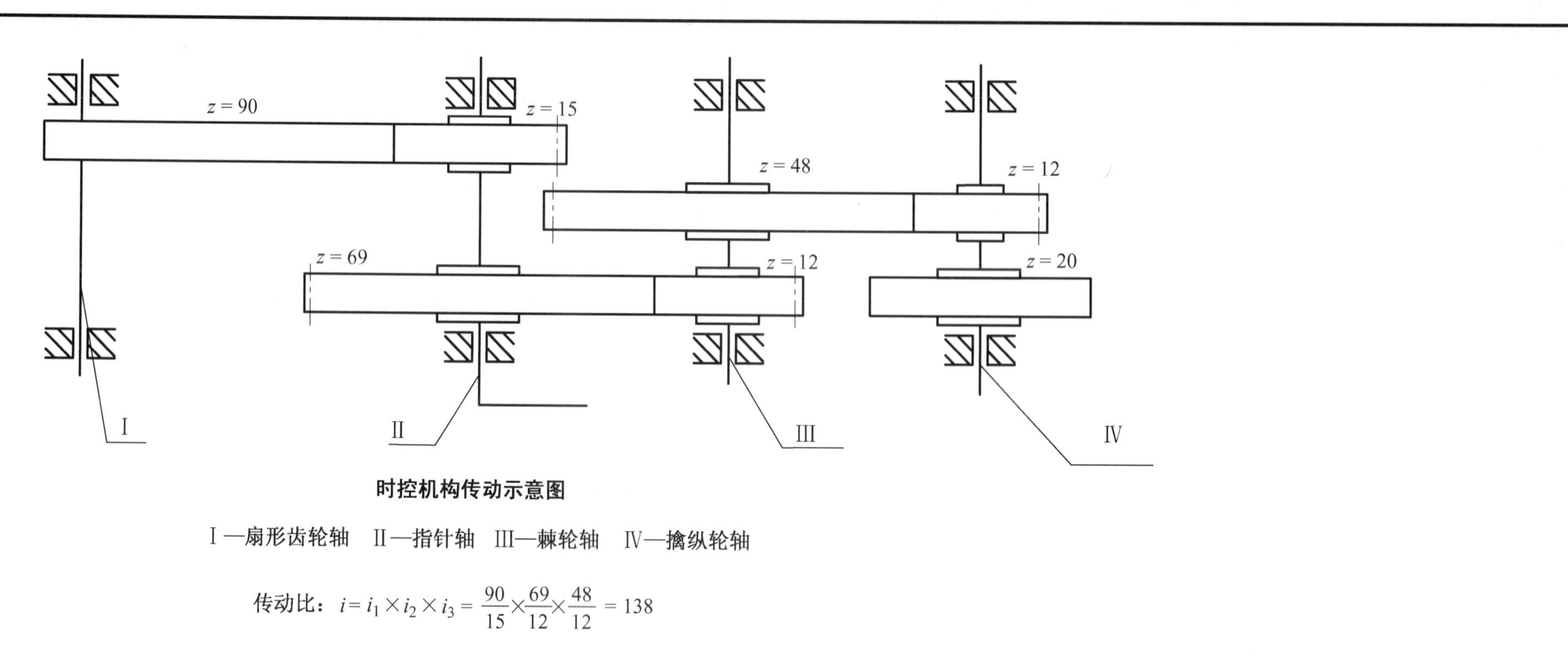

时控机构传动示意图

Ⅰ—扇形齿轮轴　Ⅱ—指针轴　Ⅲ—棘轮轴　Ⅳ—擒纵轮轴

传动比：$i = i_1 \times i_2 \times i_3 = \dfrac{90}{15} \times \dfrac{69}{12} \times \dfrac{48}{12} = 138$

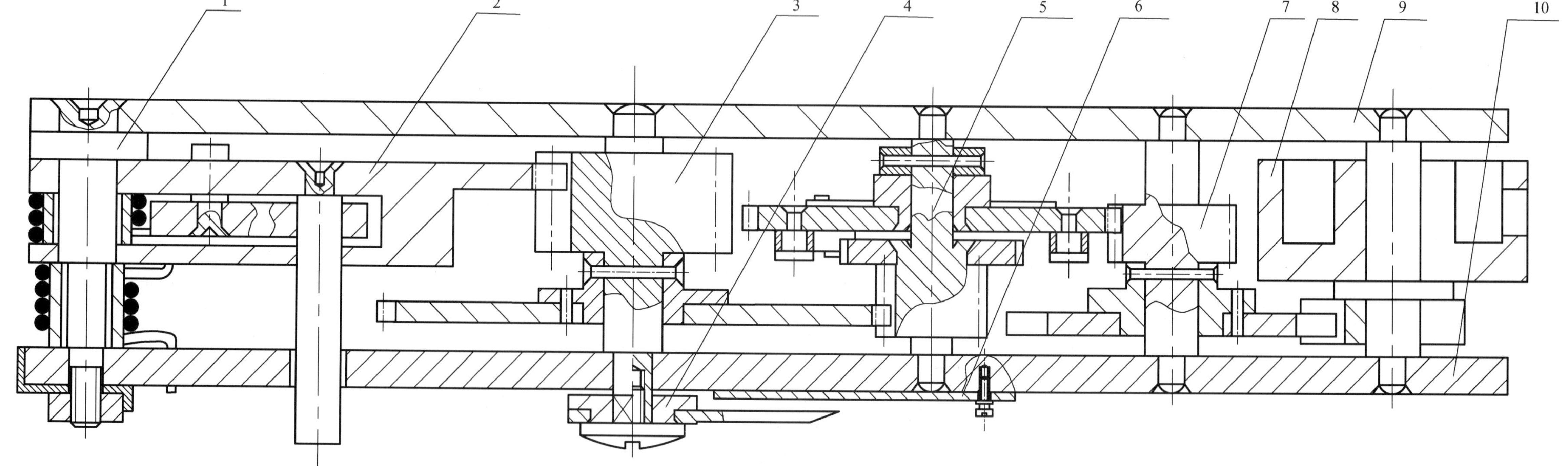

时控机构传动轴展开图

1—扇形齿轮轴　2—扇形齿轮部件　3—中心齿轮部件　4—指针部件　5—棘轮部件　6—刻度盘　7—擒纵轮部件　8—平衡轮部件　9—下夹板　10—上夹板

序号	代 号	名 称	数量	材料	备 注
5	GB/T119.1-2000	销钉1×3	3	45	
4	KS-02-03	轴套	1	ZCuZn38	
3	KS-02-02	齿轮轴	1	45	
2	GB/T119.1-2000	销钉1×8	1	45	
1	KS-02-01	中心轮片	1	ZCuZn38	

中心轮部件	共 张	图 号	
	第 张	比 例	
制图			
审核			

模 数	m	0.7
齿 数	z	15
压力角	α	20°
变位系数	x	0.12
精度等级	8 GB/T10095.1	

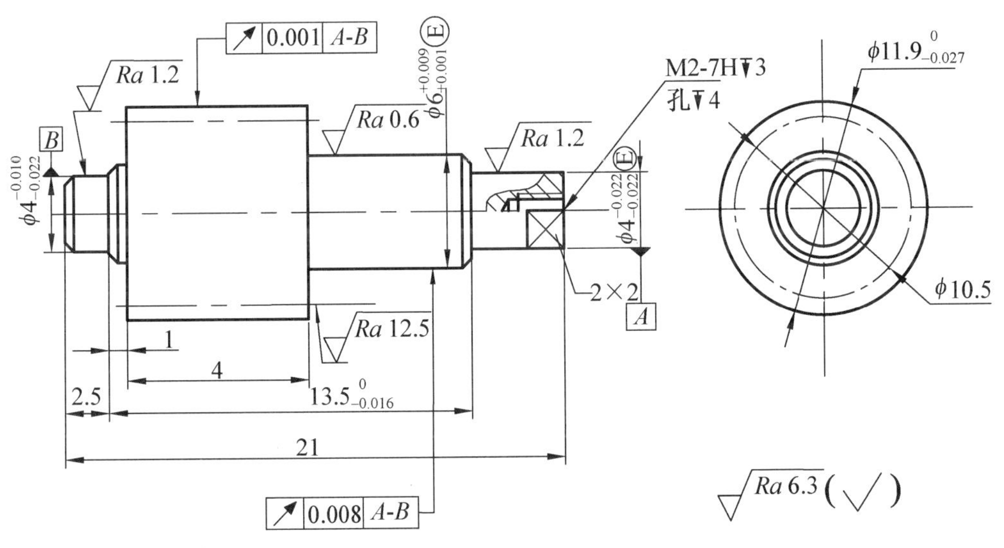

技 术 要 求

1. 倒角为 0.5×45°。
2. $\phi 1^{0}_{-0.014}$ mm 与轴套上对应孔配钻。
3. 未注尺寸公差按 GB/T1804-m。
4. 未注几何公差按 GB/T1184-K。

齿 轮 轴	材料	12CrNi13	比例	10:1
	数量	1	图号	
制图		日期		
审核				

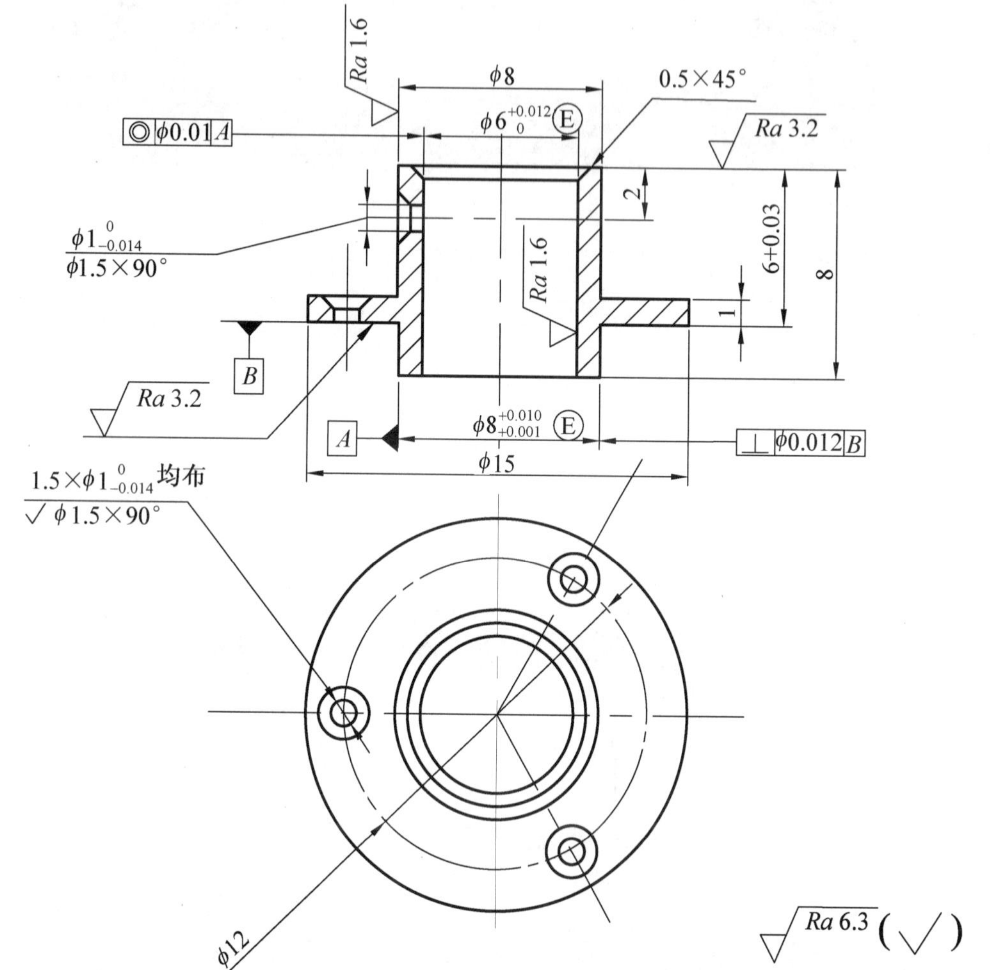

技 术 要 求

1. 未注尺寸公差按 GB/T1804-m。
2. 未注几何公差按 GB/T1184-K。

轴 套		材料	HPb59-1	比例	10:1
		数量	1	图号	
制图		日期			
审核					

A-A

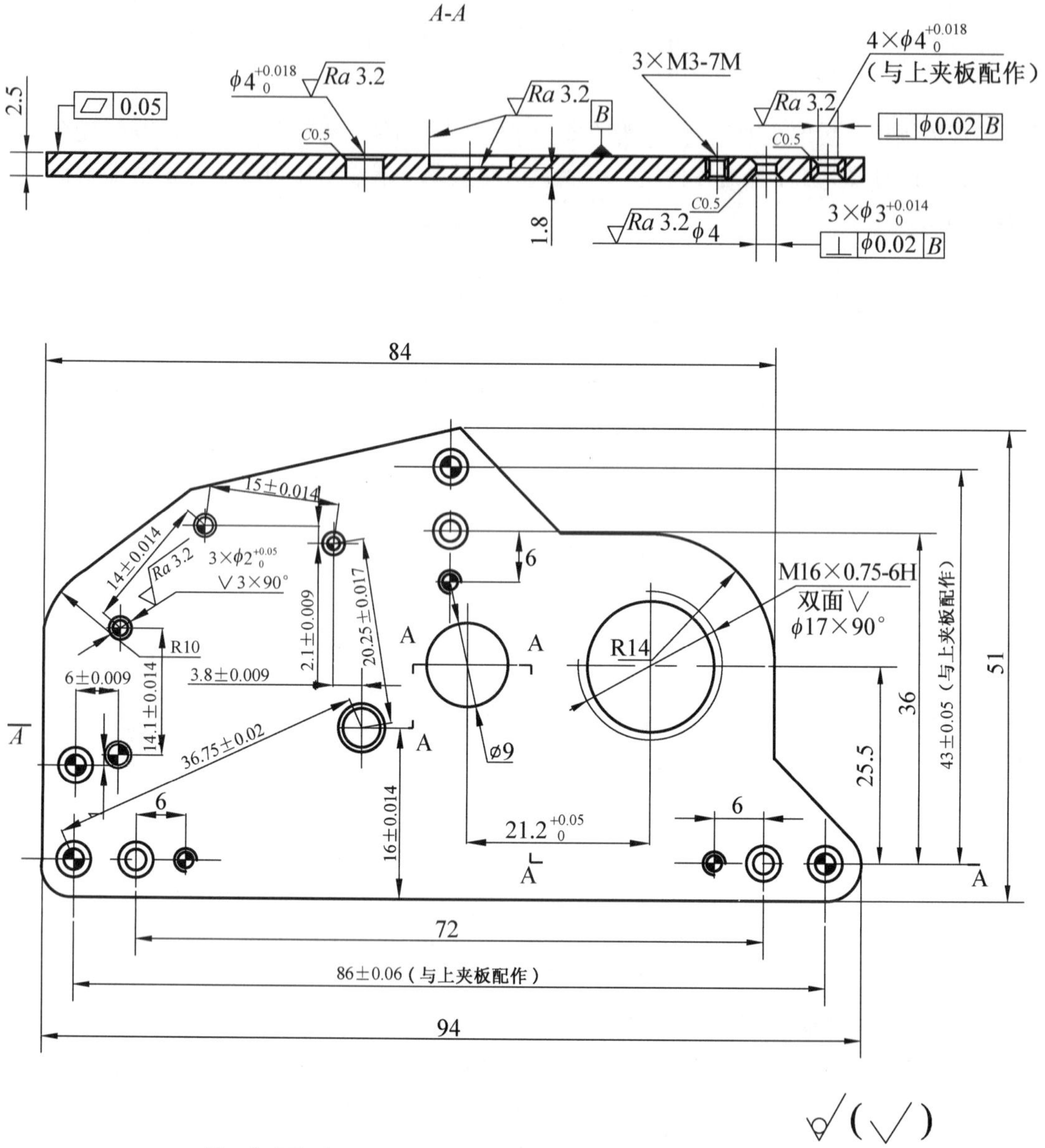

技 术 要 求

1. 未注圆角半径均为 R2。
2. 表面电解氧化。
3. 未注尺寸公差按 GB/T1804-m。
4. 未注几何公差按 GB/T1184-K。

下夹板		材料	HPb59-1	比例	
		数量	1	图号	
制图		日期			
审核					

二、QFB-200 气动遥控板

用　　途

QFB 气动遥控板为固定装置的工业仪表，一般均装在控制室内的仪表盘上。它们有的与气动单元组合仪表配套使用，有的做单独手操遥控使用，可以用来测量调节器输出压力及手操定值器输出给执行机构（阀门）的压力。

工 作 原 理

仪表的测量元件用波纹管和弹簧并联。当输入信号（0.02～0.1MPa）进入测量波纹管时，压缩弹簧，产生位移。通过杆机构（曲柄滑块机构和四连杆机构）把直线位移转变为放大了的指针的角位移。此时，指针指示读数即为输入信号压力。

主要技术规范

1. 压力测量范围为 0.02～0.1MPa。

2. 精度等级。

本仪表在下列条件下，基本误差不超过测量范围的±1.5%：

（1）环境温度＋20℃±5℃；

（2）被测压力均匀变化；

（3）安装准确；

（4）周围环境无振动。

3. 周围环境温度超过 20℃±5℃时，示值误差不超过下列计算值：

$$\Delta = \pm[x + 0.04(t_2 - t_1)\%]$$

式中　x——示值稳定性允许误差（1.125%）；

0.04——温度系数；

t_1——＋15～25℃；

t_2——＋5～50℃。

4. 气源。

气源为清洁和干燥的压缩空气，供气压力为 0.2～1.0MPa，经过除水、水蒸气、油灰等杂质的压缩空气，再经过滤器及减压阀后输入压力应为 0.14±10%MPa，当仪表输入信号压力为 0.02～0.1MPa 时，空气消耗量不大于 300L/h。

5. 仪表的外形尺寸及质量。

（1）尺寸：170mm×180mm×50mm；

（2）质量：0.90kg/台。

6. 要求设计调零机构、超负荷限位机构，并考虑非线性调整方法。

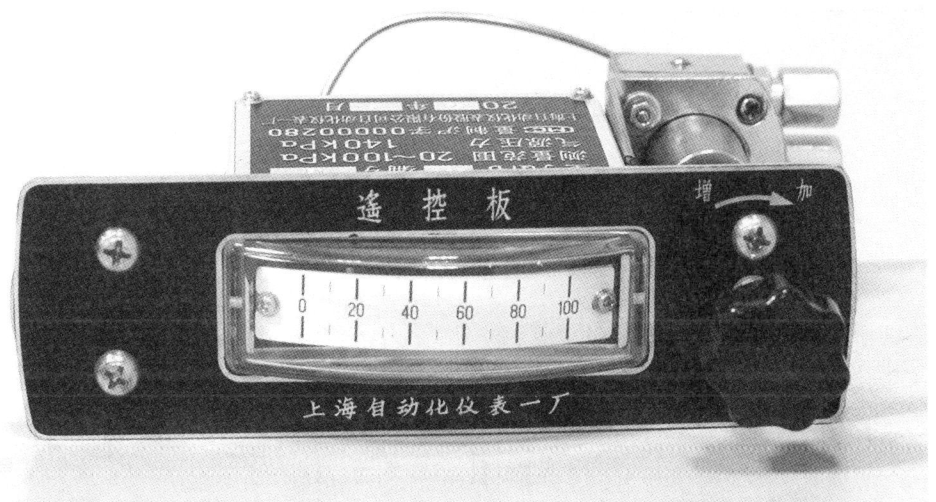

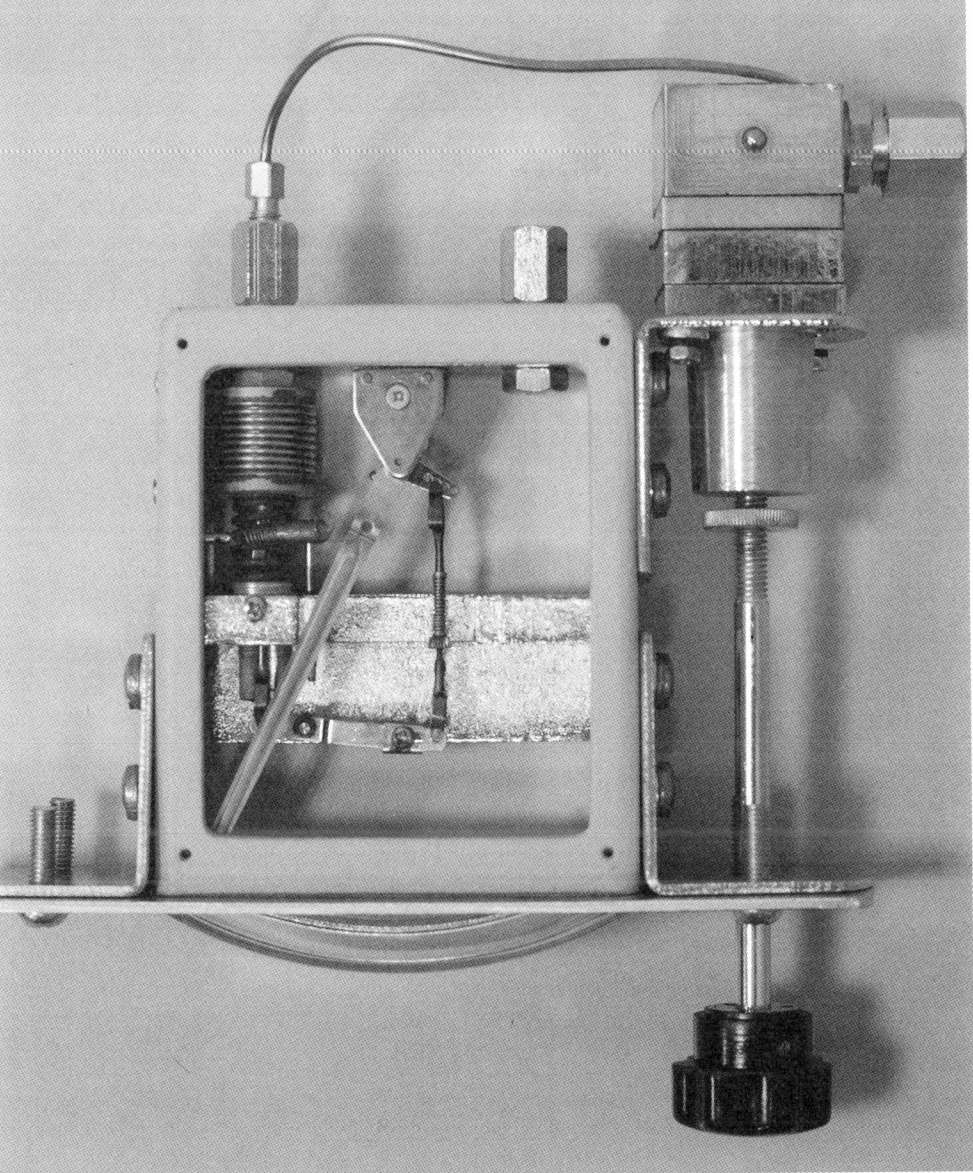

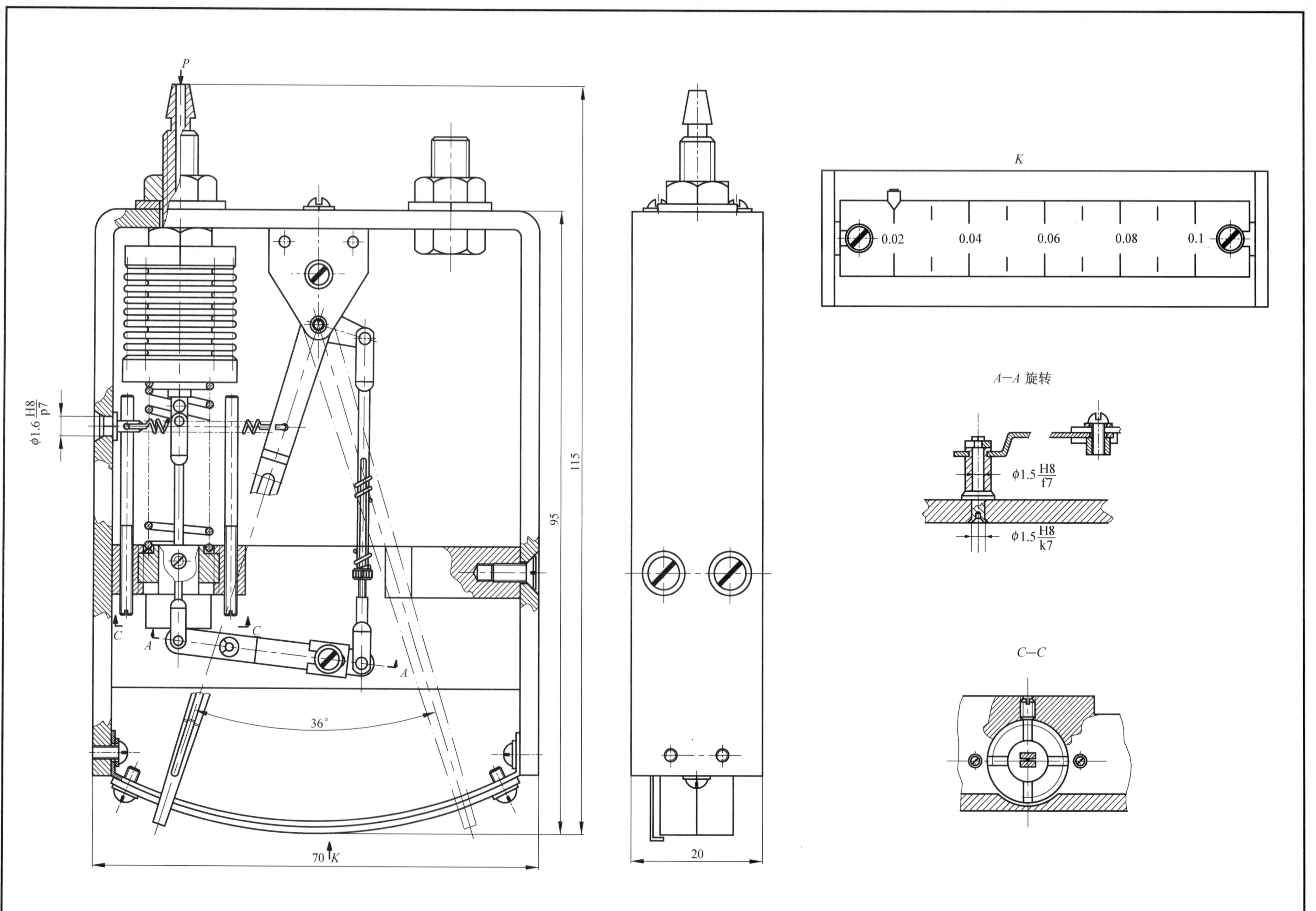
P
$\phi1.6\frac{H8}{p7}$
115
95
C
A
C
A
A
36°
70
K
20
K
0.02
0.04
0.06
0.08
0.1
A—A 旋转
$\phi1.5\frac{H8}{f7}$
$\phi1.5\frac{H8}{k7}$
C—C

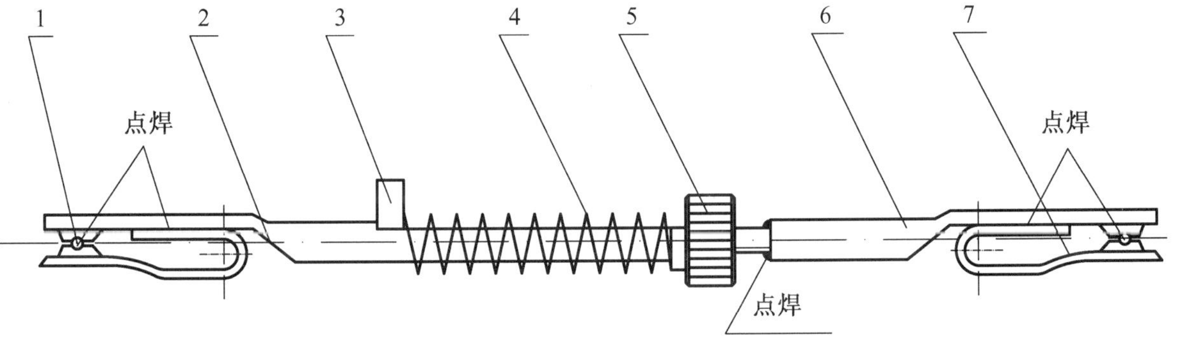

技 术 要 求

1. 两弹簧片（件 7）分别与件 2、6 电焊；件 2、7 上的钢球座与钢球（两个）同心，并点焊牢固。
2. 件 3、4 装在件 2 上，件 5 装在件 3 上。将件 6 装在件 3 上（深度 1.5mm 左右），点焊牢固。

序号	代　号	名　称	数量	材料	备　注
7		弹簧片	1	65Mn	
6		连杆2	1	1Cr18Ni9Ti	
5		螺母	1	45	
4		压缩弹簧	1	65Mn	
3		螺杆	1	45	
2		连杆	1	1Cr18Ni9Ti	
1		钢球	1	2Cr13	

连杆组件	共　张	比　例	
	第　张	图　号	
制图			
审核			

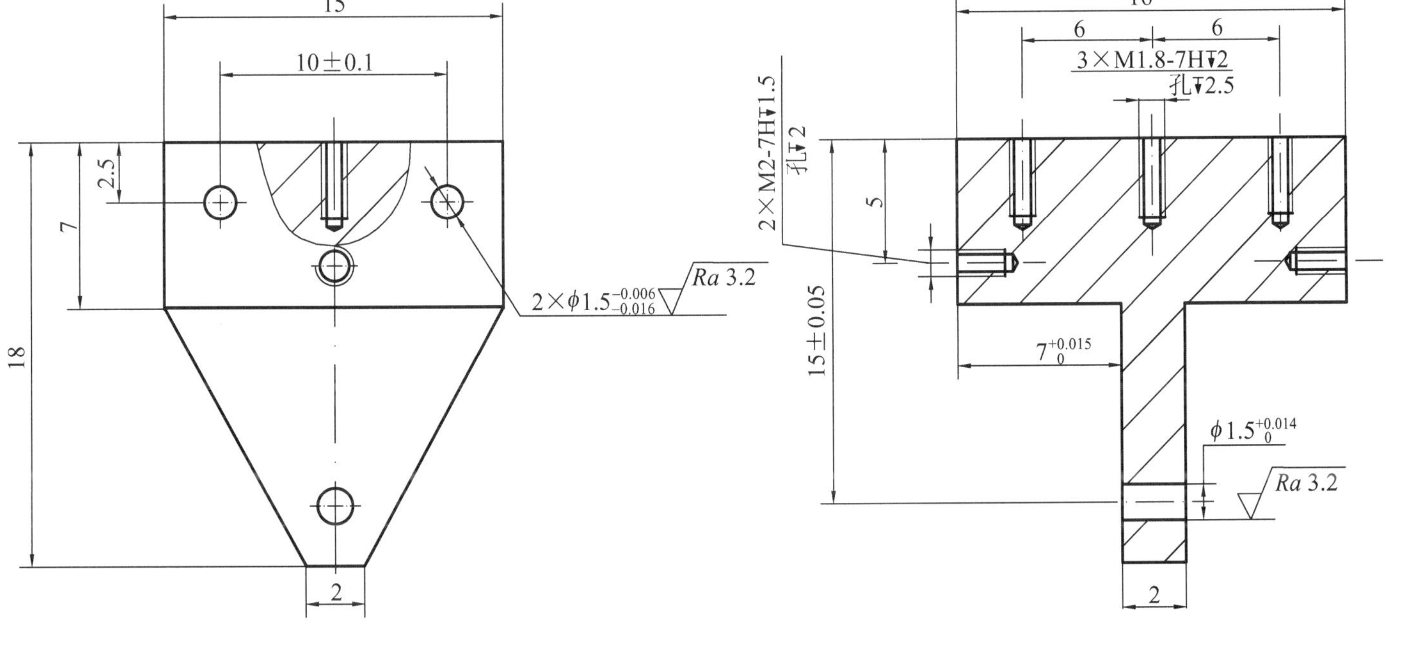

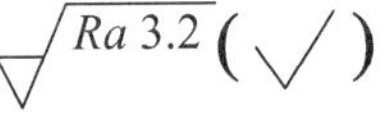

技 术 要 求

1. 未注尺寸公差按 GB/T1804-m。
2. 未注几何公差按 GB/T1184-K。

指针支撑件	材料	45	比例	
	数量		图号	
制图		日期		
审核				

三、带式运输机的传动装置

带式运输机的传动装置（见图 1），是由电动机（1）、联轴器（2，4）、二级展开式圆柱齿轮减速器（3）、卷筒（5）和输送胶带（6）组成。其中二级展开式圆柱齿轮减速器是传动部分的主要装置，二级圆柱齿轮减速器设计的主要任务是，减速器中主要零部件的结构和形式的设计及这些主要零部件在减速器中的相互位置的设计。

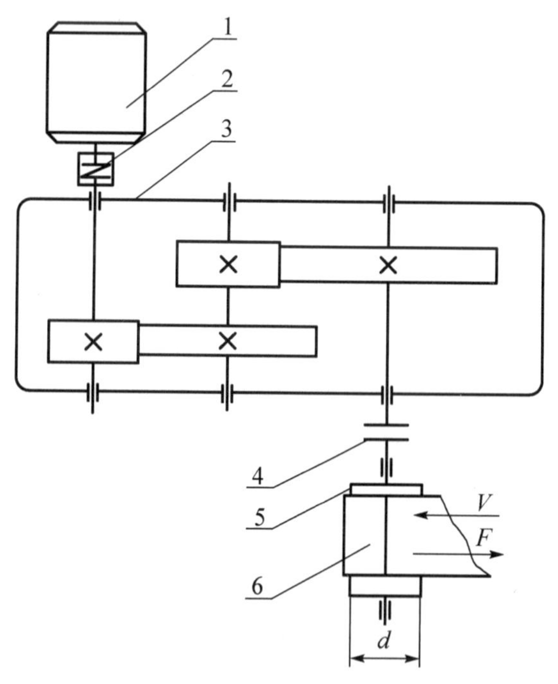

图 1　带式运输机的传动装置

1—电动机　2、4—联轴器　3—二级展开式圆柱齿轮减速器　5—卷筒　6—输送胶带

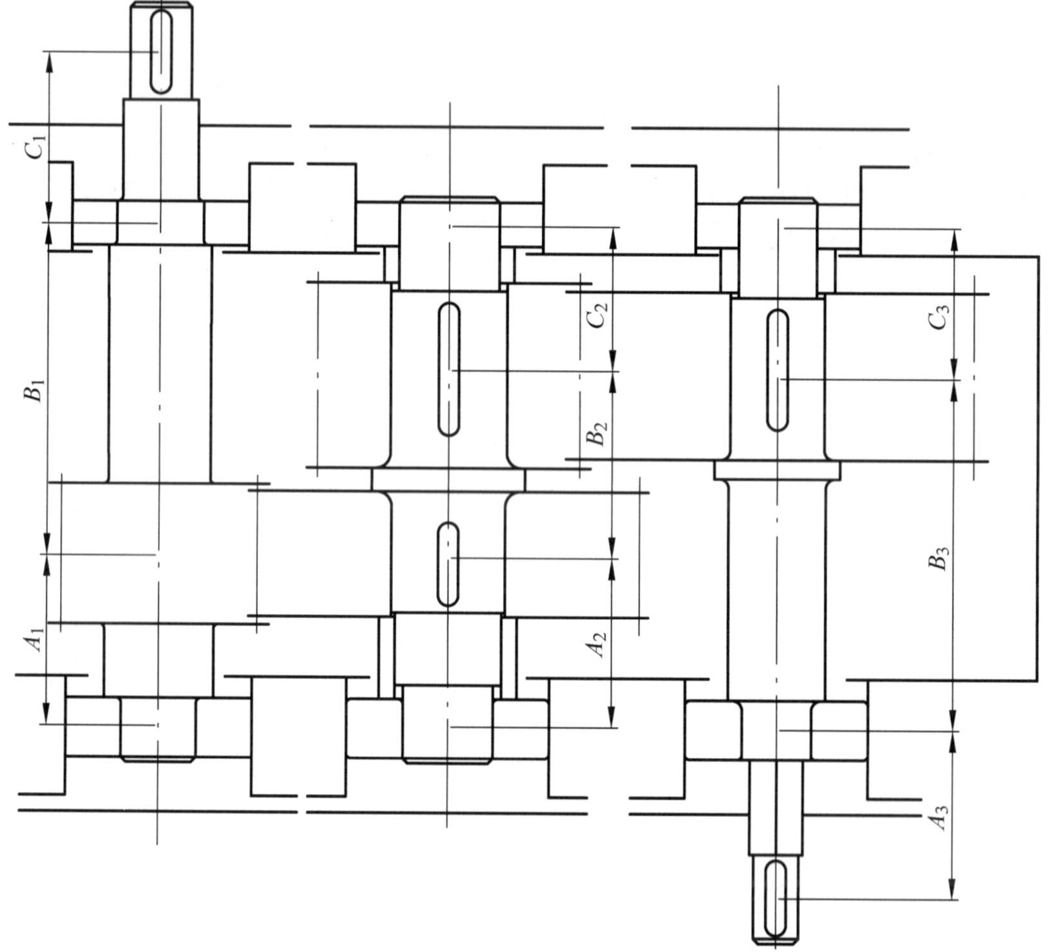

图 2　减速器中轴结构

B_3、C_3、C_2、A_2、A_1、B_1—轴承支点（轴承宽度中点）到齿轮受力中心（齿轮轮缘宽度中点）的距离

C_1、A_3—轴承支点到与减速器配合的轴径长度中点的距离

B_2—中间轴两齿轮轮缘宽度中点的距离

减速器设计的第一阶段是确定减速器中轴的结构，选出轴承型号，确定轴承的支点和轴上传动零件的力作用点的位置。定出跨距和力作用点间的距离，如图 2 所示。

第二阶段主要完成轴系部件结构设计，包括（1）齿轮结构设计、（2）轴承端盖的结构设计、（3）轴承密封的结构设计。

第三阶段完成（1）减速器机体结构设计、（2）减速器附属零件的设计。附件的设计包括窥视孔、窥视孔盖、放油孔及排油螺塞、油面指示器、通气孔、启盖螺钉等。

四、机械式百分表

用　　途

机械式百分表是齿轮传动式测微指示表，百分表测量范围分为0～3mm，0～5mm和0～10mm，主要用作比较测量，也能作绝对测量。它一般用于测量工件的长度尺寸和形位误差，也可以用于检验机床设备的几何精度或调整工件的装夹位置，以及作为某些测量装置的测量元件。百分表的精度等级分为0级、1级和2级。

工 作 原 理

被测尺寸（或偏差）引起测杆微小直线移动，经过齿轮传动和放大，变为指针在刻度盘上的转动，从而读出被测尺寸（或偏差）的大小。

下图为百分表传动示意图。百分表的齿条和齿轮的模数为$m=0.177$mm，当测杆被工件抬高1mm时，齿条上升1.8齿（$1/\pi m=1/0.177\pi=1.8$），由于齿轮z_2是18齿，所以齿条推动齿轮z_2转动1/10转。与z_2同轴的大齿轮z_3是100齿，所以z_3转过10齿。小齿轮z_1是10齿，经z_3带动后，z_1以及固定在其轴上的长指针正好转过一周。因为刻度盘为100等分，故当测杆移动1mm时，长指针转过100个分度。由此可见，指针转过一个分度，就相当于测杆移动0.01mm。

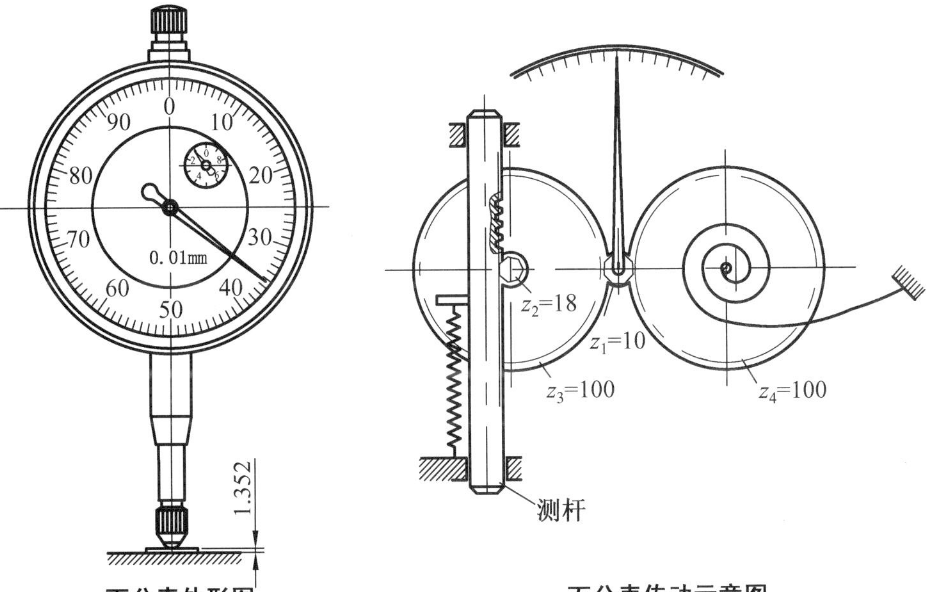

百分表外形图　　百分表传动示意图

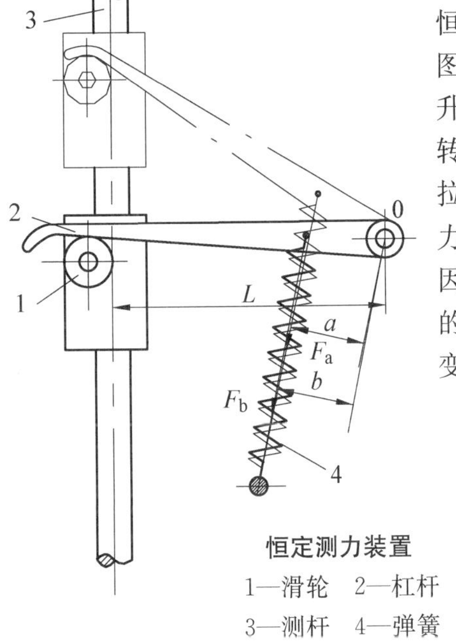
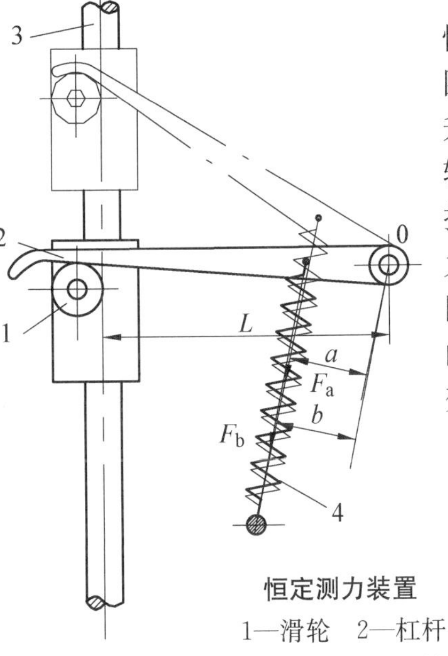

恒定测力装置

1—滑轮　2—杠杆

3—测杆　4—弹簧

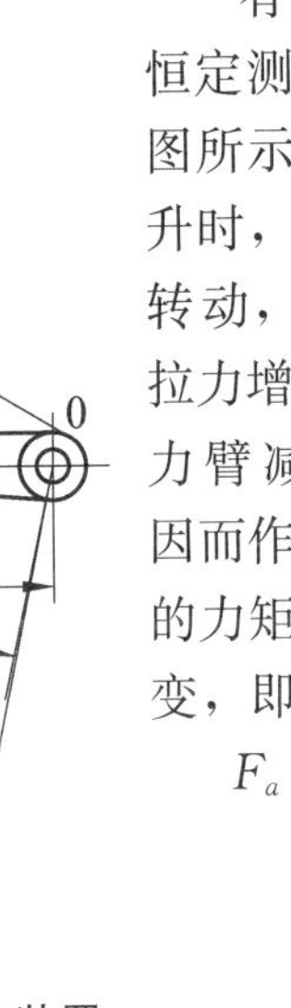

有的百分表具有恒定测力结构，如左图所示。当测杆3上升时，杠杆2也随着转动，弹簧被拉长，拉力增大（$F_b>F_a$），力臂减小（$b<a$），因而作用在杠杆2上的力矩可基本保持不变，即

$$F_a\times a=F_b\times b$$

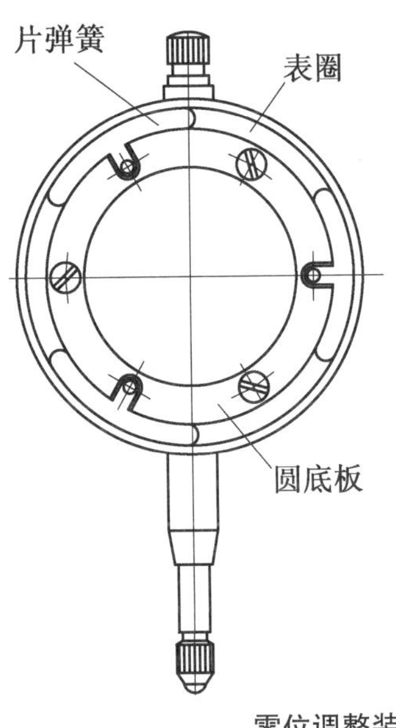

零位调整装置

图示为一种防止表圈脱落和进行零位调整的结构。大刻度盘安装在表圈上且圆周方向限位（未画出），三个T字形片弹簧固定在圆底板上，片弹簧的外围两端压在表圈的内肩和圆柱面上。这样，表圈可在一定阻尼下回转，借以转动大刻度盘，调整零位。

序号	代号	零件名称	材料	数量	备注
44		长支柱	20	2	
43		短支柱	20	2	
42	GB/T65	螺钉 $M2.5\times3$	45	2	
41	GB/T65	螺钉 $M2.5\times4$	45	2	
40		导柱	45	1	
39		拉伸弹簧	Ⅲ组弹簧钢丝	1	
38		测头部件		1	
37		齿轮3	H62	1	$m=0.15$ $z=100$
36		中心齿轮轴	40Cr	1	$m=0.15$ $z=10$
35		大夹板	QSn6.5-0.4	1	
34		游丝及游丝座	QSn6.5-0.4	1	
33		齿轮4	H62	1	$m=0.15$ $z=100$
32	GB/T119.1	圆柱销 0.8×2	35	2	
31		表蒙子	有机玻璃	1	
30		垫圈	聚甲醛	1	
29		钢丝挡圈	65Mn	1	
28		底板	QSn6.5-0.4	1	
27		表圈	1035	1	
26		挡帽	1035	1	
25		螺钉 $M2.5\times6$	45	1	
24		测杆	银亮钢 T10A	1	
23		上铜套	H62	1	
22		上套筒	45	1	
21		本体	ZL102	1	

序号	代号	零件名称	材料	数量	备注
20		后盖	聚苯乙烯	1	
19		挡块	QSn6.5-0.4	1	
18	GB/T65	螺钉 $M2.5\times5$	45	1	
17	GB/T65	小夹板	QSn6.5-0.4	1	
16		齿轮轴	40Cr	1	$m=0.177$ $z=18$
15		下套筒	45	1	
14		防尘垫	聚甲醛	1	
13		下铜套	H62	1	
12		片弹簧	65Mn	3	
11	GB/T68	螺钉 $M2\times2.5$	45	3	
10		小指针部件		1	
9		大指针部件		1	
8		小刻度盘	8A06	1	
7	GB/T65	螺钉 $M2\times3$	45	3	
6		大刻度盘	8A06	1	
5		游丝轴	45	1	
4	GB/T117	圆锥销 1×3	35	1	
3		游丝外桩	45	1	
2		螺钉 $M2\times5$	45	1	
1	GB/T68	螺钉 $M2\times4$	45	3	

百分表		比例		班级
		图号		
设计	日期	（校名）		成绩
审核	日期			

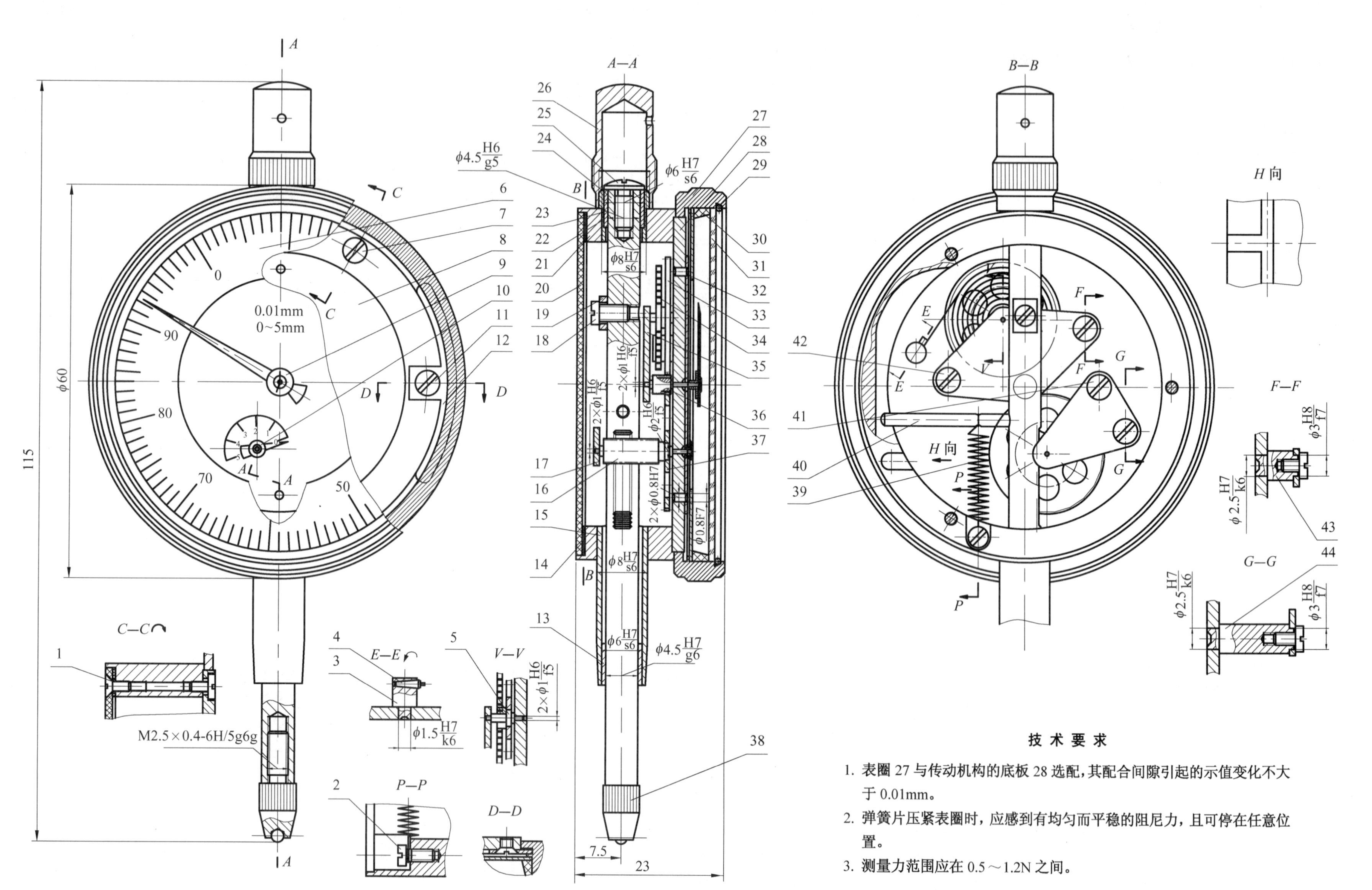

技 术 要 求

1. 表圈 27 与传动机构的底板 28 选配，其配合间隙引起的示值变化不大于 0.01mm。
2. 弹簧片压紧表圈时，应感到有均匀而平稳的阻尼力，且可停在任意位置。
3. 测量力范围应在 0.5～1.2N 之间。

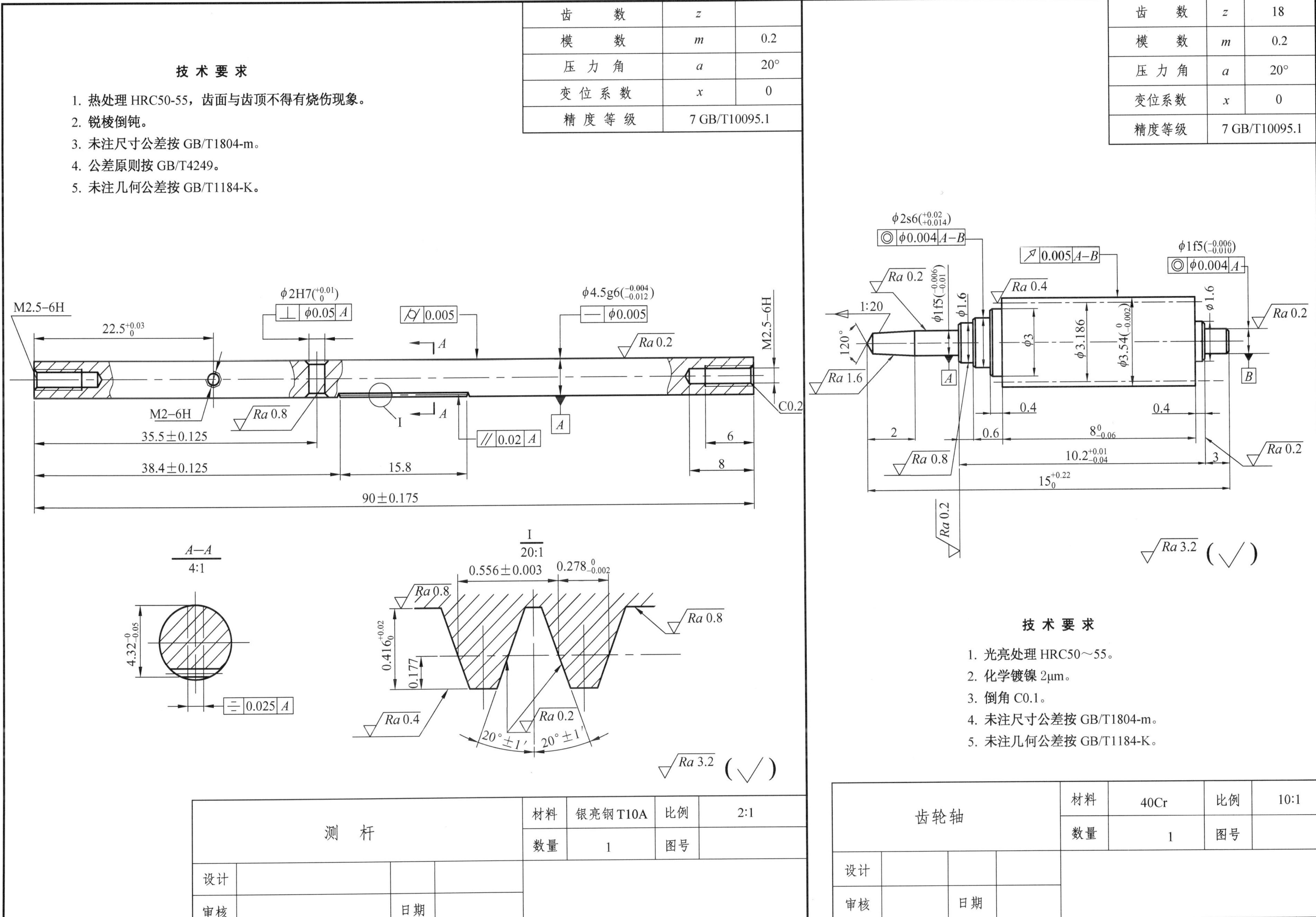

齿　　数	z	
模　　数	m	0.2
压 力 角	a	20°
变 位 系 数	x	0
精 度 等 级	7 GB/T10095.1	

技 术 要 求

1. 热处理 HRC50-55，齿面与齿顶不得有烧伤现象。
2. 锐棱倒钝。
3. 未注尺寸公差按 GB/T1804-m。
4. 公差原则按 GB/T4249。
5. 未注几何公差按 GB/T1184-K。

测　杆	材料	银亮钢 T10A	比例	2:1
	数量	1	图号	
设计				
审核		日期		

齿　　数	z	18
模　　数	m	0.2
压 力 角	a	20°
变位系数	x	0
精度等级	7 GB/T10095.1	

技 术 要 求

1. 光亮处理 HRC50～55。
2. 化学镀镍 2μm。
3. 倒角 C0.1。
4. 未注尺寸公差按 GB/T1804-m。
5. 未注几何公差按 GB/T1184-K。

齿轮轴	材料	40Cr	比例	10:1
	数量	1	图号	
设计				
审核		日期		

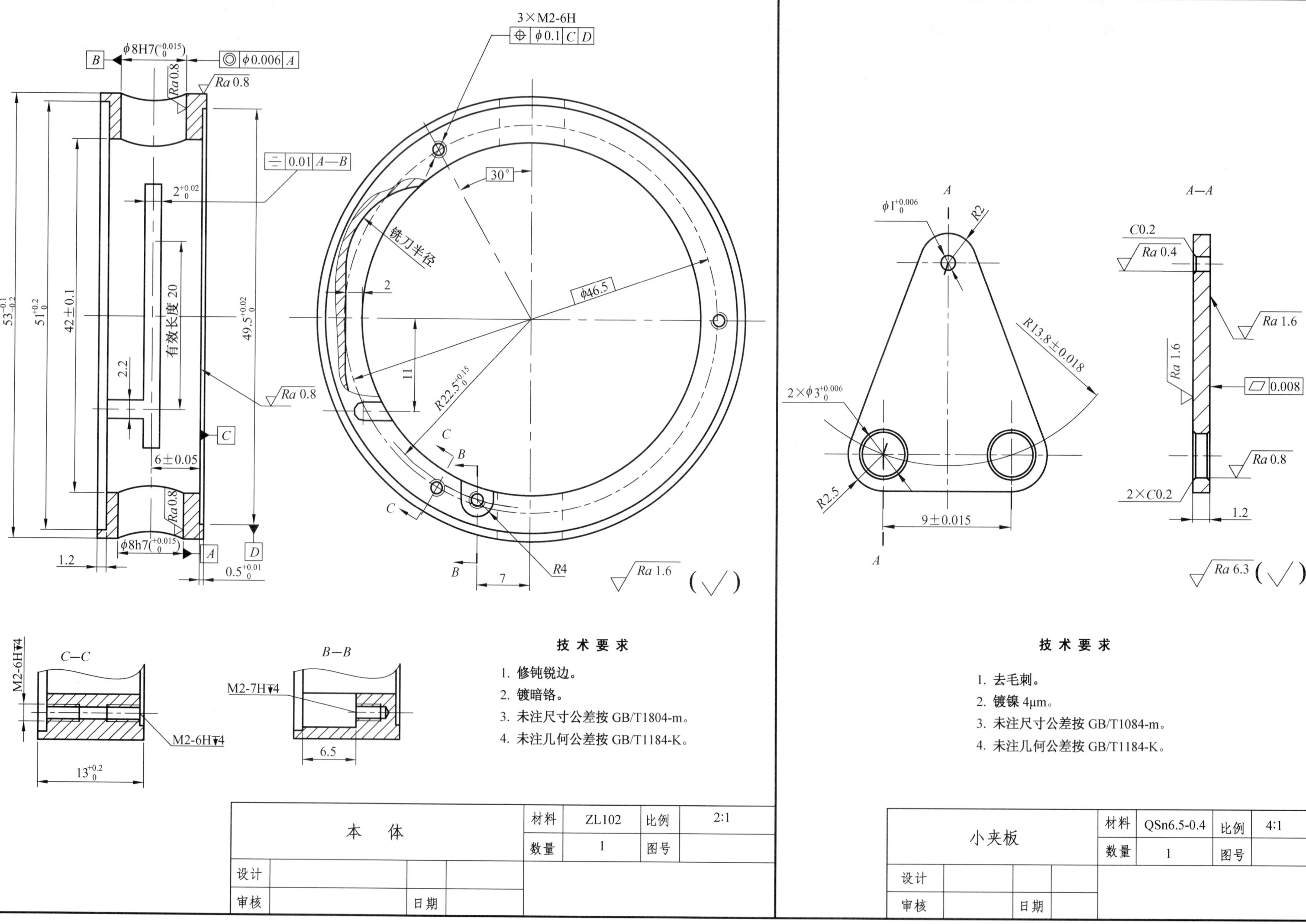
3×M2-6H
⊕ φ0.1 C D
φ8H7(+0.015 0)
◎ φ0.006 A
Ra 0.8
⌯ 0.01 A—B
30°
铣刀半径
φ46.5
2
11
R22.5+0.15 0
有效长度 20
2.2
6±0.05
φ8h7(+0.015 0)
53-0.1 -0.2
51+0.2 0
42±0.1
49.5+0.02 0
1.2
0.5+0.01 0
7
R4
Ra 1.6 (√)
C—C
B—B
M2-6H▼4
M2-7H▼4
13+0.2 0
6.5
技 术 要 求
1. 修钝锐边。
2. 镀暗铬。
3. 未注尺寸公差按 GB/T1804-m。
4. 未注几何公差按 GB/T1184-K。
本 体
材料 ZL102 比例 2:1
数量 1 图号
设计
审核 日期
A—A
φ1+0.006 0
R2
R13.8±0.018
2×φ3+0.006 0
R2.5
9±0.015
C0.2
Ra 0.4
Ra 1.6
⏥ 0.008
Ra 0.8
2×C0.2
1.2
Ra 6.3 (√)
技 术 要 求
1. 去毛刺。
2. 镀镍 4μm。
3. 未注尺寸公差按 GB/T1084-m。
4. 未注几何公差按 GB/T1184-K。
小夹板
材料 QSn6.5-0.4 比例 4:1
数量 1 图号
设计
审核 日期

五、微动跳跃弹性开关动态特性测试仪

用　途

微动跳跃弹性开关动态特性测试仪用于检测电冰箱温控器及各种控温机构中微动跳跃弹性开关的力-位移特性，从而评定这批开关的质量。

工作原理

微动跳跃弹性开关动态特性测试仪要完成的功能有：开关力 F_s 的测试；开关方孔位移量 S 的测试；力-位移函数曲线绘制。

测试仪主要由四个部分组成：

（1）机械测试系统；

（2）测量开关力值（与温度有关）的悬臂梁式力传感器；

（3）控制测试过程的微处理机；

（4）绘制特性曲线的绘图仪。

测试时，将被测开关置于机械系统工作台上，如下图所示，靠微处理机控制步进电机，通过弹性联轴器带动螺旋传动机构，使工作台产生轴向位移，工作台与螺母连在一起，开关装到工作台上的固定框架中，力传感器上的测杆插入被测开关方孔内。由于相对运动，在工作台带动开关运动时，测

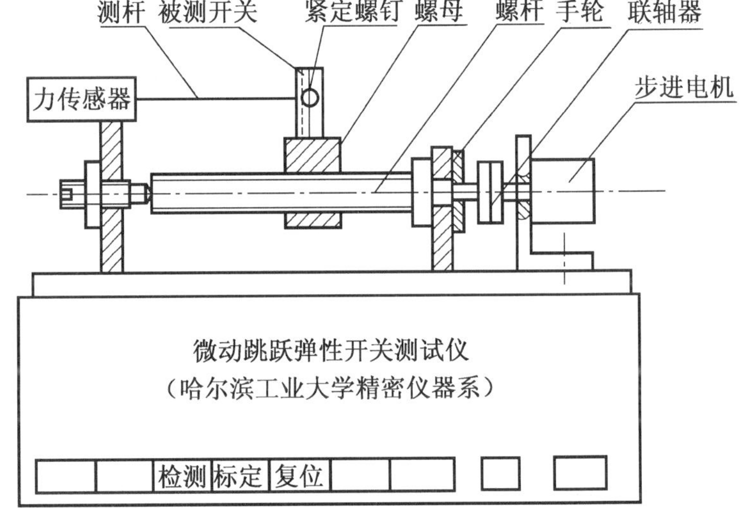

机械测试系统

杆将力传给力传感器。力传感器将力信号处理为与力值成正比的电压 V，再经 A/D 转换后送入微处理机。微处理机对步进电机动作量大小进行数字控制。工作台的位移量实际就是开关的位移量，步进电机在微处理机的控制下转动，每次步进角为 1.5°/步，被测开关产生微小位移量 $S=(1.5°/360°)\times$螺距（mm/步），总位移量 $S_1=S\times$步进次数。力与位移信号经微处理机处理后，送入绘图仪。绘图仪绘出力与位移的特性曲线，并示出跳跃点的力值。

电路系统工作原理如下图所示。

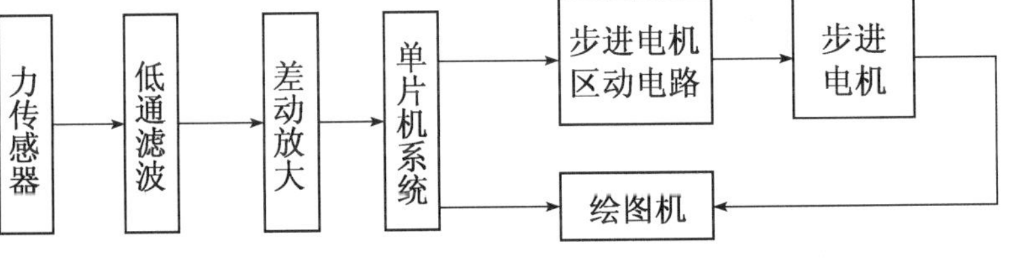

电路原理图

所测曲线的跳跃点的值将反映温度控制器控制制冷系统所达到的温度上、下限，可以检测出开关的离散性、跳跃点的变化趋势、各种片簧的质量与材料对控温准确性、稳定性的影响。

主要技术指标：

（1）最大测力值 1000kgf，分辨值 1gf；

（2）测试精度 1%；

（3）位移最小分辨值 0.01mm；

（4）测试时间 2min/只。

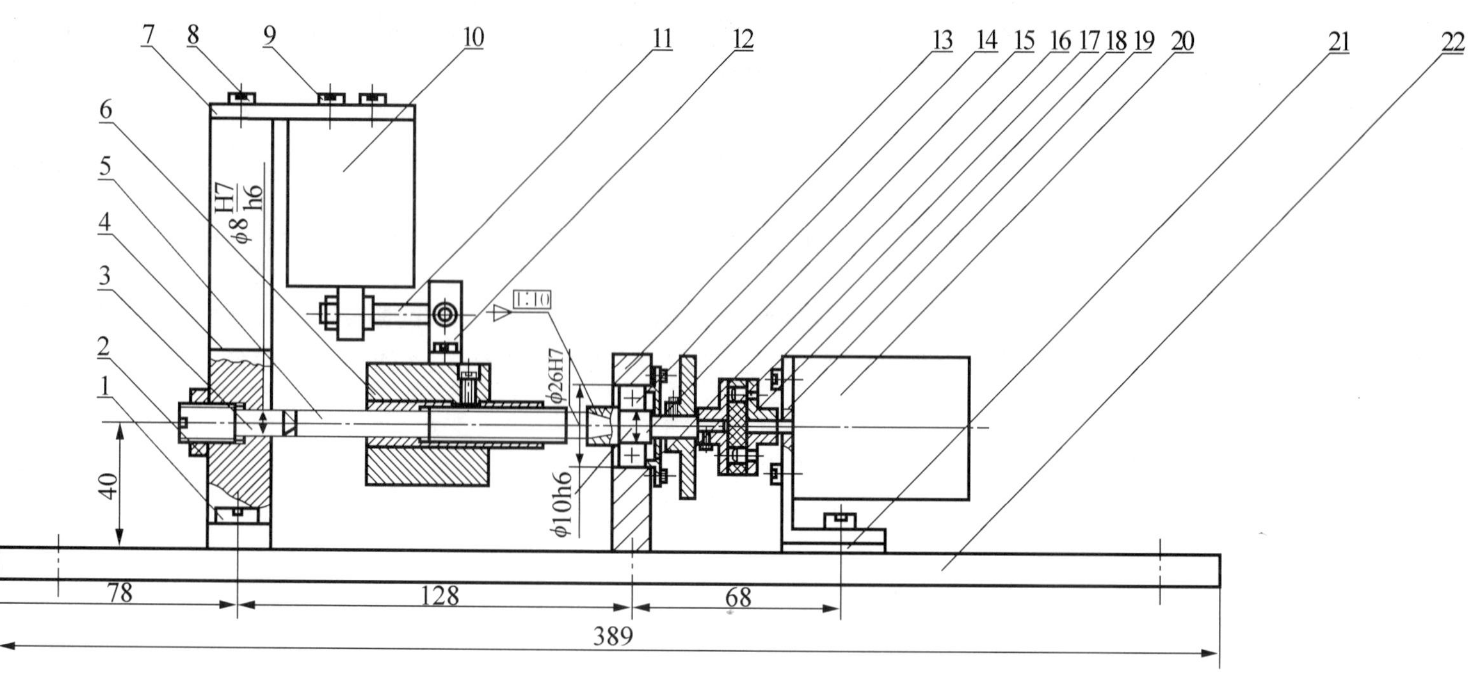

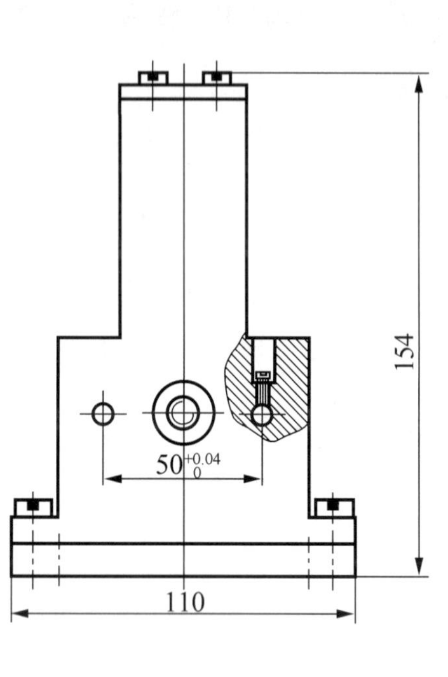

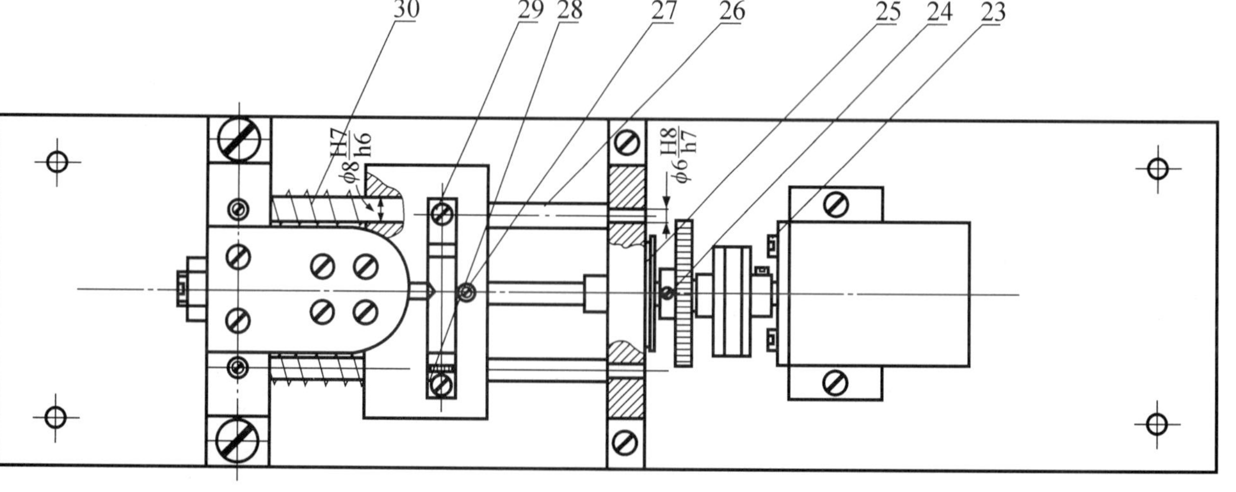

技 术 要 求

件 6 与件 26 装配后要求运转灵活平稳。

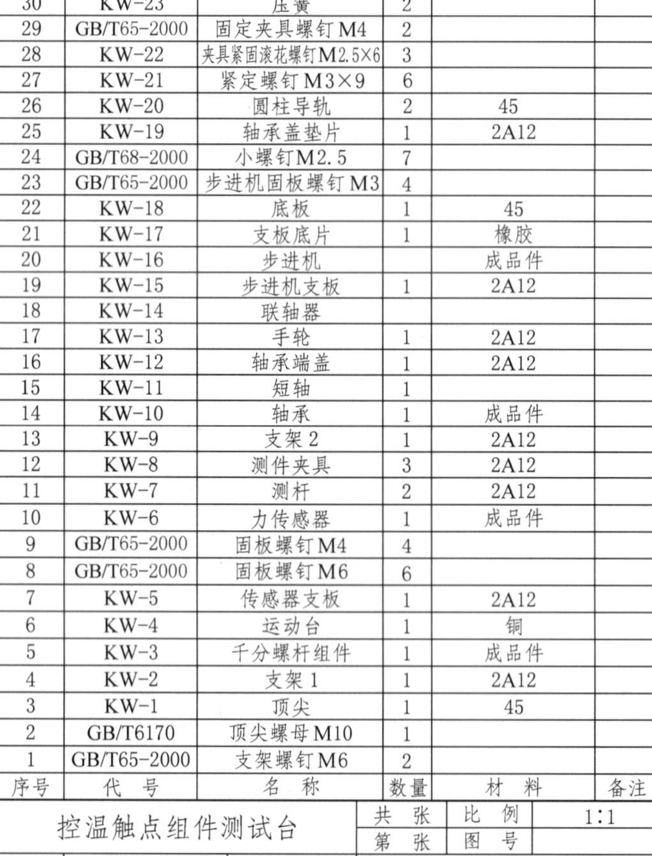

30	KW-23	压簧	2		
29	GB/T65-2000	固定夹具螺钉M4	2		
28	KW-22	夹具紧固滚花螺钉M2.5×6	3		
27	KW-21	紧定螺钉M3×9	6		
26	KW-20	圆柱导轨	2	45	
25	KW-19	轴承盖垫片	1	2A12	
24	GB/T68-2000	小螺钉M2.5	7		
23	GB/T65-2000	步进机固板螺钉M3	4		
22	KW-18	底板	1	45	
21	KW-17	支板底片	1	橡胶	
20	KW-16	步进机		成品件	
19	KW-15	步进机支板	1	2A12	
18	KW-14	联轴器			
17	KW-13	手轮	1	2A12	
16	KW-12	轴承端盖	1	2A12	
15	KW-11	短轴	1		
14	KW-10	轴承	1	成品件	
13	KW-9	支架2	1	2A12	
12	KW-8	测件夹具	3	2A12	
11	KW-7	测杆	2	2A12	
10	KW-6	力传感器	1	成品件	
9	GB/T65-2000	固板螺钉M4	4		
8	GB/T65-2000	固板螺钉M6	6		
7	KW-5	传感器支板	1	2A12	
6	KW-4	运动台	1	铜	
5	KW-3	千分螺杆组件	1	成品件	
4	KW-2	支架1	1	2A12	
3	KW-1	顶尖	1	45	
2	GB/T6170	顶尖螺母M10	1		
1	GB/T65-2000	支架螺钉M6	2		
序号	代号	名称	数量	材料	备注

控温触点组件测试台		共 张	比 例	1:1
		第 张	图 号	
制图		(日期)	哈尔滨工业大学	
审核				

六、四维微调工作台

用途：四维微调工作台主要应用在工程设计实验中。可做激光发射器调节定位支架外，还可对透镜、光电接收器、各类波片、光学镜和光纤等各类光学器件进行调节定位。该装置还可以安放在长导轨上，进行长距离测量。

工作原理

四维微调工作台采用了齿轮、齿条和螺旋传动原理，因此能够实现 X，Y，Z 轴方向的调节，同时还可进行水平转角以及垂直仰角的调节。

1. X 轴方向调节可分为粗调、微调。粗调通过转动横向调节螺杆（41），利用齿轮与齿条啮合使转动变为平动实现 X 轴方向上的粗调。精度主要依靠所设计的齿轮与齿条的精度，其调节范围主要依靠齿条的长度，根据需要可设计不同的调节范围以满足实验要求。

X 轴方向的微调是利用了螺杆转动、螺母平动原理。装置中运动杆尺（28）和顶杆（30）可看作是螺杆，保持轴套（31）和滑动台（65）整体看作是螺母，锁紧螺母（32）主要是为了减小螺纹间隙。旋转运动杆尺（28）来实现微调，最小移动距离可达到 0.001mm.

2. Y 轴方向的粗调也可看作是垂直方向上的粗调，其调节原理与 X 轴方向上的粗调原理相同。

3. Z 轴方向的调节是利用了螺母转动，螺杆移动原理实现的。直槽螺套（56）相当与螺母，立柱（58）和螺杆（57）组成相当于螺杆，轴套（59）主要是为了防止螺杆的转动，从而实现立柱在 Z 轴方向上平稳运动，轴盖（34）主要是为了防止直槽螺套（56）的窜动。当转动直槽螺套（56）时，螺杆（58）会沿着旋转螺套内的螺旋槽螺旋上升，但由于轴套（59）的限制从而消除了螺旋上升中的转动，只剩在 Z 轴上的平动，从而实现了 Z 轴方向上的调节。当调好高度时可用锁紧螺钉（55)固定。

4. 水平转角和垂直仰角的调节原理基本类似，我们这里仅介绍水平转角机构的调节原理。水平转角机构主要由水平止推杆（10）、水平调节杆（26）、水平转动调节架（37）、防转调节杆（39）以及连接螺杆（10）、水平转动套（51）、转轴套（52）组成。当进行大角度粗调时，放松转动调节杆（39），装置以轴水平转动套（51）可进行 360°的调节，当角度选定时锁紧防转调节杆，然后调节水平调节杆（26）进行水平方向小角度的调节。该角度调节的精度主要依靠水平调节杆螺纹的精度，这也使我们在设计仪器时选用精度高的螺纹来提高水平转角的精度。

技术指标

1. X 轴粗调范围：0～25mm；
   分辨率：0.001mm。
2. Y 轴调节范围：±25mm；
   分辨率：0.1mm。
3. Z 轴调节范围：0～22mm；
4. 转角粗调范围：0～360°；
   角度精细调节范围：±5°。

序号	代号	名称	数量	材料	备注
1		底座	1	45	
2		导轨	1	45	
3		支承套	1	45	
4		压紧弹簧	1	聚苯乙烯	
5		压簧套	1	45	
6		上推杆	1	65Mn	
7	GB/T65	螺钉 M4×12	1	Q235	
8		水平弹簧套	1	65Mn	
9		水平压紧弹簧	1	聚苯乙烯	
10		水平止推杆	1	45	
11		水平调节片	1	45	
12		横向支架	1	45	
13	GB/T65	螺钉 M4×8	4	Q235	
14		滑动轴承	4	Q235	
15		纵向调节杆	1	T10A	
16		垂直止推杆	1	45	
17		垂直压紧簧	1	65Mn	
18		垂直压紧簧套	1	聚苯乙烯	
19		垂直调节片	1	45	
20		器件保持架	1	45	
21	GB/T65 M4×10	调节螺钉	1	Q235	
22		垂直调节杆	1	Q235	
23		横向导轨	2	45	
24	GB/T65 M2×5	连接螺钉	4	Q235	
25		齿条	2	H62	
26		水平调节杆	1	45	
27		钢球	2	45	
28		运动标尺	1	T10A	
29		固定标尺	1	T10A	
30		顶杆	1	45	
31		保持轴套	1	45	
32	GB/T6174	锁紧螺母 M10	1	Q235	
33	GB/T6174	螺母 M5	1	Q235	
34		轴盖	1	45	
35	GB/T65	螺钉 M3×5	2	Q235	
36	GB/T65	螺钉 M3×6	2	Q235	
37		水平转动调节架	1	45	
38	GB/T65	螺钉 M2×5	2	Q235	
39		防转调节杆	1	Q235	
40		调节套	1	45	
41		横向调节杆	1	T10A	
42		纵向支架	1	45	
43	GB/T65 M3×12	螺钉	2	Q235	
44		立式支架	1	45	
45	GB/T65	螺钉	2	Q235	
46		支架盖	1	45	
47	GB/T6174	螺母	2	Q235	
48	GB/T65	螺钉 M2×5	4	Q235	
49		连接螺杆	2	Q235	
50	GB/T65	螺钉 M2×6	1	Q235	
51		水平转动套	1	45	
52		转轴套	1	45	
53		连接套	1	45	
54		锁紧螺钉	1	Q235	
55	GB/T65	螺钉 M2×6	1	Q235	
56		直槽螺套	1	45	
57		立柱	1	45	
58		螺杆	1	Q235	
59		轴套	1	45	
60	GB/T65	螺钉 M3×5	16	Q235	
61		连接片	2	H62	
62		垫片	2	H62	
63	GB/T65	螺钉 M6×20	1	Q235	
64	GB/T65	螺钉 M3×8	2	Q235	
65		滑动台	1	45	
66		固定铁条	4	45	

四维微调工作台	共　张	图号	
	第　张	比例	
制图			
审核			

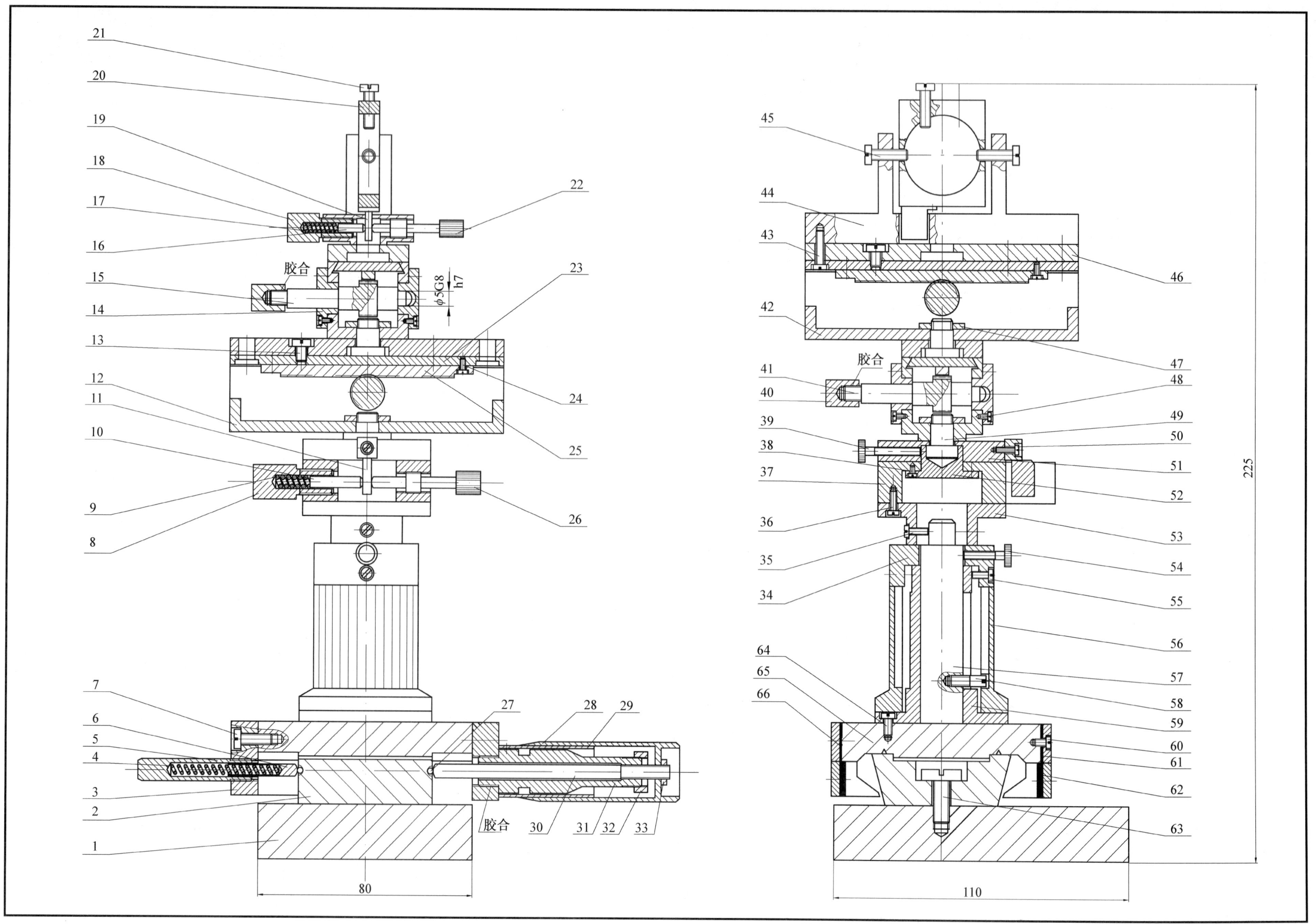
21
20
19
18
17
16
15
14
13
12
11
10
9
8
7
6
5
4
3
2
1
22
23
24
25
26
27
28
29
30
31
32
33
胶合
ϕ5G8
h7
80
45
44
43
42
41
40
39
38
37
36
35
34
64
65
66
46
47
48
49
50
51
52
53
54
55
56
57
58
59
60
61
62
63
110
225

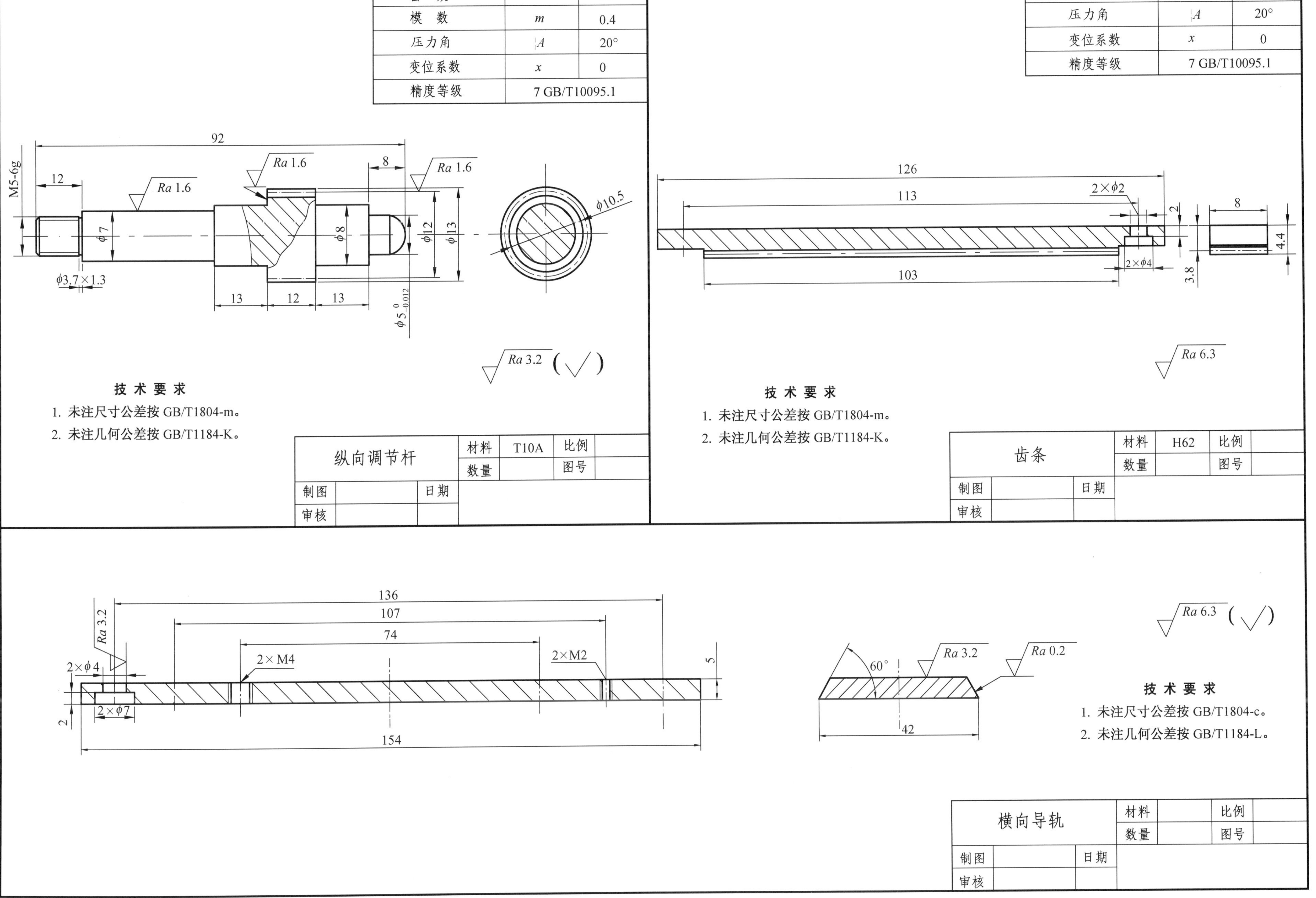

齿　数	z	24
模　数	m	0.4
压力角	α	20°
变位系数	x	0
精度等级	7 GB/T10095.1	
92
M5-6g
12
Ra 1.6
Ra 1.6
8
Ra 1.6
φ7
φ8
φ12
φ13
φ10.5
φ3.7×1.3
13
12
13
φ5 0 -0.012
Ra 3.2 (√)
技 术 要 求
1. 未注尺寸公差按 GB/T1804-m。
2. 未注几何公差按 GB/T1184-K。
纵向调节杆
材料 T10A 比例
数量 图号
制图 日期
审核
模　数	m	0.4
压力角	α	20°
变位系数	x	0
精度等级	7 GB/T10095.1	
126
113
2×φ2
2
8
4.4
2×φ4
103
3.8
Ra 6.3
技 术 要 求
1. 未注尺寸公差按 GB/T1804-m。
2. 未注几何公差按 GB/T1184-K。
齿条
材料 H62 比例
数量 图号
制图 日期
审核
136
107
74
Ra 3.2
2×φ4
2×M4
2×M2
5
2×φ7
2
154
Ra 6.3 (√)
60°
Ra 3.2
Ra 0.2
42
技 术 要 求
1. 未注尺寸公差按 GB/T1804-c。
2. 未注几何公差按 GB/T1184-L。
横向导轨
材料 比例
数量 图号
制图 日期
审核

七、棱镜分光多波长高温计

用　　途

棱镜分光多波长高温计是一种新型的辐射测温仪器，可广泛应用于航天、航空、核能、兵器、冶金材料、能源等领域，作为非黑体的真温测量、热物性动态测试及温度传递等。它具有测温范围宽（−50～3000℃），反应速度快（亚毫秒级），长期稳定性好，使用寿命长等优点。它适用于远距离目标、运动物体、带电物体及不可接触的目标温度的测量。

工 作 原 理

多波长辐射测温仪是通过测量目标在多个波长下的辐射能量来同时获得目标的真实温度和光谱发射率的辐射式测温仪器。棱镜分光多波长高温计采用棱镜分光获得工作波长，它最多可有 35 个波长，选择灵活。它克服了传统的干涉滤光片分光限定工作波长的不足，从而提高了仪器的精度和长期稳定性。

仪器的光学系统及光学零件主要尺寸

仪器的光路系统提供了辐射能量传播的通道，如图 1 和表 1 所示。目标辐射的能量经主物镜 1、2、3 成像于场栏反射镜 5，一方面经分划板 7、场镜 8 和目镜 9、10 在孔径光栏 11 处成像用于瞄准，另一方面成像于视场光栏的能量经分划场镜 6 入射到准直物镜 12、13 准直为平行光，再投射到组合棱镜 14 上，组合棱镜将复式光展成光谱，经暗箱物镜 15、16 聚焦于反射镜 17，反射至探测器线列，经转换及电路处理可直接显示被测目标的真实温度。

图 2 和表 2 为另一光路系统及其尺寸。

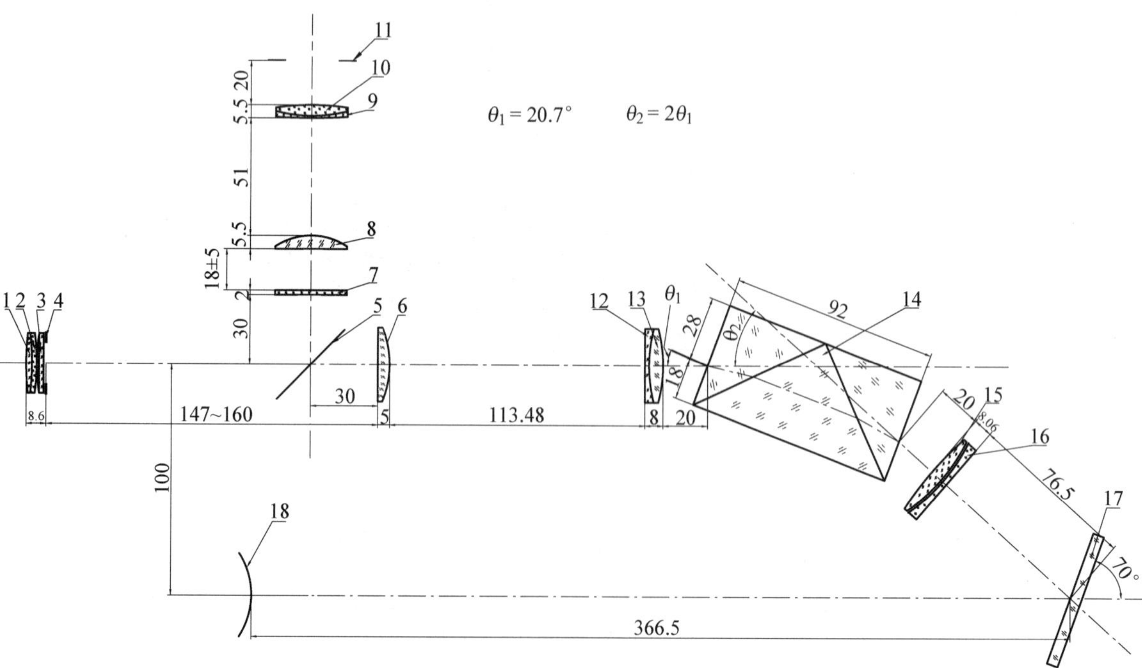

图 1

表 1

序　号	名　称	外形尺寸	镜框尺寸	中心厚度	序　号	名　称	外形尺寸	镜框尺寸	中心厚度
1	主物镜	ϕ26	ϕ24	3.5	10	目镜正片	ϕ20	ϕ18	4
2		ϕ26	ϕ24	2	11	孔径光栏			
3		ϕ26	ϕ24	3	12	准直物镜	ϕ32	ϕ30	2
4	孔径光栏	ϕ22.8			13		ϕ32	ϕ30	6
5	场栏反射镜	25×25×1（金属）			14	组合棱镜	92×46×35		
6	分划场镜	ϕ32	ϕ30	5	15	暗箱物镜	ϕ40	ϕ38	5
7	分划板	ϕ32	ϕ30		16		ϕ40	ϕ38	2.5
8	场镜	ϕ32	ϕ30	5.5	17	反射镜	60×45×5		
9	目镜负片	ϕ20	ϕ18	1.5	18	光谱镜面			

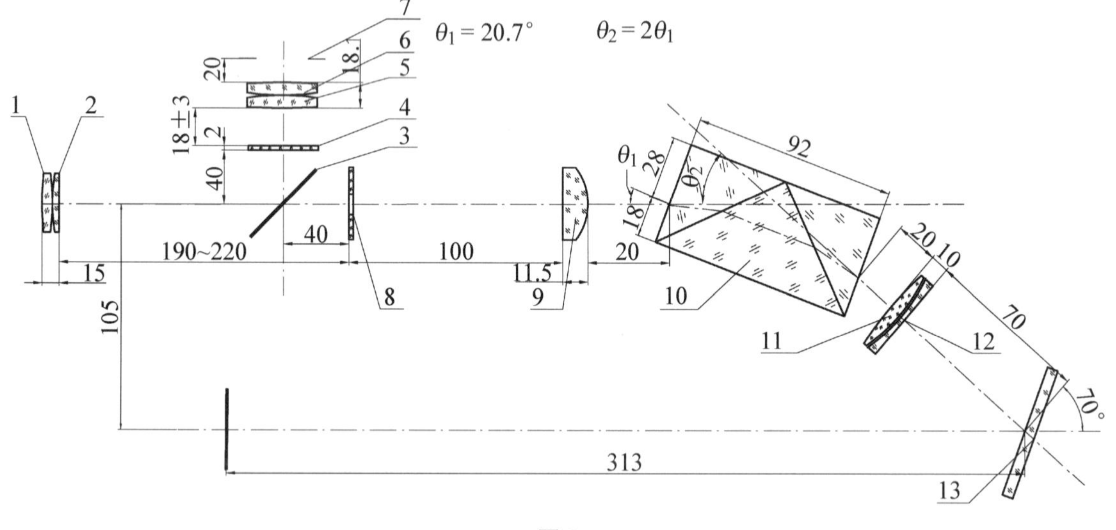

图 2

表 2

序　号	名　称	外形尺寸	镜框尺寸	中心厚度	序　号	名　称	外形尺寸	镜框尺寸	中心厚度
1	物镜	ϕ50	ϕ46	8.8	8	视场光栏	30×30×2（1×1.2）		
2		ϕ50	ϕ46	4.2	9	准直物镜	ϕ32	ϕ30	11.5
3	反射镜	25×20×2			10	组合棱镜	92×46×35		
4	分划板	ϕ22	ϕ20	2	11	暗箱物镜	ϕ37	ϕ35	4.8
5	目镜	ϕ22	ϕ20	7.5	12		ϕ37	ϕ35	3.4
6		ϕ22	ϕ20	7.5	13	反射镜	60×45×5		
7	出瞳				14	光谱镜面			

八、立式测长仪

用　　途

立式测长仪是以一个精密玻璃刻线尺为标准，利用读数显微镜进行读数的一种高准确度量仪，用于对长度、轴径、球径等外形尺寸进行绝对或相对测量。

工 作 原 理

底座1上放置被测工件2，通过测量轴4上的可换测量头3与被测件进行接触测量。在精密滚动轴承5和8的支持下，测量轴4通过钢带10、滚轮11、平衡锤12和缓冲油缸13完成平稳的升降运动。砝码9用来调节测量力。

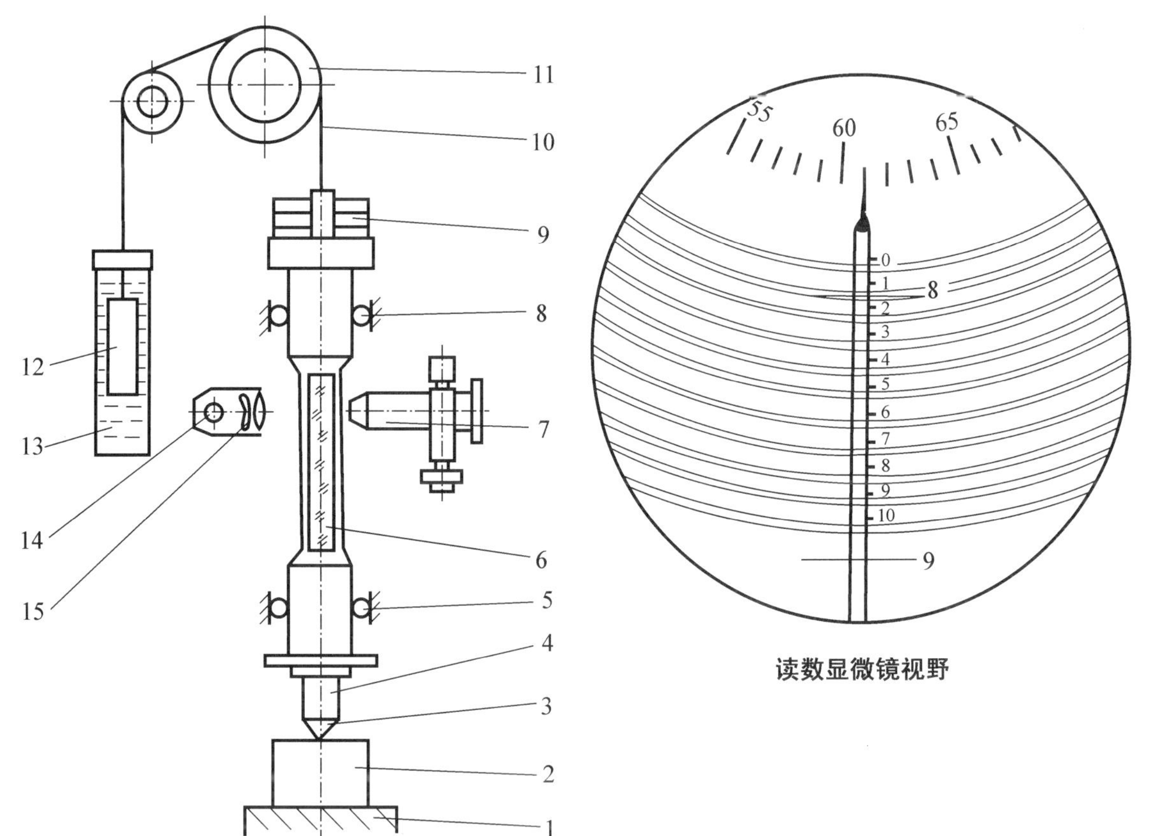

立式测长仪结构原理示意图

1—底座　2—工件　3—测量头　4—测量轴
5、8—精密滚动轴承　6—毫米玻璃刻线尺
7—读数显微镜　9—砝码　10—钢带　11—滚轮
12—平衡锤　13—缓冲油缸　14—照明灯　15—透镜

读数显微镜视野

技 术 要 求

1. 测量头总行程：0～210mm。
2. 绝对测量范围：0～100mm。
3. 相对测量范围：0～200mm。
4. 测量力：0.75～2N。
5. 测头可以停止在任意高度（0～210mm）。

测量轴的轴线上固定有毫米玻璃刻线尺6，其上有101条间隔为1mm的刻线。光源14发出的光经透镜15透过毫米玻璃刻线尺6，将毫米刻线影像投射到螺旋读数显微镜7进行读数。

在读数显微镜7的视场中，可以看到三种刻线重合在一起：

一种是毫米玻璃刻线尺6上的刻度（图中的大刻度8、9），其间距为1mm；

一种是目镜视野中间隔为0.1mm的刻度（图中的小刻度0～10）；

一种是螺距为0.1mm的阿基米德螺旋双刻线，螺旋线里面圆周上刻有100格圆周刻度（图中上部的刻度55、60、65）对0.1mm的刻度进行100细分，因此每小格圆周刻度代表0.001mm。

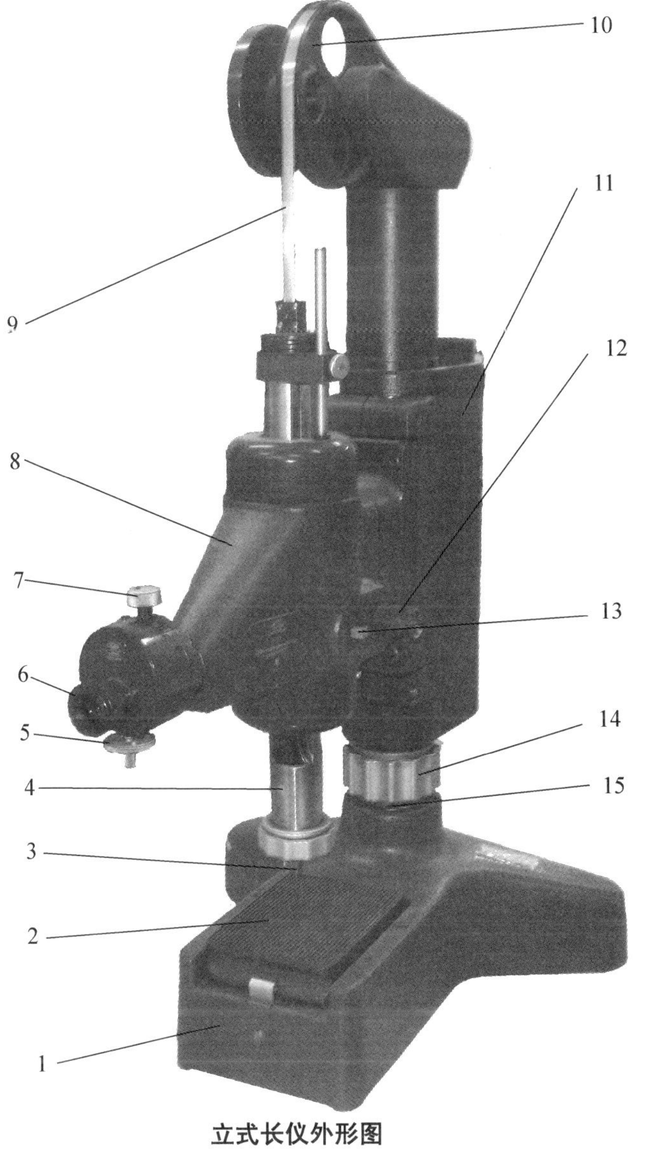

立式长仪外形图

1—底座　2—工作台　3—测量头　4—测量轴
5—螺旋分划板微调手轮　6—目镜　7—刻度调节钮
8—阿贝体　9—钢带　10—滚轮　11—缓冲油缸
12—照明灯　13—固定螺钉　14—螺帽　15—立柱

九、比色温度计

比色温度计用于测量灰体的真实温度，用它测温可以减少或清除视场光栏未被充满，或光程中有水汽、灰尘及烟气等的影响，特别是用于工业现场，如高炉、砖窑温度的测量。

工 作 原 理

比色温度计是通过测量目标在两个波长下的辐射能量比值来确定目标温度的一种辐射测量仪器。仪器的光路系统提供了辐射能量的通道，如图 1 所示。目标所发出的辐射能量经双胶物镜 2、3 成像于场栏反射镜 4，经目镜 13、14 成像于出瞳 15 处；另一方面成像于视场光栏的能量由准直物镜 5、6 准直为平行光而平行投射到分光棱镜，经组合棱镜 7、8 将复式光展成光谱，由五棱镜转向，经暗箱物镜 10、11 聚焦于探测器 12，经转换及电路处理，计算后可直接测出目标温度。

图 2 与表 2 所示为比色温度计的另一种方案。

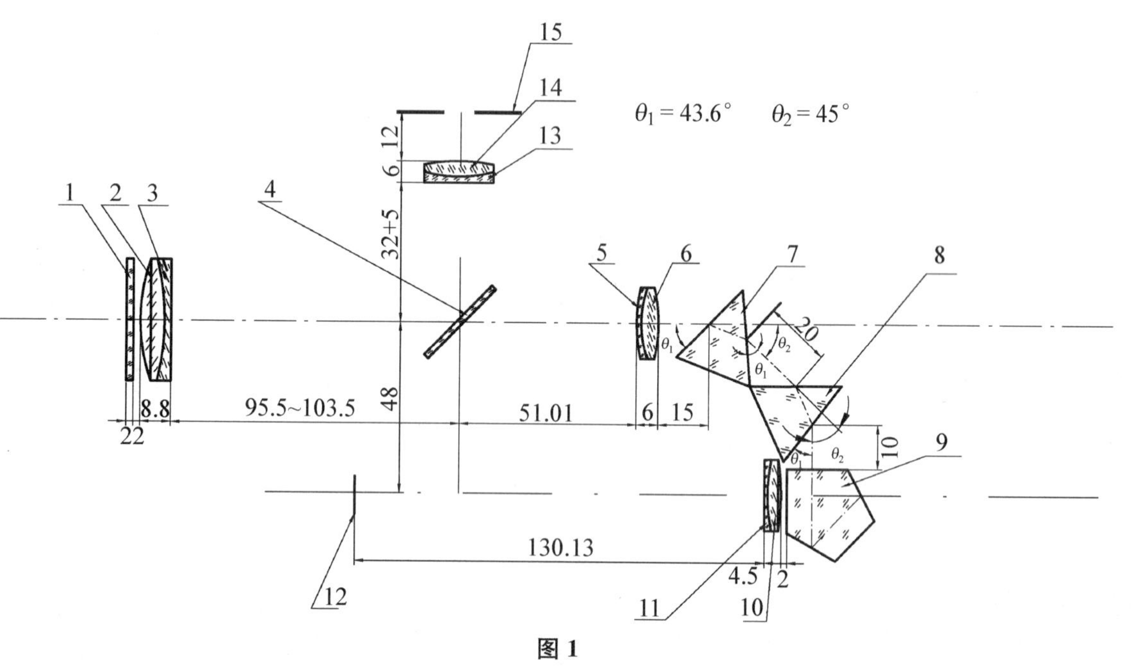

图 1

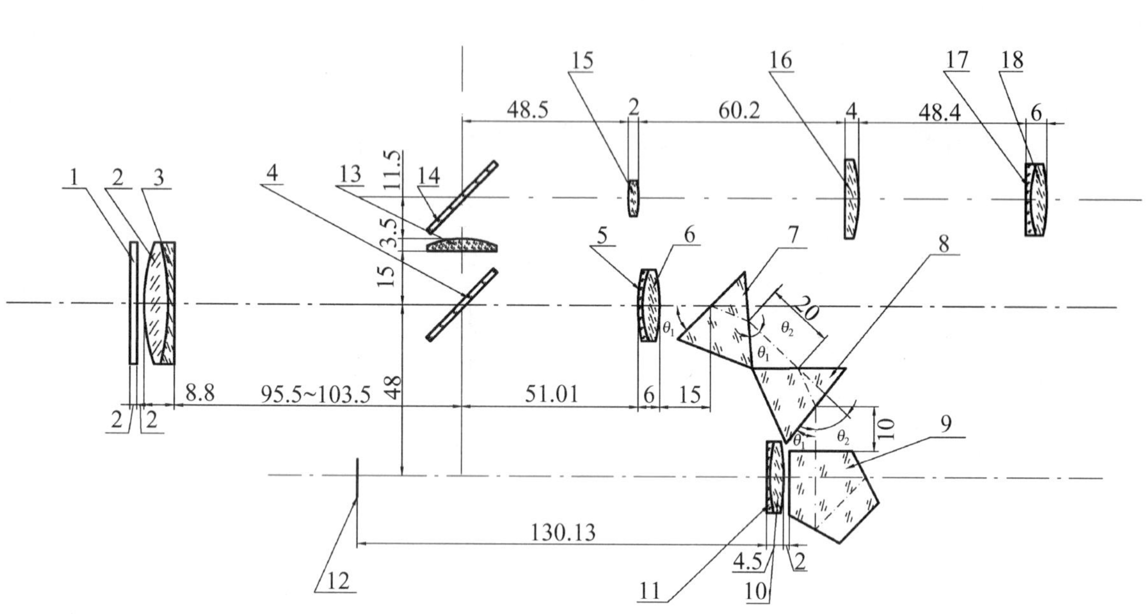

图 2

表 1

序号	名称	外形尺寸	镜框尺寸	中心厚度	序号	名称	外形尺寸	镜框尺寸	中心厚度
1	保护玻璃	ϕ34	32	2	9	五角棱镜	18.4×18.4×20×20×20		
2	主物镜	ϕ34	32	6.8	10	暗箱物镜	ϕ20	18	3
3		ϕ34	32	2	11		ϕ20	18	1.5
4	场栏反射镜	30×20×2			12	探测器平面			
5	准直物镜	ϕ20	16	1.5	13	双胶目镜	ϕ20	18	1.5
6		ϕ20	16	4.5	14		ϕ20	18	4.5
7	色散棱镜	28×28×22.69×20			15	出瞳	ϕ4		
8		28×28×22.69×20							

表 2

序号	名称	外形尺寸	镜框尺寸	中心厚度	序号	名称	外形尺寸	镜框尺寸	中心厚度
1	保护玻璃	ϕ34	32	2	10	暗箱物镜	ϕ20	18	3
2	主物镜	ϕ34	32	6.8	11		ϕ20	18	1.5
3		ϕ34	32	2	12	探测器平面			
4	场栏反射镜	30×20×2			13	场镜	ϕ21	20	3.5
5	准直物镜	ϕ20	16	1.5	14	平面反射镜	30×20×2		
6		ϕ20	16	4.5	15	转象镜	ϕ10	8	2
7	色散棱镜	28×28×22.69×20			16	场镜	ϕ21	20	4
8		28×28×22.69×20			17	目镜	ϕ20	18	1.5
9	五角棱镜	18.4×18.4×20×20×20			18		ϕ20	18	1.5

第二篇　仪器常用零、部件

一、联　　接

（一）螺钉联接、销钉联接、速拆联接、键联接、铆接、铸合

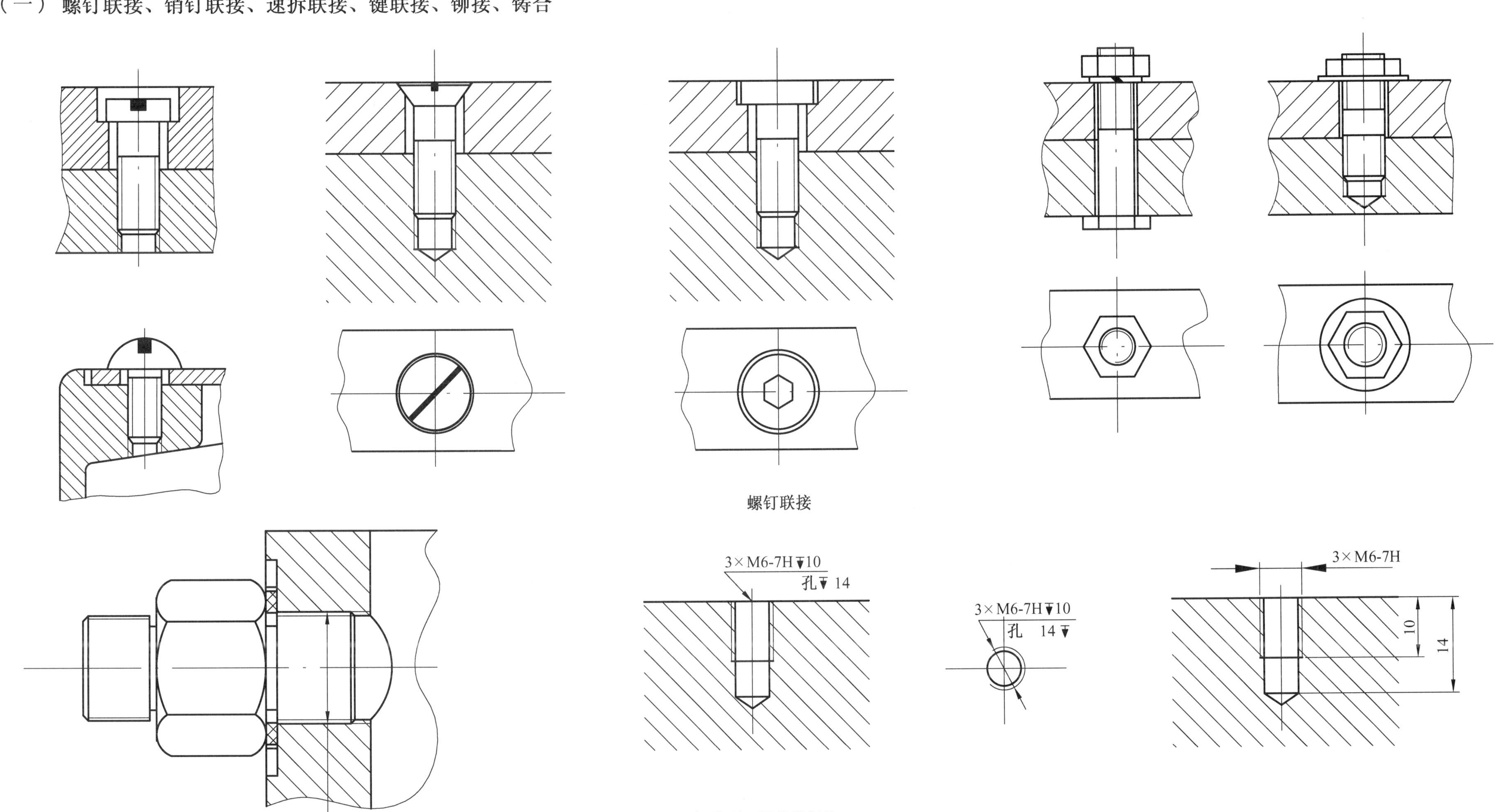

螺钉联接

螺纹副、螺孔的标注

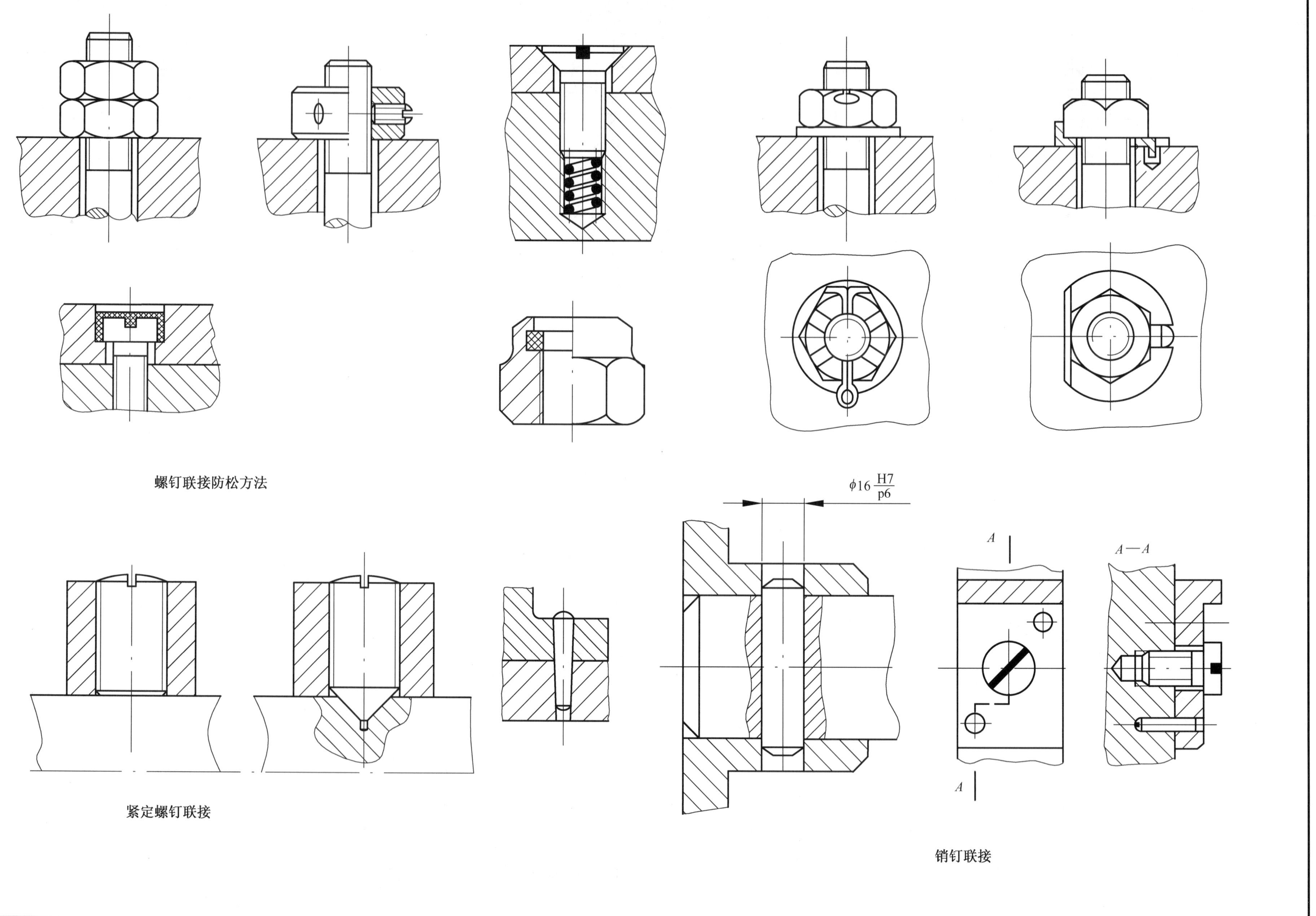

螺钉联接防松方法
$\phi 16\frac{H7}{p6}$
A
A—A
A
紧定螺钉联接
销钉联接

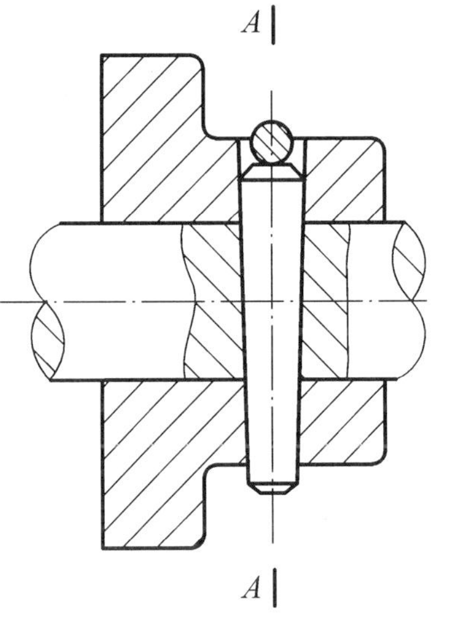
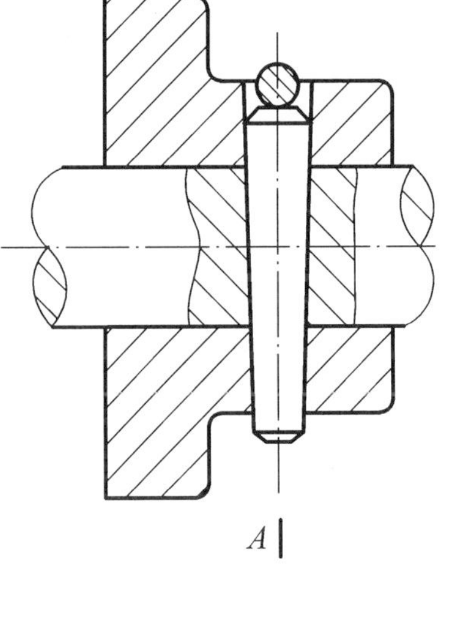

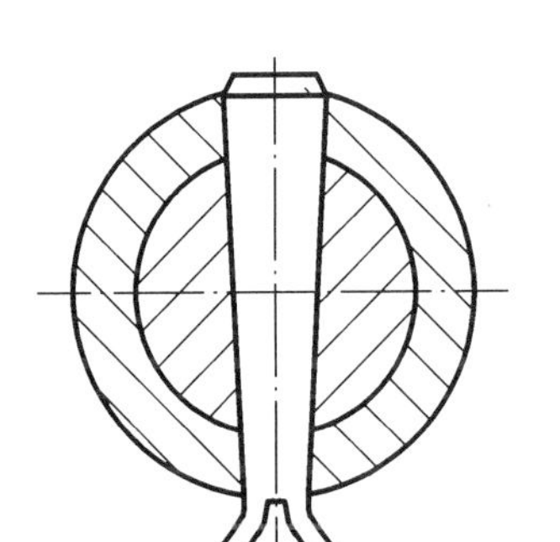
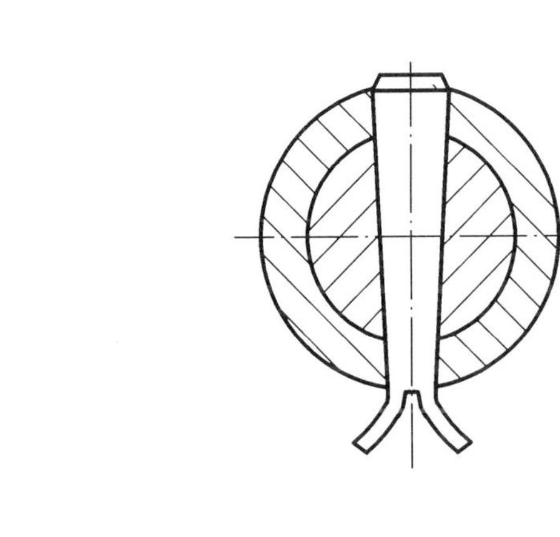

(c)

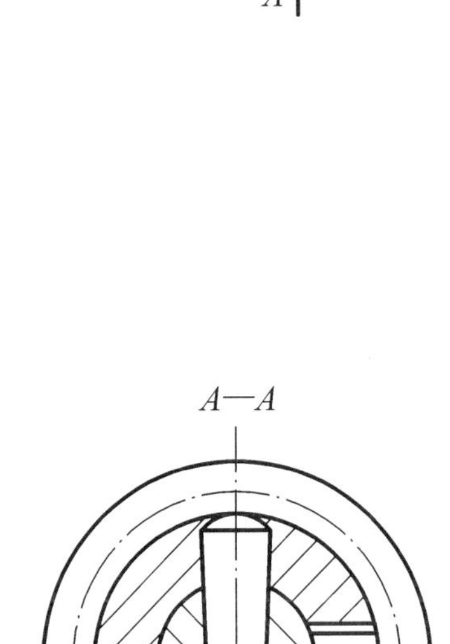

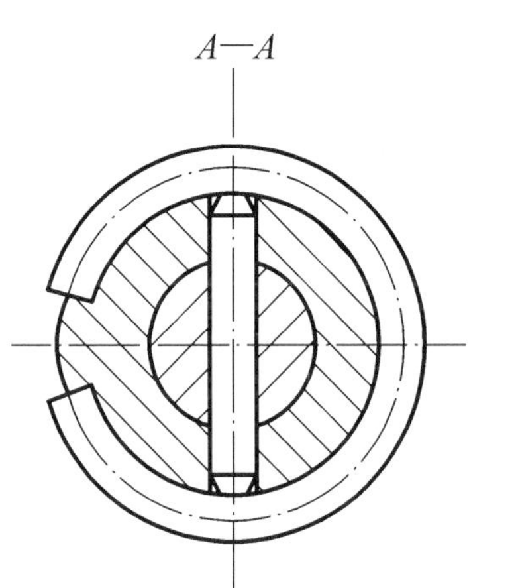
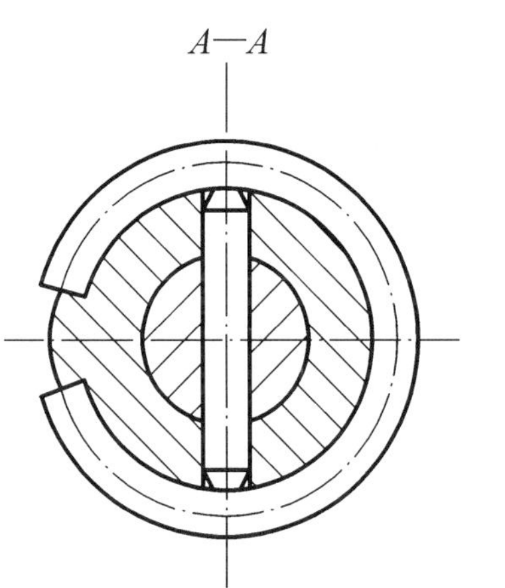

(a)

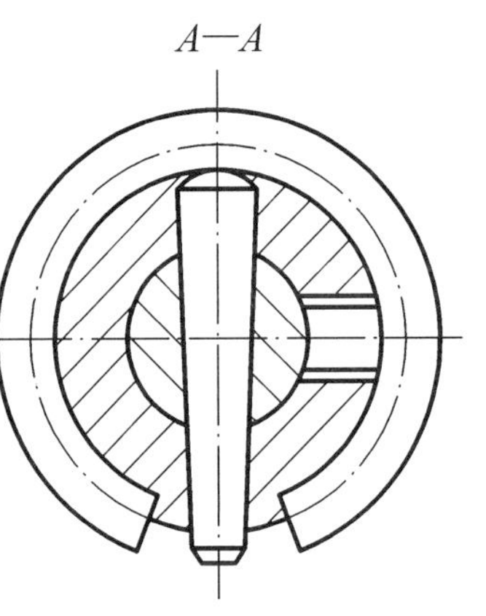

(b)

(d)

销钉联接防松结构

(a)、(b) 弹性环防松　(c) 开口销防松　(d) 锥销紧固防松

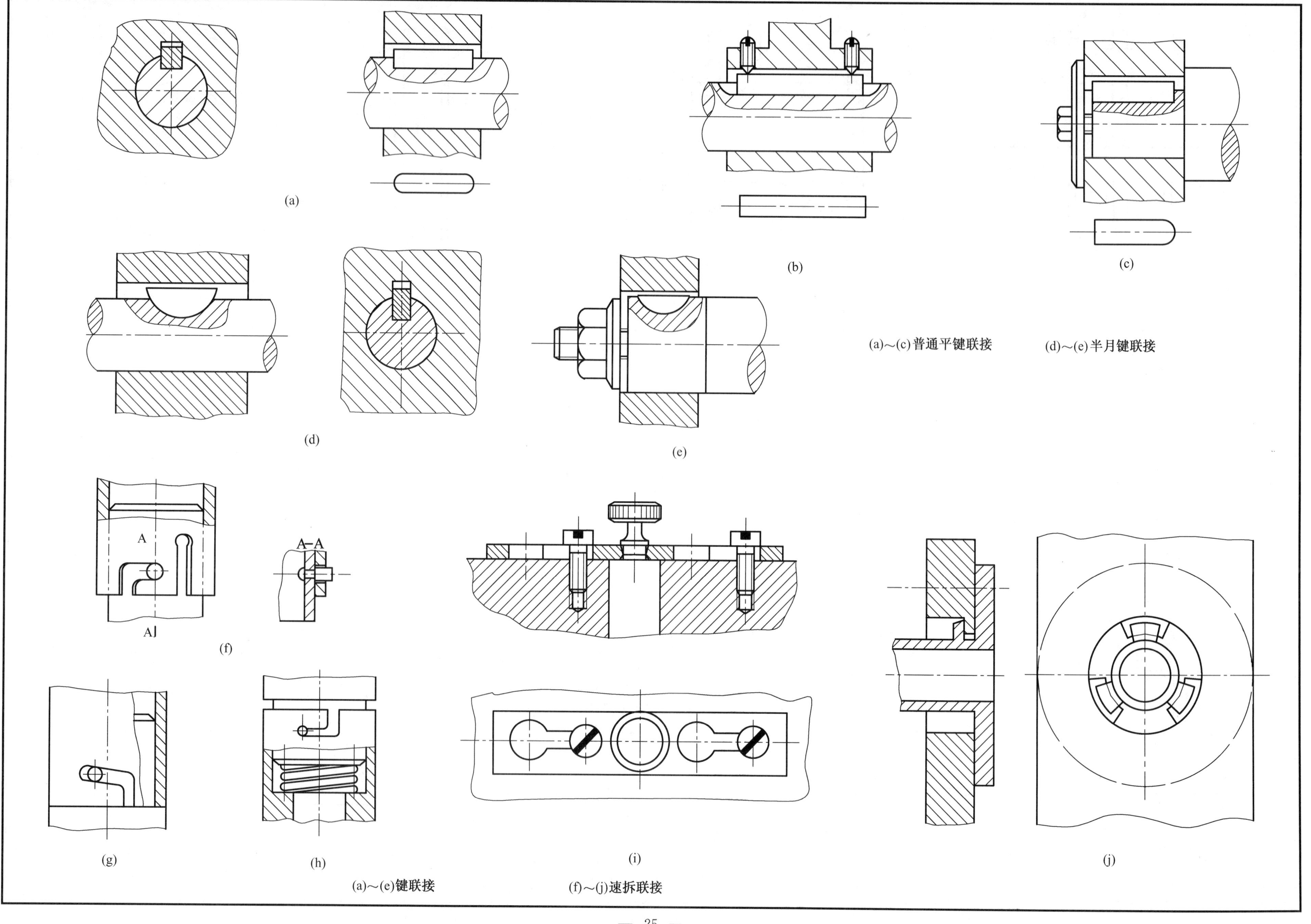
(a)
(b)
(c)
(a)～(c)普通平键联接
(d)～(e)半月键联接
(d)
(e)
A
A—A
A
(f)
(g)
(h)
(i)
(j)
(a)～(e)键联接
(f)～(j)速拆联接

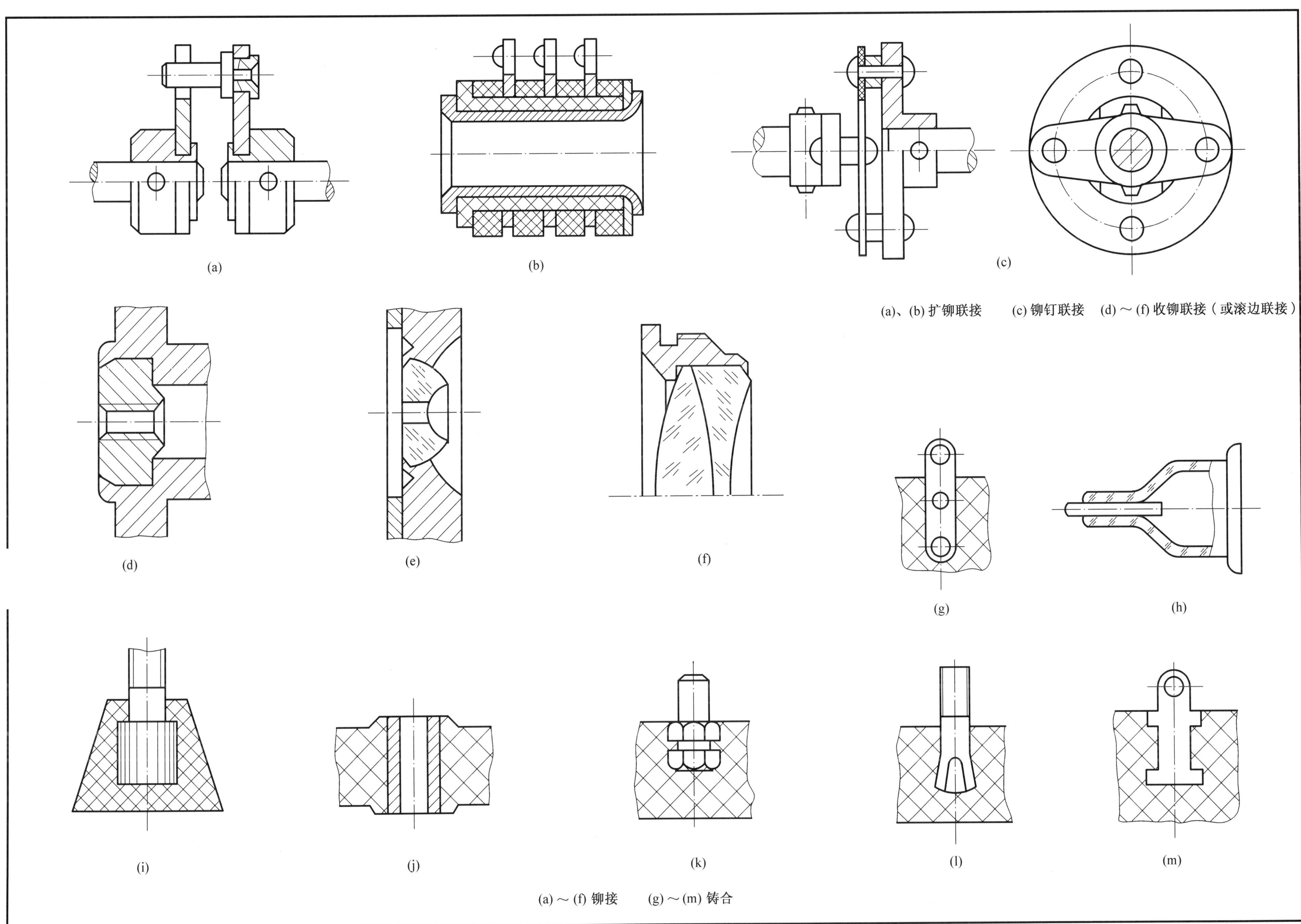

(a)、(b) 扩铆联接　(c) 铆钉联接　(d) ～ (f) 收铆联接（或滚边联接）

(a) ～ (f) 铆接　(g) ～ (m) 铸合

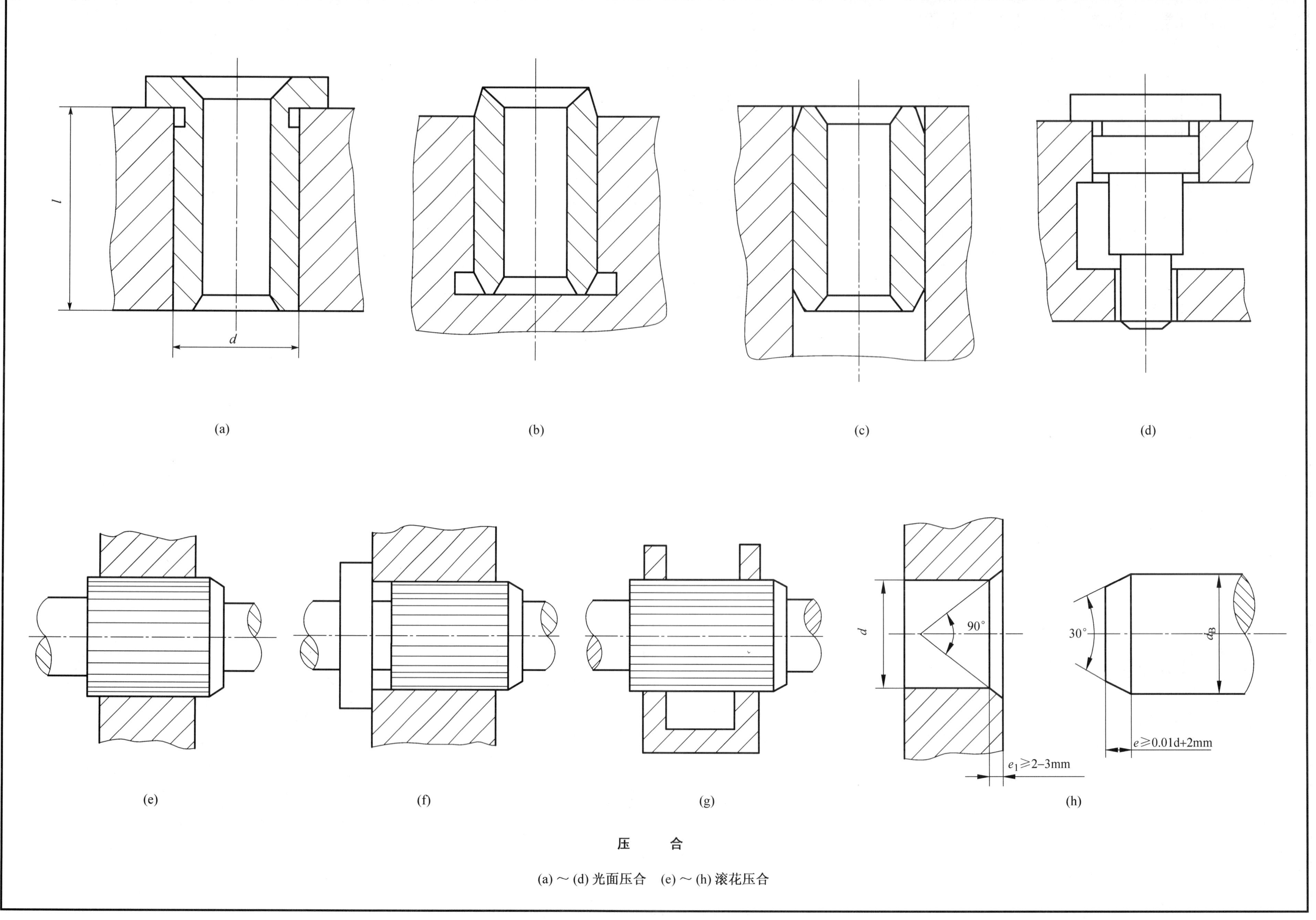

压　　合

(a)～(d) 光面压合　(e)～(h) 滚花压合

（二）圆形光学零件固定、平面镜固定、棱镜固定

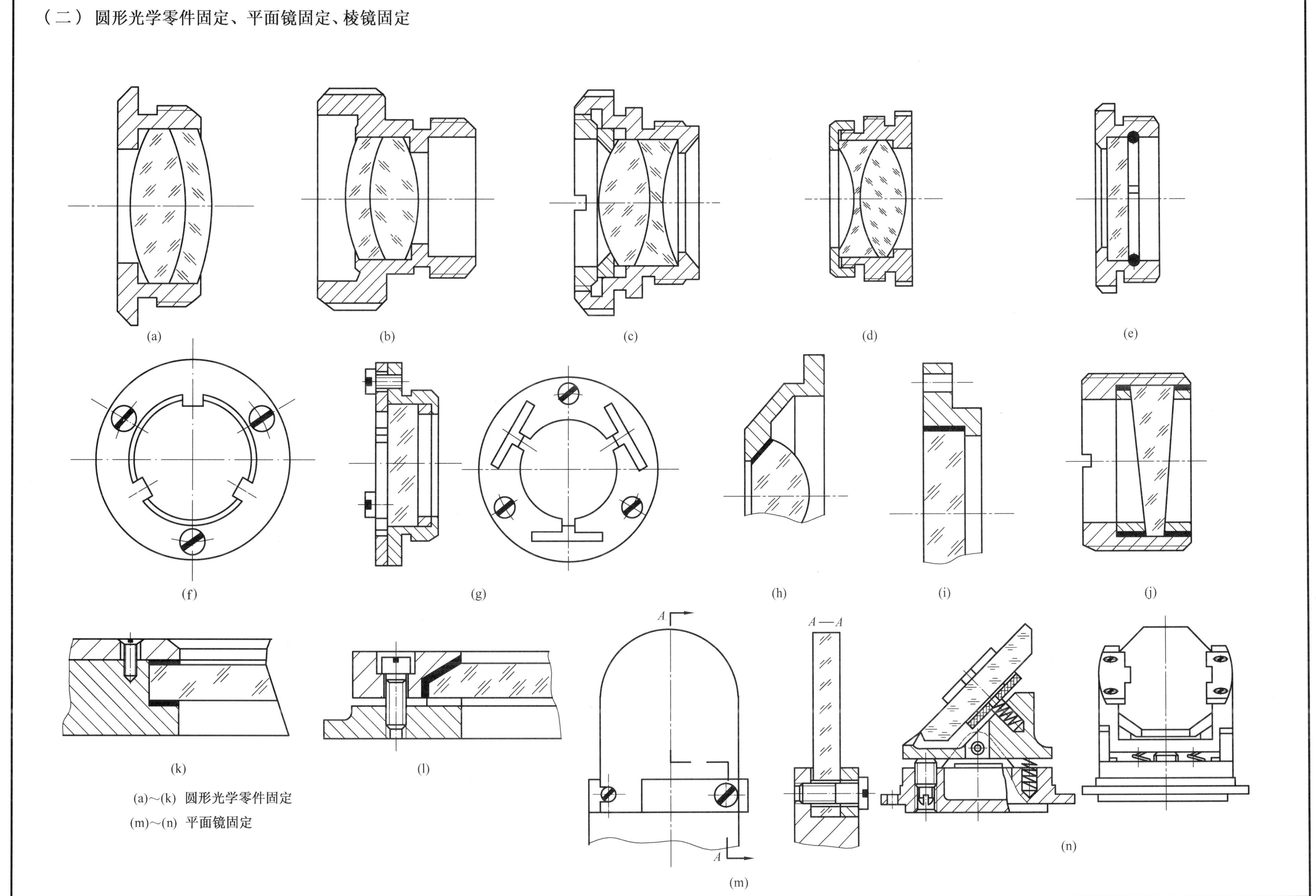

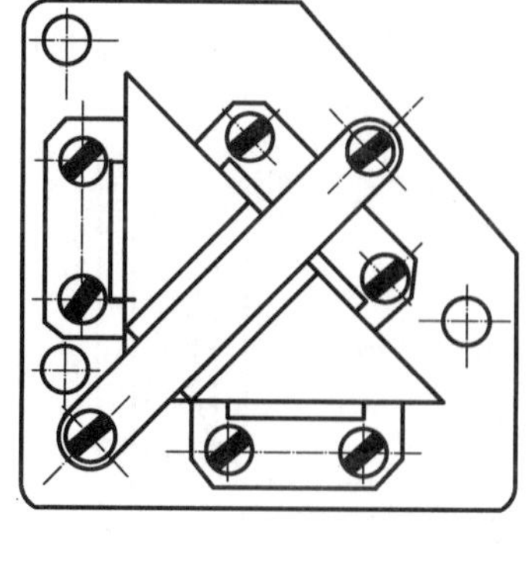

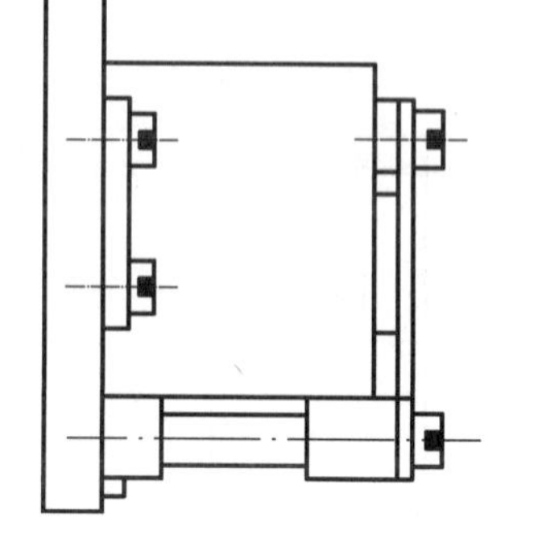

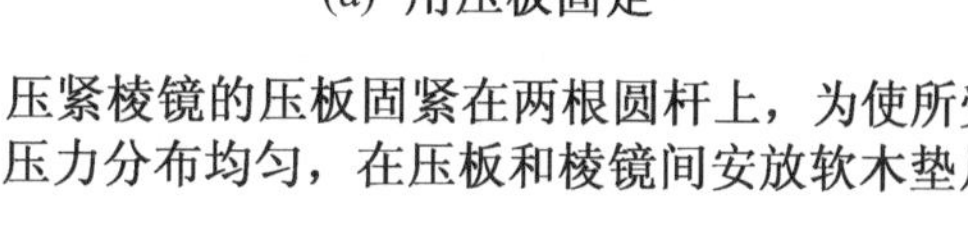

(a) 用压板固定

压紧棱镜的压板固紧在两根圆杆上，为使所受压力分布均匀，在压板和棱镜间安放软木垫片

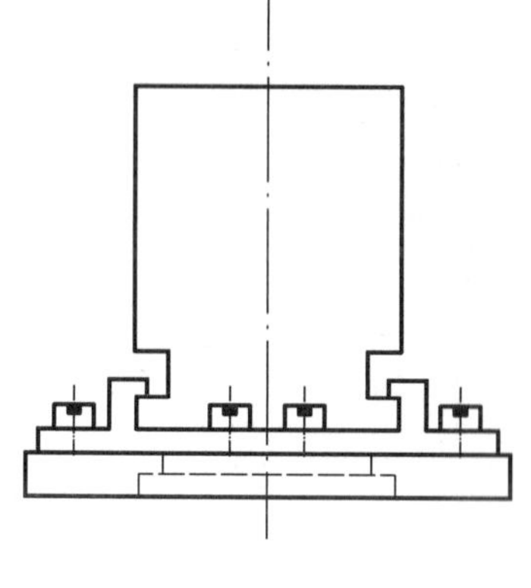

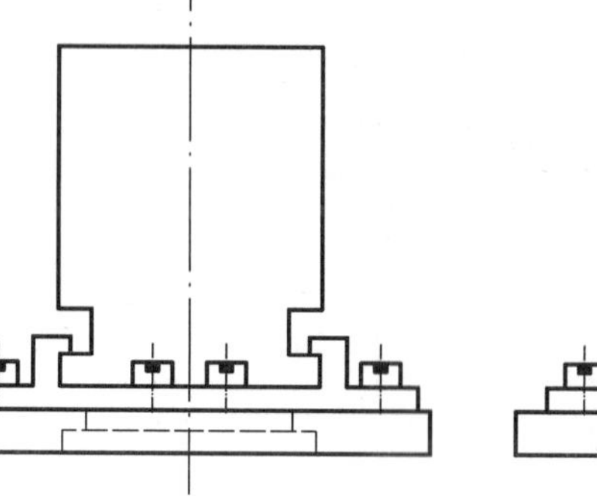

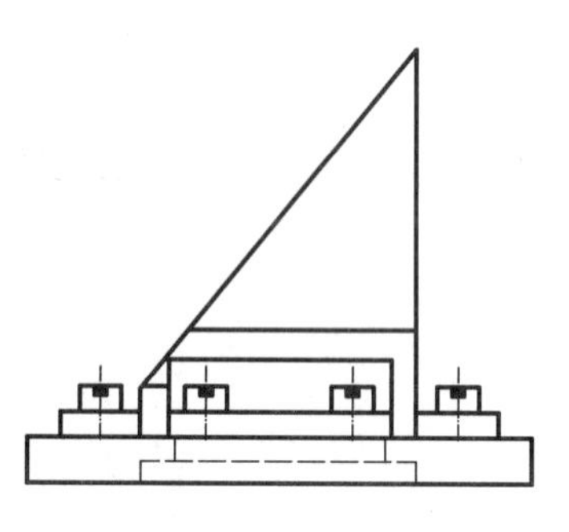

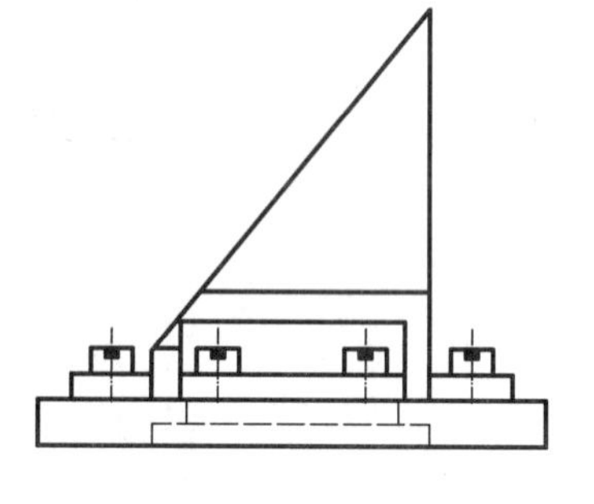

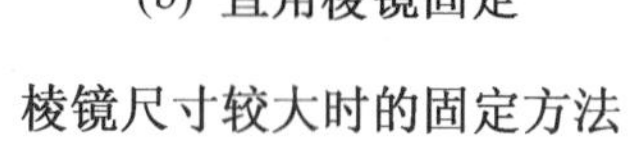

(b) 直角棱镜固定

棱镜尺寸较大时的固定方法

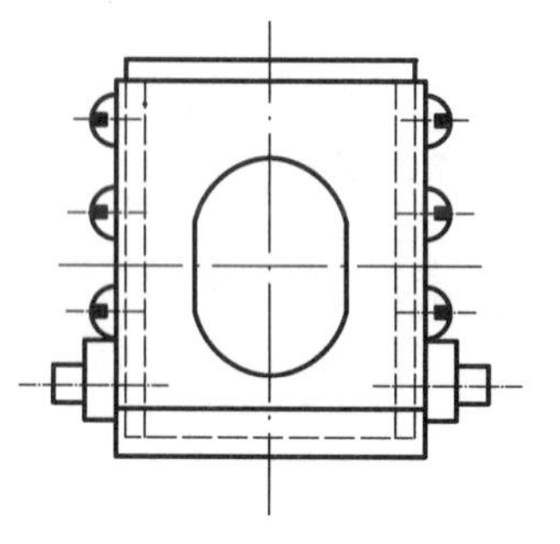

(c) 直角棱镜固定

用弓形簧片通过垫片固定棱镜

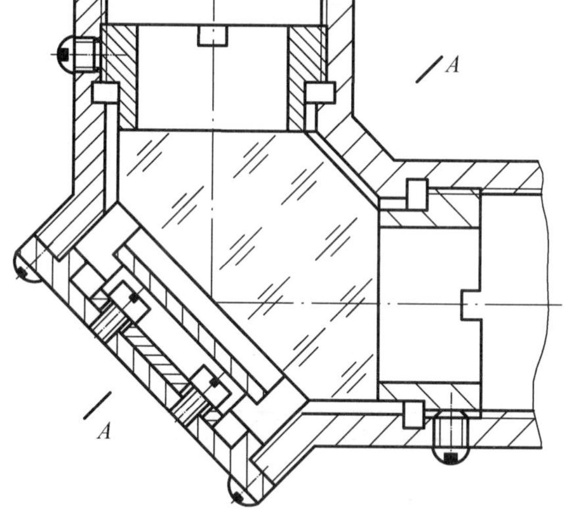

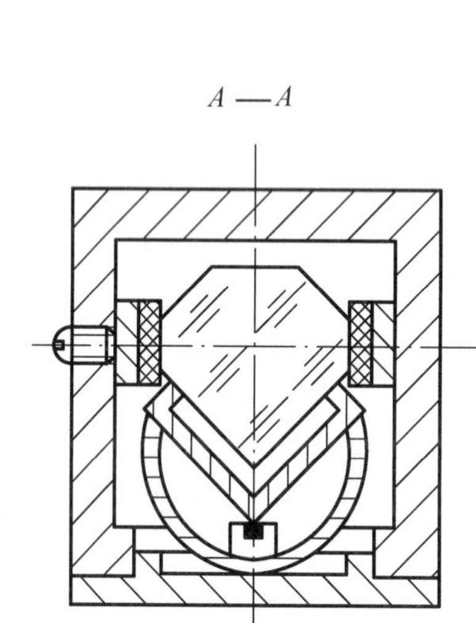

(d) 直角屋脊棱镜固定

用弓形弹簧固定，转动螺纹压圈可调整棱镜位置

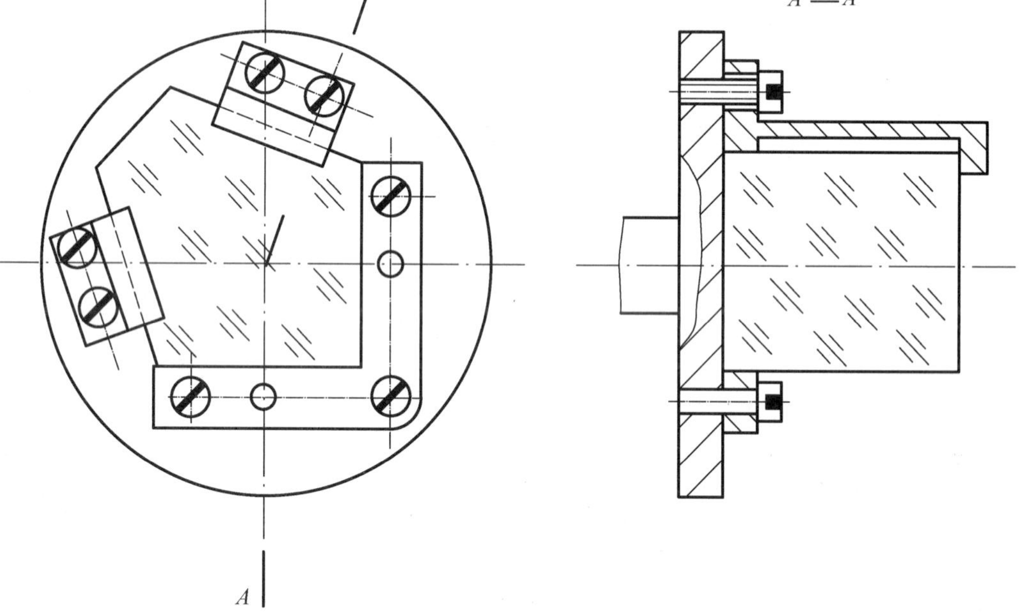

(e) 五角棱镜固定

用角板固定，该方法简单牢靠

棱镜固定

（三）各种物镜、目镜

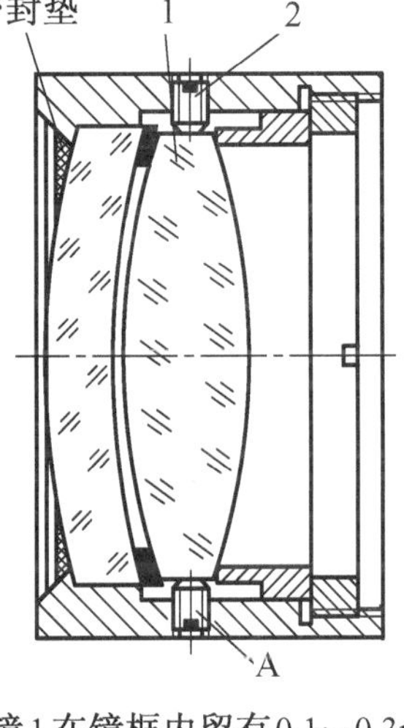

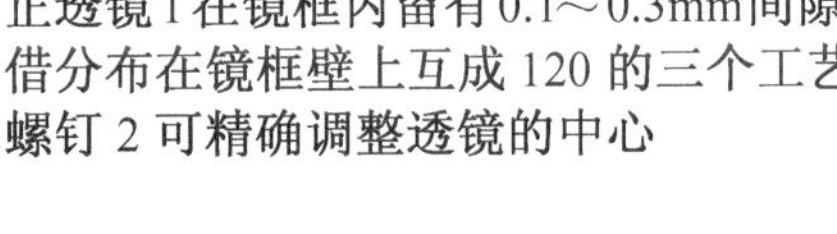

正透镜1在镜框内留有0.1～0.3mm间隙，借分布在镜框壁上互成120的三个工艺螺钉2可精确调整透镜的中心

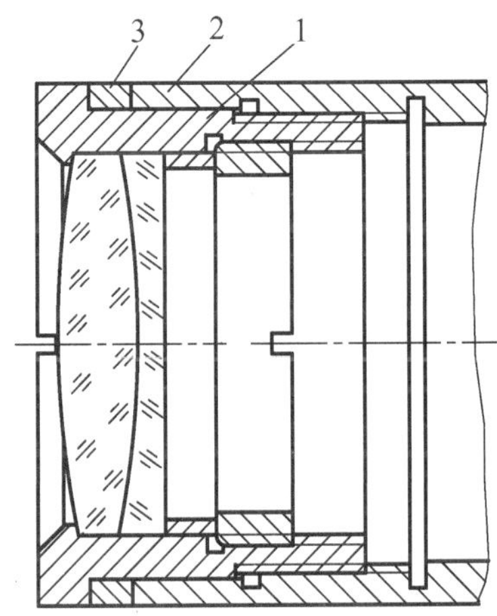

用修切物镜框1与镜管2间的隔圈3来调节成象面

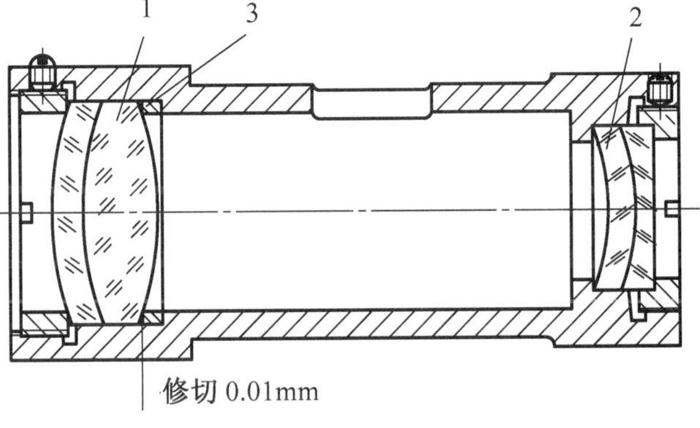

图示为用于测距机上的一种物镜结构，可通过修切隔圈3改变透镜1、2之间的距离实现调焦

远焦物镜

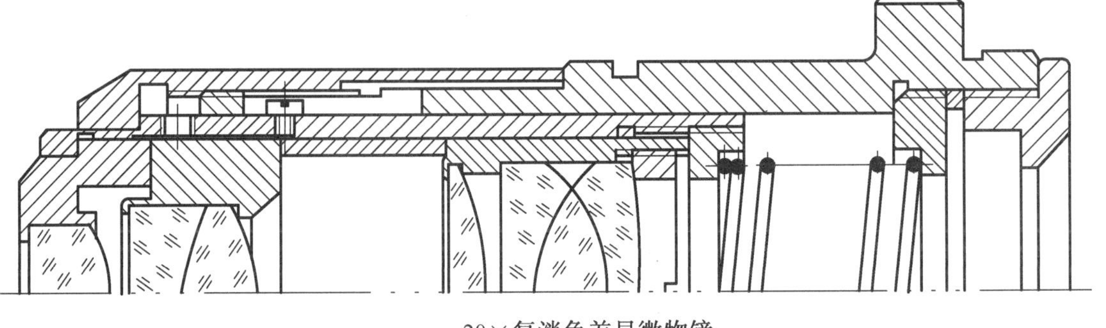

20×复消色差显微物镜

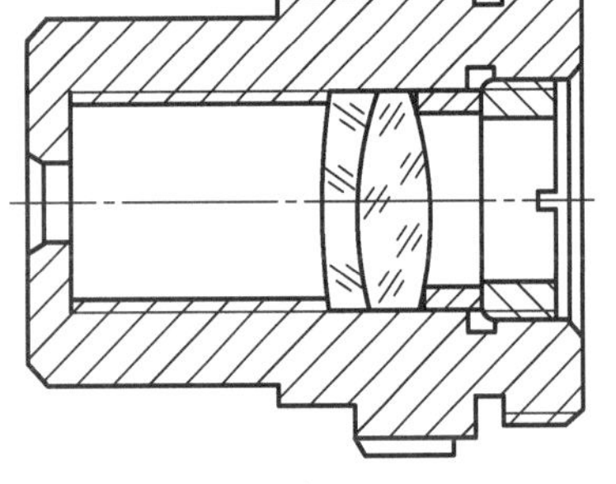

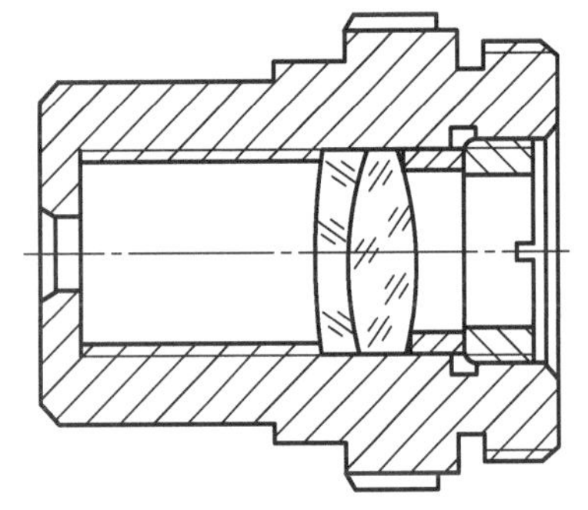

图示为常用的读数显微镜和普通对中心用仪器上的物镜

图示为8～10倍的显微物镜结构，可用修切或加垫锡泊片调整透镜间隙

显微物镜

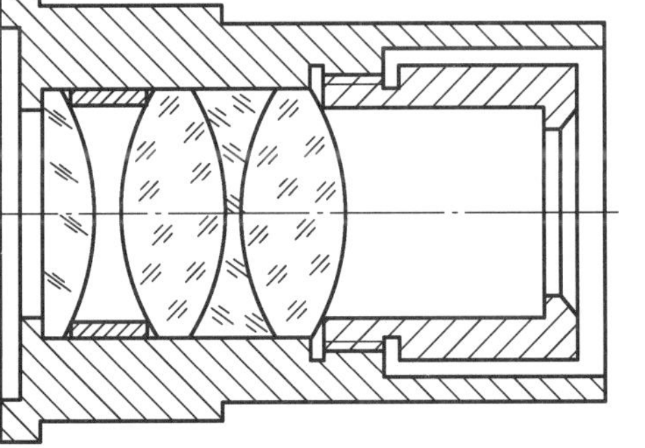

15×组合显微目镜

7×测量显微目镜

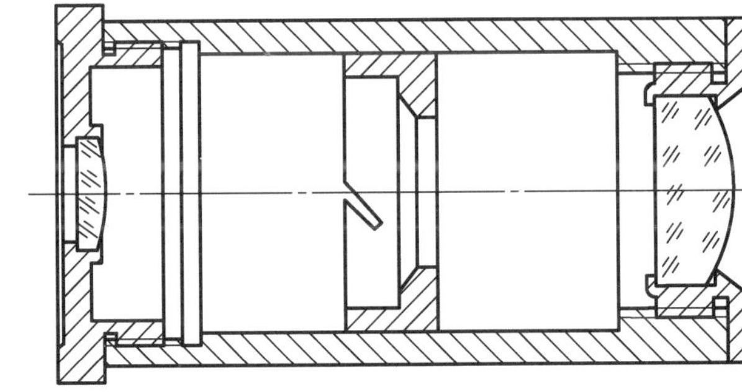

7×显微目镜

显微目镜

二、支　　承

（一）圆柱形支承、圆锥支承、球支承、顶尖支承、轴尖支承

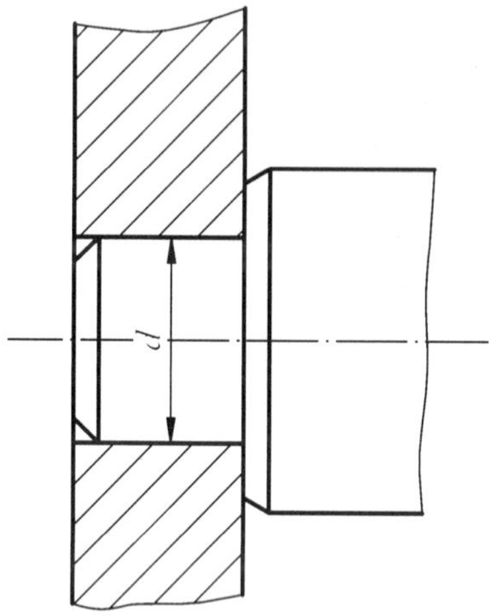

d>1mm

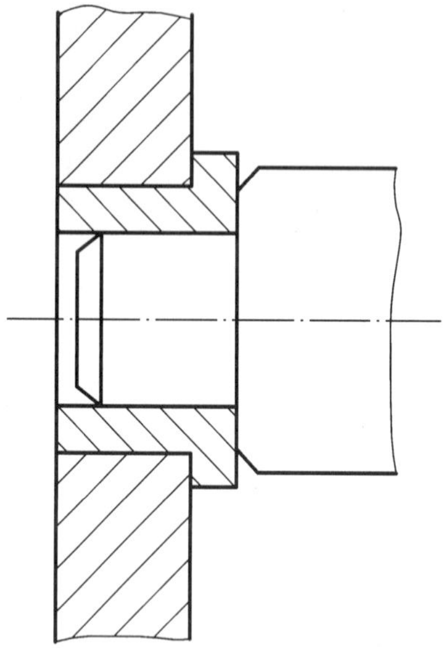

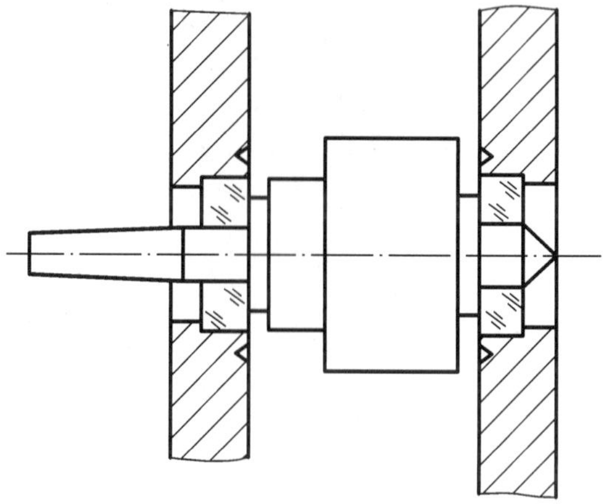

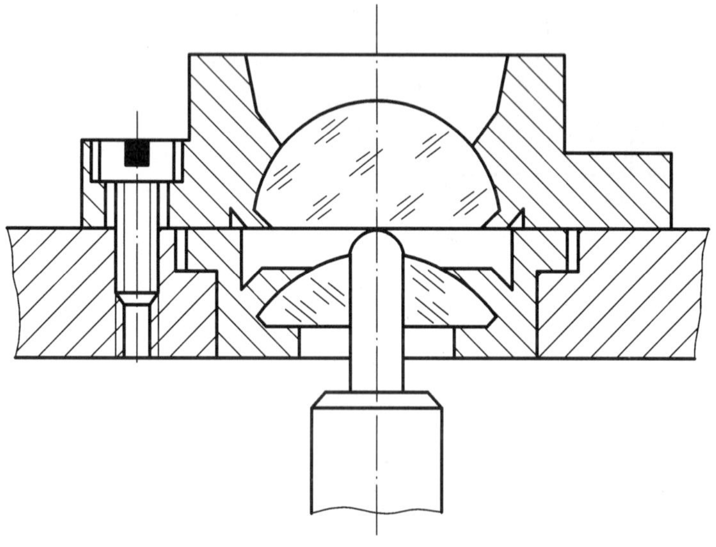

用于钟表中的宝石支承

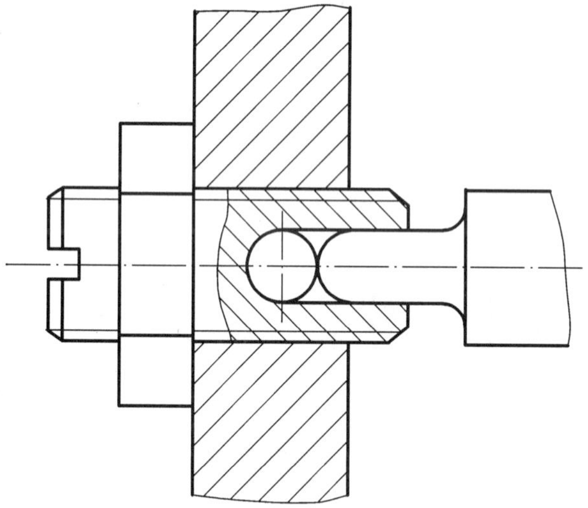

钢珠承受轴向力

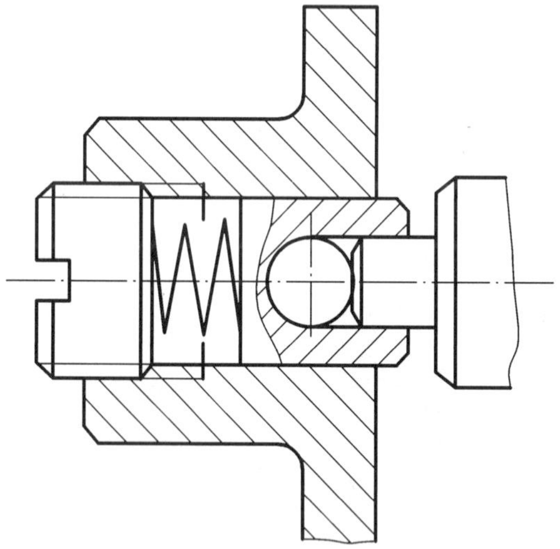

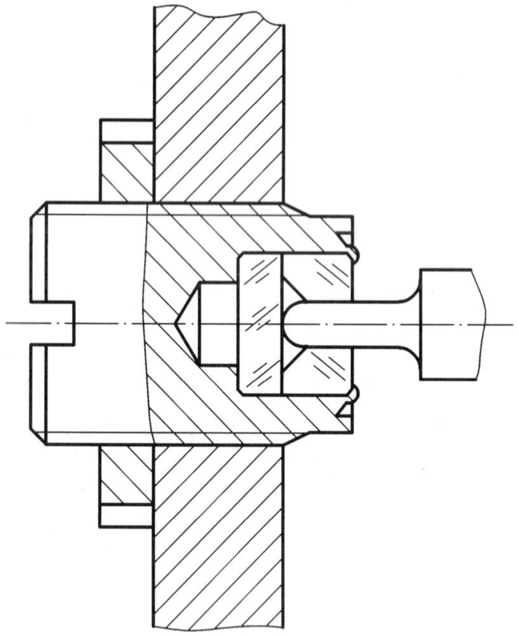

宝石止推垫承受轴向力

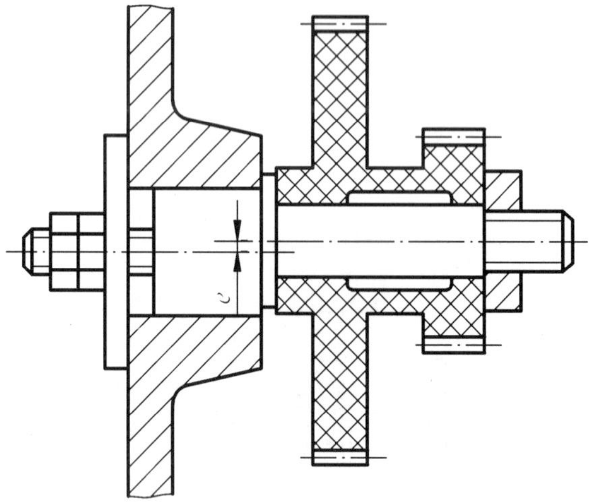

圆柱形支承

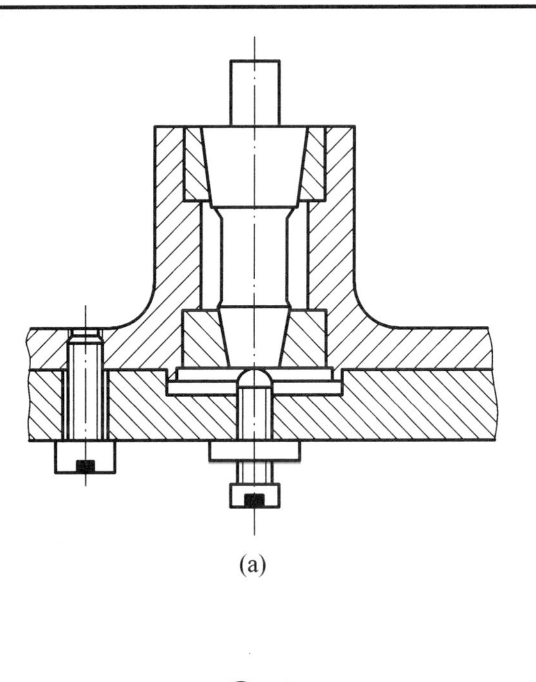

(a)

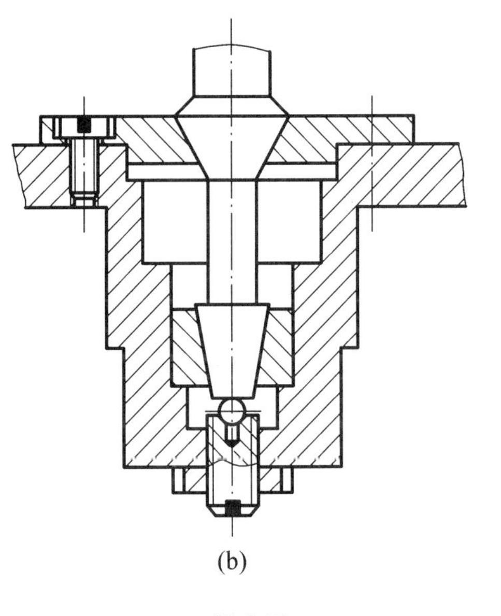

(b)

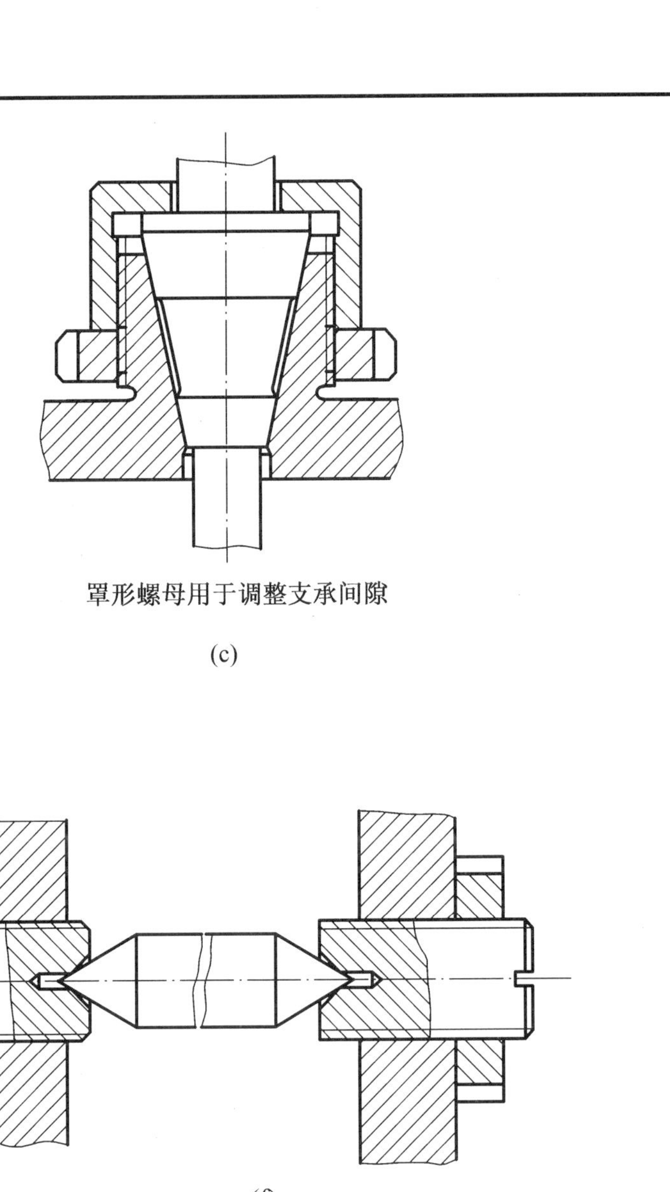

罩形螺母用于调整支承间隙

(c)

圆锥支承

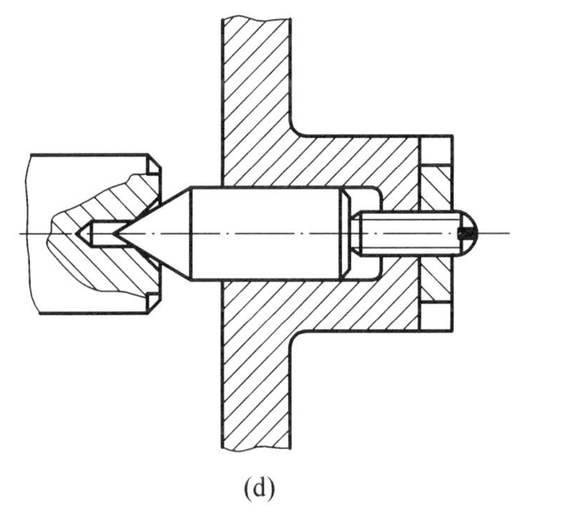

(d)

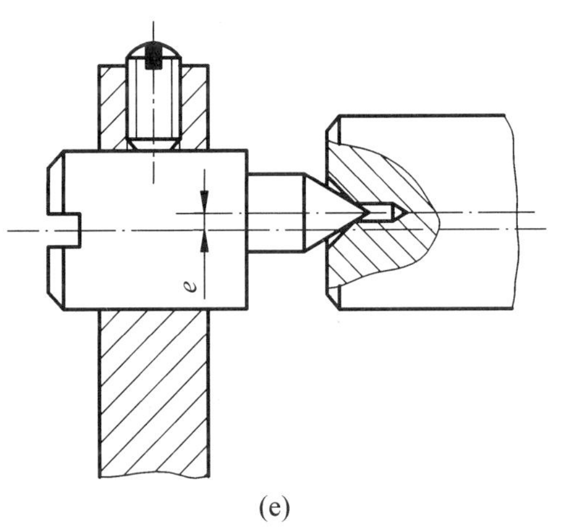

(e)

(f)

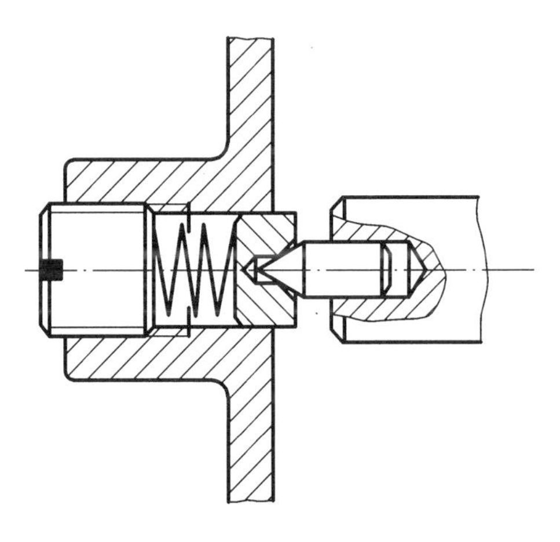

(g)

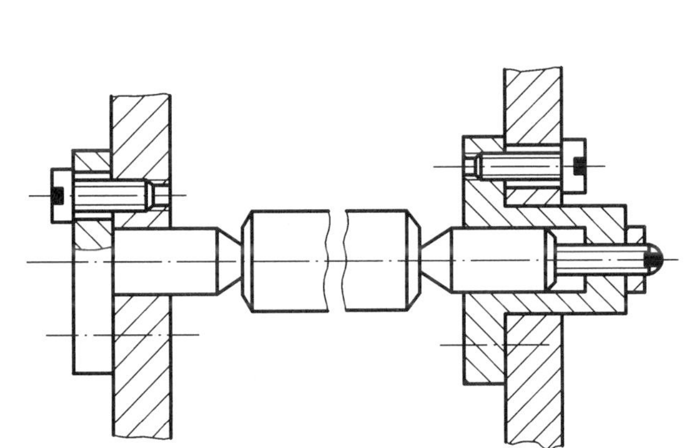

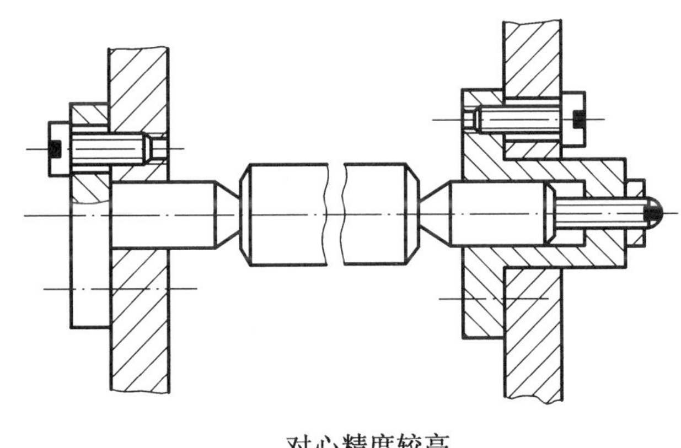

对心精度较高

(h)

圆柱面对心，螺纹调整间隙

(i)

顶尖支承

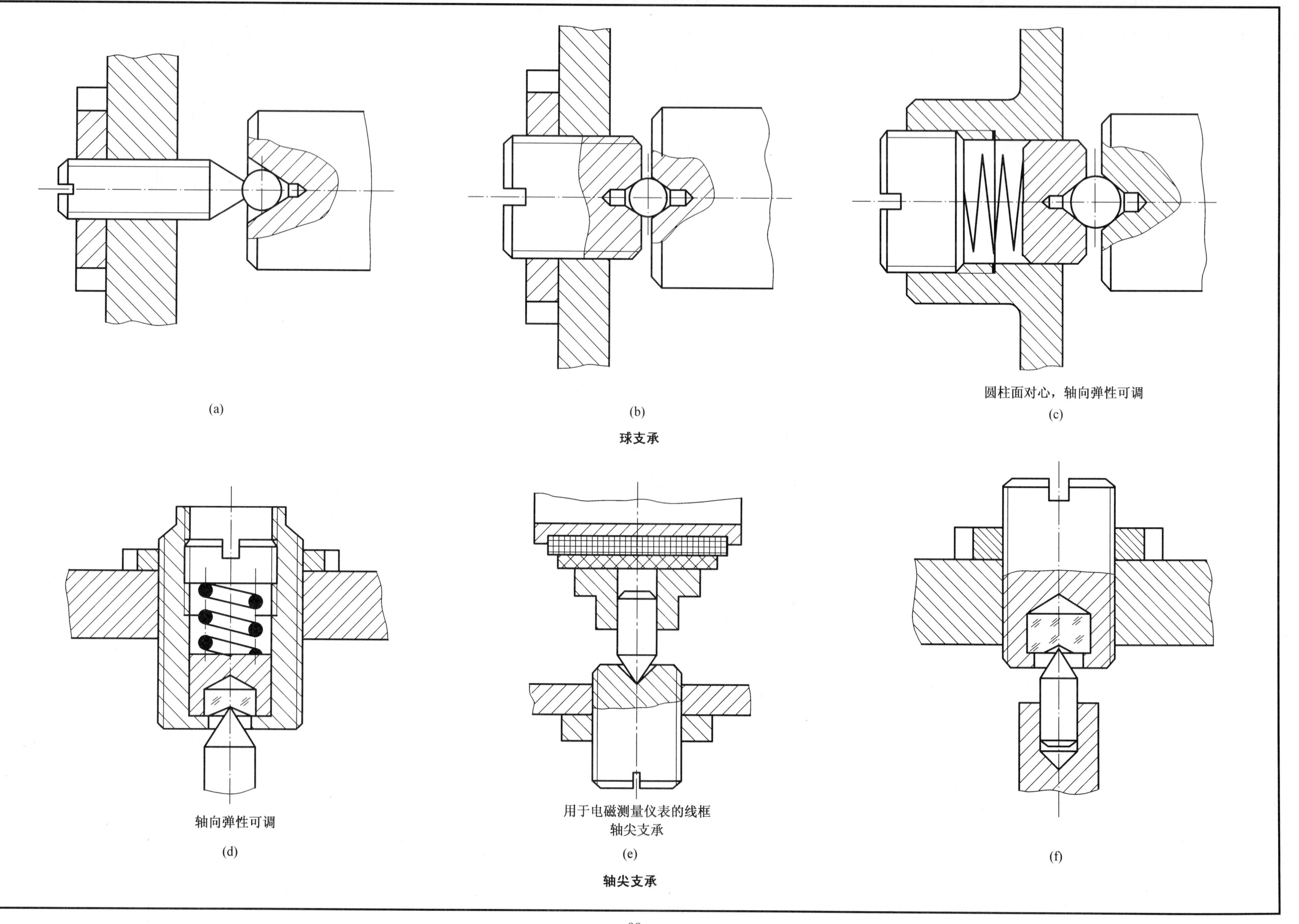

球支承

轴尖支承

（二）标准滚动轴承内、外圈固定结构

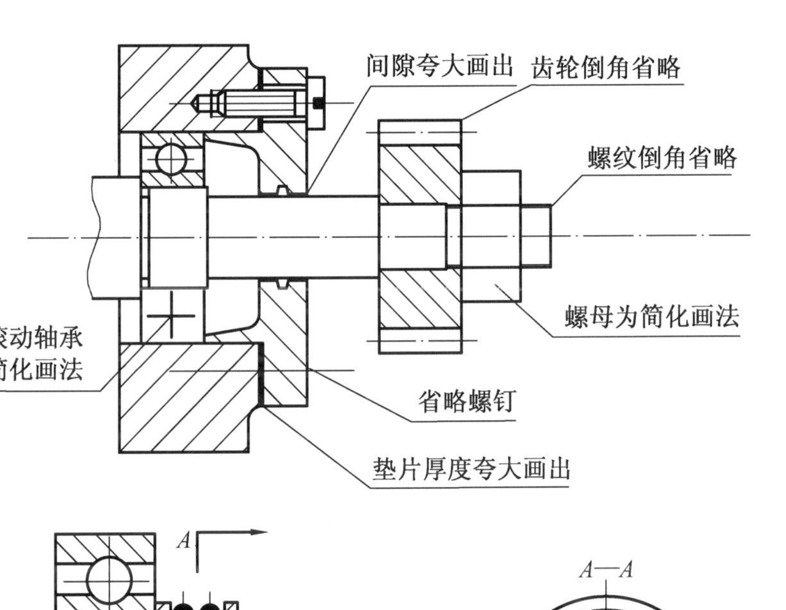

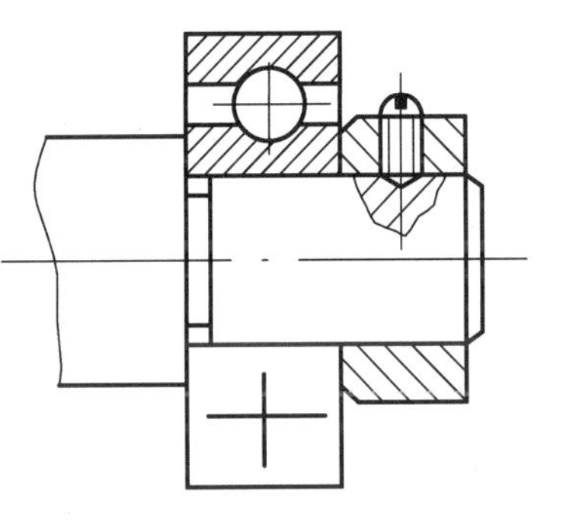
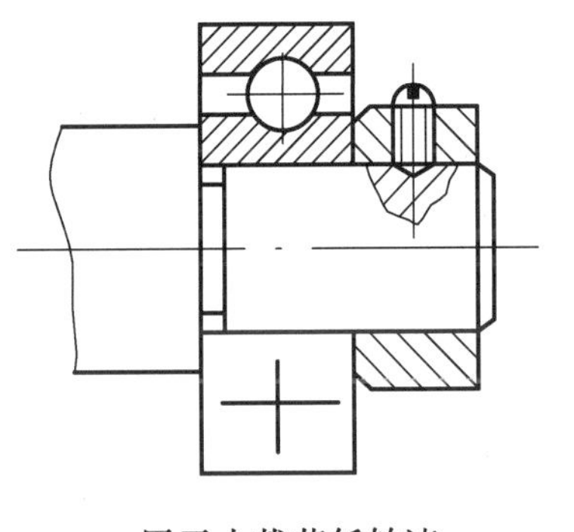

用于小载荷低转速

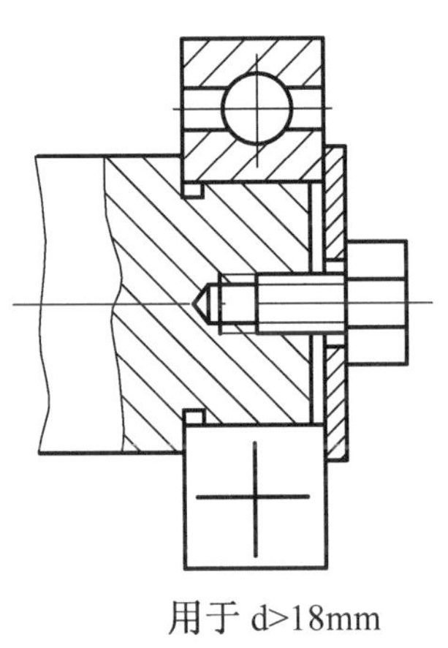

用于 d>18mm

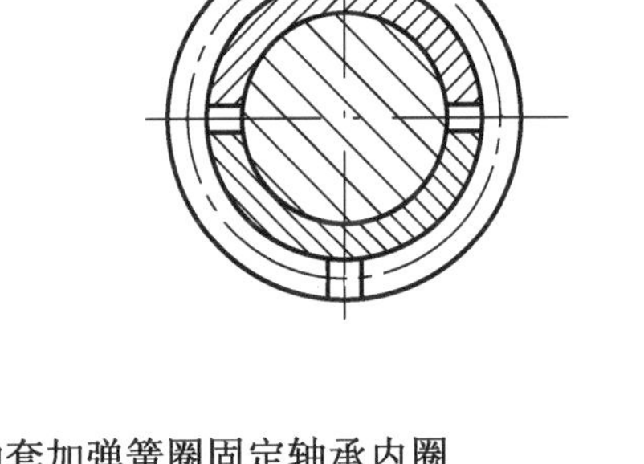

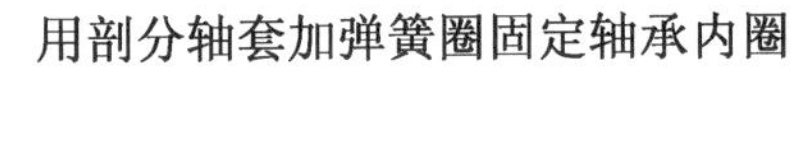

用剖分轴套加弹簧圈固定轴承内圈

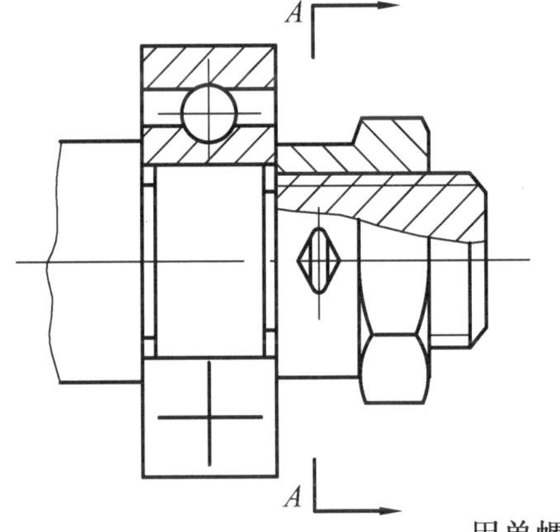

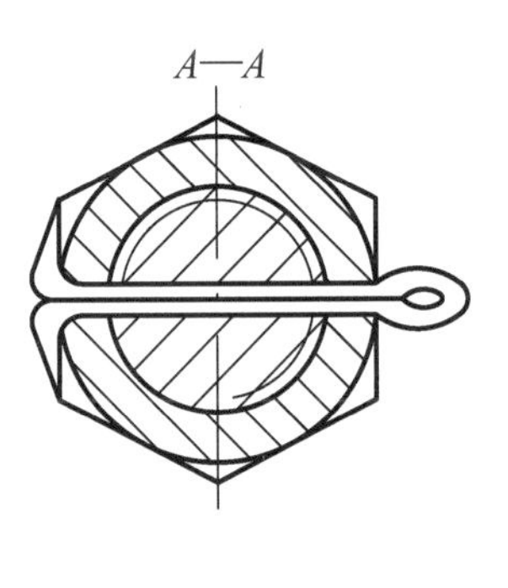

用单螺母加开口销固定

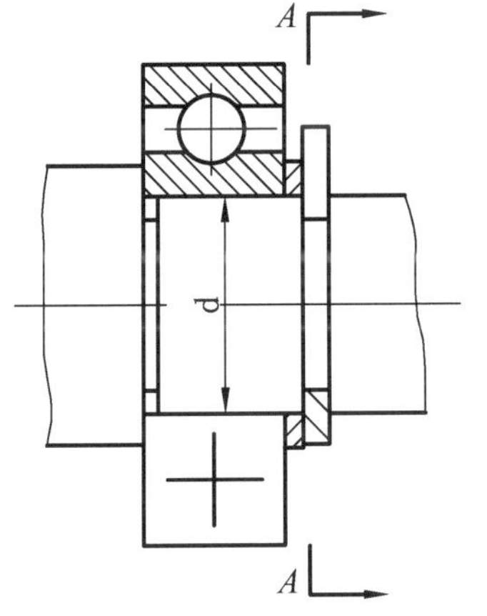

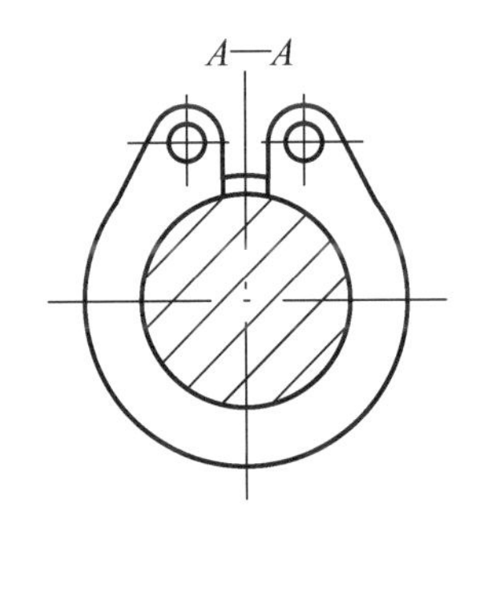

用于 d>12mm

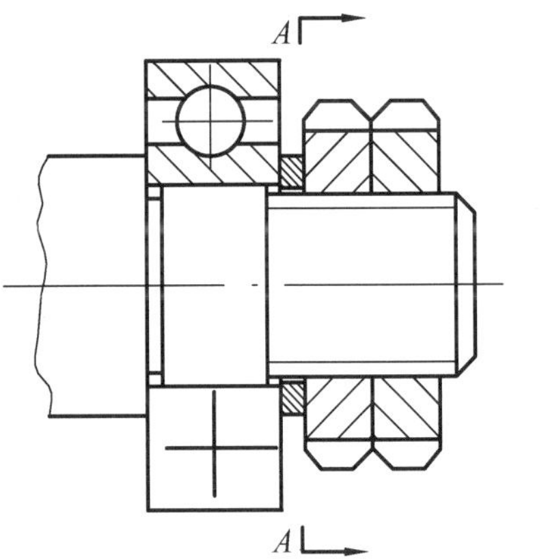

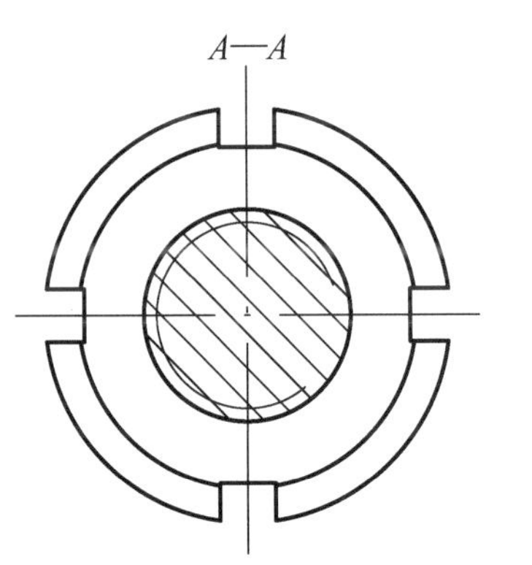

用双螺母固定

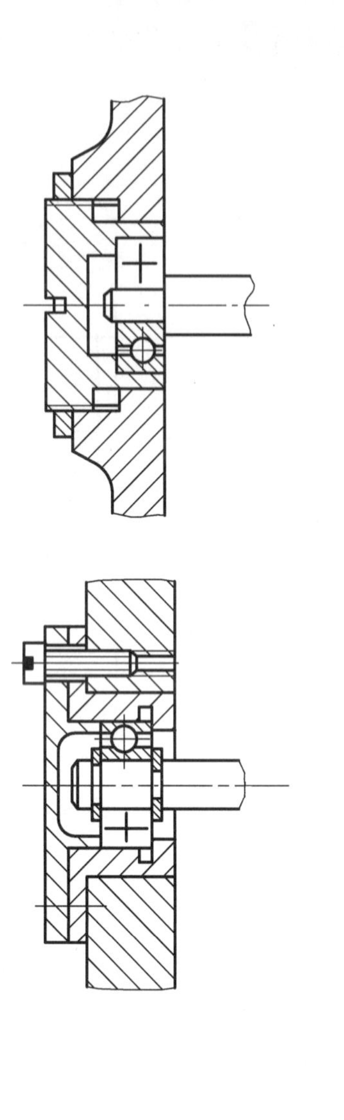
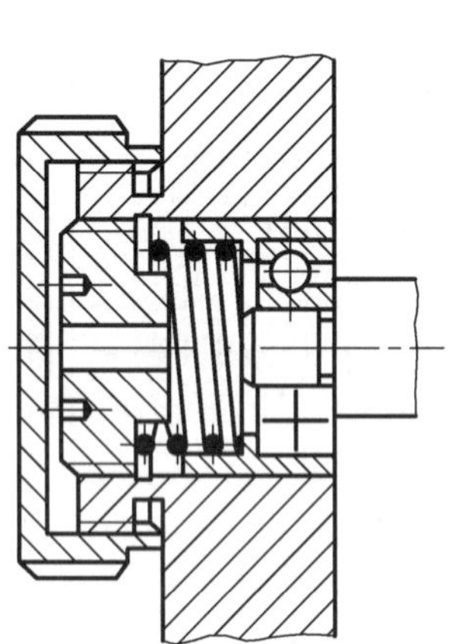
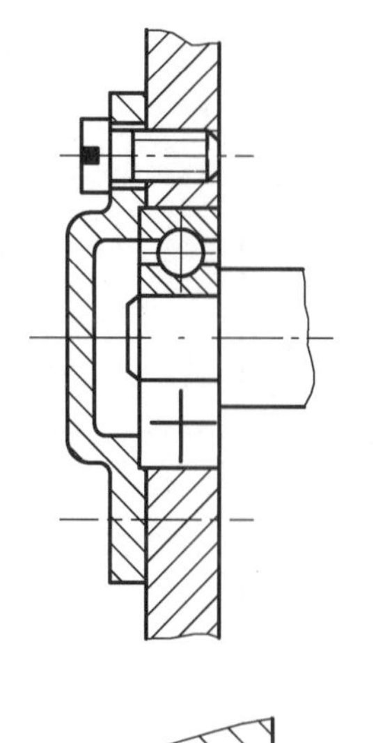
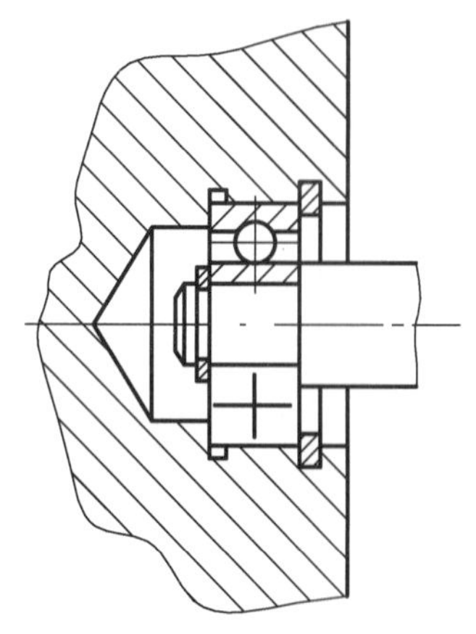
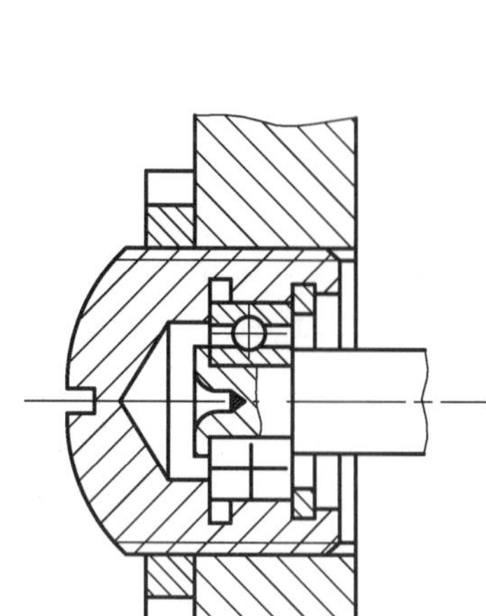
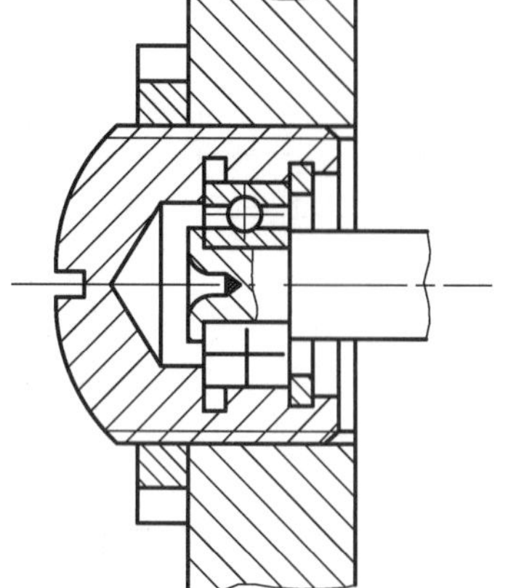
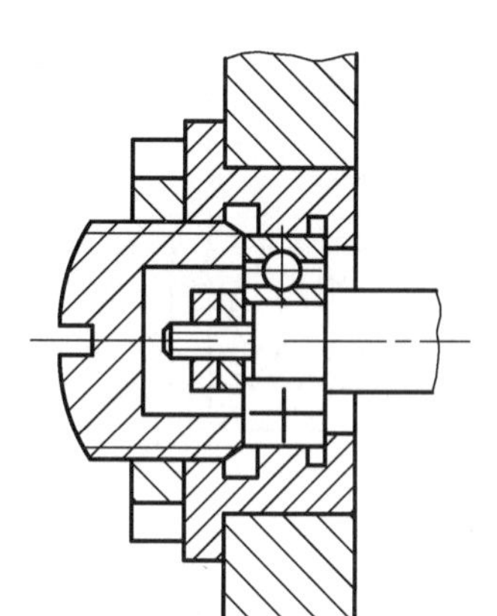

标准滚动轴承内、外圈固定结构

（三）标准滚动轴承组合结构

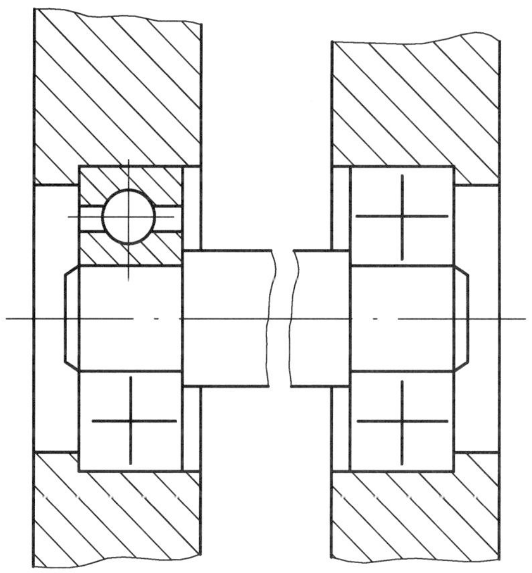

(a)

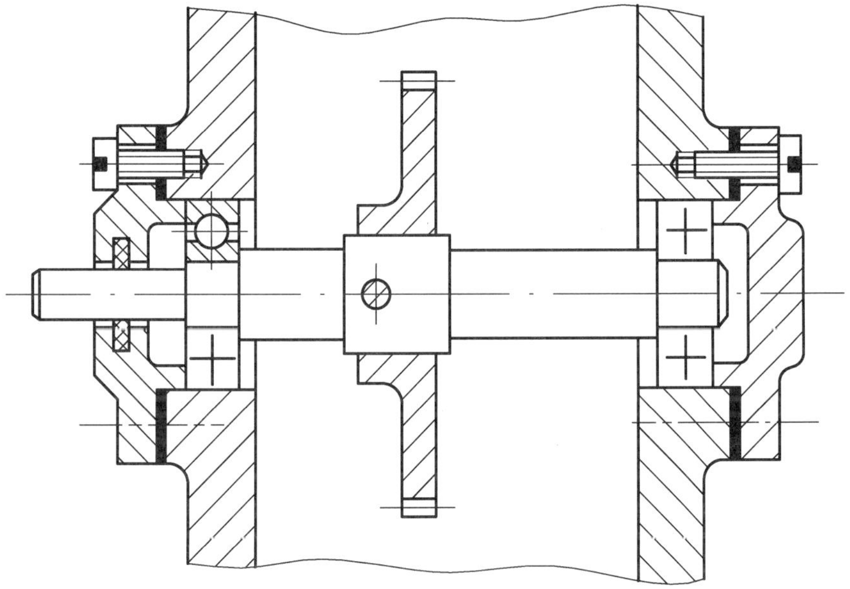

(b)

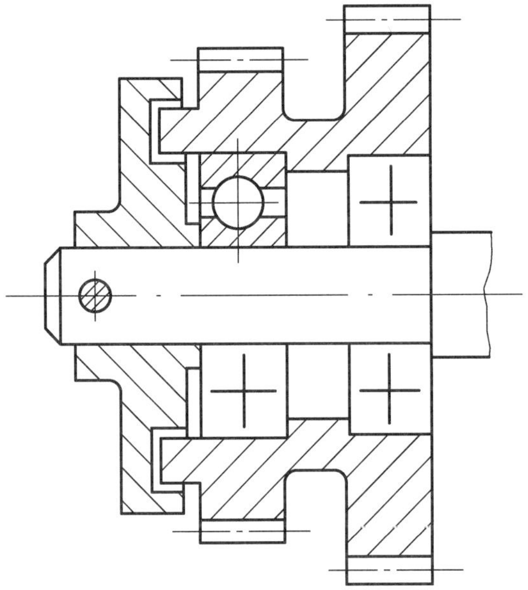

(c)

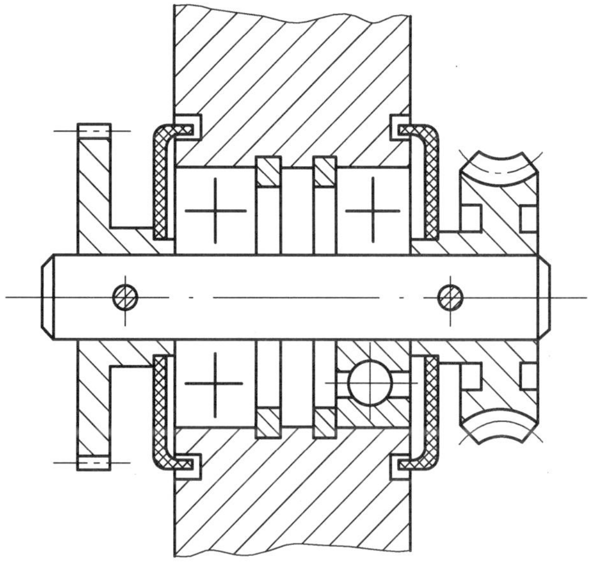

(d)

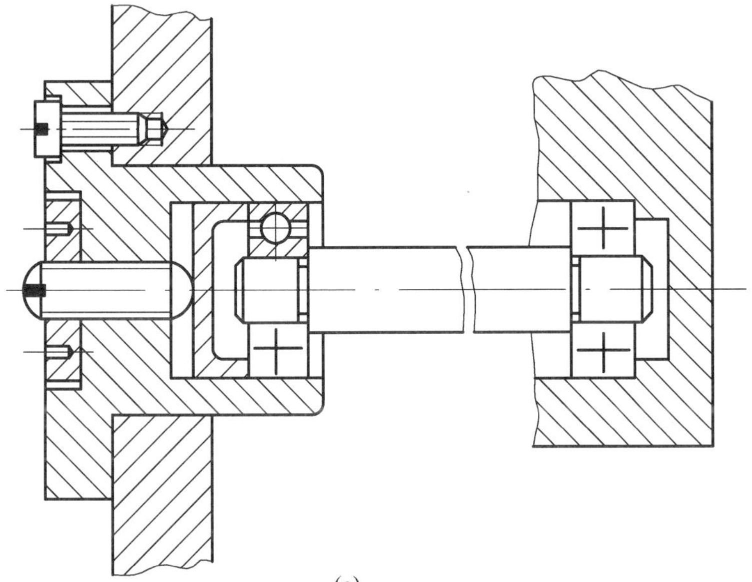

(e)

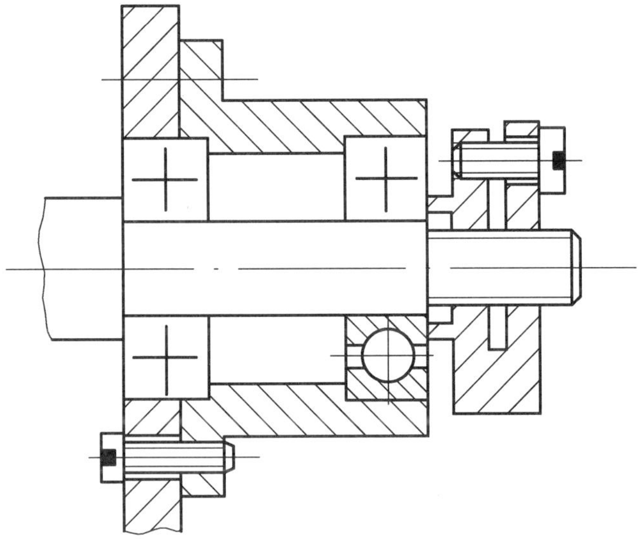

(f)

两端固定式的组合结构

（用于轴在工作温度范围内无显著伸长时）

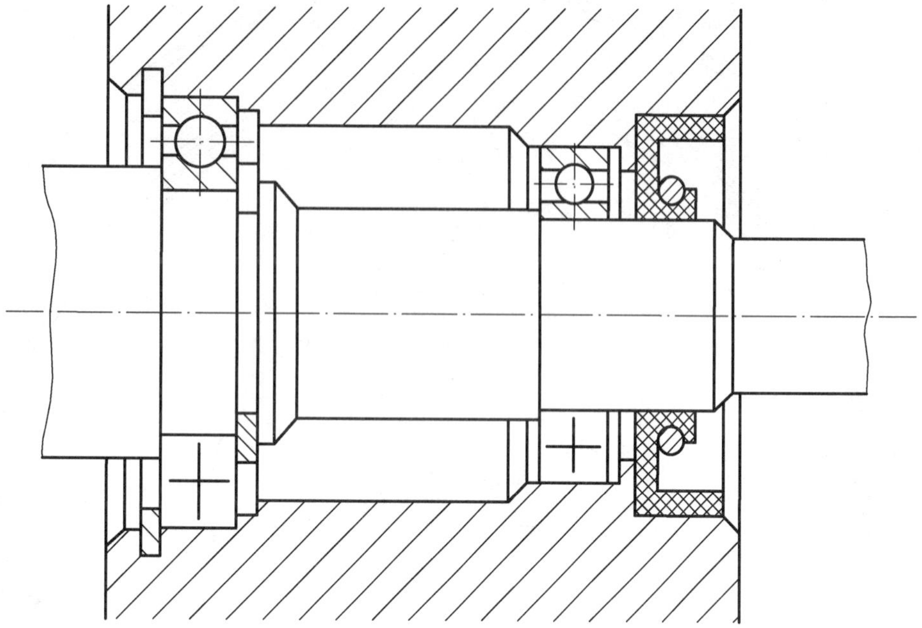

(a)

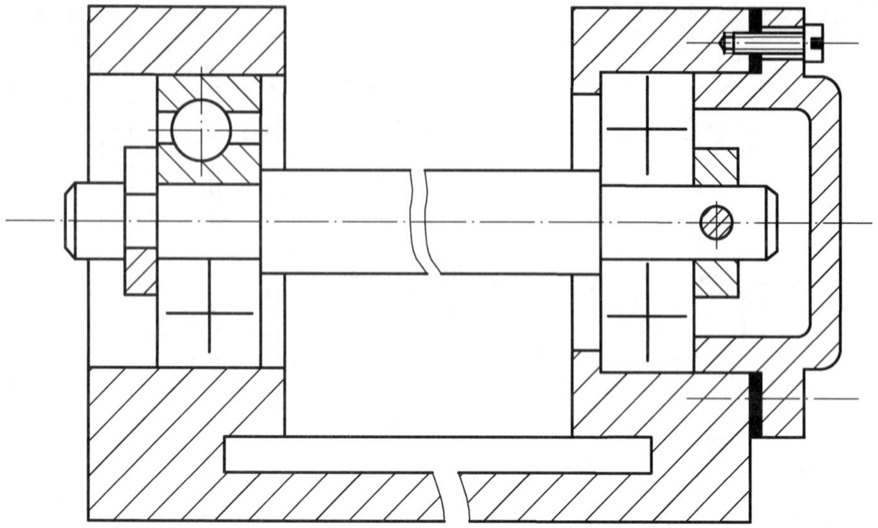

(b)

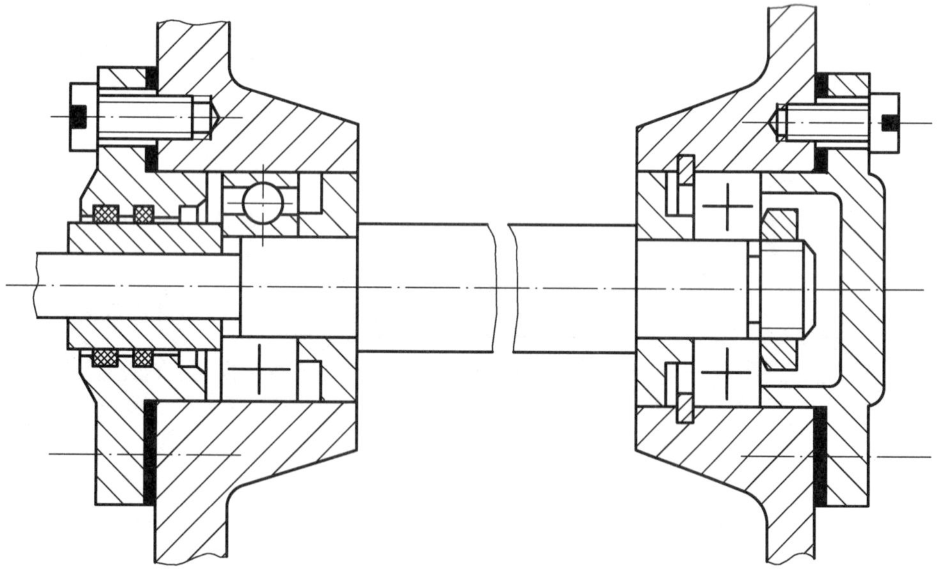

(c)

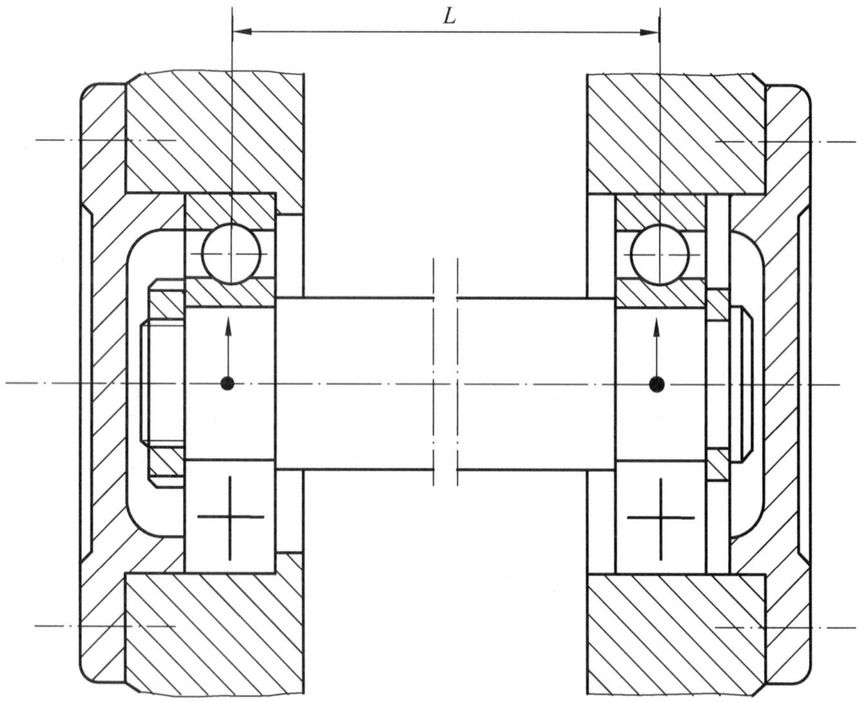

L

固定支点

游动支点

(d)

一端固定一端自由的组合结构

（用于轴在工作温度范围内有显著伸长时）

序号	代号	名称	数量	材料	备注
15		带轮	1	HT200	
14		螺钉 M8×25	1	Q215	
13		弹簧垫圈	1	65Mn	
12		轴端挡圈	1	35	
11		键 8×25	1	Q215	
10		旋盖式油杯	1		油杯 A-3
9		滚动轴承	2		207
8		轴承座	1	HT200	
7		调整垫片	1	08F	
6		轴承端盖	2	HT200	
5		弹簧垫圈	12	65Mn	
4		螺钉 M6×20	12	Q235	
3		毡封油圈	2	半粗羊毛毡	
2		轴	1	45	
1		键 8×32	1	Q215	

轴承部件	共 张	比例	
	第 张	图号	
制图		(日期)	
审核			

（四）非标准滚动支承、刀口支承

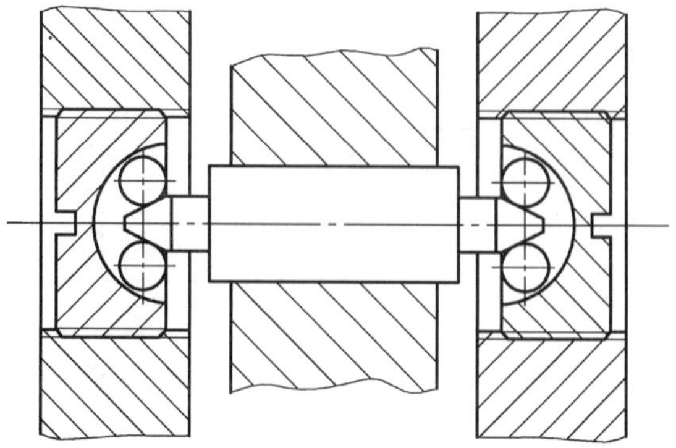

(a)

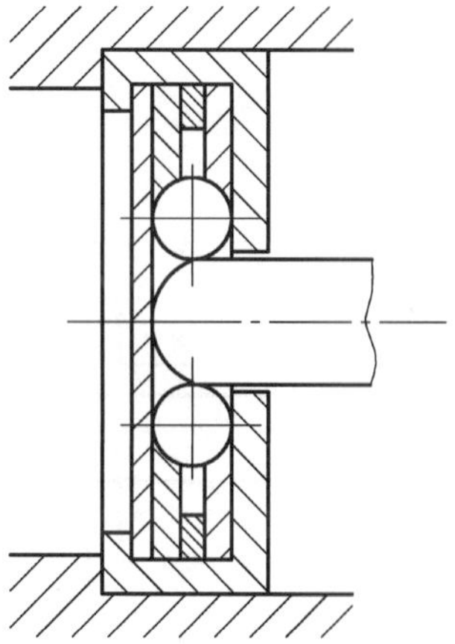

(b)

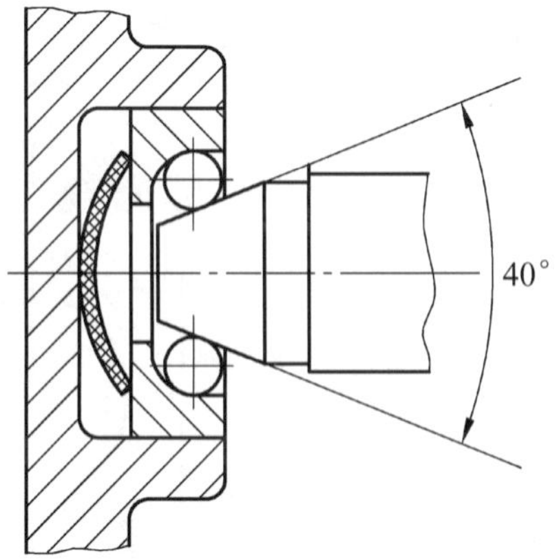

40°

轴向间隙能补偿的结构

(c)

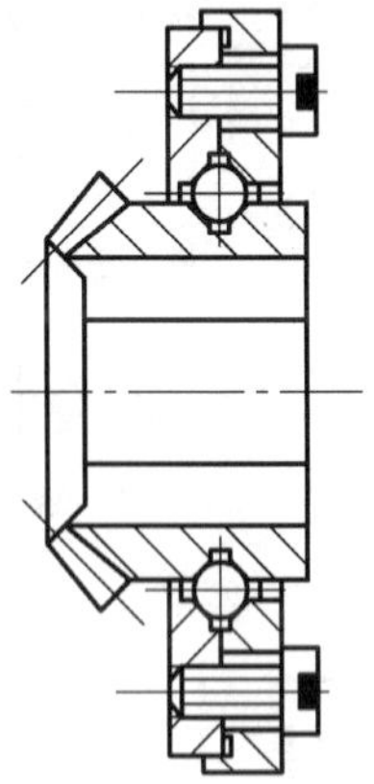

(d)

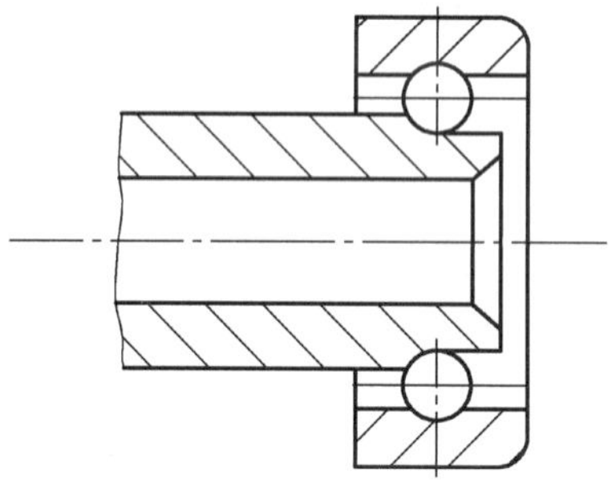

(e)

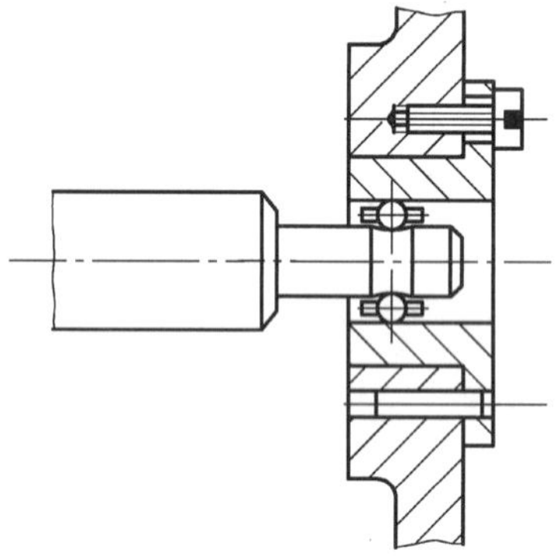

(f)

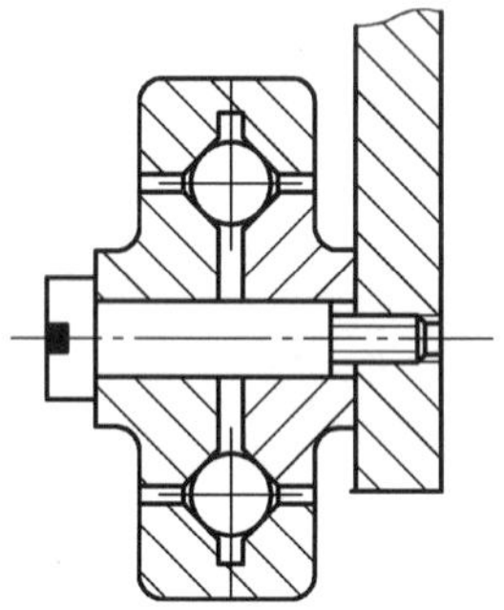

(g)

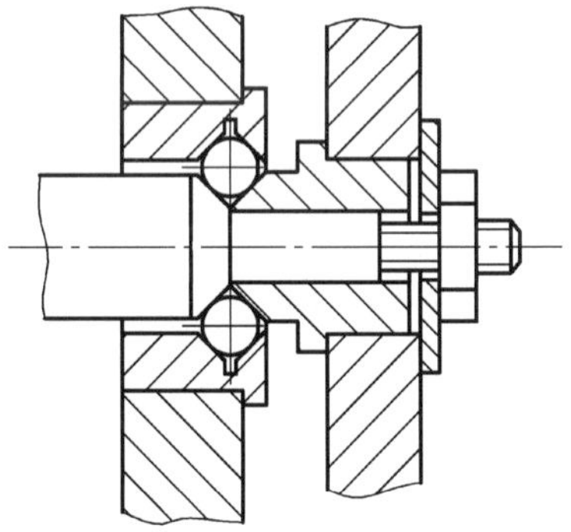

(h)

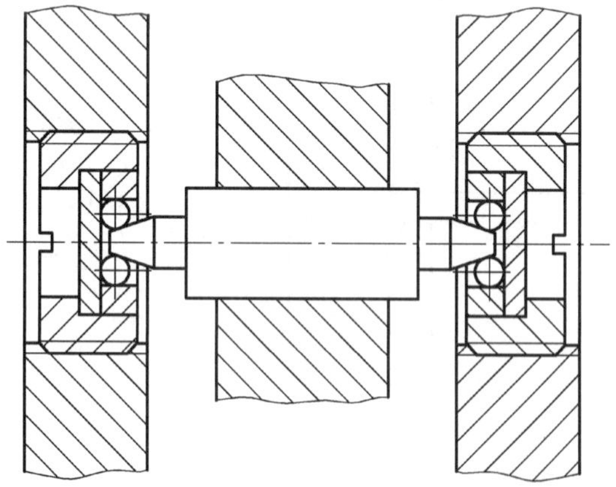

(i)

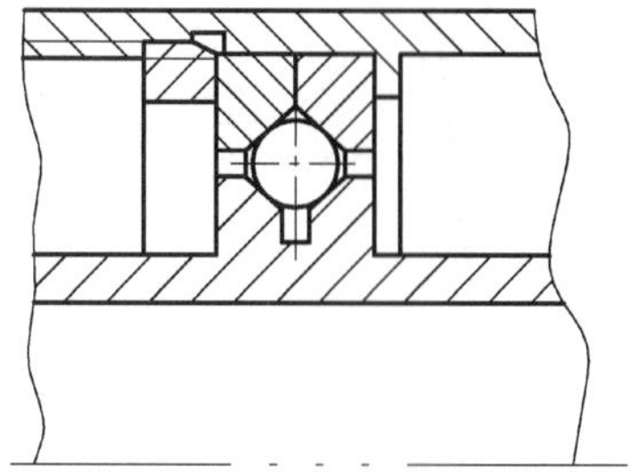

光学仪器中的滚动支承

(j)

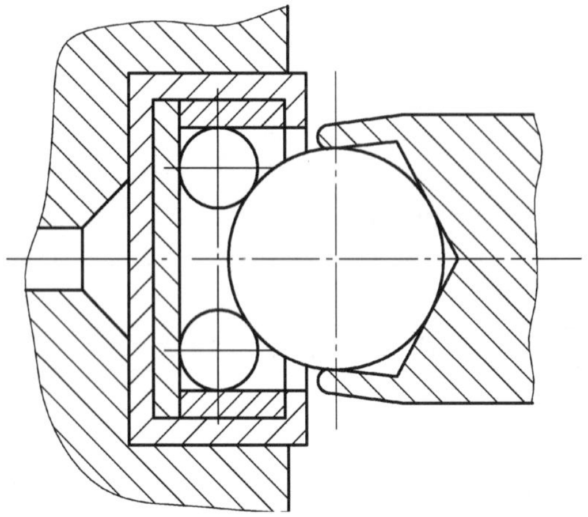

球轴颈滚动支承

(k)

非标准滚动支承

（上述图示均为仪表专用支承，轴颈直径 0.44～8.8mm，轴承外径 1～16mm）

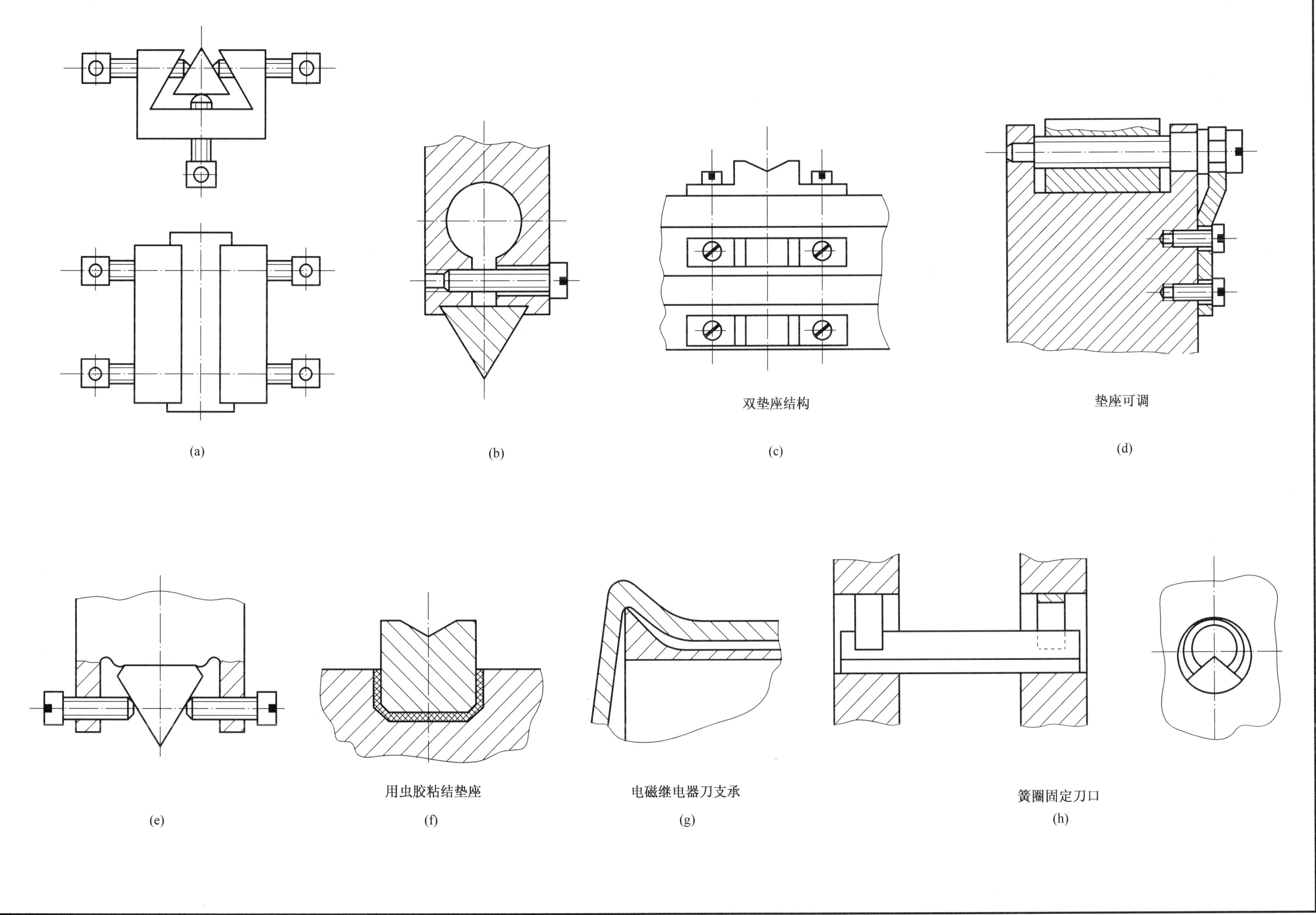
(a)
(b)
双垫座结构
(c)
垫座可调
(d)
(e)
用虫胶粘结垫座
(f)
电磁继电器刀支承
(g)
簧圈固定刀口
(h)

三、导　　轨

滑动摩擦导轨和滚动摩擦导轨

各种防转结构的圆柱形导轨

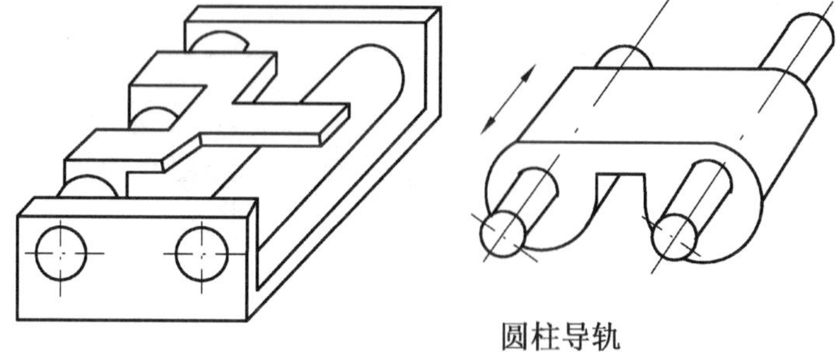
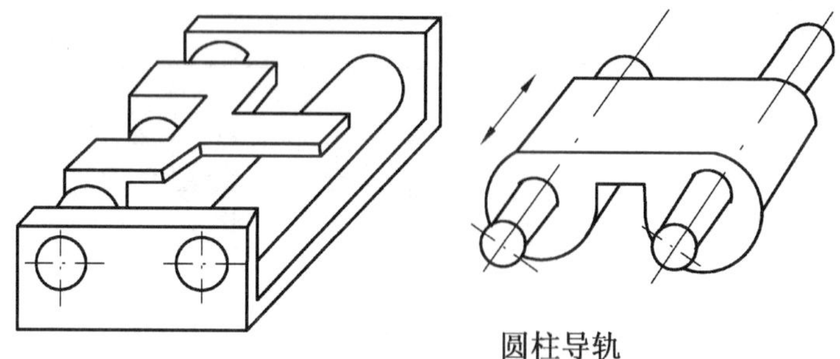

圆柱导轨

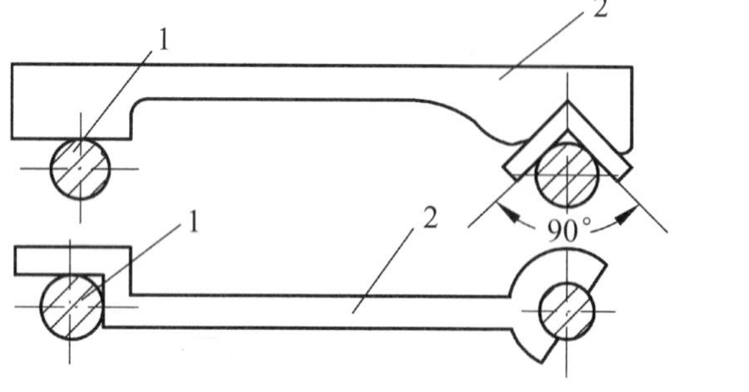
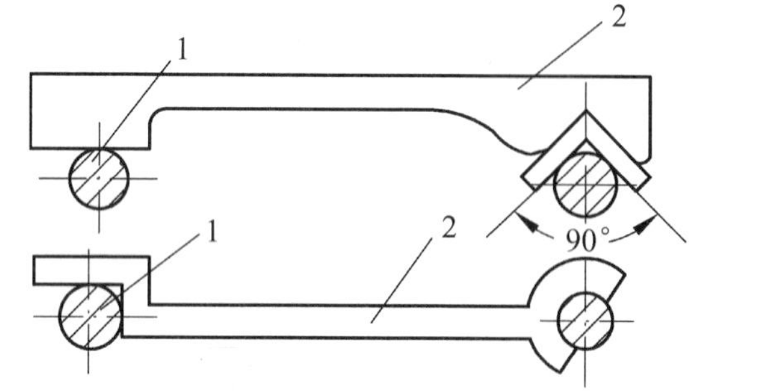

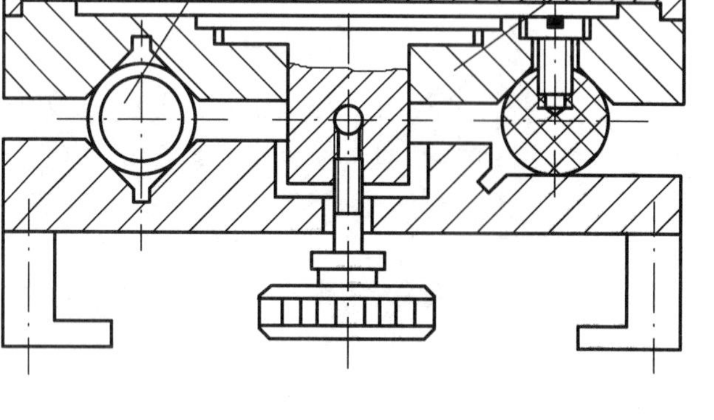
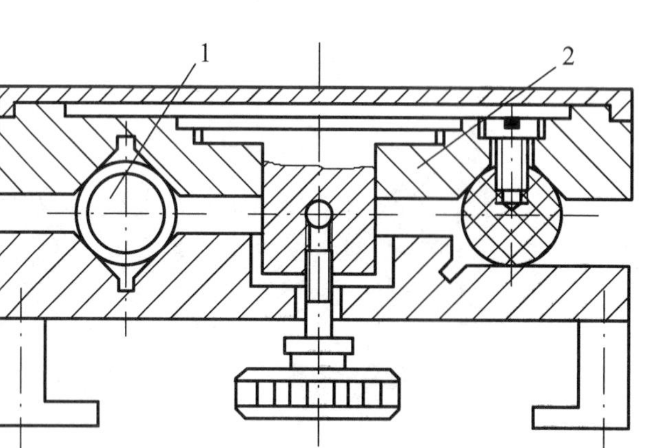

带有辅助面的圆柱形导轨

1— 承导件　2— 运动件

圆柱形导轨

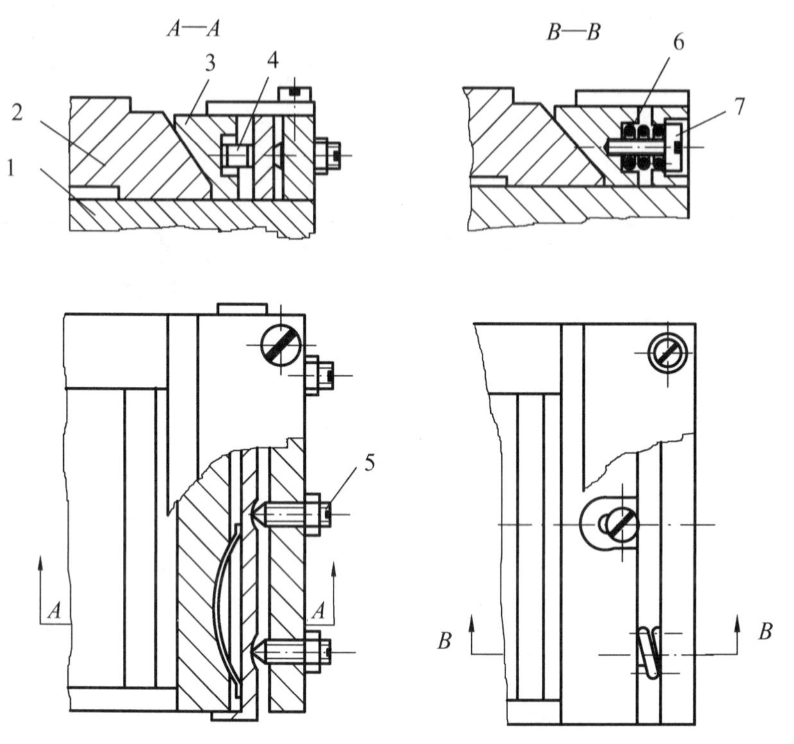

自动选择侧向间隙的导轨结构

常用于工作在周围温差较大的仪器装置中。
(a) 左边的导板（图中没画出）经常与基座 1 作成一体，另一导板 3 通过平面弹簧 4 或螺旋弹簧 6 压向滑块 2，利用螺钉 5 或 7 来调整弹簧力

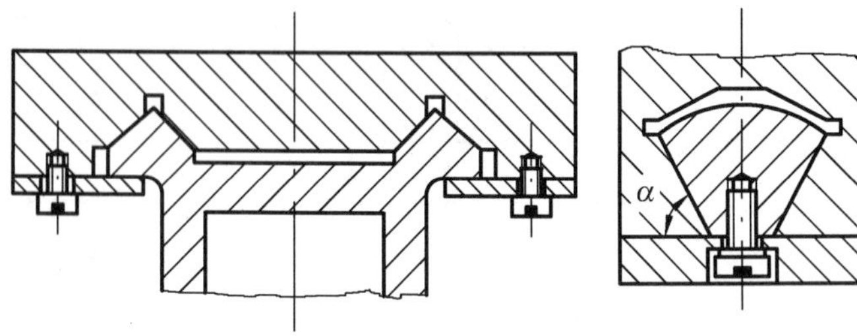

棱柱形不可调滑动摩擦导轨

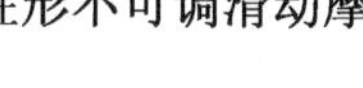

棱柱形导轨

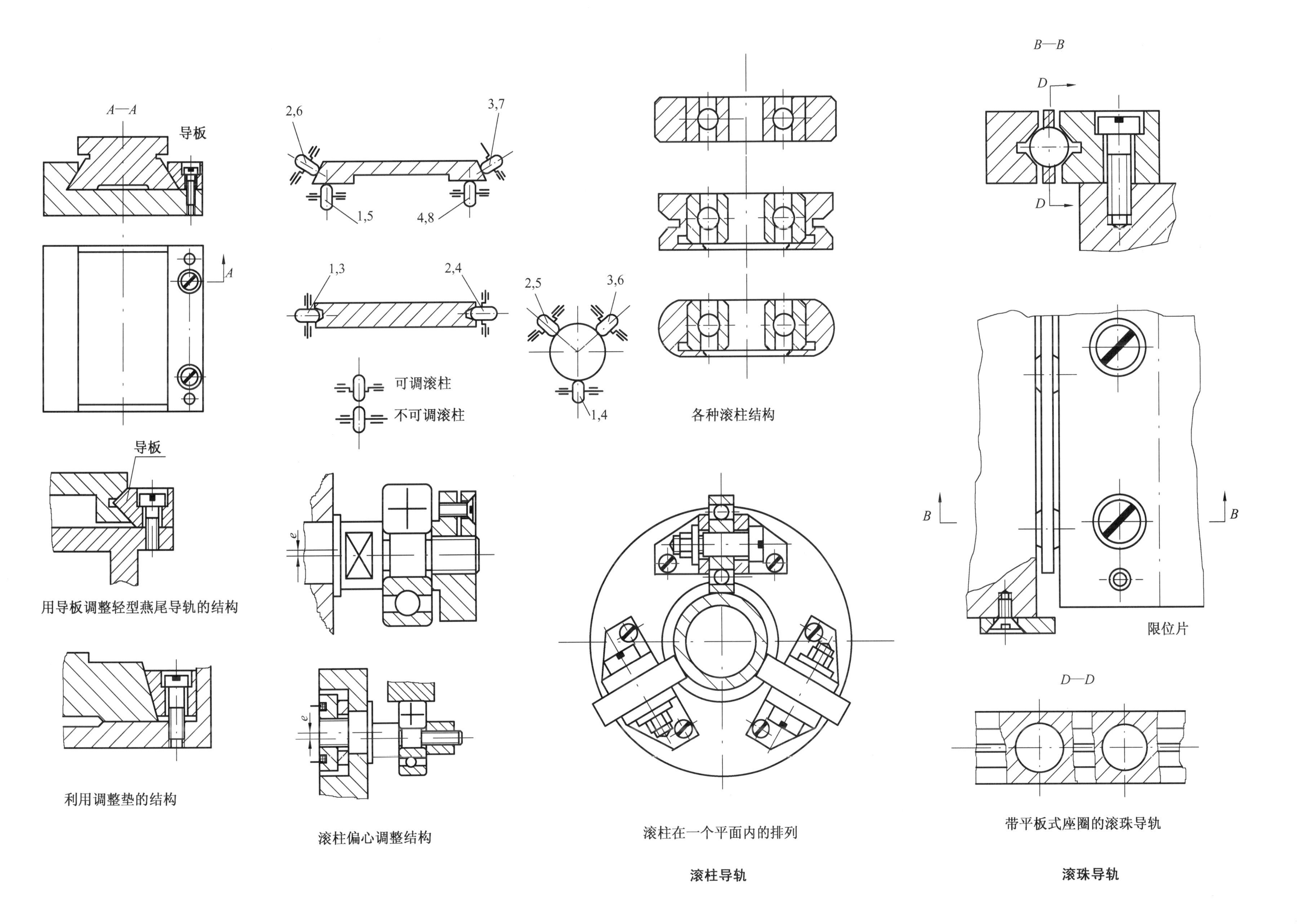
A—A
导板
2,6
3,7
1,5
4,8
A
1,3
2,4
2,5
3,6
1,4
可调滚柱
不可调滚柱
各种滚柱结构
导板
e
用导板调整轻型燕尾导轨的结构
利用调整垫的结构
滚柱偏心调整结构
滚柱在一个平面内的排列
滚柱导轨
B—B
D
D
B
B
限位片
D—D
带平板式座圈的滚珠导轨
滚珠导轨

四、齿　　轮

（一）齿轮结构型式及尺寸

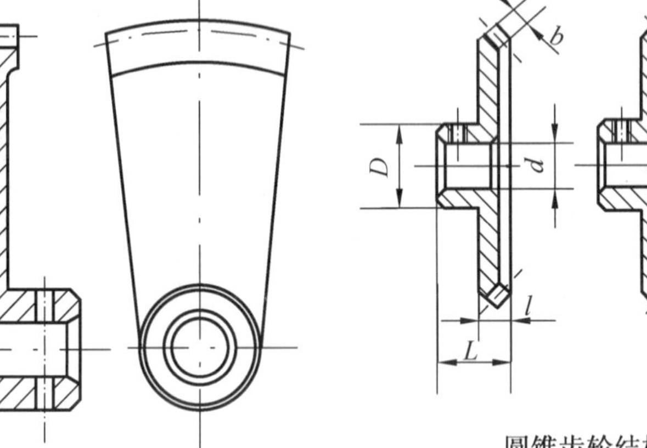

圆柱齿轮的结构型式

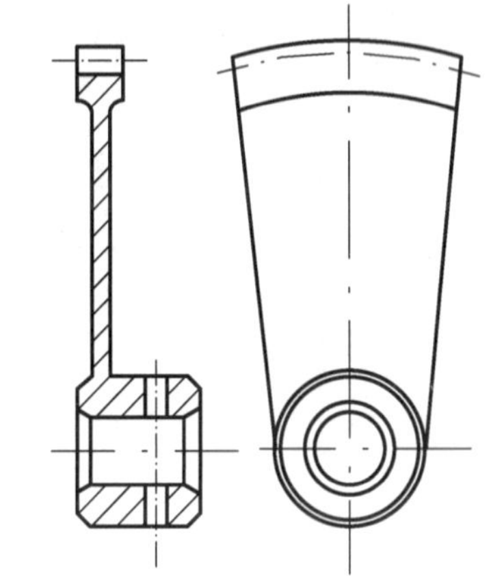

扇形齿轮结构型式

推荐尺寸　(单位：mm)

m	d	D	L	l	b
0.3～0.5	4	9	10	4	3
	5	10			
	6	12			
0.5～1.0	7	15	12	5	4
	8	16			
	9	18	14	6	5
	10	18	16		
	12	22	18	8	

圆锥齿轮结构尺寸

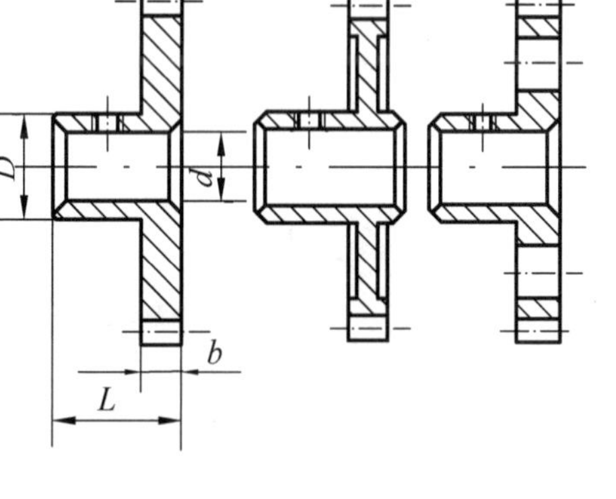

圆柱齿轮结构尺寸

推荐尺寸　(单位：mm)

d 第一系列	d 第二系列	D	L	b
3	3.5	7	6,8,10	2~3
4	4.5	8		
5	5.5	9	10,12 14,16	
6	7	10 12		
8	9	14		3~7
10	11	16	18,20 22,25	
12	14	20		
16	18	22 25		

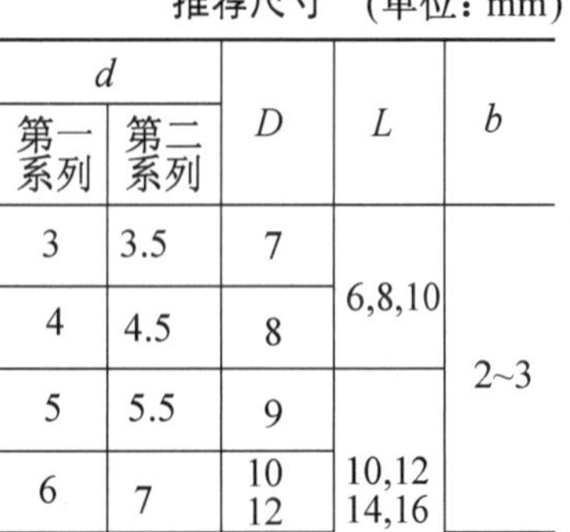

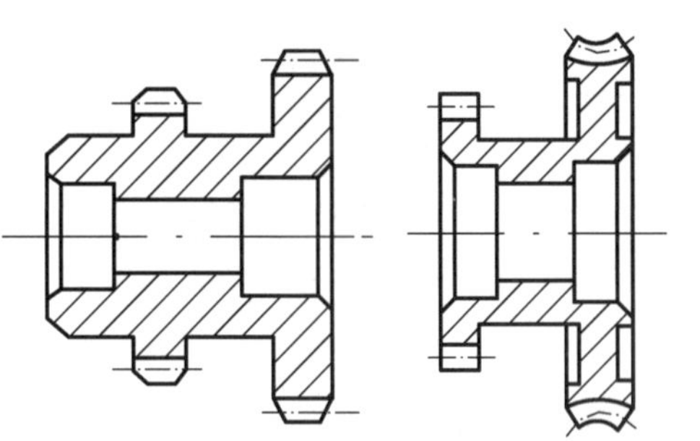

组合齿轮的结构型式

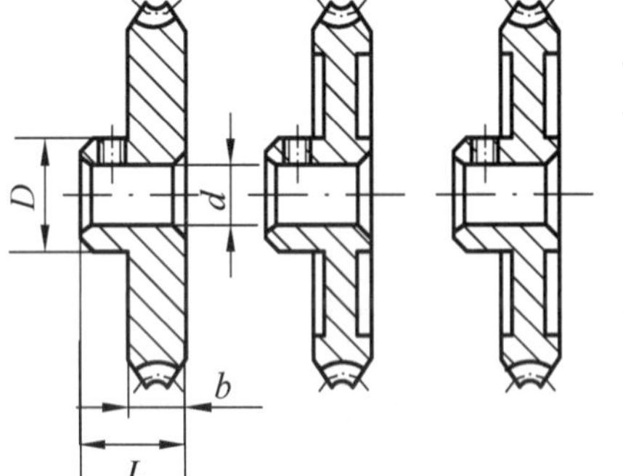

蜗轮结构尺寸

推荐尺寸　(单位：mm)

m	d	D	L	b
0.5～1.0	7 8	15	16	10
	9	18	16	
	10	18	18	
1.0～1.5	12	22	25	15
	15	25		
	17 18	28		

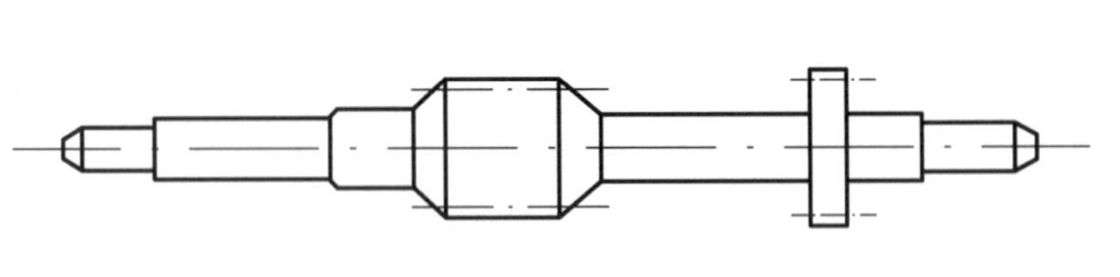

联轴组合齿轮结构型式

（二）减小齿轮回差结构

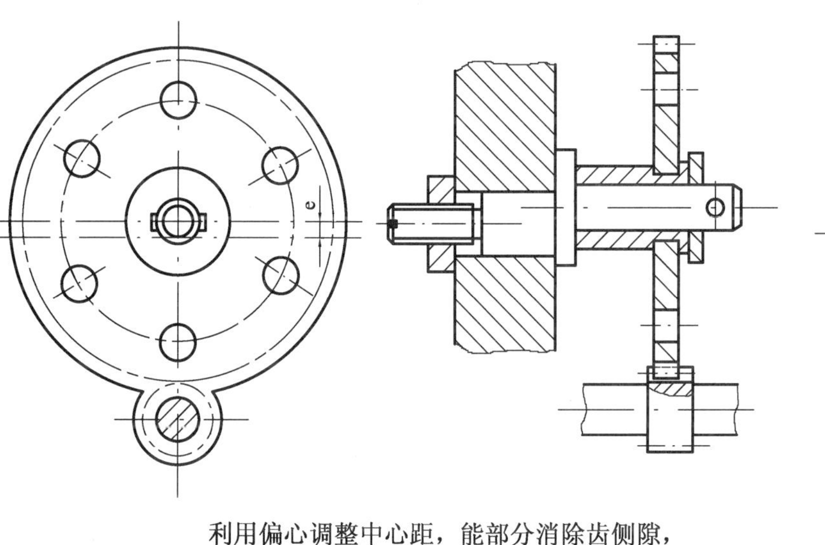

利用偏心调整中心距，能部分消除齿侧隙，是较好的减小回差的结构。

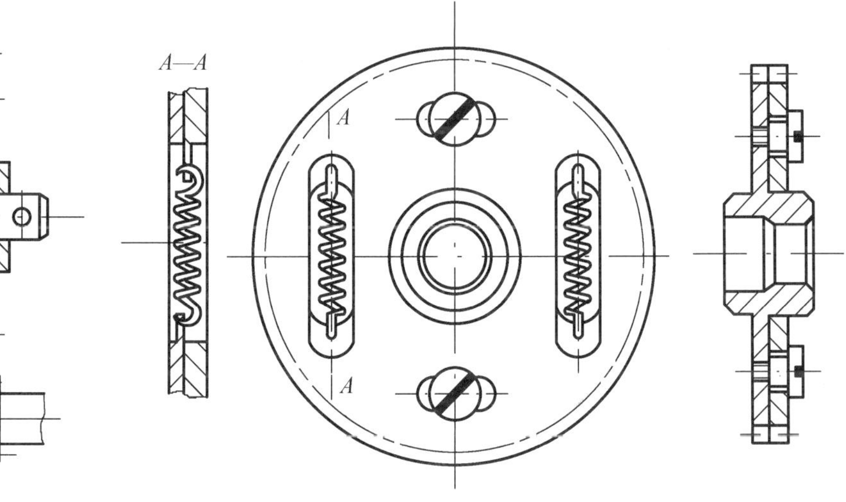
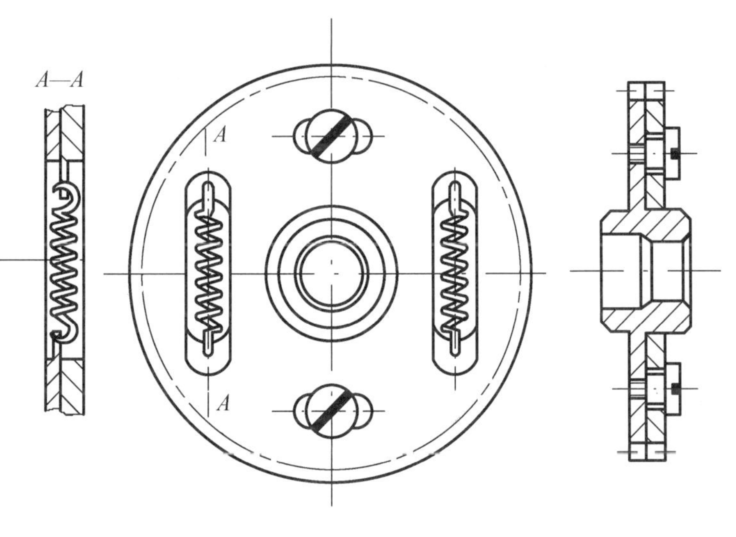

用加弹簧的双片齿轮能完全消除回差，适用于直齿，应用广泛。

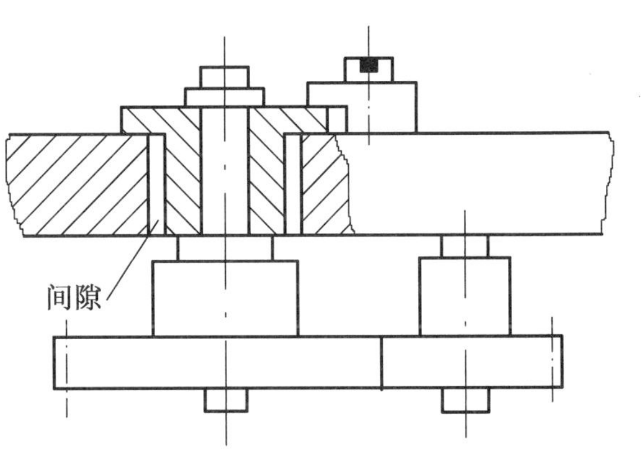

利用孔与轴套间隙调整中心距以减小侧隙。

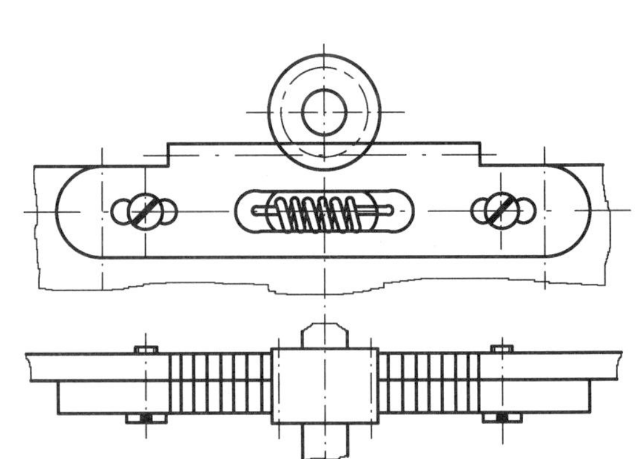

用加弹簧的双片齿条消除回差。

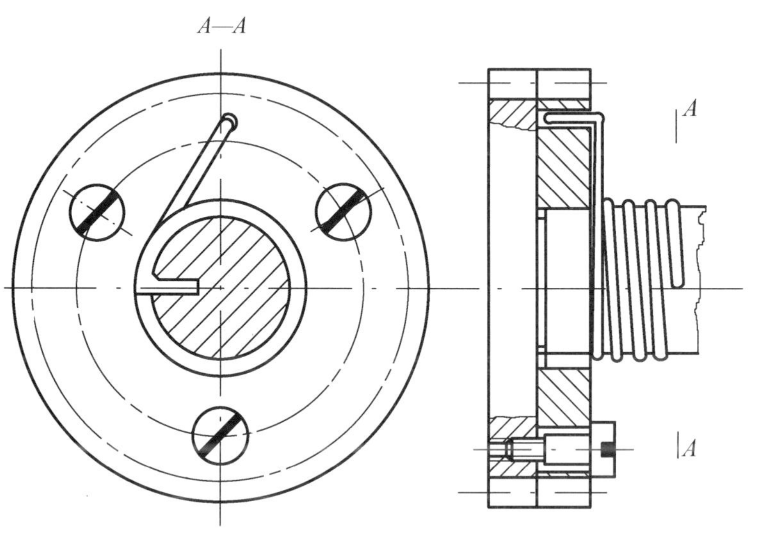

利用扭簧分裂齿轮消除回差。

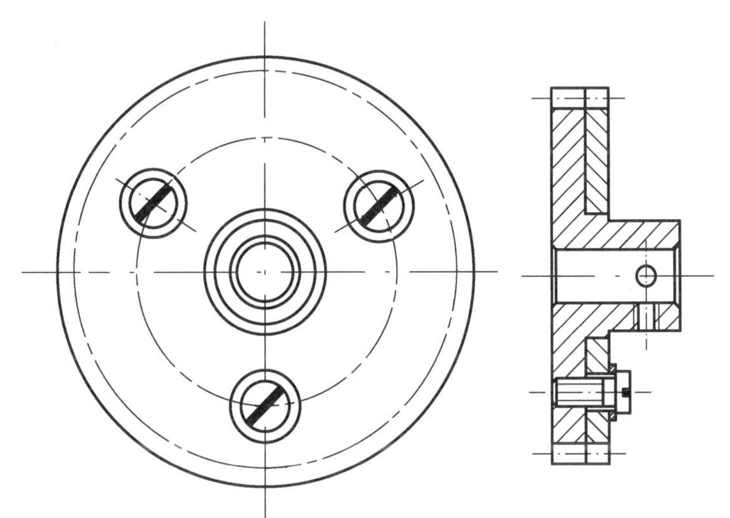

固定双片分裂齿轮能消除部分侧隙，结构简单，磨损后不能自动调整。

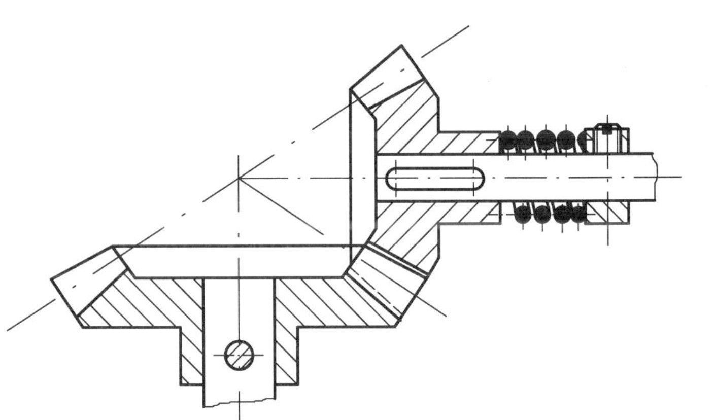

利用压弹簧消除侧隙减小回差，用于轻载传动链。

五、弹 性 元 件

（一）圆柱形螺旋拉压、扭弹簧

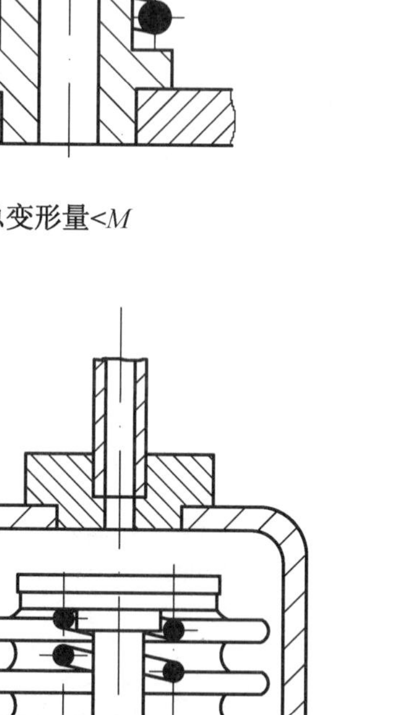

总变形量<M

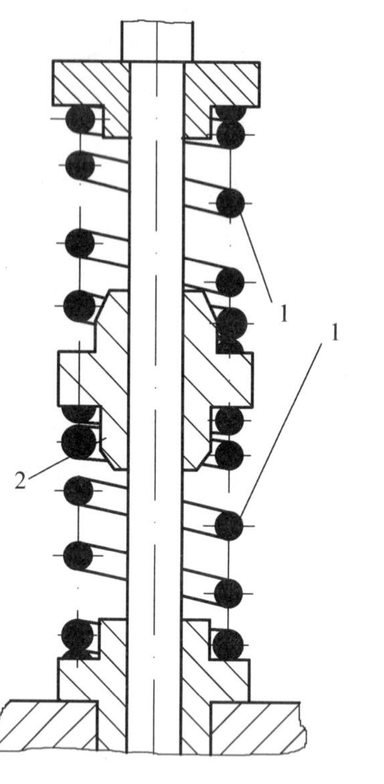
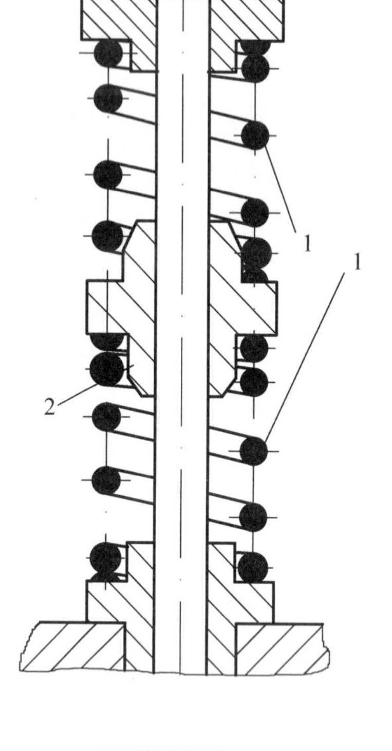

两弹簧串联

1—压簧　　2—联接件

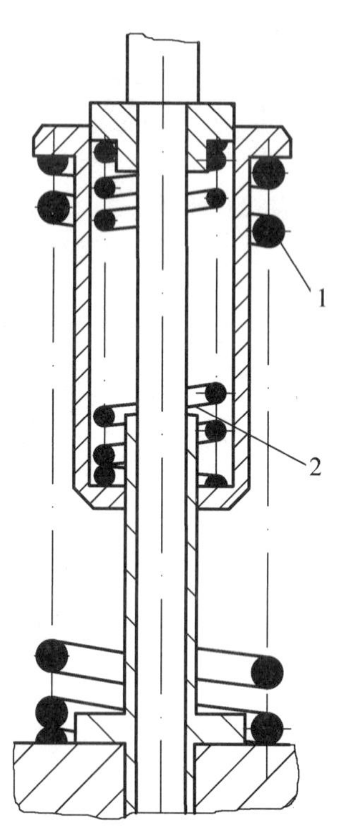
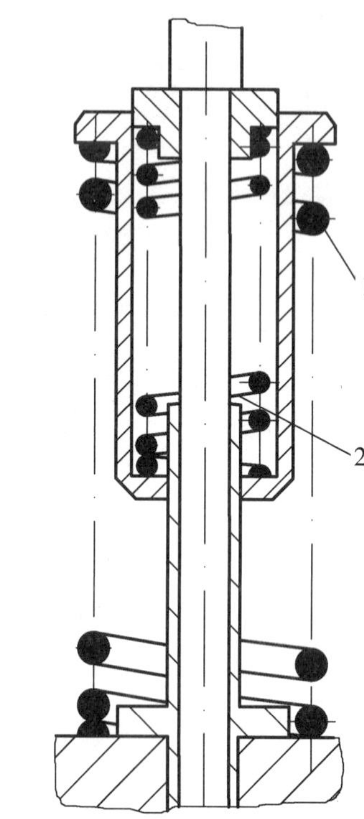

两弹簧串联

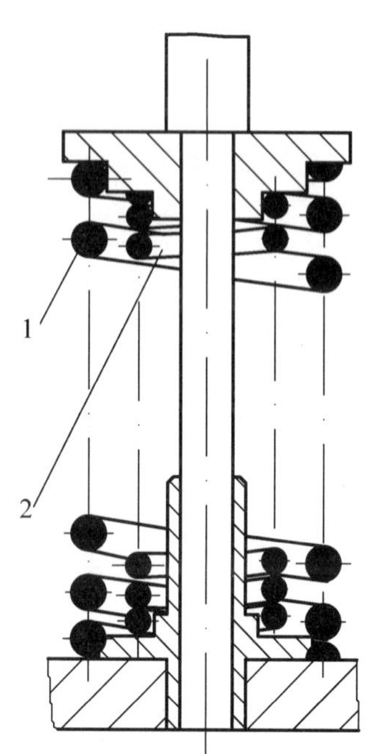

两弹簧并联

1—大弹簧　　2—小弹簧

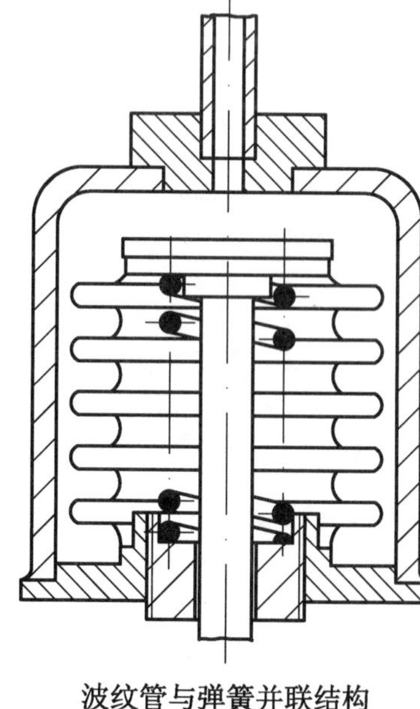

波纹管与弹簧并联结构

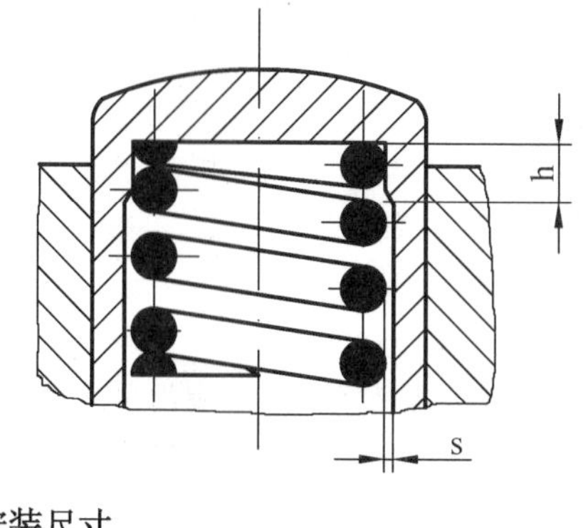

压弹簧端部安装尺寸

$h=1\sim1.5d$　　$s=0.3\sim0.5\text{mm}$

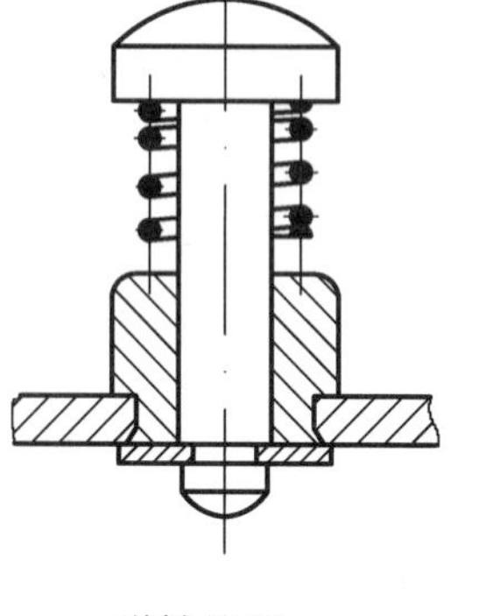

弹性按钮

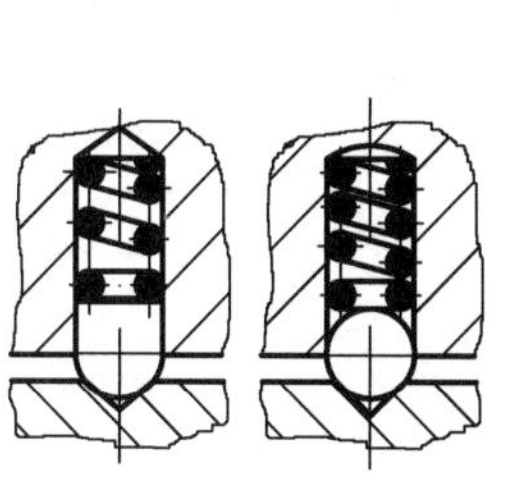

定位器用压弹簧

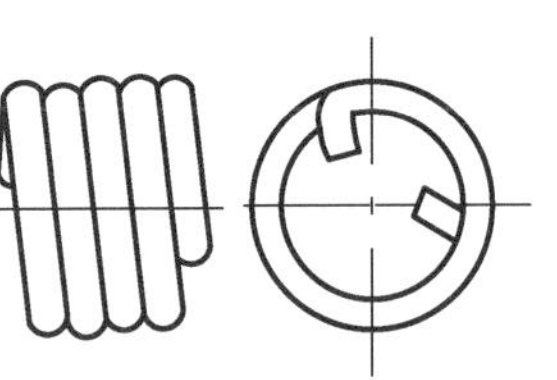

内臂扭转弹簧

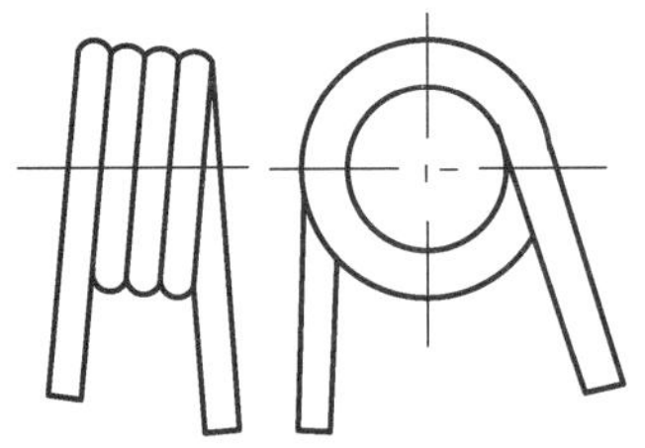

外臂扭转弹簧

中心臂扭转弹簧

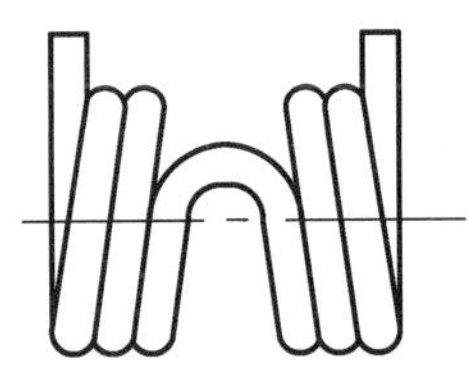

双扭簧

扭弹簧结构形式

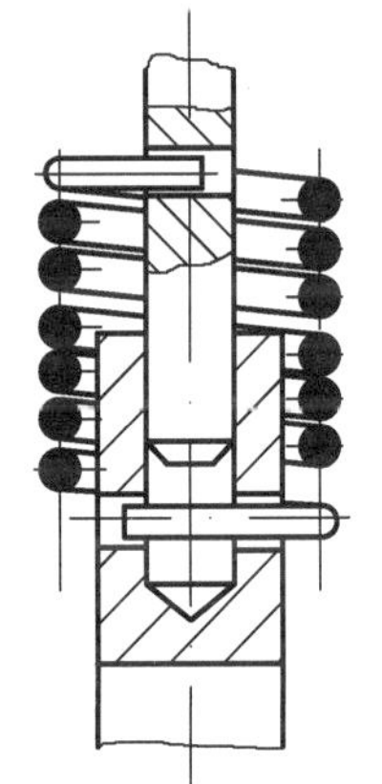

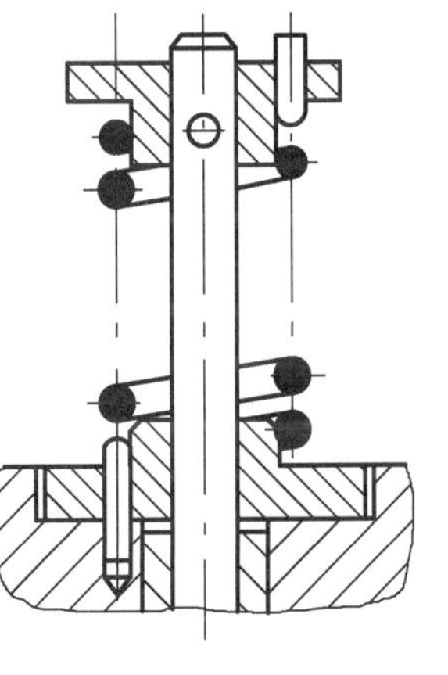

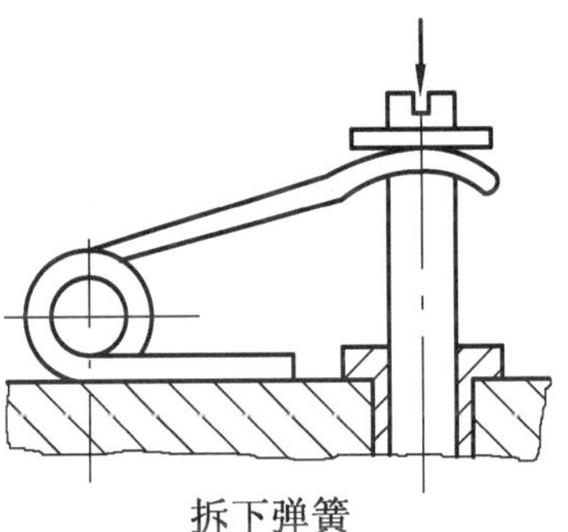

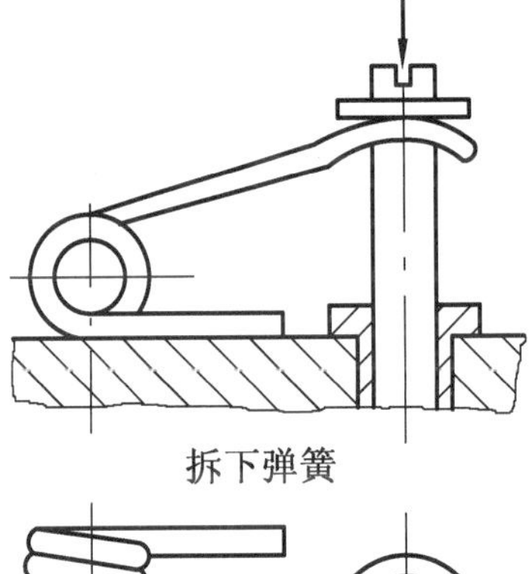

拆下弹簧

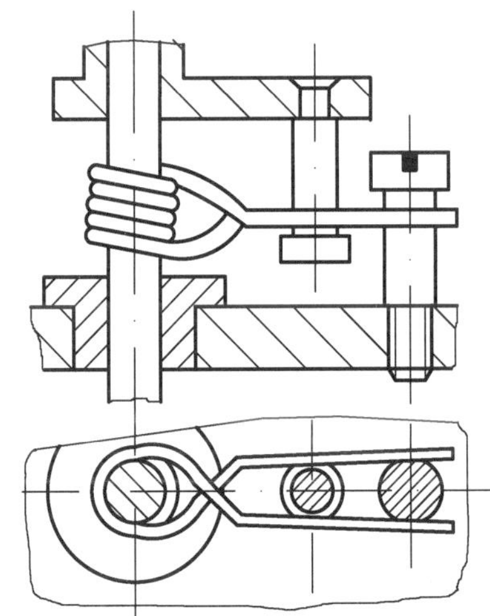

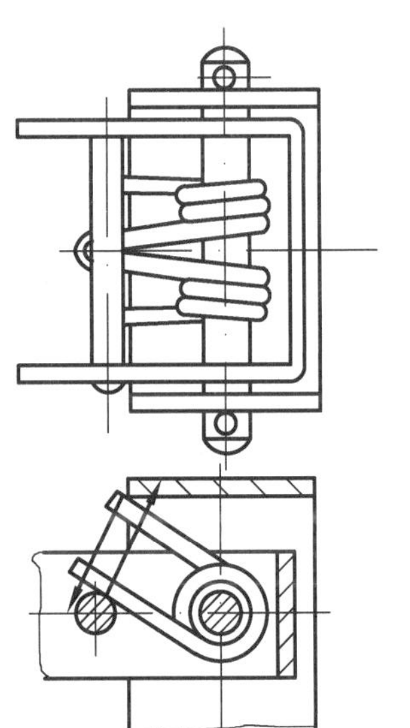

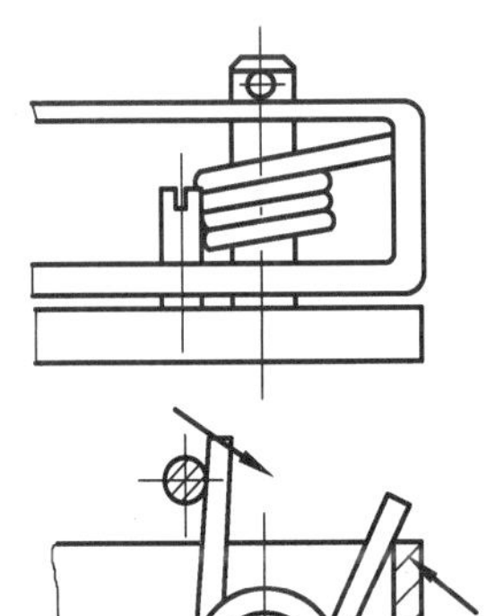

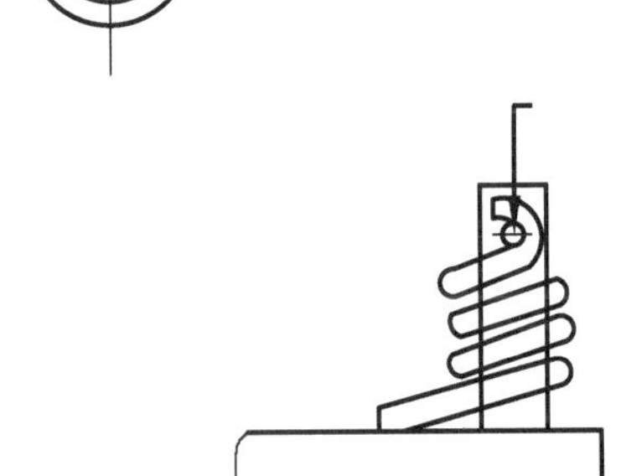

扭弹簧端部安装结构

（二）波纹管

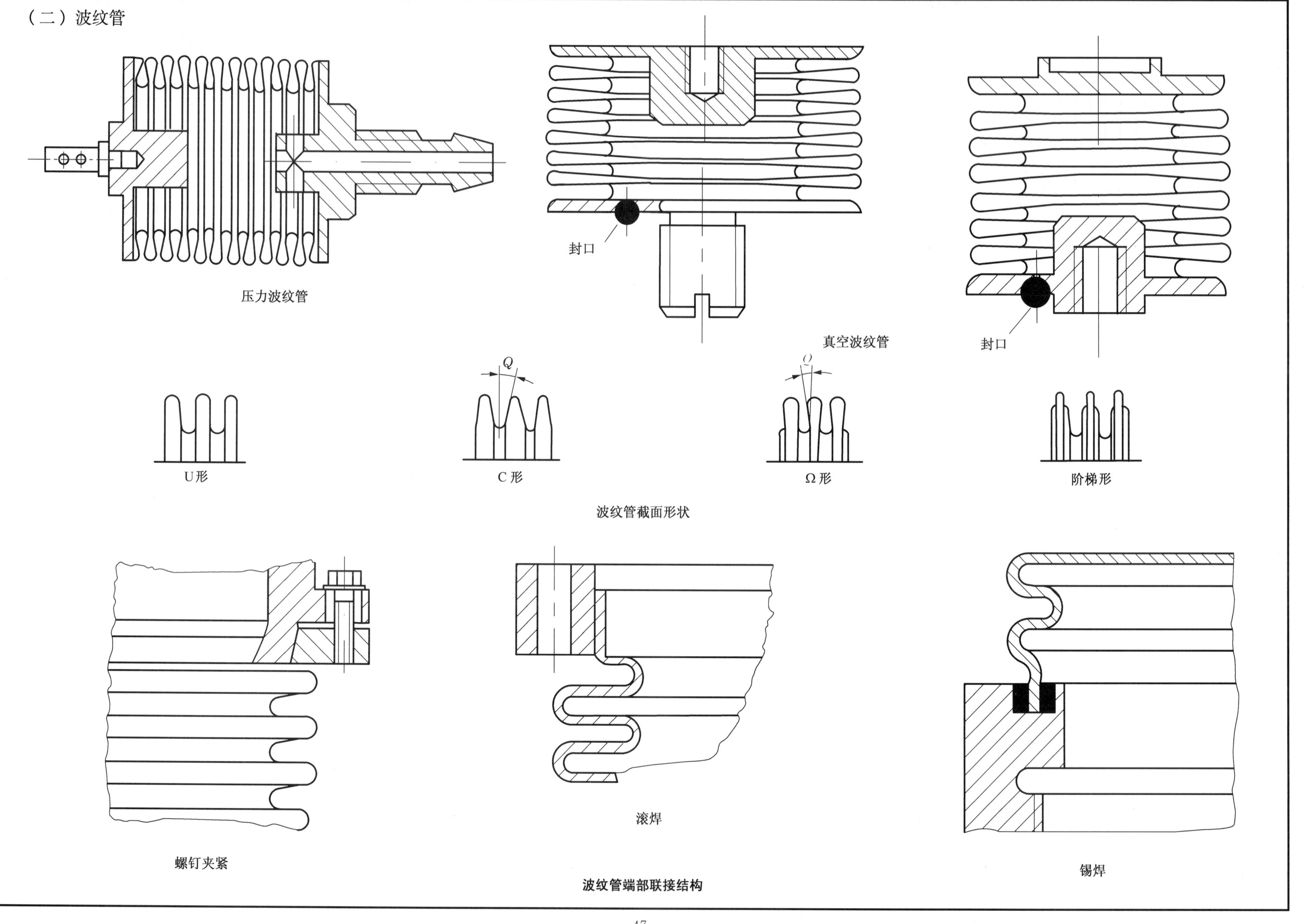

波纹管截面形状

波纹管端部联接结构

波纹管的尺寸系列

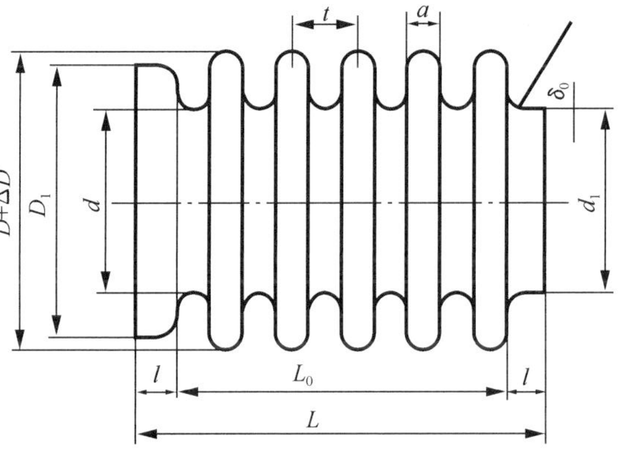

标记示例：

波纹管两端均为外配合，材料用黄铜（H80）内径 20mm，壁厚 0.1mm，波纹数 15 个

波纹管　AH20×0.1×1.5

序号	内径		外径		波距	波厚	两端配合部分				有效面积
	d	Δd	D	ΔD	t	a	D_1	d_1	l 铜合金	l 不锈钢	$A=\frac{\pi}{16}(D+d)^2$
	mm										cm²
1	4	+0.3	6	±0.4	0.8	0.48	5	$4+2\delta_0$	3	—	0.20
2	5	+0.3	8	±0.5	0.8	0.55	7	$5+2\delta_0$	3	—	0.33
3	6 (6.2)	+0.4	10	±0.5	1.0	0.65	8	$6+2\delta_0$	3	—	0.50
4	8 (7.5)	+0.4	12	±0.6	1.2	0.75	10	$8+2\delta_0$	3	3.5	0.79
5	10 (9.5)	+0.4	15	±0.6	1.8	1.10	13	$10+2\delta_0$	3	3.5	1.23
6	11 (11.5)	+0.4	18	±0.6	2.0	1.15	16	$11+2\delta_0$	3	3.5	1.65
7	12 (12.5)	+0.4	20	±0.7	2.1	1.20	18	$12+2\delta_0$	3	3.5	2.01
8	14 (14.5)	+0.4	22	±0.7	2.2	1.30	20	$14+2\delta_0$	3.5	4	2.54
9	16 (16.5)	+0.4	25	±0.7	2.3	1.35	22	$16+2\delta_0$	3.5	4	3.30
10	18 (18.5)	+0.5	28	±0.7	2.6	1.50	25	$18+2\delta_0$	3.5	4	4.15
11	22 (21.5)	+0.5	32	±0.8	3.0	1.70	28	$22+2\delta_0$	3.5	4	5.73
12	24 (24.5)	+0.5	36	±0.8	3.2	1.80	32	$24+2\delta_0$	3.5	4	7.07
13	25 (25.5)	+0.5	38	±0.8	3.2	1.80	34	$25+2\delta_0$	3.5	4	7.79
14	28 (27.5)	+0.5	40	±0.8	3.4	2.00	36	$28+2\delta_0$	4	5	9.08
15	32 (31)	+0.6	46	±0.8	3.6	2.10	40	$32+2\delta_0$	4	5	11.82
16	35	+0.6	50	±0.8	3.8	2.20	45	$35+2\delta_0$	4	5	14.16
17	37	+0.6	55	±1.0	4.2	2.40	50	$37+2\delta_0$	4	5	16.62
18	40 (41)	+0.6	60	±1.0	4.5	2.50	55	$40+2\delta_0$	4	5	19.64
19	48 (47)	+0.6	70	±1.0	5.0	2.80	(65)	$48+2\delta_0$	4.5	6	27.34
20	55 (54)	+0.7	80	±1.0	5.4	3.00	(75)	$55+2\delta_0$	4.5	6	35.78
21	65 (64)	+0.7	90	±1.1	5.8	3.50	(85)	$65+2\delta_0$	5	7	47.17
22	75	+0.7	100	±1.1	6.0	3.60	(95)	$75+2\delta_0$	5	7	60.13
23	95 (94)	+0.9	125	±1.3	7.5	4.50	(115)	$95+2\delta_0$	6	8	95.03
24	120 (119)	+0.9	160	±1.3	10.0	6.00	(150)	$120+2\delta_0$	6	8	153.94
25	150 (149)	+0.9	200	±1.3	12.0	7.00	(185)	$150+2\delta_0$	6	8	240.53

注：①表中 δ_0 为管壁厚度；②括号内尺寸不推荐使用；③有效面积 A 不适于括号内系列。

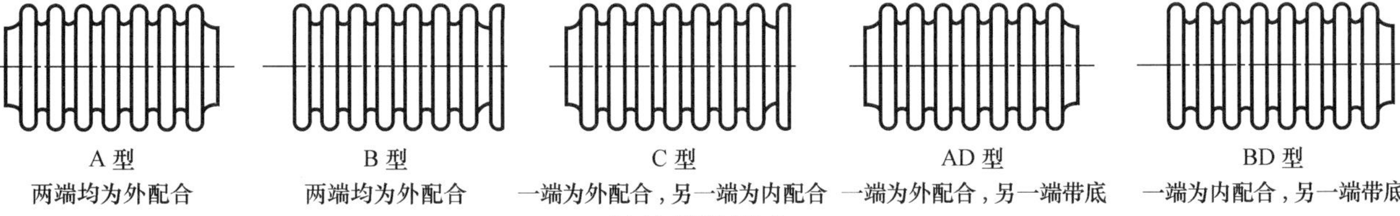

波纹管的型式

敏感类波纹管常用系列

序号	内径 d/mm 公差 Js15	外径 D/mm 公差 Js16	波距 t/mm	波厚 a/mm	两端配合部分 内配合直径 D_1/mm 公差 H13	外配合直径 d_1/mm 公差 h13	配合端长度 l/mm 公差 Js17		壁厚 δ_0	一个波纹的刚度（轴向） H80	QSn6.5-0.1	QBe2、QB1.9	1Cr16Ni9Ti	一个波纹的最大允许位移（轴向） H30	QSn6.5-0.1	QBe2、QBe1.9	1Cr18Ni9Ti	最大耐压力（均压） H80	QSn6.5-0.1	QBe2、QBe1.9	1Cr16Ni9Ti
									mm	N/mm				mm				MPa			
1	4.0	6.0	0.3	0.48	5	4.35	3		0.06	72.3	70.2	84.6	—	0.07	0.08	0.13	—	1.41	1.68	3.22	—
2									0.08	156.0	150.0	181.0	—	0.05	0.06	0.10	—	1.30	2.14	4.10	—
3	5.0	8.0	0.3	0.55	7	5.40	3		0.08	70.4	68.0	82.0	—	0.10	0.13	0.20	—	1.18	1.40	2.70	—
4									0.10	137.3	133.2	160.4	—	0.03	0.10	0.16	—	1.42	1.69	3.24	—
5	6.0	10	1.0	0.65	8	6.40	3		0.08	43.0	41.5	50.0	—	0.16	0.20	0.30	—	0.92	1.09	2.10	—
6									0.10	35.3	32.3	99.3	—	0.13	0.16	0.25	—	1.10	1.30	2.50	—
7									0.12	147.2	142.0	171.2	—	0.10	0.13	0.20	—	1.28	1.52	2.92	—
8	8.0	12	1.2	0.75	10	8.50	3	3.5	0.03	33.0	32.0	38.5	57.0	0.23	0.23	0.40	0.19	0.74	0.88	1.07	2.30
9									0.10	61.6	59.5	71.3	106.2	0.18	0.22	0.35	0.15	0.90	1.05	2.00	2.75
10									0.12	105.0	101.5	122.0	181.0	0.15	0.18	0.29	0.12	1.05	1.25	2.40	3.25
11									0.14	166.0	160.0	193.0	286.0	0.12	0.15	0.24	0.10	1.15	1.40	2.70	3.65
12	10	15	1.8	1.10	13	10.50	3	3.5	0.10	47.5	46.0	55.5	81.6	0.29	0.35	0.58	0.24	0.34	1.00	1.93	2.60
13									0.12	78.0	75.5	91.0	124.0	0.25	0.30	0.50	0.21	1.01	1.20	2.30	3.10
14									0.14	120.0	116.0	139.5	206.5	0.17	0.21	0.34	0.14	1.18	1.41	2.70	3.65
15									0.16	176.0	170.0	205.0	303.0	0.10	0.12	0.20	0.08	1.34	1.60	3.03	4.18
16	11	18	2.0	1.15	16	11.5	3	3.5	0.10	35.0	34.0	41.0	60.0	0.39	0.48	0.78	0.32	0.64	0.77	1.50	2.00
17									0.12	62.0	60.0	72.4	107.0	0.33	0.40	0.66	0.23	0.76	0.90	1.74	2.36
18									0.14	95.0	91.0	110.0	163.5	0.23	0.23	0.46	0.20	0.87	1.03	1.98	2.63
19									0.16	138.0	133.5	151.0	238.0	0.14	0.17	0.28	0.12	0.98	1.17	2.25	3.04
20	12	20	2.1	1.2	18	12.5	3	3.5	0.10	26.5	25.5	31.0	45.5	0.50	0.62	0.80	0.42	0.54	0.65	1.25	1.70
21									0.12	13.0	41.5	50.0	74.0	0.41	0.51	0.80	0.34	0.64	0.76	1.46	2.00
22									0.14	65.5	63.5	76.5	113.0	0.35	0.42	0.69	0.29	0.74	0.88	1.70	2.32
23									0.16	96.5	93.0	112.0	166.0	0.31	0.38	0.60	0.26	0.82	0.98	1.90	2.60
24	14	22	2.2	1.3	20	14.5	3.5	4.0	0.10	29.0	23.0	33.8	50.0	0.50	0.50	0.61	0.30	0.41	0.50	1.12	1.54
25									0.12	47.6	46.2	55.5	62.0	0.41	0.41	0.50	0.30	0.34	0.68	1.32	1.30
26									0.14	74.0	71.2	86.0	127.5	0.35	0.35	0.43	0.68	0.29	0.80	1.52	2.03
27									0.16	109.2	105.5	127.2	188.4	0.30	0.30	0.37	0.59	0.25	0.90	1.72	2.34
28	16	25	2.3	1.35	22	16.5	3.5	4.0	0.10	24.5	23.8	28.5	42.2	0.62	0.76	0.86	0.51	0.39	0.47	0.90	1.24
29									0.12	40.5	39.0	47.0	69.5	0.51	0.62	0.86	0.42	0.47	0.56	1.08	1.46
30									0.14	63.8	61.5	74.0	109.5	0.43	0.52	0.83	0.35	0.53	0.62	1.22	1.66
31									0.16	96.2	93.0	111.3	165.4	0.37	0.46	0.73	0.31	0.60	0.70	1.36	1.88
32	18	28	2.6	1.5	25	185	3.5	4.0	0.10	19.2	13.6	22.4	33.0	0.77	0.94	1.00	0.60	0.35	0.42	0.80	1.10
33									0.12	31.5	30.5	36.8	54.4	0.63	0.78	1.00	0.53	0.42	0.50	0.96	1.30
34									0.14	49.5	47.6	60.2	84.8	0.54	0.66	1.00	0.45	0.48	0.56	1.10	1.50
35									0.16	73.0	70.5	85.0	125.5	0.47	0.58	0.92	0.39	0.54	0.64	1.24	1.60
36	22	32	3.0	1.7	28	22.5	3.5	4.0	0.10	173.8	17.2	20.6	31.1	0.94	1.15	1.17	0.78	0.30	0.35	0.70	0.95
37									0.12	30.5	29.7	35.6	58.3	0.78	0.96	1.17	0.65	0.36	0.44	1.84	1.15
38									0.14	48.5	47.0	56.5	85.2	0.66	0.81	1.17	0.55	0.42	0.50	0.96	1.30
39									0.16	72.6	70.5	84.6	127.6	0.58	0.71	1.12	0.48	1.47	0.56	1.03	1.43
40									0.18	103.0	100.0	120.0	181.0	0.51	0.62	0.99	0.42	0.52	0.62	1.20	1.61
41	24	36	3.2	1.8	32	24.5	3.5	4.0	0.10	16.0	15.2	19.5	29.0	1.00	1.26	1.26	0.90	0.25	0.30	0.58	0.80
42									0.12	27.5	26.8	32.0	47.5	0.94	1.15	1.26	0.78	1.30	0.36	1.70	0.95
43									0.14	12.4	41.0	19.2	73.0	0.76	0.94	1.26	0.63	0.35	0.12	0.82	1.10
44									0.16	63.5	60.4	72.5	107.5	0.67	0.82	1.26	0.55	1.10	0.16	0.90	0.25
45									0.18	22.5	85.5	103.0	152.5	0.58	0.72	1.14	0.18	1.14	0.54	1.02	1.30

（三）弹簧管

C形
变刚度弹簧管
带机芯的弹簧管结构
各种类型的弹簧管
A—A
A—A
平椭圆形（无缝管）
椭圆形
双零形
A
A
A
A
结构 (1)
结构 (2)
弹簧管包头结构
平椭圆型（焊接管）
D形
8字形

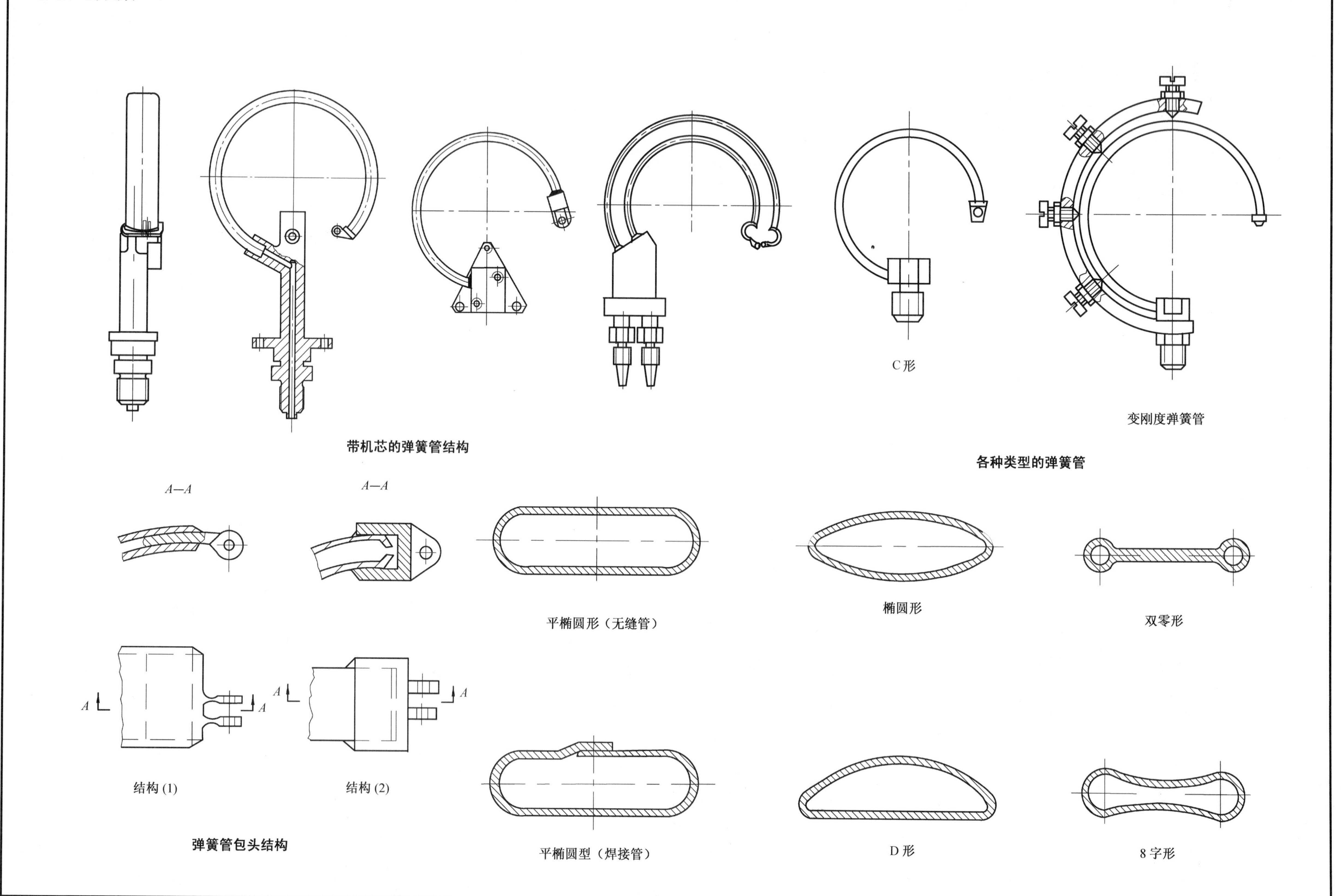

（四）膜片、膜盒

P
P
P
封口
用螺纹压圈压紧
压力膜盒
真空膜盒
螺纹联接膜盒组
当总压通入表腔而静压通入膜盒时采用
按相反方向钎焊的膜盒为好
带有折线特性的双层膜盒
焊接膜盒组

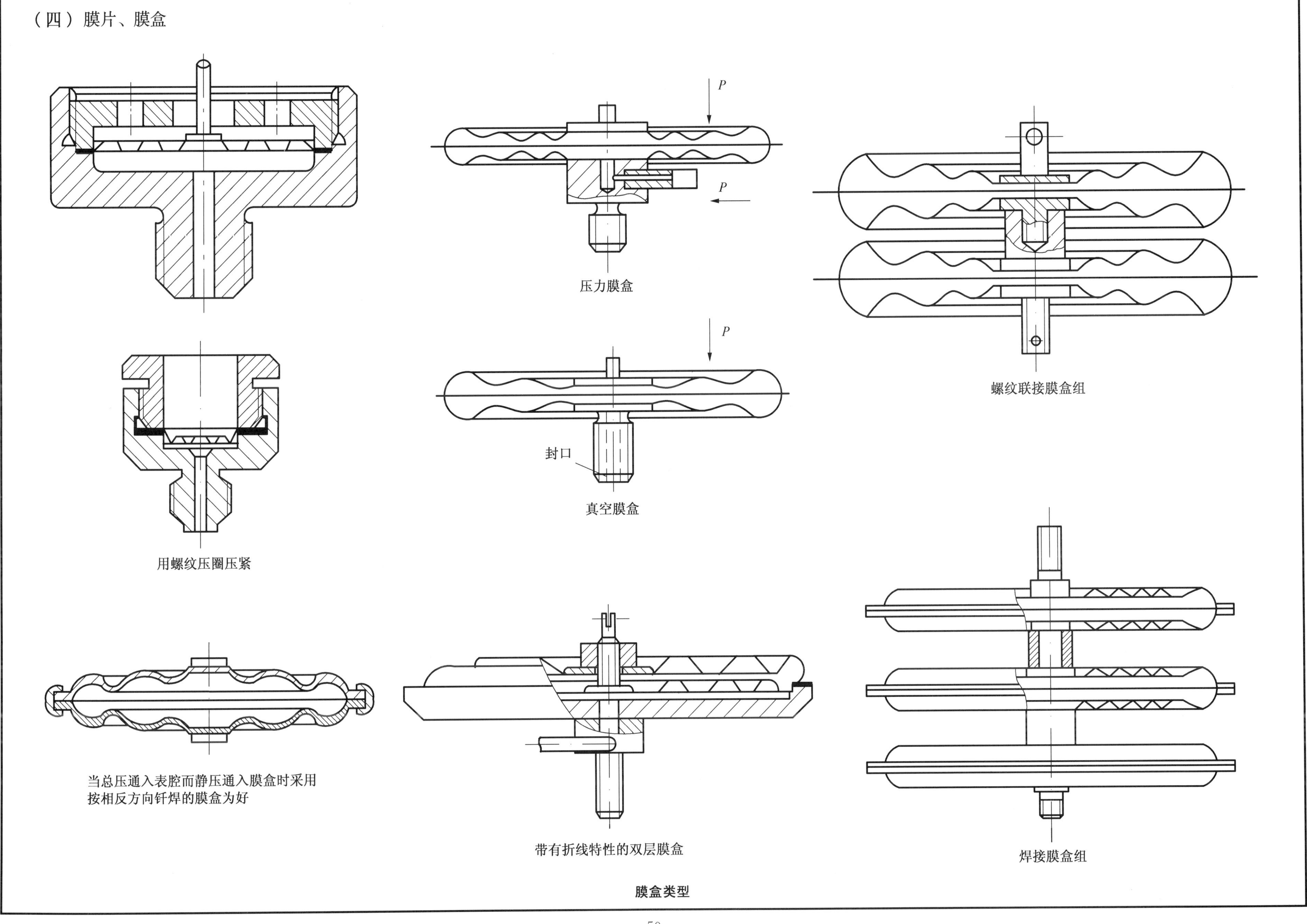

膜盒类型

六、联轴器、离合器

凸缘联轴器 $T_n=2000\sim10\text{N}\cdot\text{m}$，$n=1300\sim1400\text{r/min}$，$d=10\sim180\text{mm}$；无补偿性能，不能减振、缓冲，结构简单，制造方便，成本较低，装拆、维护简便，可传递大转矩。需保证两轴具有较高的对中精度。适用于载荷平稳，高速或传动精度要求较高的传动轴系。

凸缘联轴器（GB/T5843—1986）　　　　（单位：mm）

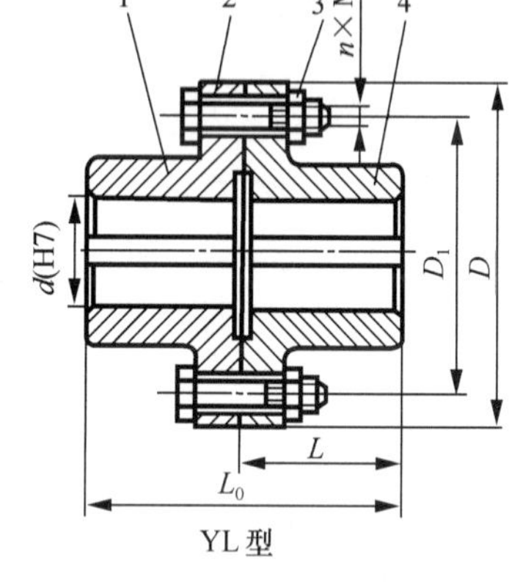

YL 型

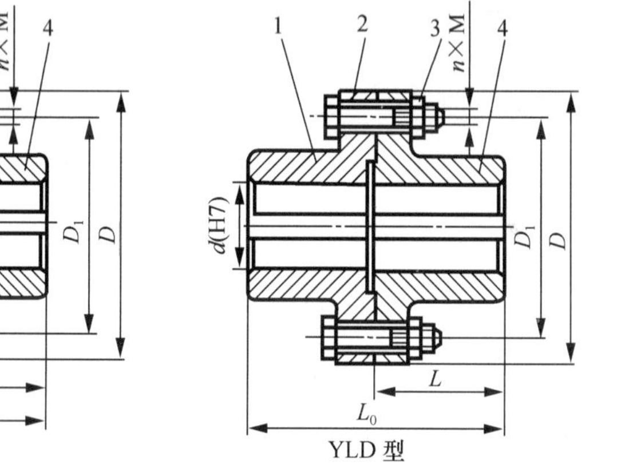

YLD 型

标记示例：

YLD6 联轴器 $\frac{25\times62}{\text{JB}30\times60}$ GB/T5843—1986

主动端：Y 型轴孔，A 型键槽，$d=25\text{mm}$，$L=62\text{mm}$

从动端：J 型轴孔，B 型键槽，$d=30\text{mm}$，$L=60\text{mm}$

图中：1，4—半联轴器，2—螺栓

3—锁紧螺母

型号	公称转矩 T_n/(N·m)	许用转速 [n]/(r/min)		轴孔直径 d(H7)		轴孔长度 L		D	D_1	螺栓		L_0		质量 m/kg	转动惯量 I/(kg·m²)
		铁	钢	铁	钢	Y 型	J、J_1 型			数量 n	直径 M	Y 型	J、J_1 型		
YL1 YLD1	10	8100	13000	10、11		25	22	71	53	3 (3)	M6	54	48	0.94	0.0018
				12、14		32	27					68	58		
				16、18、19		42	30					88	64		
				20		52	38					108	80		
				—	22										
YL2 YLD2	16	7200	12000	12、14		32	27	80	64	4 (4)		68	58	1.5	0.0035
				16、18、19		42	36					88	64		
				20		52	38					108	80		
				—	22										
YL3 YLD3	25	6400	10000	14		32	27	90	69	3 (3)	M8	68	58	1.99	0.006
				16、18、19		42	30					88	64		
				20、22		52	38					108	80		
				—	24										
					25	62	44					128	92		
YL4 YLD4	40	5700	9500	18、19		42	30	100	80			88	64	2.47	0.0093
				20、22、24		52	38					108	80		
				25		62	44					128	92		
				—	28										
YL5 YLD5	63	5500	9000	22、24		52	38	105	85	4 (4)		108	80	3.19	0.013
				25、28		62	44					128	92		
				30		82	60					168	124		
				—	32										
YL6 YLD6	100	5200	8000	24		52	38	110	90			108	80	3.99	0.017
				25、28		62	44					128	92		
				30、32		82	60					168	124		
				—	35										

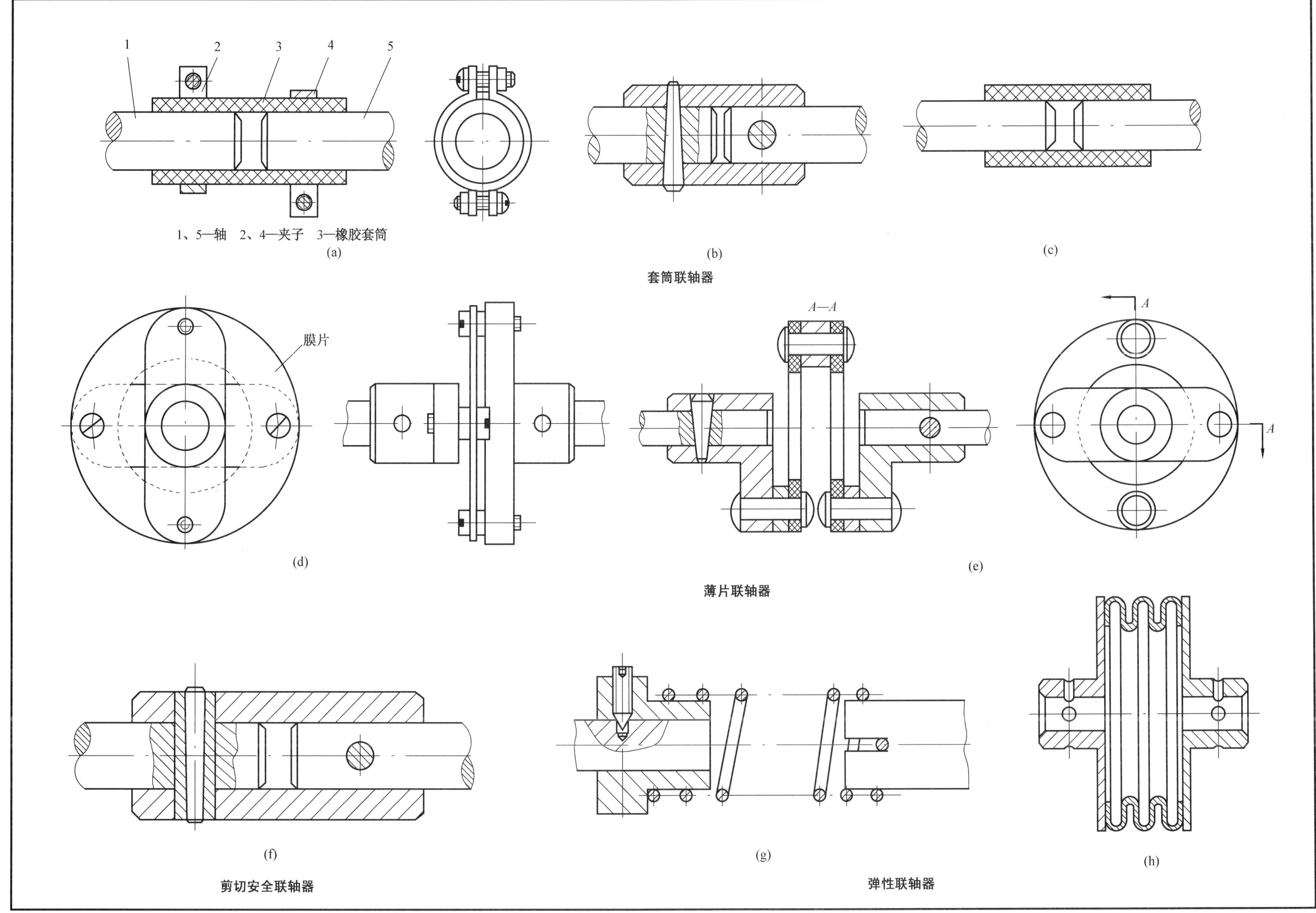

1、5—轴　2、4—夹子　3—橡胶套筒

(a)　(b)　(c)

套筒联轴器

(d)　(e)

薄片联轴器

(f)

剪切安全联轴器

(g)　(h)

弹性联轴器

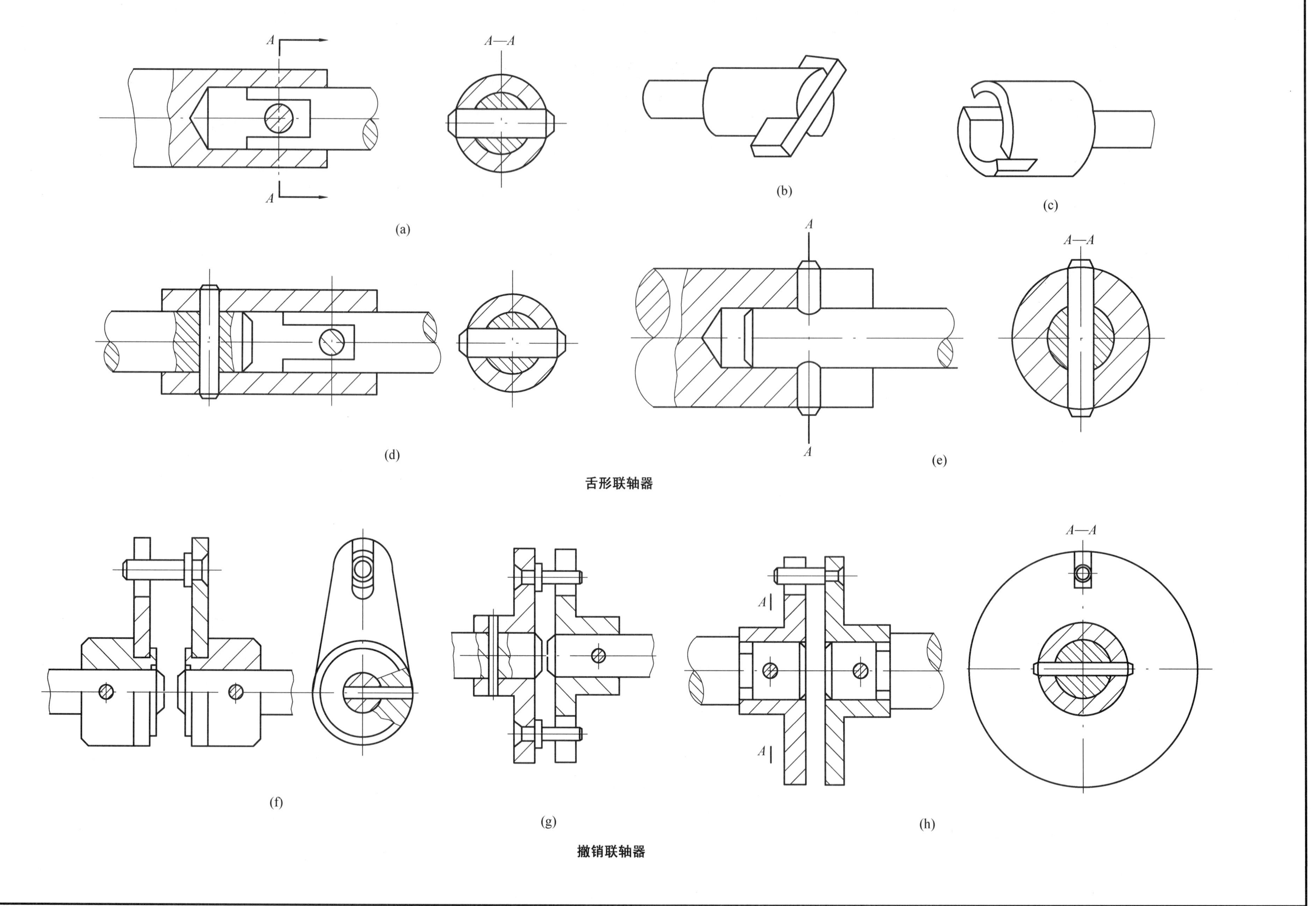
A
A—A
A
(a)
(b)
(c)
A
A—A
(d)
A
(e)
舌形联轴器
A—A
A
A
(f)
(g)
(h)
撤销联轴器

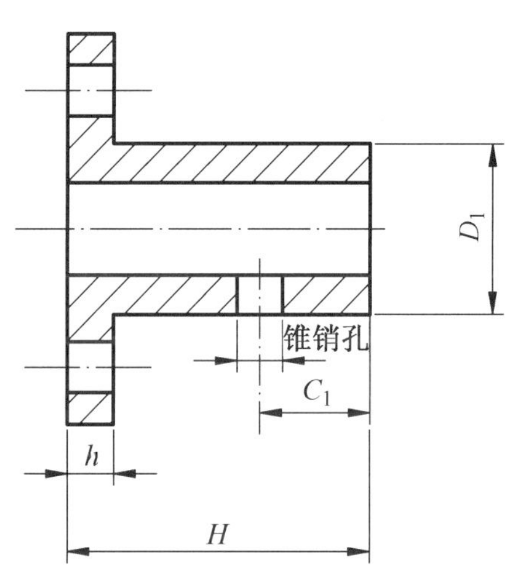

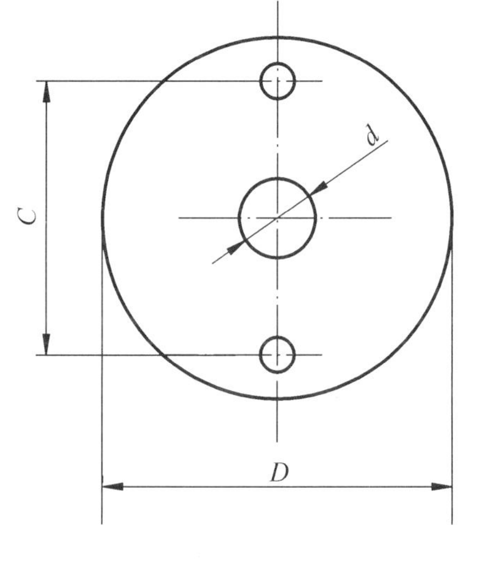

(a)

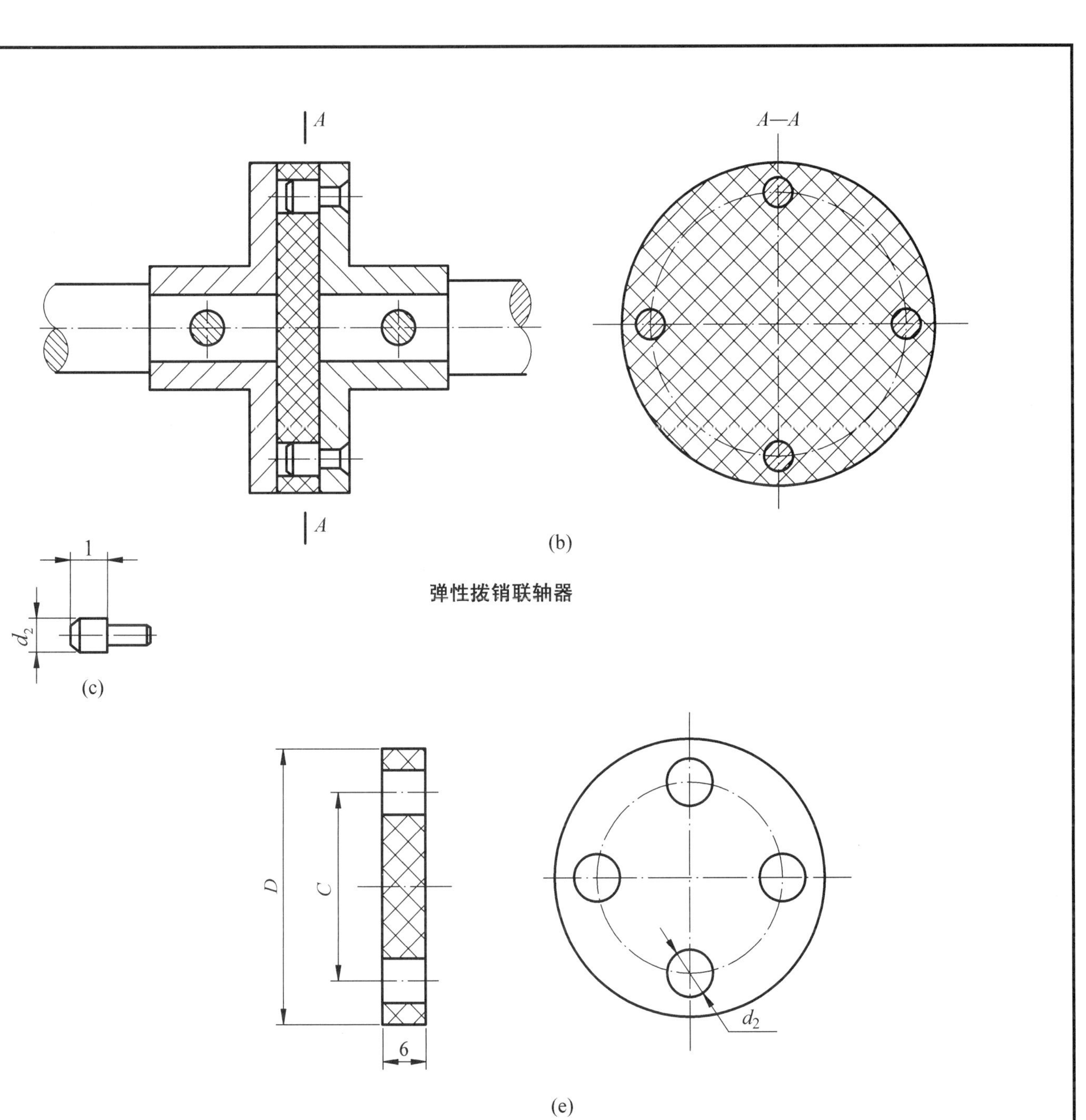

(b)

(c)

弹性拨销联轴器

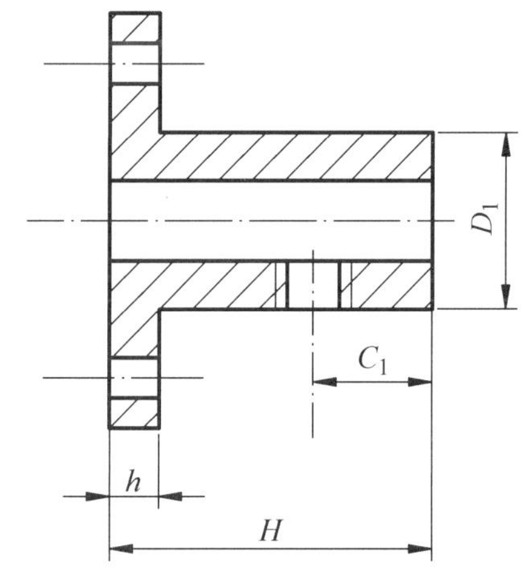

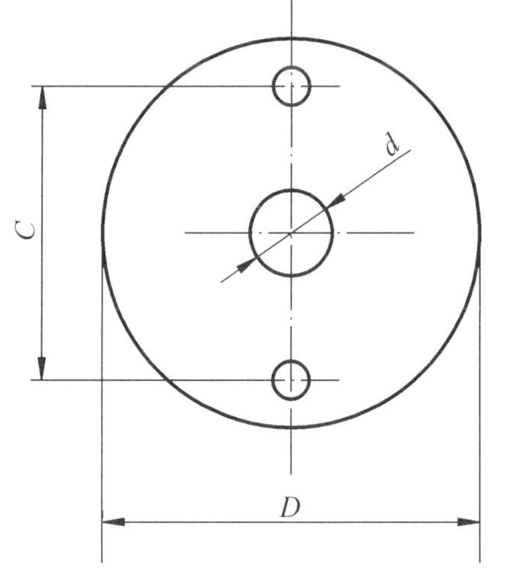

(d)

(e)

弹性拨销联轴器零件尺寸表　　（单位：mm）

d	D	H	C	C_1	D_1	d_2	h	l	锥销
4	20	7	15	3	9	4	2	4	1×12
6	28	9	20	3	12	5	3	5	1.5×15
8	30	12	22	4	15	5	3	5	2×18
10	32	13	24	5	18	5	4	5	3×22

中间盘尺寸表　　（单位：mm）

型 号	D	C	d_2
1	22	15	4
2	30	20	5
3	32	22	5
4	34	24	5

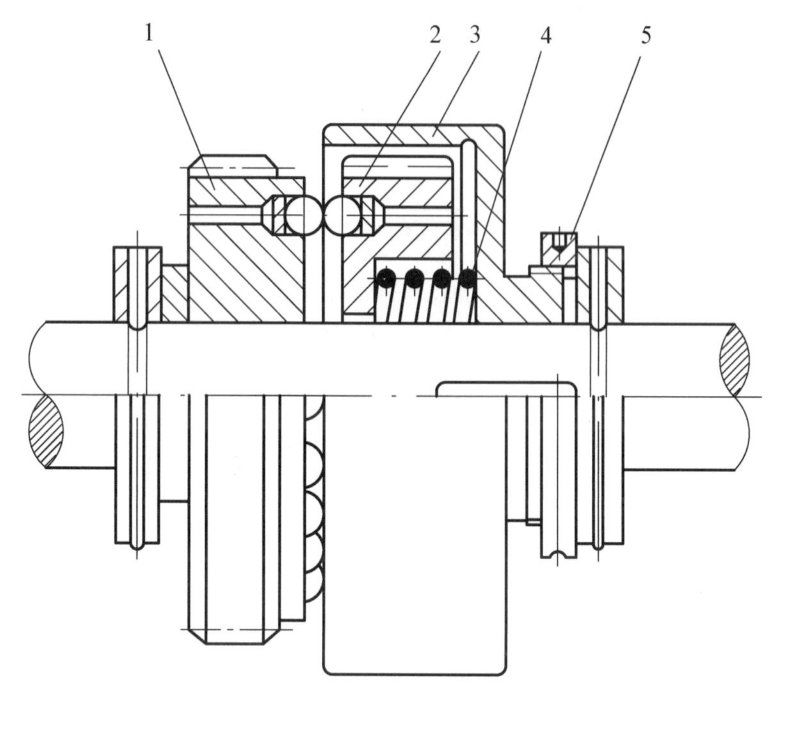

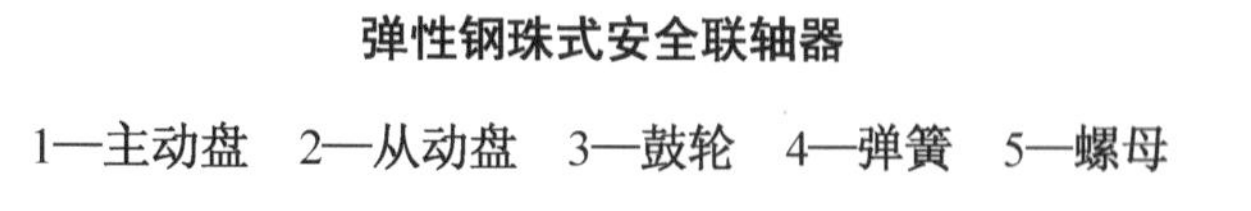

弹性钢珠式安全联轴器

1—主动盘　2—从动盘　3—鼓轮　4—弹簧　5—螺母

尼龙柱销安全联轴器

1—尼龙柱销　2—圆盘挡板

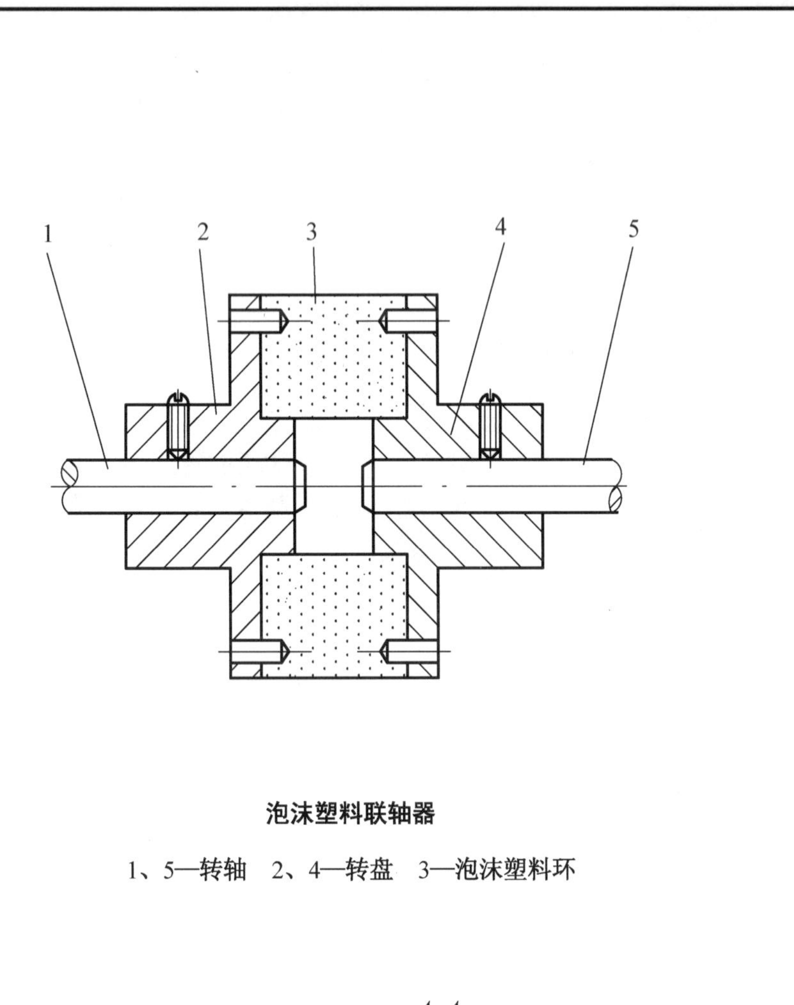

泡沫塑料联轴器

1、5—转轴　2、4—转盘　3—泡沫塑料环

圆盘式摩擦离合器

1—主动轴　2、3—摩擦盘　4—拨叉　5—从动轴

圆锥式摩擦离合器

滚珠单向离合器

1—主动轮　2—滚珠　3—盘　4—从动件

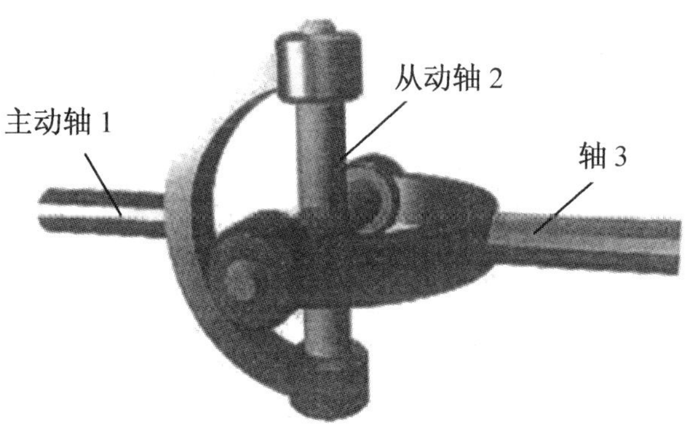

万向联轴器

LB 轮胎式联轴器

XLL 系列星形弹性联轴器

WH 型 - 滑块连轴器

LT(原 TL 型) 弹性套柱销联轴器

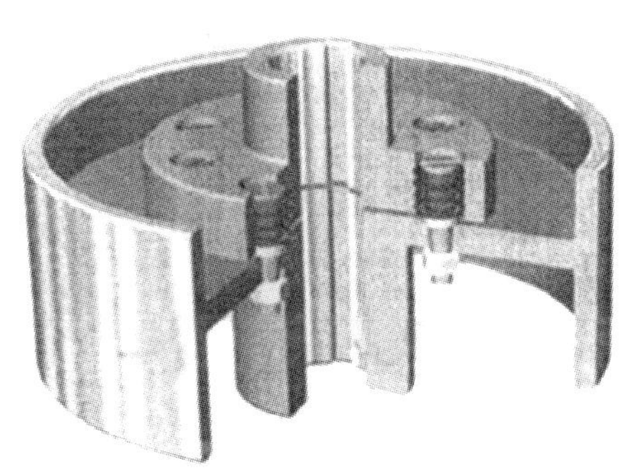
LTZ(原 TLL 型) 带制动轮弹性套柱销联轴器

第三篇 常用机构及装置

一、行星齿轮减速器

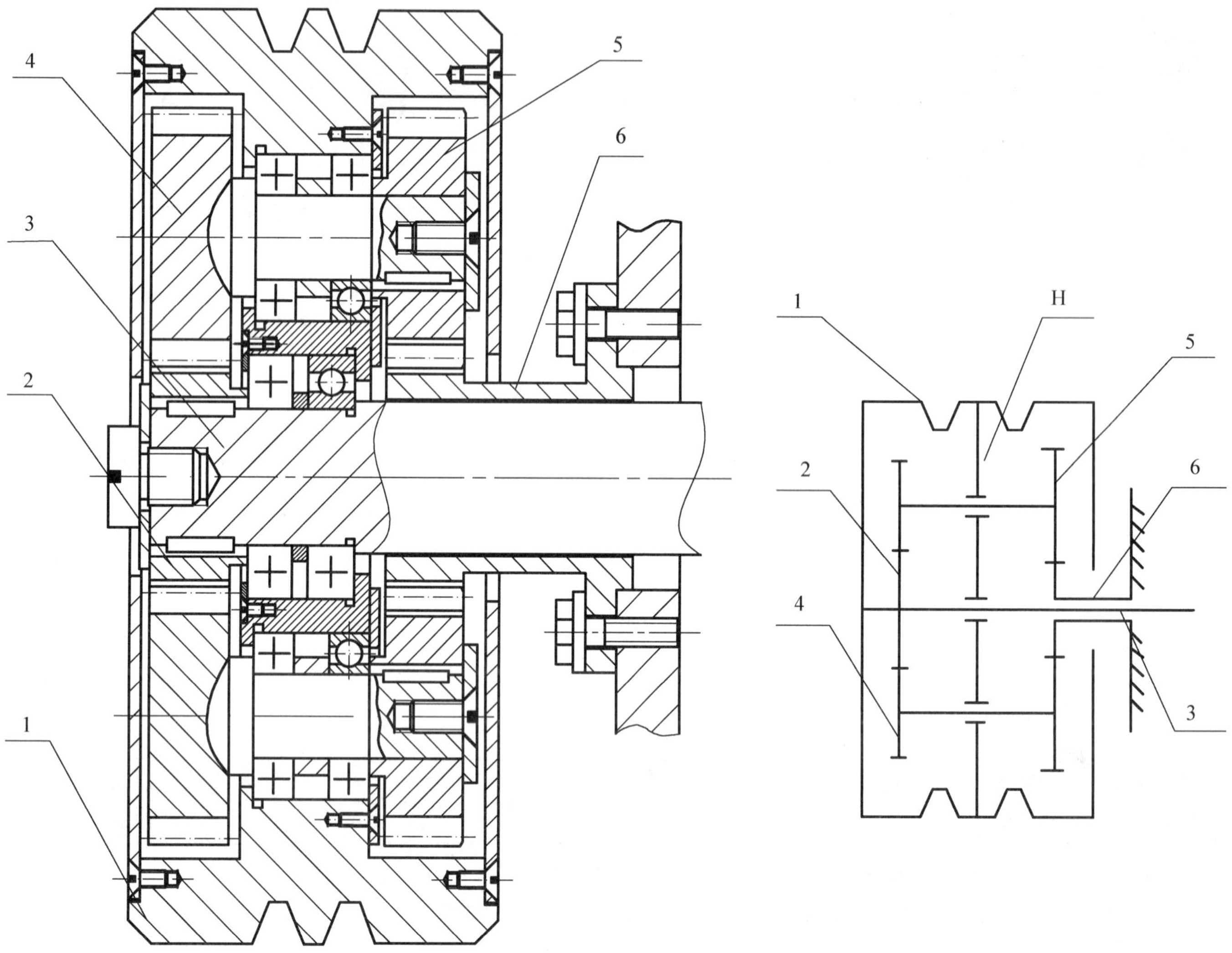

行星齿轮减速皮带轮

1—输入皮带轮 2—从动齿轮(Zd) 3—输出轴
4—行星齿轮(Zc) 5—行星齿轮(Zb) 6—固定中心齿轮(Za)

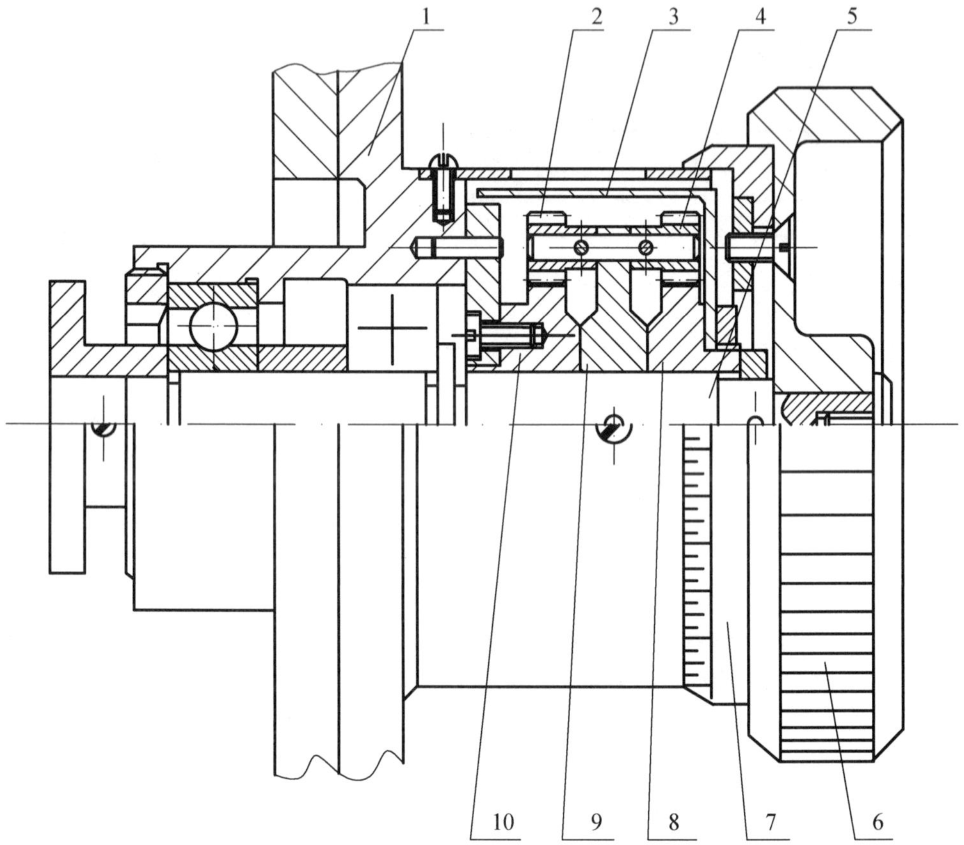

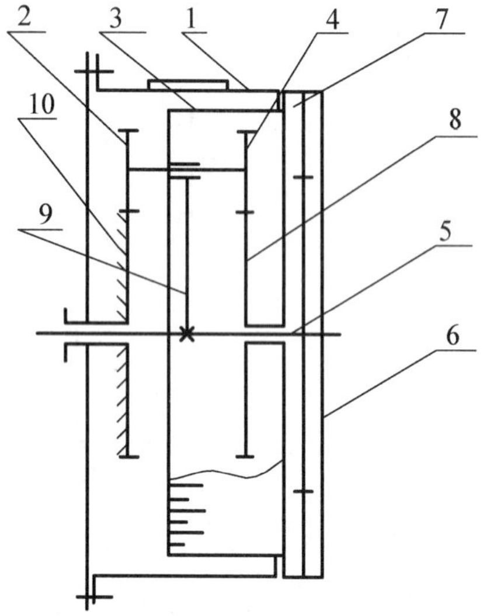

行星齿轮读数机构

1—壳体
2—行星轮
3—粗读数盘
4—行星轮
5—轴
6—手轮
7—精读数盘
8—太阳轮
9—行星拨杆
10—太阳轮

二、螺旋机构

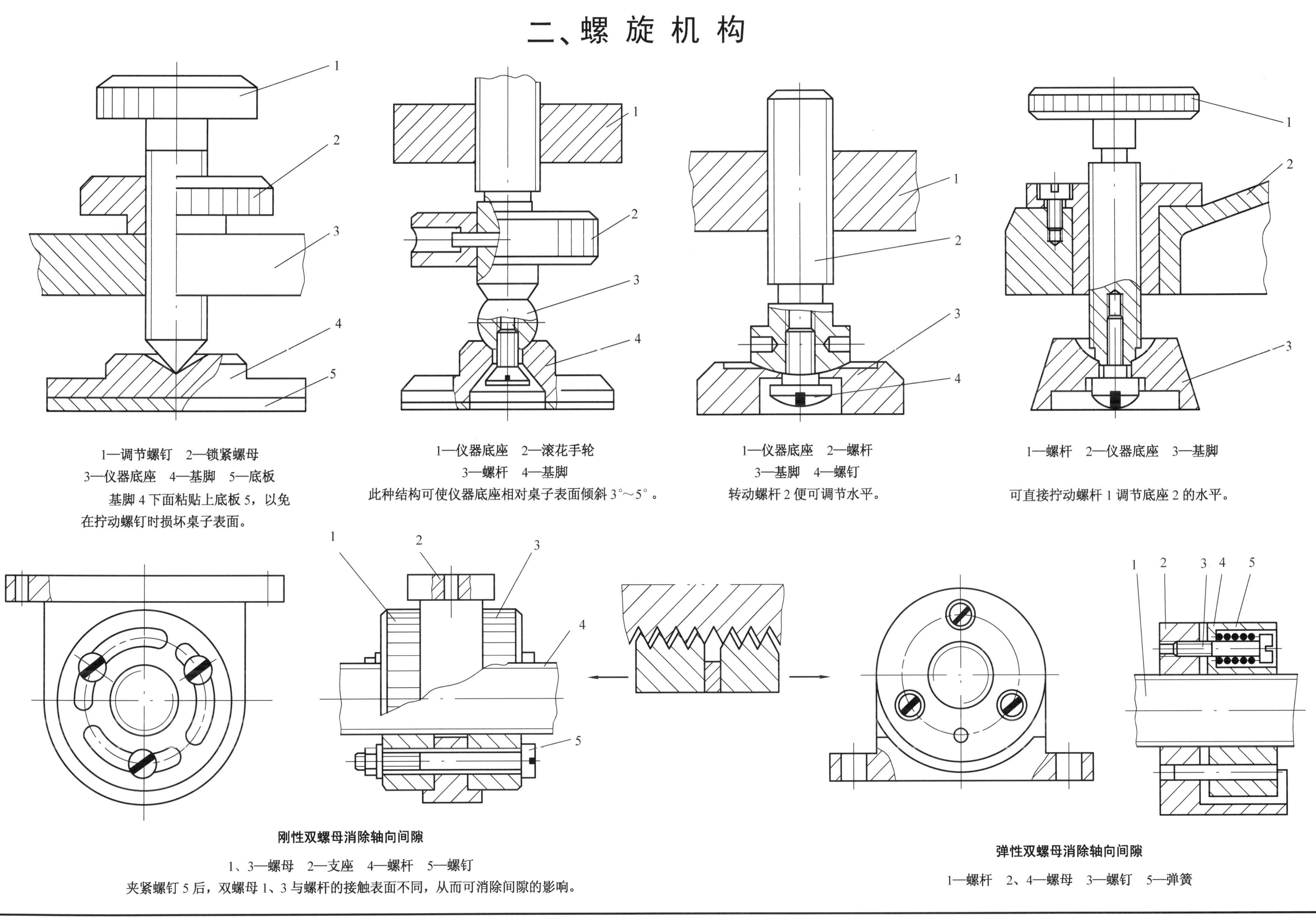

1—调节螺钉　2—锁紧螺母
3—仪器底座　4—基脚　5—底板
基脚 4 下面粘贴上底板 5，以免在拧动螺钉时损坏桌子表面。

1—仪器底座　2—滚花手轮
3—螺杆　4—基脚
此种结构可使仪器底座相对桌子表面倾斜 3°～5°。

1—仪器底座　2—螺杆
3—基脚　4—螺钉
转动螺杆 2 便可调节水平。

1—螺杆　2—仪器底座　3—基脚
可直接拧动螺杆 1 调节底座 2 的水平。

刚性双螺母消除轴向间隙

1、3—螺母　2—支座　4—螺杆　5—螺钉
夹紧螺钉 5 后，双螺母 1、3 与螺杆的接触表面不同，从而可消除间隙的影响。

弹性双螺母消除轴向间隙

1—螺杆　2、4—螺母　3—螺钉　5—弹簧

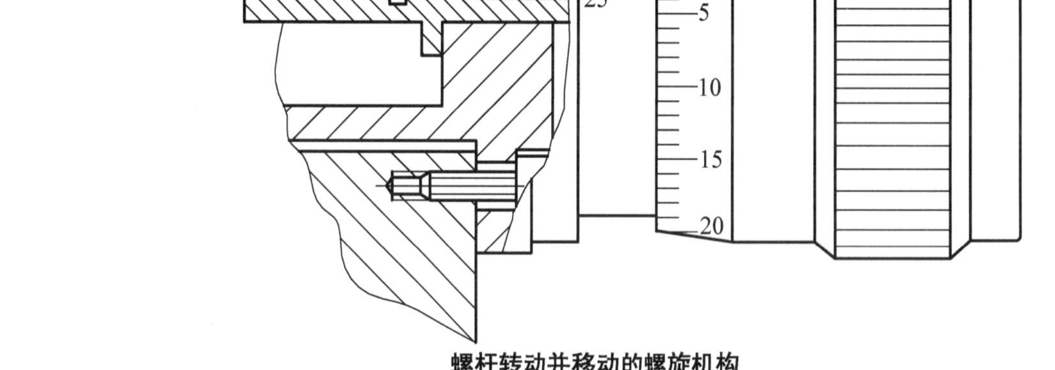

螺杆转动并移动的螺旋机构

1—支座　2—测微外套　3、5—螺母　4—螺杆　6—手轮

图示为工具显微镜工作台微动装置。旋转手轮 6 时，螺杆 4 顶动工作台，实现微动。

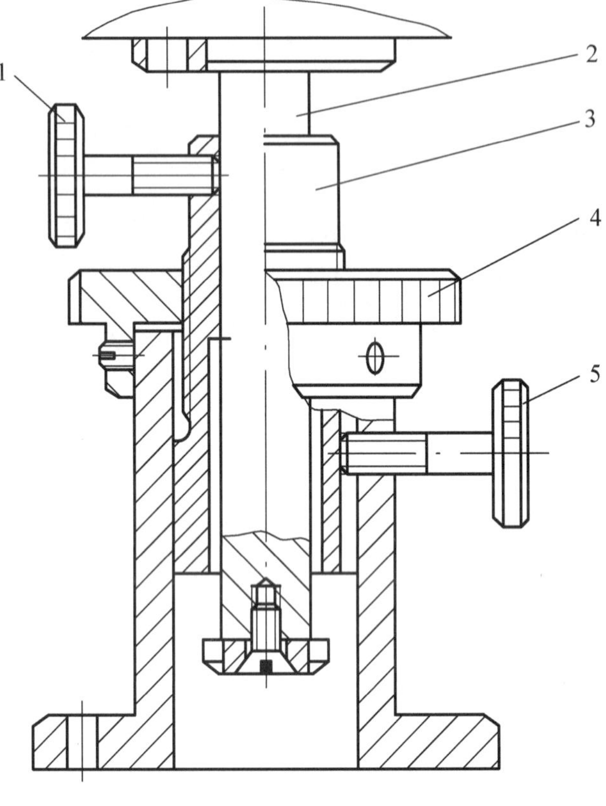

螺母转动螺杆移动的螺旋机构

1—紧固螺钉　2—立柱　3—套筒　4—滚花螺母　5—防转螺钉

立柱 2 的粗位移是用手沿套筒 3 上下移动来实现的，用螺钉 1 固定被调好的位置。

立柱 2 的精位移是转动螺母 4 来实现的，螺钉 5 插在套筒 3 的导向槽内防止其转动。

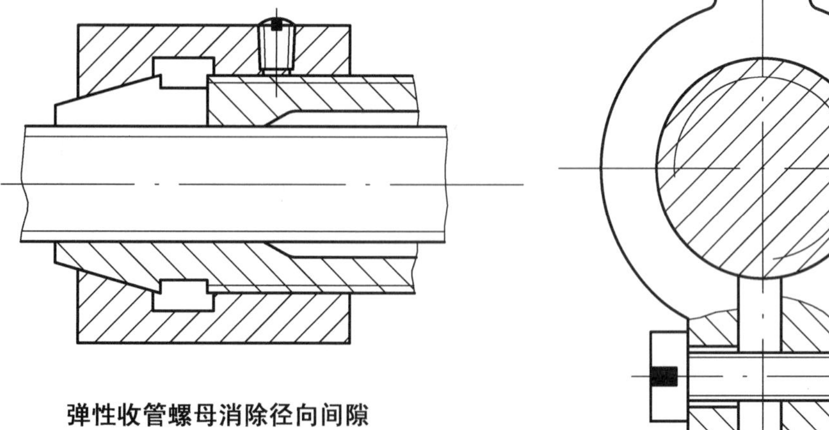

弹性收管螺母消除径向间隙

切口螺母消除径向间隙

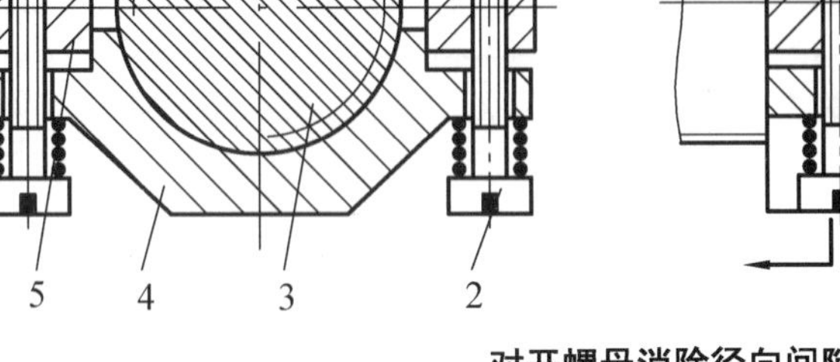
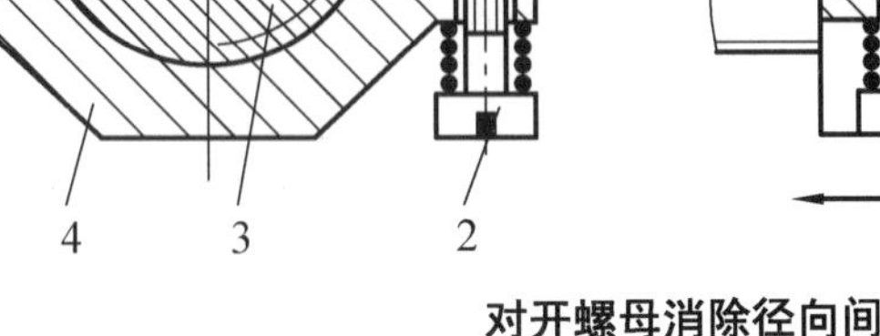

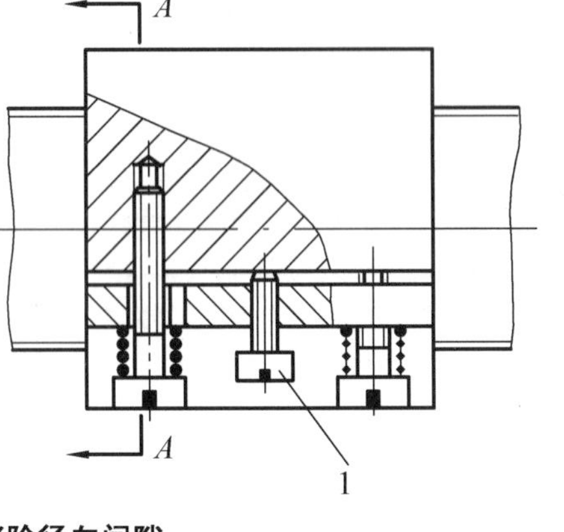

对开螺母消除径向间隙

1—调节螺钉　2—螺钉　3—螺杆　4、5—对开螺母　6—压弹簧

螺母切成两半，四个螺钉 2 使切开的螺母 4、5 包住螺杆 3，弹簧 6 可使压紧力均匀稳定。

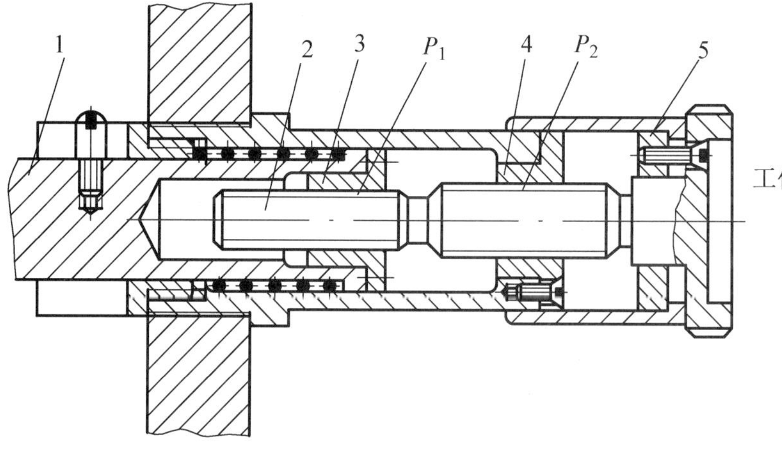

差动螺旋机构

1—移动件　2—螺杆　3、4—螺母
5—套筒　P_1、P_2—螺距

工作台

差动螺旋式粗动和微动调节装置

1、2、6—螺母　3—微动手轮　4—螺杆
5—粗动手轮　7—防转销　8— 基座

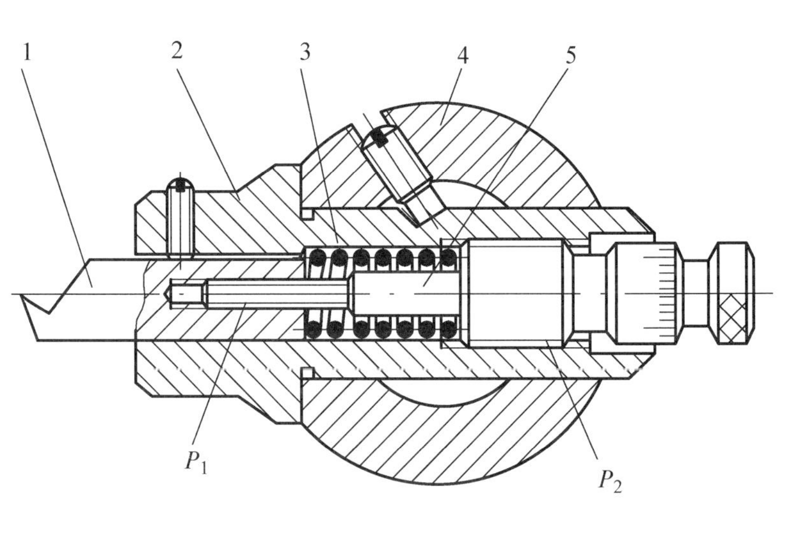

差动螺旋式可调镗刀头

1—镗刀头　2—刀套　3—压弹簧　4—刀架
5—调整螺杆　P_1、P_2—螺距

粗动调节是由粗动手轮 5 带动螺杆 4 来实现的。微动时由螺母 1 上的螺距P_1和螺母 2 上的螺距P_2来实现，微动量 1 =$(P_2-P_1)n$（n—手轮转数）。

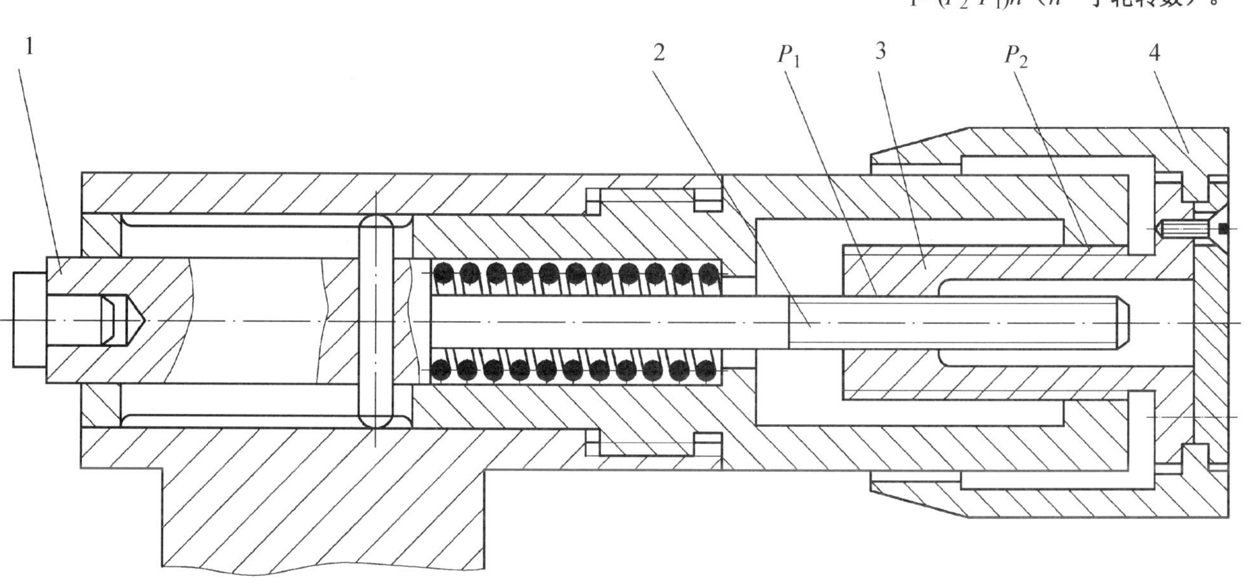

差动螺旋机构

1—移动件　2—螺杆　3—螺母　4—手轮　P_1、P_2—螺距

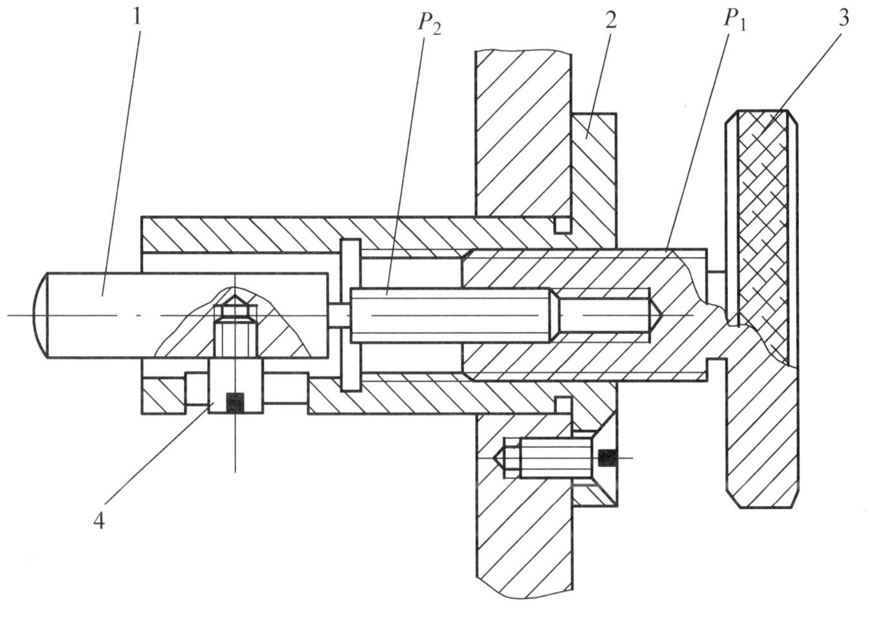

差动螺旋机构

1—顶杆　2—螺母　3—手轮　4—防转螺杆　P_1、P_2—螺距

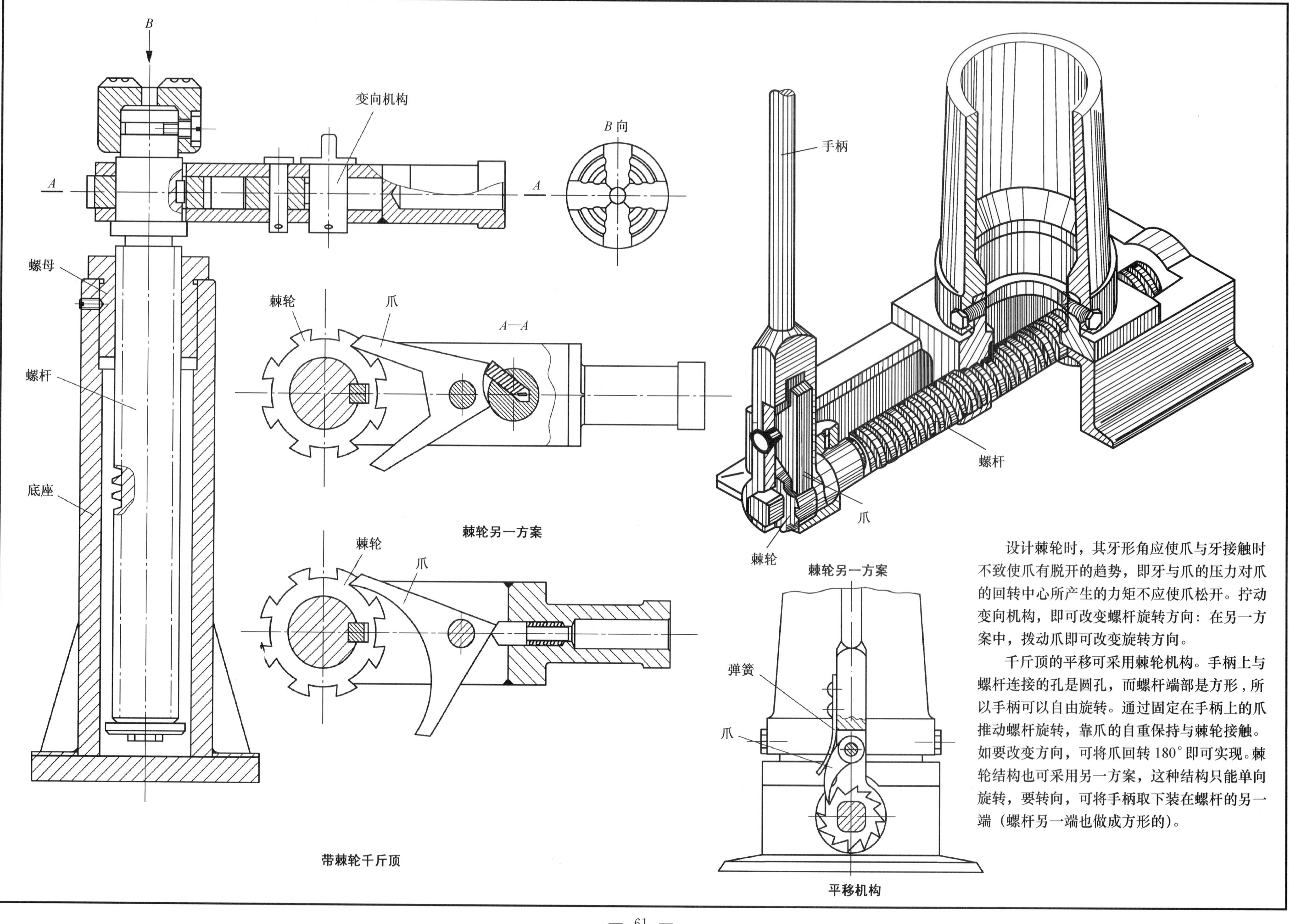

带棘轮千斤顶

设计棘轮时，其牙形角应使爪与牙接触时不致使爪有脱开的趋势，即牙与爪的压力对爪的回转中心所产生的力矩不应使爪松开。拧动变向机构，即可改变螺杆旋转方向：在另一方案中，拨动爪即可改变旋转方向。

千斤顶的平移可采用棘轮机构。手柄上与螺杆连接的孔是圆孔，而螺杆端部是方形，所以手柄可以自由旋转。通过固定在手柄上的爪推动螺杆旋转，靠爪的自重保持与棘轮接触。如要改变方向，可将爪回转 180° 即可实现。棘轮结构也可采用另一方案，这种结构只能单向旋转，要转向，可将手柄取下装在螺杆的另一端（螺杆另一端也做成方形的）。

三、间歇机构

(一) 槽轮机构

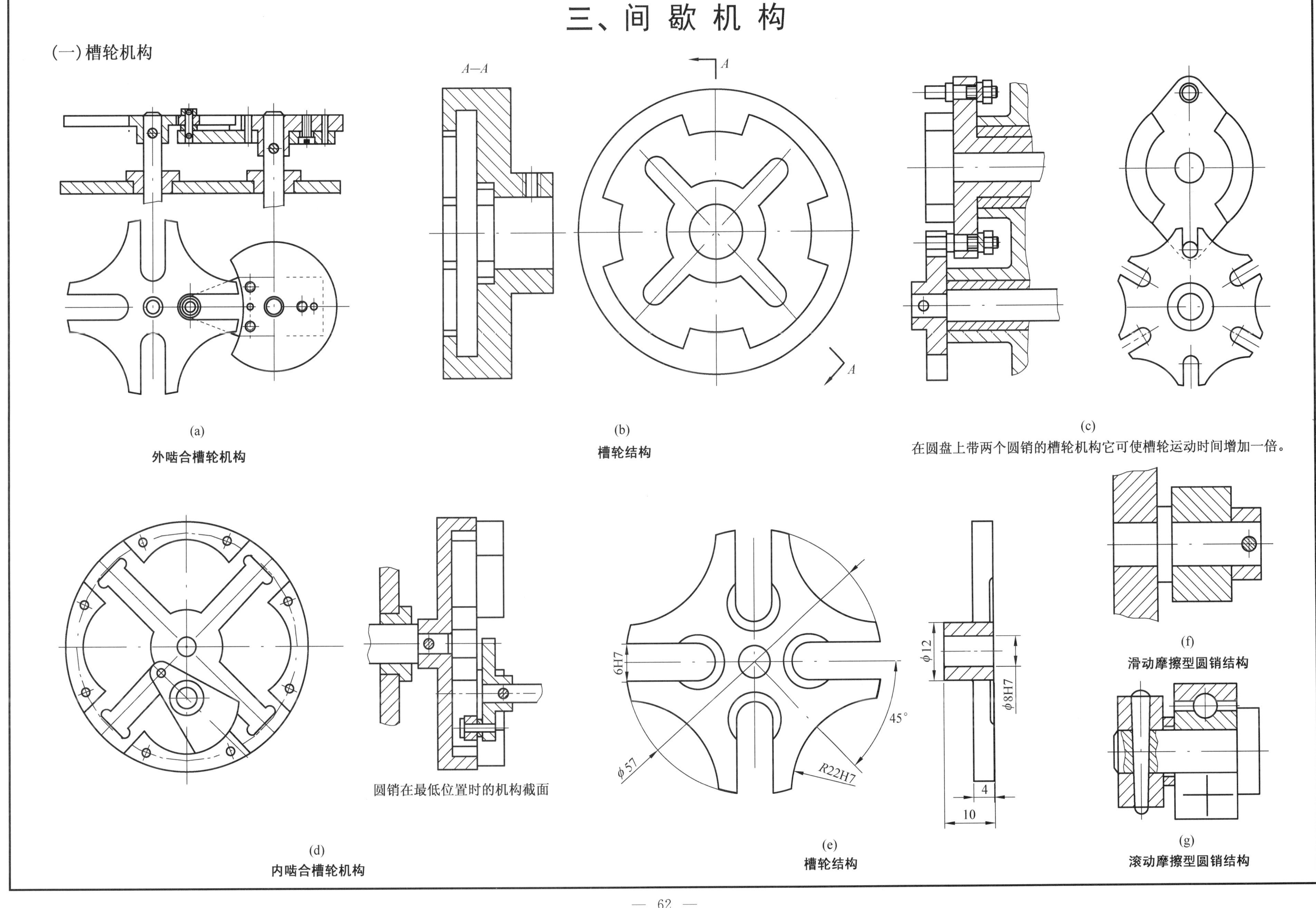

(a) 外啮合槽轮机构

(b) 槽轮结构

(c) 在圆盘上带两个圆销的槽轮机构它可使槽轮运动时间增加一倍。

(d) 内啮合槽轮机构

(e) 槽轮结构

(f) 滑动摩擦型圆销结构

(g) 滚动摩擦型圆销结构

(二) 棘轮机构

外啮合
内啮合
棘轮机构类型
端面啮合
单向摩擦啮合
间隙
棘爪
棘爪
间隙
棘爪
棘爪支承
A—A
1
2
A
A
用于精确调整平板 1 与 2 之间间隙的制动装置

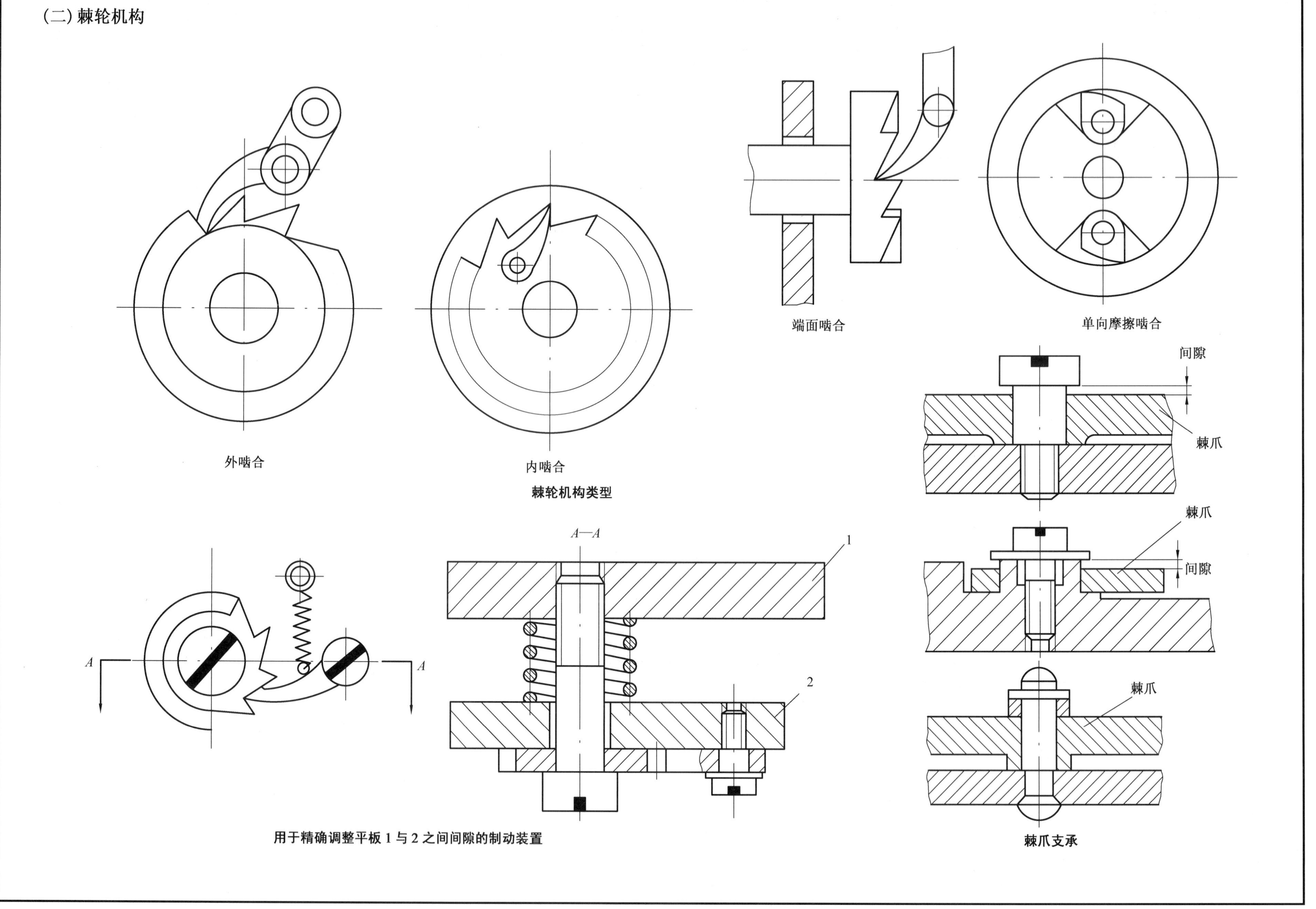

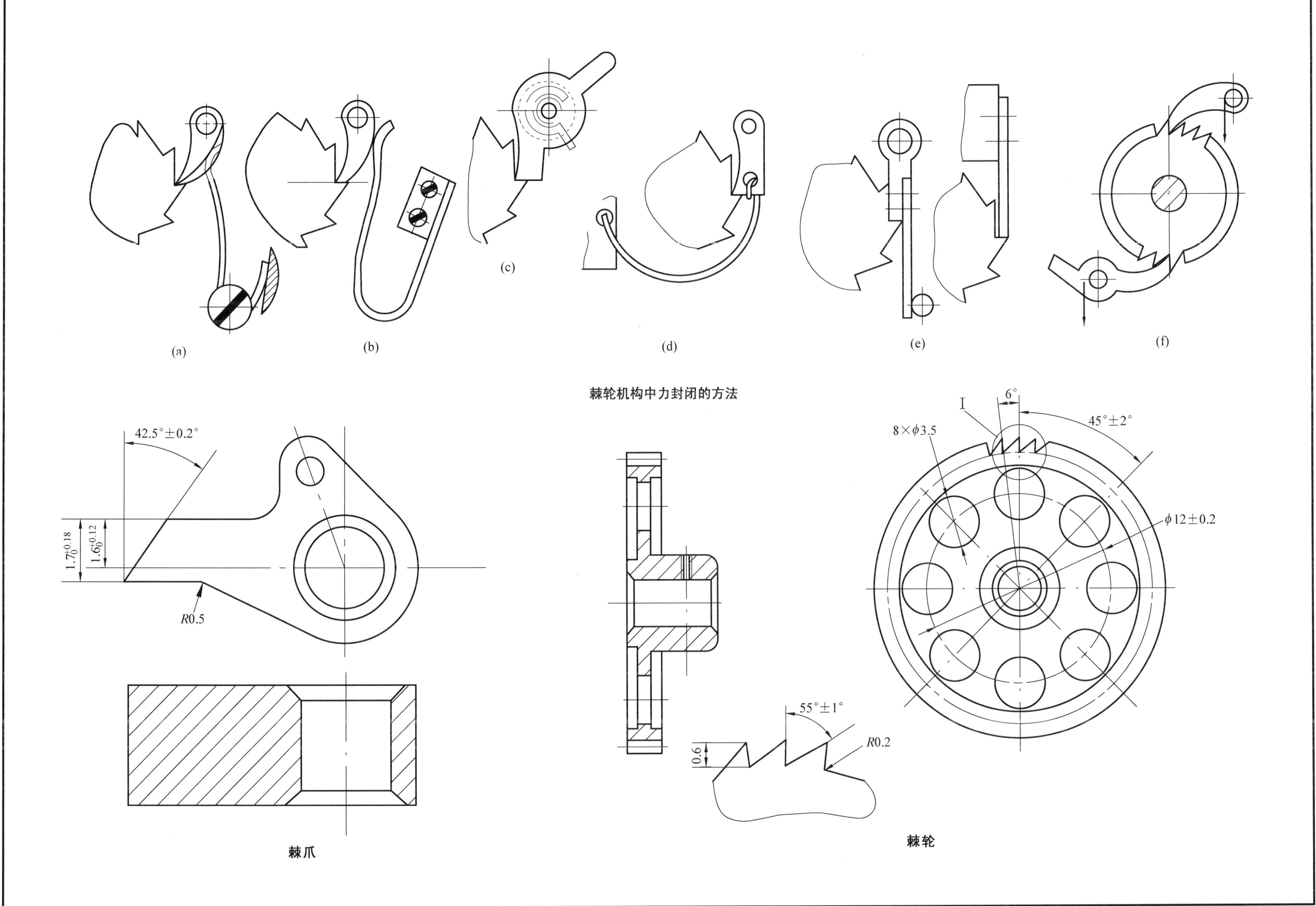

棘轮机构中力封闭的方法

棘爪

棘轮

四、杠 杆 机 构

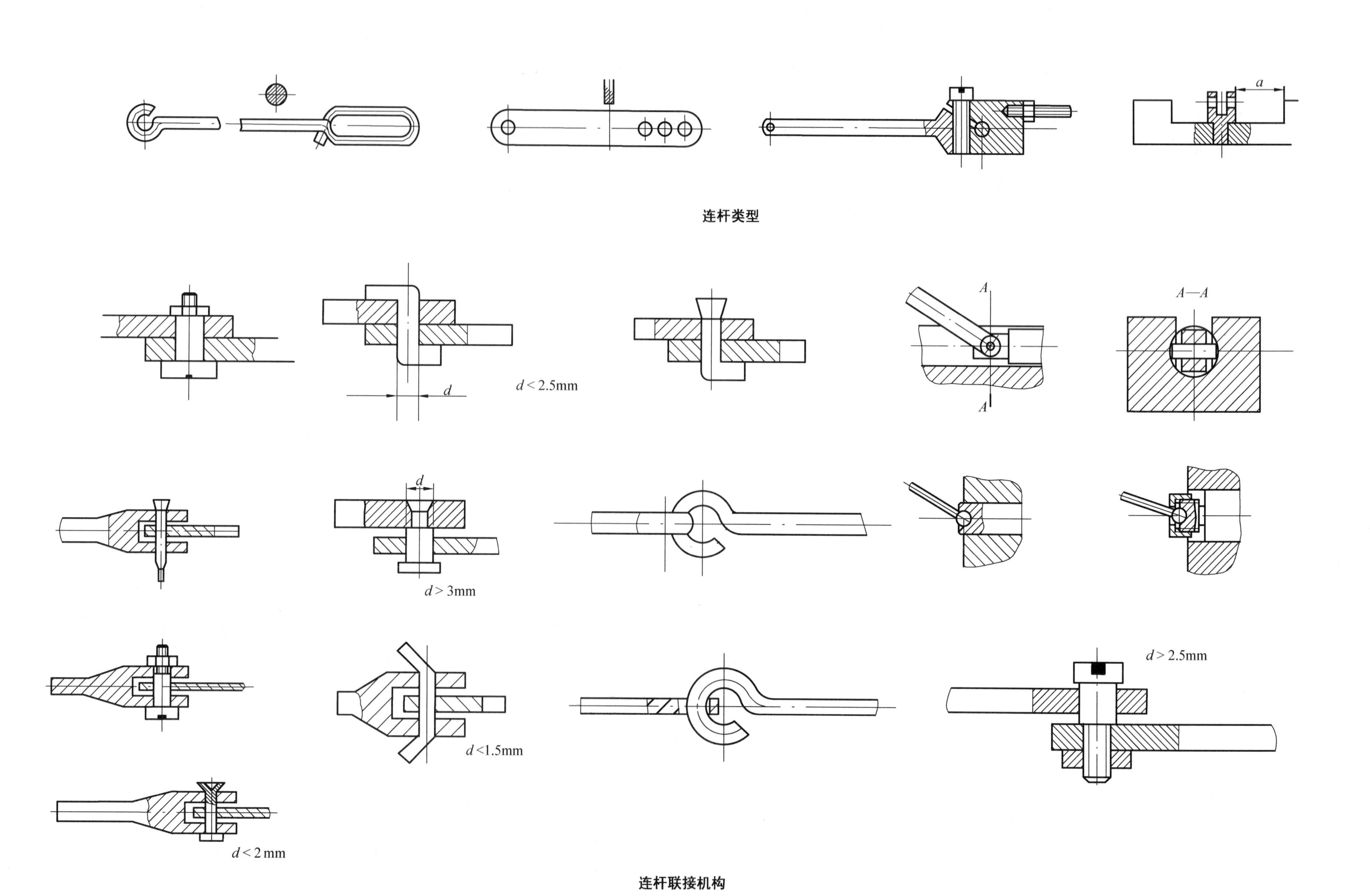

连杆类型

连杆联接机构

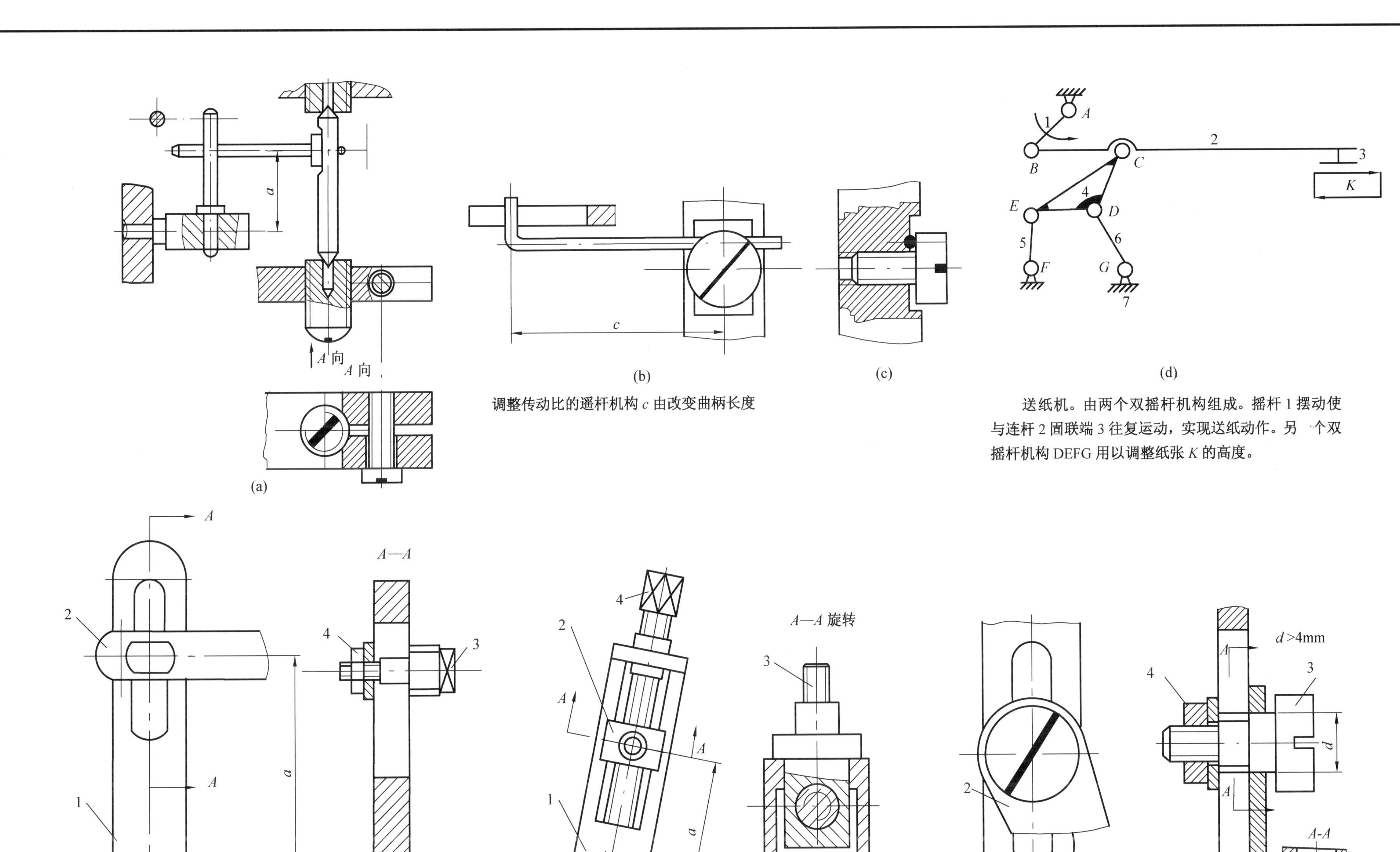

(a)

(b)

调整传动比的遥杆机构 c 由改变曲柄长度

(c)

(d)

送纸机。由两个双摇杆机构组成。摇杆 1 摆动使与连杆 2 固联端 3 往复运动，实现送纸动作。另 一个双摇杆机构 DEFG 用以调整纸张 K 的高度。

(e)

调节曲柄长 a 时，可松开螺母 4，在杆 1 的长槽内移动销子 3，然后固紧，2 为连杆。

(f)

转动螺杆 4，划块 2 同与它相连结的曲柄销 3 在杆的滑槽内上下移动，从而改变曲柄长度 a。

(g)

当曲柄销 3 的直径 $d>4$mm 时，它与杆 1 的长槽采用平面配合的结构。2 为连杆，4 为锁紧螺母。

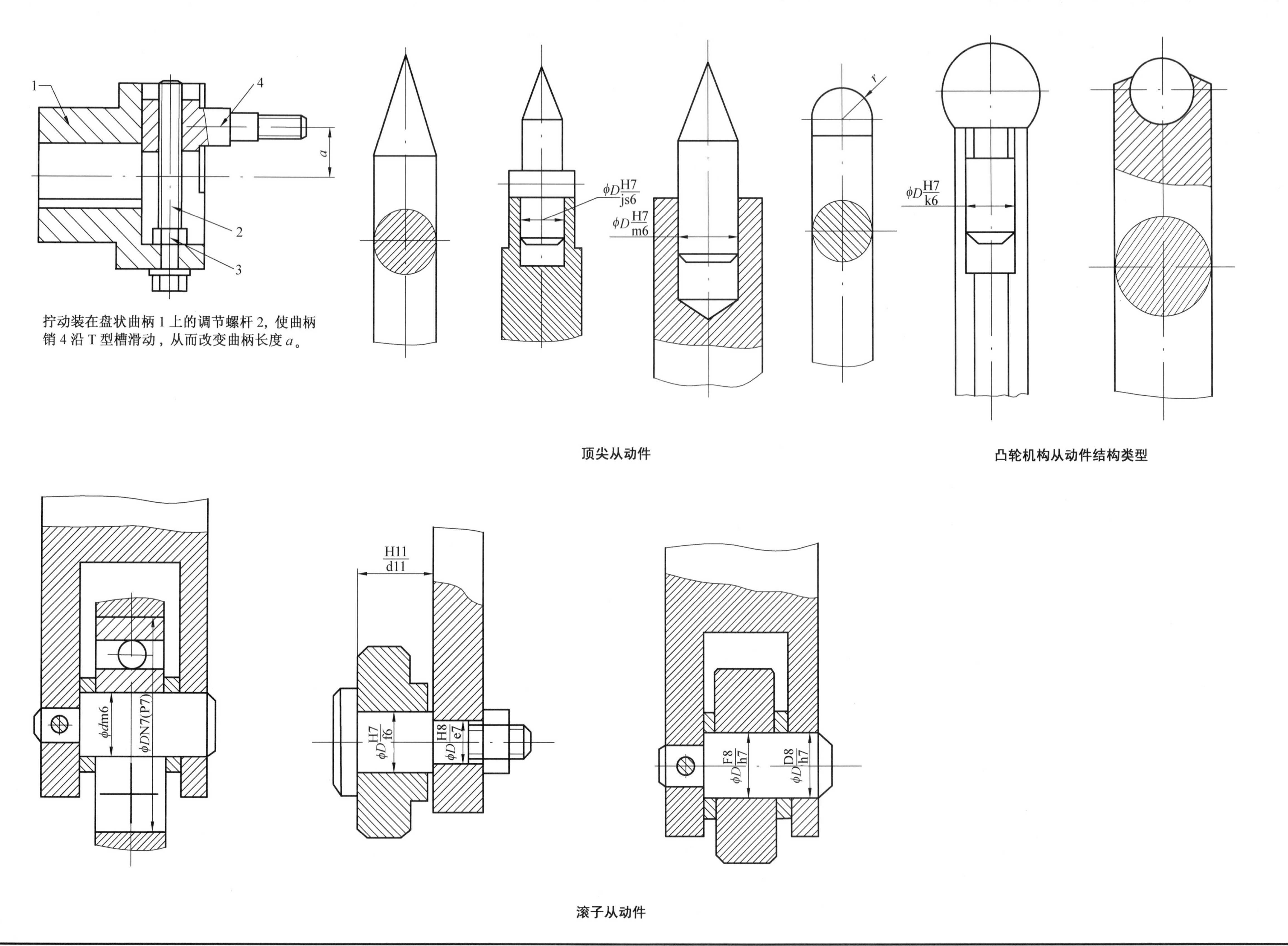

顶尖从动件

凸轮机构从动件结构类型

滚子从动件

五、微动装置

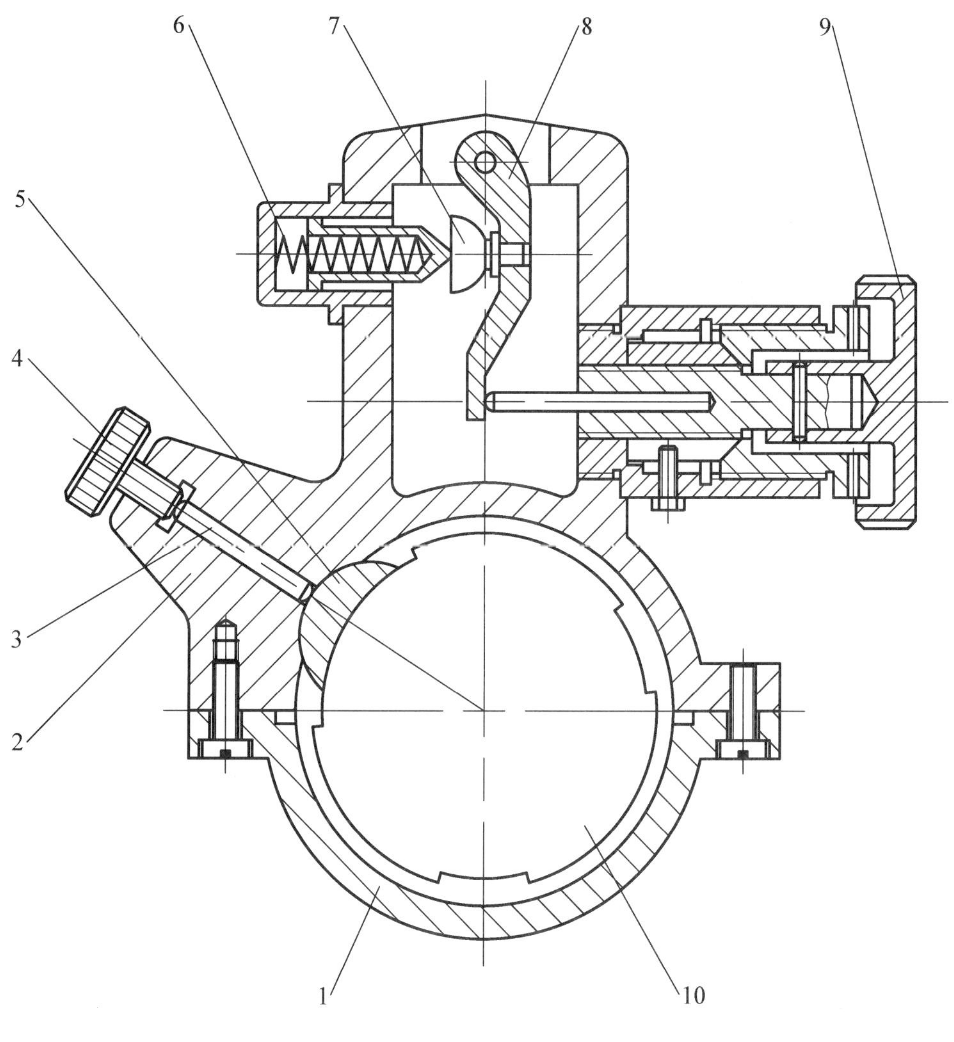

螺旋-杠杆微动装置

1、2—微动架　3—顶杆　4—制动螺钉　5—制动片
6—弹簧　7—支杆　8—摆杆　9—微动手轮　10—仪器座

图示为光学经纬仪上的对准部微动装置。微调前，先旋紧制动螺钉4，顶住杠杆3和制动片5，使整个微动架和仪器座10固紧。当转动微动手轮9时，摆杆8绕其铰链中心摆动，与其相联的对准部可获得微动。

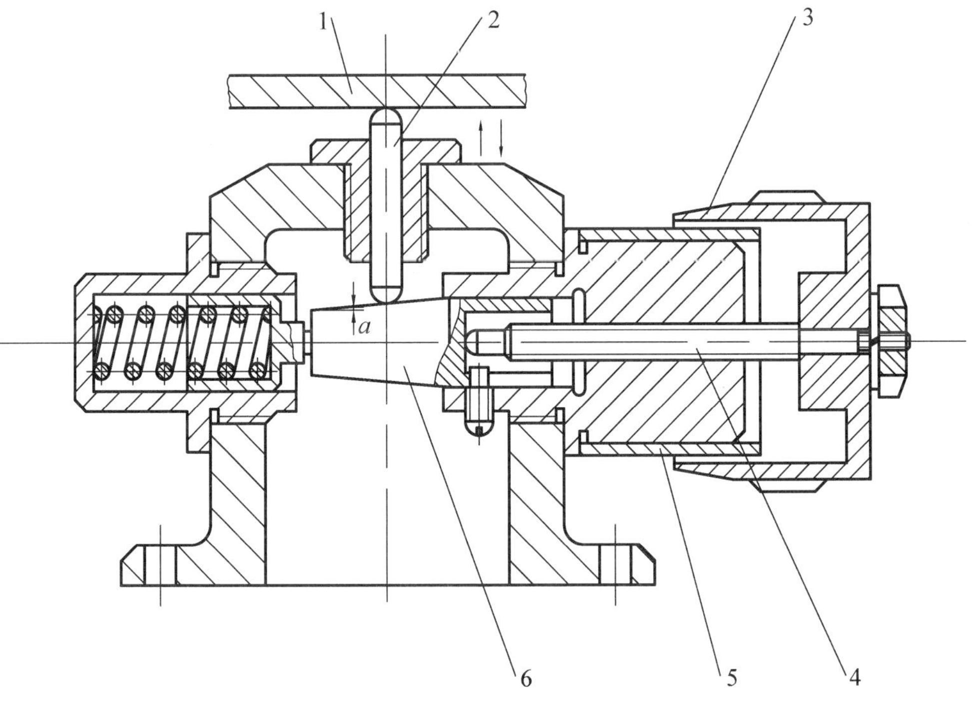

螺旋-锥面微动装置

1—被调部件　2—顶杆　3—手轮
4—螺杆　5—套筒　6—推杆

拧动手轮3，使螺杆顶向推杆6，使顶杆2上下移动实现微调。套筒5上有标线，与手轮3上的刻度值组合进行读数。

六、锁紧装置

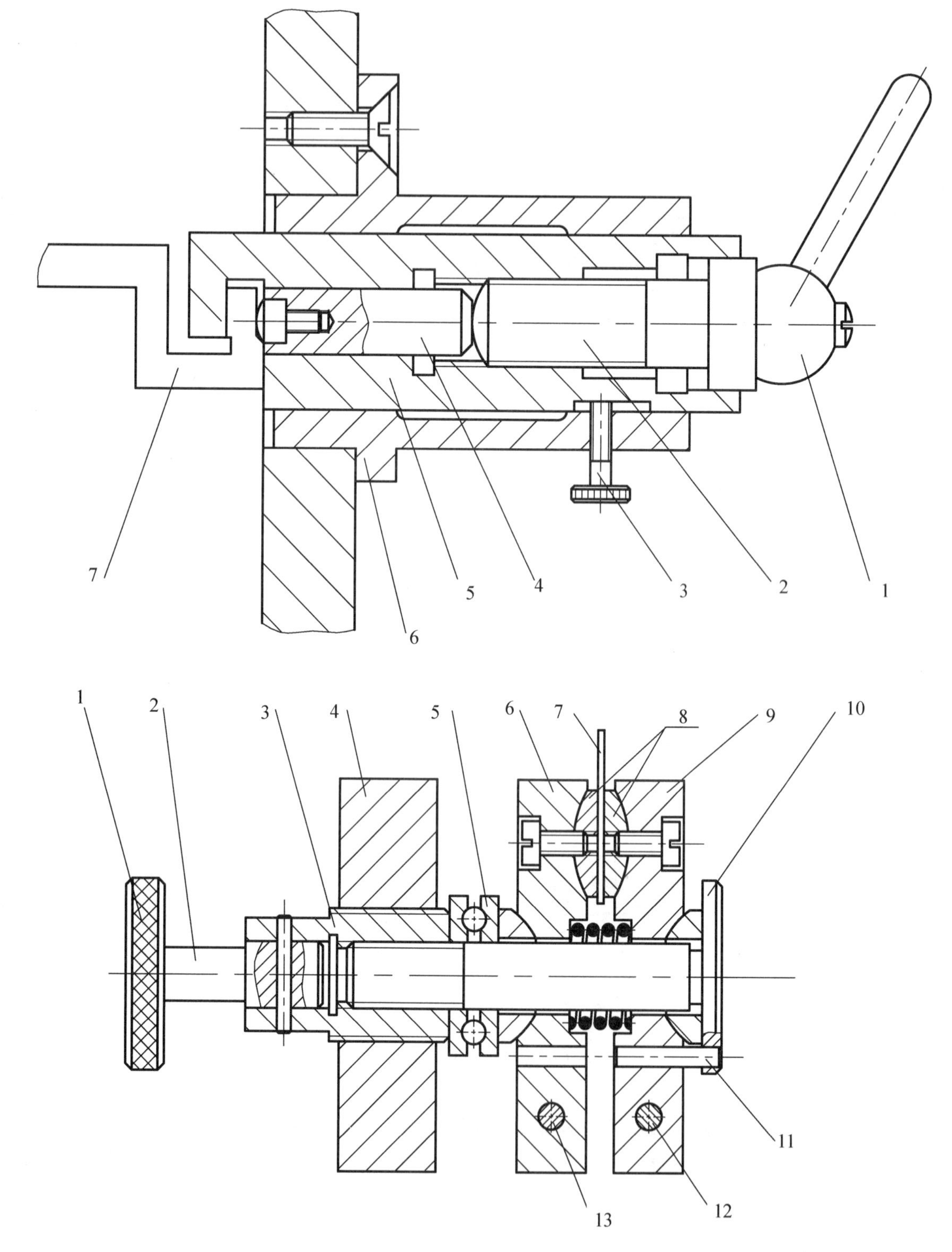

10"光学分度头轴向受力锁紧装置

旋转手柄 1，螺钉 2 旋入套筒 5 内，推动销子 4 向左移动，同时 5 向右移动，这两个运动的结果将装在主轴上的制动盘 7 夹紧在销子和勾板之间，从而把主轴锁紧。制动盘所受的锁紧力通过主轴轴线，且是双面受力锁紧，故能避免锁紧时的微动现象，保证仪器的精度。螺钉 3 是为了防止套筒 5 在套筒 6 中转动。

轴向受力锁紧装置

锁紧时，转动手柄 1 通过轴 2 带动锁紧螺母 3 转动。3 的转动一方面使其向右旋入锁紧座 4，通过推力球轴承 5 使夹板 6 绕小轴 13 向右摆动，另一方面也使螺杆 10 向左旋入 3，并带动夹板 9 绕小轴 12 向左摆动。因此，两块锁紧块 8 将同时锁紧仪器主轴上的制动盘 7。防转销钉 11 使螺杆只移动不转动。

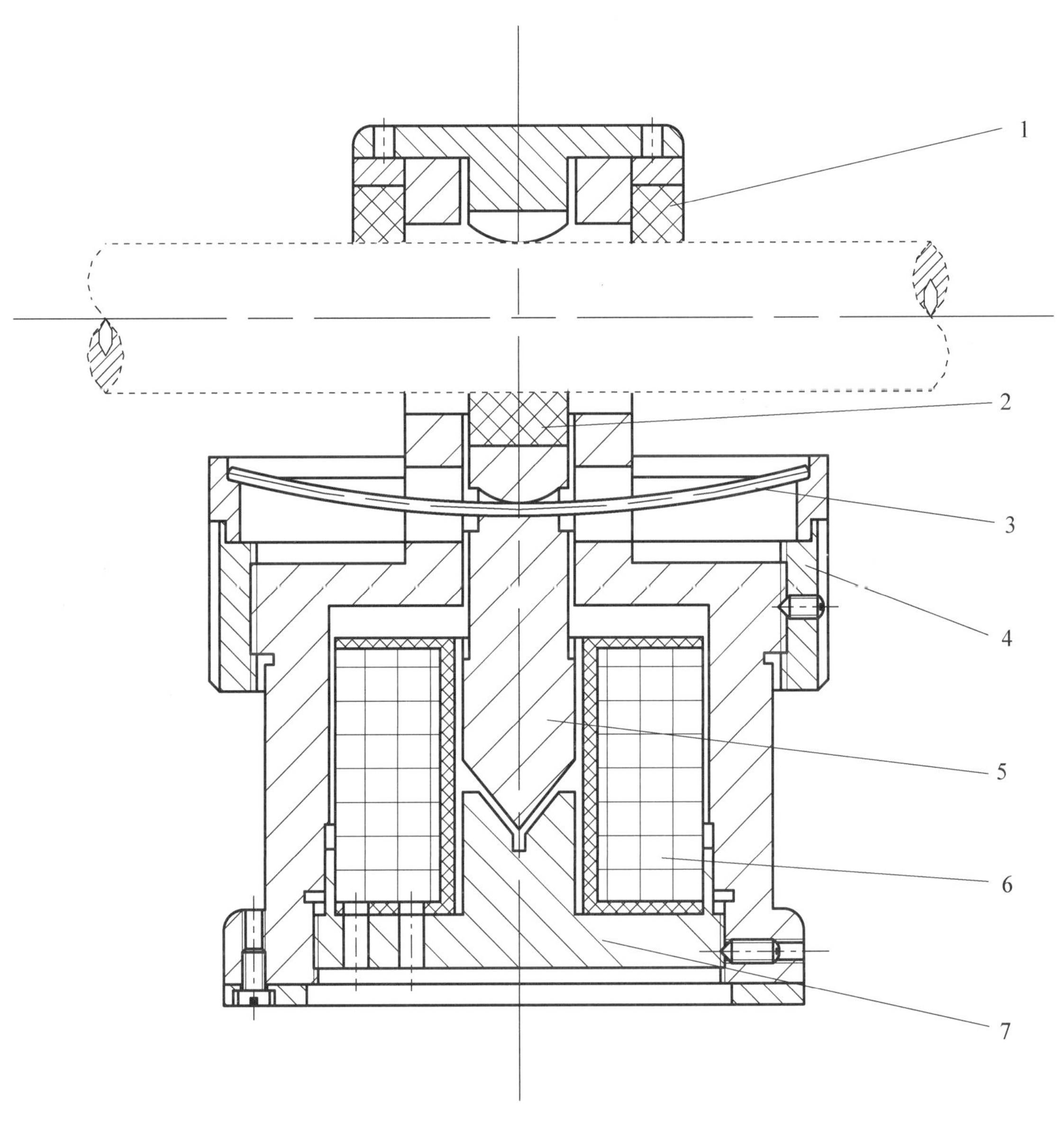

电－磁锁紧装置

图示为非工作时的锁紧状态。这时，由止动钢丝 3 产生的弹簧力使滑动轴 5、止动块 2 压向刹车杆（双点划线所示）与止动块 1 一起靠摩擦力实现锁紧。

仪器工作时，线圈组 6 接通电流，产生吸力，吸下滑动轴 5，克服弹簧力，解除锁紧。这时，与刹车杆相连的部件便可自由移动。

装配时，可调节止动锁紧圈 4，改变止动钢丝的弹力，以获得所需的对刹车杆的摩擦力。

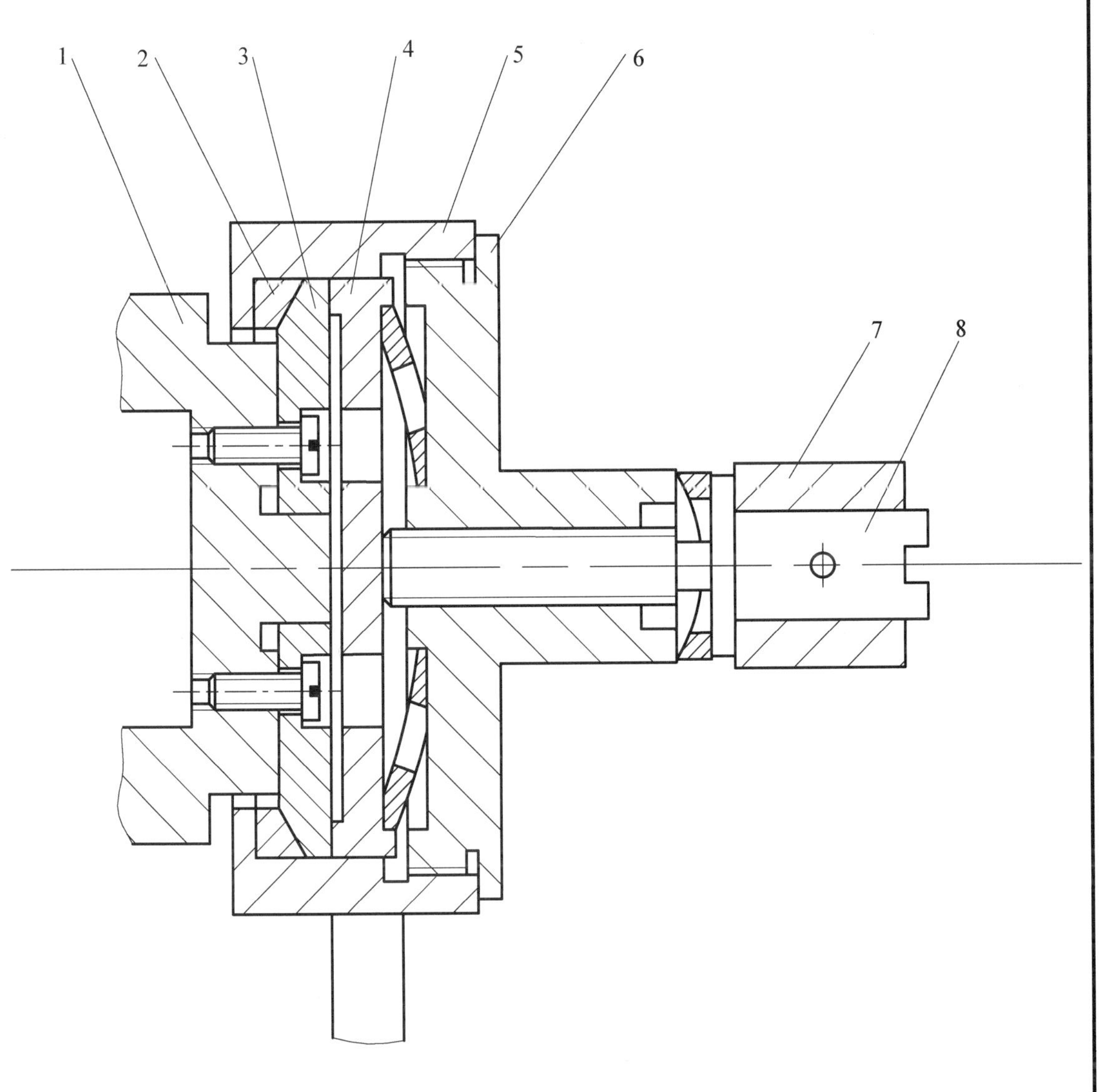

光学经纬仪轴向受力锁紧装置

锁紧时，转动手柄 7，螺杆 8 便旋入固定螺母 6，并用其末端顶推压板 4 向左移动，并压向摩擦板 3，与此同时涨圈 2 也压向 3，从而达到锁紧目的。5 是支座，1 是被锁紧件。

第四篇　极限与配合标准

一、尺寸公差与配合

（一）标准尺寸

表 4-1-1　0.01～100mm 的标准尺寸（GB/T2822—2005）　（单位：mm）

0.01～0.1			0.1～1.0				1.0～10.0				10～100					
R′5	R′10	R′20	R10	R20	R′10	R′20	R10	R20	R′10	R′20	R10	R20	R40	R′10	R′20	R′40
0.010	0.010	0.010	0.100	0.100	0.10	0.10	1.00	1.00	1.0	1.0	10.0	10		10	10	
		0.011		0.112		0.11		1.12		1.1		11.2			11	
	0.012	0.012	0.125	0.125	0.12	0.12	1.25	1.25	1.2	1.2	12.5	12.5	12.5	12	12	12
													13.2			13
		0.014		0.140		0.14		1.40		1.4		14.0	14.0		14	14
													15.0			15
0.016	0.016	0.016	0.160	0.160	0.16	0.16	1.60	1.60	1.6	1.6	16.0	16.0	16.0	16	16	16
													17.0			17
		0.018		0.180		0.18		1.80		1.8		18.0	18.0		18	18
													19.0			19
	0.020	0.020	0.200	0.200	0.20	0.20	2.00	2.00	2.0	2.0	20.0	20.0	20.0	20	20	20
													21.2			21
		0.022		0.224		0.22		2.24		2.2		22.4	22.4		22	22
													23.6			24
0.025	0.025	0.025	0.250	0.250	0.25	0.25	2.50	2.50	2.5	2.5	25.0	25.0	25.0	25	25	25
													26.5			26
		0.028		0.280		0.28		2.80		2.8		28.0	28.0		28	28
													30.0			30
	0.030	0.030	0.315	0.315	0.30	0.30	3.15	3.15	3.0	3.0	31.5	31.5	31.5	32	32	32
													33.5			34
		0.035		0.355		0.35		3.55		3.5		35.5	35.5		36	36
													37.5			38
0.040	0.040	0.040	0.400	0.400	0.40	0.40	4.00	4.00	4.0	4.0	40.0	40.0	40.0	40	40	40
													42.5			42
		0.045		0.450		0.45		4.50		4.5		45.0	45.0		45	45
													47.5			48
	0.050	0.050	0.500	0.500	0.50	0.50	5.00	5.00	5.0	5.0	50.0	50.0	50.0	50	50	50
													53.0			53
		0.055		0.560		0.55		5.60		5.5		56.0	56.0		56	56
													60.0			60
0.060	0.060	0.060	0.630	0.650	0.60	0.60	6.30	6.30	6.0	6.0	63.0	63.0	63.0	63	63	63
													67.0			67
		0.070		0.710		0.70		7.10		7.0		71.0	71.0		71	71
													75.0			75
	0.080	0.080	0.800	0.800	0.80	0.80	8.00	8.00	8.0	8.0	80.0	80.0	80.0	80	80	80
													85.5			85
		0.090		0.900		0.90		9.00		9.0		90.0	90.0		90	90
													95.0			95
0.100	0.100	0.100	1.000	1.000	1.00	1.00	10.0	10.0	10.0	10.0	100.0	100.0	100.0	100	100	100

注：R′系列中的黑体字，为 R 系列相应各项优先数的化整值。

（二）标准公差

表 4-1-2　公称尺寸至 120mm 的标准公差数值（GB/T1800.1—2009）

公称尺寸/mm		标准公差等级																	
		IT1	IT2	IT3	IT4	IT5	IT6	IT7	IT8	IT9	IT10	IT11	IT12	IT13	IT14	IT15	IT16	IT17	IT18
大于	至	μm											mm						
—	3	0.8	1.2	2	3	4	6	10	14	25	40	60	0.1	0.14	0.25	0.4	0.6	1	1.4
3	6	1	1.5	2.5	4	5	8	12	18	30	48	75	0.12	0.18	0.3	0.48	0.75	1.2	1.8
6	10	1	1.5	2.5	4	6	9	15	22	36	58	90	0.15	0.22	0.36	0.58	0.9	1.5	2.2
10	18	1.2	2	3	5	8	11	18	27	43	70	110	0.18	0.27	0.43	0.7	1.1	1.8	2.7
18	30	1.5	2.5	4	6	9	13	21	33	52	84	130	0.21	0.33	0.52	0.84	1.3	2.1	3.3
30	50	1.5	2.5	4	7	11	16	25	39	62	100	160	0.25	0.39	0.62	1	1.6	2.5	3.9
50	80	2	3	5	8	13	19	30	46	74	120	190	0.3	0.46	0.74	1.2	1.9	3	4.6
80	120	2.5	4	6	10	15	22	35	54	87	140	220	0.35	0.54	0.87	1.4	2.2	3.5	5.4

注：公称尺寸小于或等于 1mm 时，无 IT14 至 IT18。

表 4-1-3　各个公差等级的应用范围

应用	公差等级（IT）																	
	1	2	3	4	5	6	7	8	9	10	11	12	13	14	15	16	17	18
块规	—																	
量规	—	—	—	—	—	—	—											
配合尺寸					—	—	—	—	—	—	—	—	—					
特别精密零件的配合		—	—	—	—													
非配合尺寸（大制造公差）												—	—	—	—	—	—	—
原材料公差								—	—	—	—	—	—	—				

表 4-1-4　各种加工方法可能达到的公差等级

加工方法	公差等级（IT）																	
	1	2	3	4	5	6	7	8	9	10	11	12	13	14	15	16	17	18
研磨	—	—	—	—	—													
珩磨				—	—	—	—											
圆磨					—	—	—	—										
平磨					—	—	—	—										
金钢石车					—	—	—											
金钢石镗					—	—	—											
拉削					—	—	—	—										
铰孔						—	—	—	—	—								
车							—	—	—	—	—							
镗							—	—	—	—	—							
铣								—	—	—	—							
刨、插										—	—							
钻孔										—	—	—	—					
滚压、挤压										—	—							
冲压										—	—	—	—	—				
压铸											—	—	—	—				
粉末冶金成型						—	—	—										
粉末冶金烧结							—	—	—	—								
砂型铸造、气割																—	—	—
锻造															—	—		

（三）基本偏差

表 4-1-5　尺寸至 120mm 轴的基本偏差数值（GB/T1800.1—2009）　　（单位：μm）

公称尺寸/mm		基本偏差数值																													
		上极限偏差 es												下极限偏差 ei																	
		所有标准公差等级												IT5 和 IT6	IT7	IT4 至 IT7	≤IT3 >IT7	所有标准公差等级													
大于	至	a	b	c	cd	d	e	ef	f	fg	g	h	js	j		k		m	n	p	r	s	t	u	v	x	y	z	za	zb	zc
—	3	−270	−140	−60	−34	−20	−14	−10	−6	−4	−2	0	偏差＝$\pm\frac{ITn}{2}$，式中 ITn 是 IT 值数	−2	−4	0	0	+2	+4	+6	+10	+14	—	+18	—	+20	—	+26	+32	+40	+60
3	6	−270	−140	−70	−46	−30	−20	−14	−10	−6	−4	0		−2	−4	+1	0	+4	+8	+12	+15	+19	—	+23	—	+28	—	+35	+42	+50	+80
6	10	−280	−150	−80	−56	−40	−25	−18	−13	−8	−5	0		−2	−5	+1	0	+6	+10	+15	+19	+23	—	+28	—	+34	—	+42	+52	+67	+97
10	14	−290	−150	−95	—	−50	−32	—	−16	—	−6	0		−3	−6	+1	0	+7	+12	+18	+23	+28	—	+33	—	+40	—	+50	+64	+90	+130
14	18																								+39	+45	—	+60	+77	+108	+150
18	24	−300	−160	−110	—	−65	−40	—	−20	—	−7	0		−4	−8	+2	0	+8	+15	+22	+28	+35	—	+41	+47	+54	+63	+73	+98	+136	+108
24	30																						+41	+48	+55	+64	+75	+88	+118	+160	+218
30	40	−310	−170	−120	—	−80	−50	—	−25	—	−9	0		−5	−10	+2	0	+9	+17	+26	+34	+43	+48	+60	+68	+80	+94	+112	+148	+200	+274
40	50	−320	−180	−130																			+54	+70	+81	+97	+114	+136	+180	+242	+325
50	65	−340	−190	−140	—	−100	−60	—	−30	—	−10	0		−7	−12	+2	0	+11	+20	+32	+41	+53	+66	+87	+102	+122	+144	+172	+226	+300	+405
65	80	−360	−200	−150																	+43	+59	+75	+102	+120	+146	+174	+210	+274	+360	+480
80	100	−380	−220	−170	—	−120	−72	—	−36	—	−12	0		−9	−15	+3	0	+13	+23	+37	+51	+71	+91	+124	+146	+178	+214	+258	+335	+445	+585
100	120	−410	−240	−180																	+54	+79	+104	+144	+172	+210	+254	+310	+400	+525	+690

注：①公称尺寸小于或等于 1mm 时，基本偏差 a 和 b 均不采用；②公差带 js7 至 js11，若 ITn 值数是奇数，则取偏差＝$\pm\frac{ITn-1}{2}$。

表 4-1-6　尺寸至 120mm 孔的基本偏差数值（GB/T1800.1—2009）　　（单位：μm）

公称尺寸/mm		基本偏差数值																																		Δ值					
		下极限偏差 EI												上极限偏差 ES																											
		所有标准公差等级												IT6	IT7	IT8	≤IT8	>IT8	≤IT8	>IT8	≤IT8	>IT8	≤IT7	标准公差等级大于 IT7												标准公差等级					
大于	至	A	B	C	CD	D	E	EF	F	FG	G	H	JS	J			K		M		N		P 至 ZC	P	R	S	T	U	V	X	Y	Z	ZA	ZB	ZC	IT3	IT4	IT5	IT6	IT7	IT8
—	3	+270	+140	+60	+34	+20	+14	+10	+6	+4	+2	0	偏差＝$\pm\frac{ITn}{2}$，式中 ITn 是 IT 值数	+2	+4	+6	0	0	−2	−2	−4	−4	在大于 IT7 的相应数值上增加一个Δ值	−6	−10	−14	—	−18	—	−20	—	−26	−32	−40	−60	0	0	0	0	0	0
3	6	+270	+140	+70	+46	+30	+20	+14	+10	+6	+4	0		+5	+6	+10	−1+Δ	—	−4+Δ	−4	−8+Δ	0		−12	−15	−19	—	−23	—	−28	—	−36	−42	−50	−80	1	1.5	1	3	4	6
6	10	+280	+150	+80	+56	+40	+25	+18	+13	+8	+5	0		+5	+8	+12	−1+Δ	—	−6+Δ	−6	−10+Δ	0		−15	−19	−23	—	−28	—	−34	—	−42	−52	−67	−97	1	1.5	2	3	6	7
10	14	+290	+150	+95	—	+50	+32	—	+16	—	+6	0		+6	+10	+15	−1+Δ	—	−7+Δ	−7	−12+Δ	0		−18	−23	−28	—	−33	—	−40	—	−50	−64	−90	−130	1	2	3	3	7	9
14	18																												−39	−45	—	−60	−77	−108	−150						
18	24	+300	+160	+110	—	+65	+40	—	+20	—	+7	0		+8	+12	+20	−2+Δ	—	−8+Δ	−8	−15+Δ	0		−22	−28	−35	—	−41	−47	−54	−63	−73	−98	−136	−188	1.5	2	3	4	8	12
24	30																										−41	−48	−55	−64	−75	−88	−118	−160	−218						
30	40	+310	+170	+120	—	+80	+50	—	+25	—	+9	0		+10	+14	+24	−2+Δ	—	−9+Δ	−9	−17+Δ	0		−26	−34	−43	−48	−60	−68	−80	−94	−112	−148	−200	−274	1.5	3	4	5	9	14
40	50	+320	+180	+130																							−54	−70	−81	−97	−114	−136	−180	−242	−325						
50	65	+340	+190	+140	—	+100	+60	—	+30	—	+10	0		+13	+18	+28	−2+Δ	—	−11+Δ	−11	−20+Δ	0		−32	−41	−53	−66	−87	−102	−122	−144	−172	−226	−300	−405	2	3	5	6	11	16
65	80	+360	+200	+150																					−43	−59	−75	−102	−120	−146	−174	−210	−274	−360	−480						
80	100	+380	+220	+170	—	+120	+72	—	+36	—	+12	0		+16	+22	+34	−3+Δ	—	−13+Δ	−13	−23+Δ	0		−37	−51	−71	−91	−124	−146	−178	−214	−258	−335	−445	−585	2	4	5	7	13	19
100	120	+410	+240	+180																					−54	−79	−104	−144	−172	−210	−254	−310	−400	−525	−690						

注：①公称尺寸小于或等于 1mm 时，基本偏差 A 和 B 及大于 IT8 的 N 均不采用。②公差带 JS7 至 JS11，若 ITn 值数是奇数，则取偏差＝$\pm\frac{ITn-1}{2}$。③对小于或等于 IT8 的 K、M、N 和小于或等于 IT7 的 P 至 ZC，所需Δ值从表内右侧选取，例如：18～30mm 段的 K7：Δ＝8μm，所以 ES＝−2+8＝+6μm；18～30mm 段的 S6：Δ＝4μm，所以 ES＝−35+4＝−31μm。④特殊情况：250～315mm 段的 M6，ES＝−9μm（代替−11μm）。

表 4-1-7 各种基本偏差的应用说明

配合	基本偏差	配合特性及应用
间隙配合	a、b （A、B）	可得到特别大的间隙，应用很少
	c （C）	可得到很大的间隙，一般用于缓慢、松弛的可动配合，用于工作条件较差（如农业机械）、受力变形，或为了便于装配而必须保证有较大的间隙。推荐优先配合为 H11/c11。较高等级的配合，如 H8/c7 适用于轴在高温工作的紧密动配合，例如内燃机排气阀导管配合
	d （D）	一般用于 IT7～IT11。适用于松的传动配合，如密封盖、滑轮空转皮带轮等与轴的配合。也适用大直径滑动轴配合，例如透平机、球磨机、轧滚成型和重型弯曲机及其他重型机械中的一些滑动支承配合
	e （E）	多用于 IT7～IT9。通常适用于要求有明显间隙，易于转动的支承用的配合，如大跨距支承、多支点支承等配合。高等级的 e 适用于大的、高速的、重载支承，如蜗轮发电机、大电动机的支承，也适用于内燃机主要轴承、凸轮轴支承、摇臂支承等配合
	f （F）	多用于 IT6～IT8 的一般转动配合。当温度影响不大时，被广泛用于普通的润滑油（或润滑脂）润滑的支承，如齿轮箱、小电动机、泵等的转轴与滑动支承的配合
	g （G）	多用于 IT5～IT7。配合间隙很小，制造成本高，除很轻负荷的精密装置外，不推荐用于转动配合。最适合不回转的精密滑动配合，也用于插销等定位配合，如精密连杆轴承、活塞及滑阀、连杆销等
	h （H）	多用于 IT4～IT11。广泛用于无相对转动的零件，作为一般的定位配合。若没有温度、变形影响，也用于精密滑动配合
过渡配合	js （JS）	为完全对称偏差（±IT/2），平均起来稍有间隙的配合多用于 IT4～IT7。要求间隙比 h 轴配合时小，并允许略有过盈的定位配合，如联轴节。要用手或木锤装配
	k （K）	平均起来是没有间隙的配合，适用于 IT4～IT7。推荐用于要求稍有过盈的定位配合，例如为了消除振动用的定位配合。一般用木锤装配
	m （M）	平均起来具有不大过盈的过渡配合，适用于 IT4～IT7。一般可用木锤装配，但在最大过盈时，要求相当的压力
	n （N）	平均过盈比用 m 轴时稍大，很少得到间隙，适用于 IT4～IT7。用锤或压力机装配。通常推荐用于紧密的组件配合。H6 和 n5 配合时为过盈配合
过盈配合	p （P）	与 H6 或 H7 孔配合时是过盈配合，而与 H8 孔配合时则为过渡配合。对非铁类零件，为较轻的过盈配合，当需要时易于拆卸。对钢、铸铁或钢、钢部件装配是标准的过盈配合
	r （R）	对铁类零件为中等过盈配合；对非铁类零件为较轻过盈配合；当需要时可以拆卸；与 H8 孔配合直径在 100mm 以上时为过盈配合，直径小时为过渡配合
	s （S）	用于钢和铁制零件的永久性和半永久性装配，可产生相当大的结合力。当用弹性材料如轻合金时，配合性质与铁类零件的 p 轴相当。例如套环压装在轴上、阀座等配合。尺寸较大时，为避免损伤配合表面，需用热胀冷缩法装配
	t （T）	是过盈量较大的配合，对于钢和铸铁件适于作永久性的结合，不用键可传递扭矩，需用热胀冷缩法装配
	u （U）	这种配合过盈量大，一般应验算在最大过盈时，工件材料是否会损坏。要用热胀冷缩法装配，例如火车轮毂与轴的配合
	v、x （V、X） y、z （Y、Z）	这些基本偏差所组成的配合过盈量更大，目前使用的经验和资料还很少，须经试验后才应用。一般不推荐采用

（四）国标规定的公差带与配合

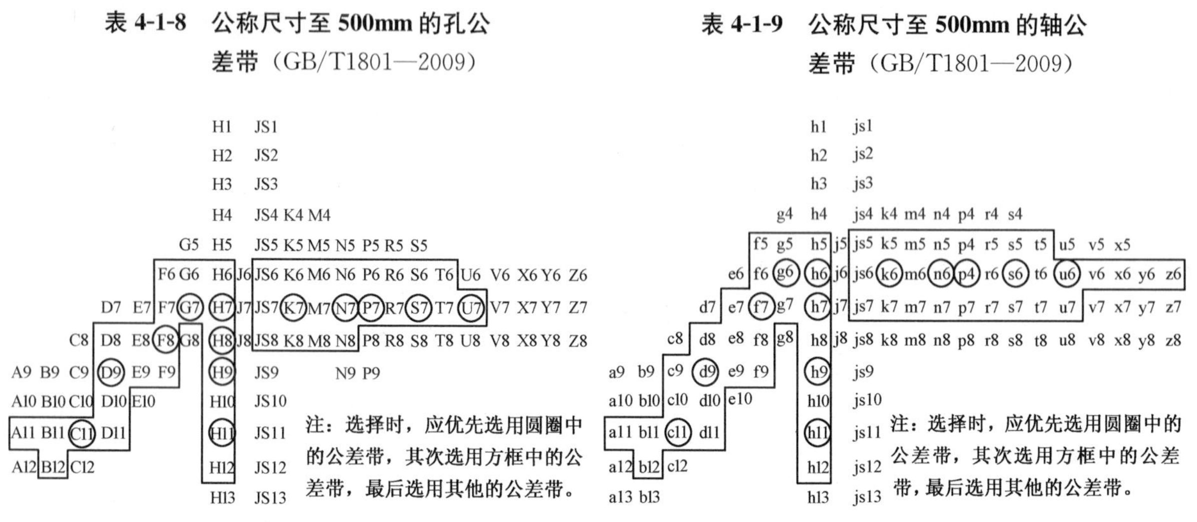

表 4-1-8 公称尺寸至 500mm 的孔公差带（GB/T1801—2009）

表 4-1-9 公称尺寸至 500mm 的轴公差带（GB/T1801—2009）

表 4-1-10 尺寸至 18mm 孔的公差带（GB/T1803—2003）

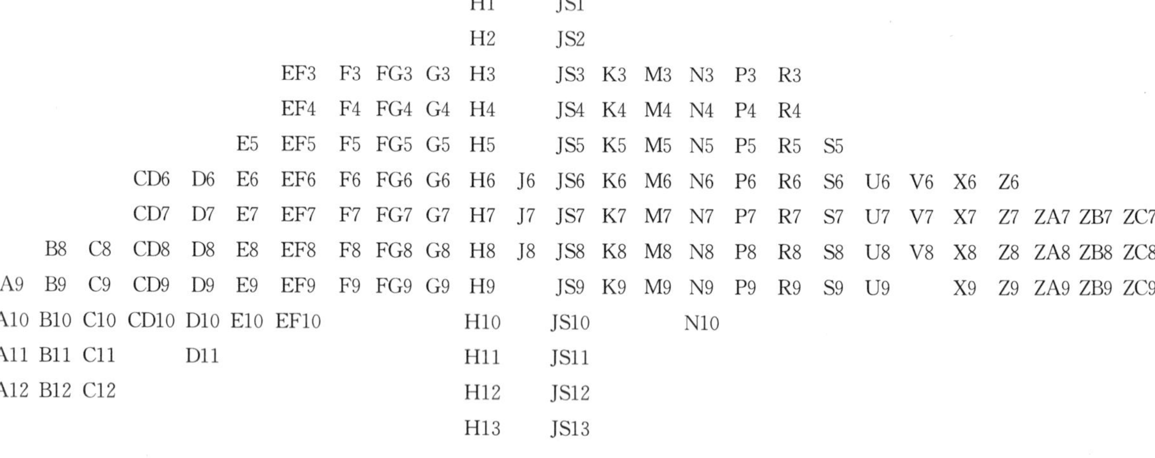

A	B	C	CD	D	E	EF	F	FG	G	H	J	JS	K	M	N	P	R	S	U	V	X	Z	ZA	ZB	ZC
										H1		JS1													
										H2		JS2													
						EF3	F3	FG3	G3	H3		JS3	K3	M3	N3	P3	R3								
						EF4	F4	FG4	G4	H4		JS4	K4	M4	N4	P4	R4								
					E5	EF5	F5	FG5	G5	H5		JS5	K5	M5	N5	P5	R5	S5							
			CD6	D6	E6	EF6	F6	FG6	G6	H6	J6	JS6	K6	M6	N6	P6	R6	S6	U6	V6	X6	Z6			
			CD7	D7	E7	EF7	F7	FG7	G7	H7	J7	JS7	K7	M7	N7	P7	R7	S7	U7	V7	X7	Z7	ZA7	ZB7	ZC7
	B8	C8	CD8	D8	E8	EF8	F8	FG8	G8	H8	J8	JS8	K8	M8	N8	P8	R8	S8	U8	V8	X8	Z8	ZA8	ZB8	ZC8
A9	B9	C9	CD9	D9	E9	EF9	F9	FG9	G9	H9		JS9	K9	M9	N9	P9	R9	S9	U9		X9	Z9	ZA9	ZB9	ZC9
A10	B10	C10	CD10	D10	E10	EF10				H10		JS10			N10										
A11	B11	C11		D11						H11		JS11													
A12	B12	C12								H12		JS12													
										H13		JS13													

表 4-1-11 尺寸至 18mm 轴的公差带（GB/T1803—2003）

a	b	c	cd	d	e	ef	f	fg	g	h	j	js	k	m	n	p	r	s	u	v	x	z	za	zb	zc
										h1		js1													
										h2		js2													
						ef3	f3	fg3	g3	h3		js3	k3	m3	n3	p3	r3								
						ef4	f4	fg4	g4	h4		js4	k4	m4	n4	p4	r4	s4							
		c5	cd5	d5	e5	ef5	f5	fg5	g5	h5	j5	js5	k5	m5	n5	p5	r5	s5	u5	v5	x5	z5			
		c6	cd6	d6	e6	ef6	f6	fg6	g6	h6	j6	js6	k6	m6	n6	p6	r6	s6	u6	v6	x6	z6	za6		
		c7	cd7	d7	e7	ef7	f7	fg7	g7	h7	j7	js7	k7	m7	n7	p7	r7	s7	u7	v7	x7	z7	za7	zb7	zc7
	b8	c8	cd8	d8	e8	ef8	f8	fg8	g8	h8		js8	k8	m8	n8	p8	r8	s8	u8	v8	x8	z8	za8	zb8	zc8
a9	b9	c9	cd9	d9	e9	ef9	f9	fg9	g9	h9		js9	k9	m9	n9	p9	r9	s9	u9		x9	z9	za9	zb9	zc9
a10	b10	c10	cd10	d10	e10	ef10	f10			h10		js10	k10												
a11	b11	c11		d11						h11		js11													
a12	b12	c12								h12		js12													
a13	b13	c13								h13		js13													

表 4-1-12　公称尺寸至 120mm 孔的极限偏差（GB/T1800.2—2009）　　（单位：μm）

公称尺寸/mm		公差带																										
		A				B					C					CD					D						E	
大于	至	9	10	11	12	8	9	10	11	12	8	9	10	11	12	6	7	8	9	10	6	7	8	9	10	11	5	6
—	3	+295 +270	+310 +270	+330 +270	+370 +270	+154 +140	+165 +140	+180 +140	+200 +140	+240 +140	+74 +60	+85 +60	+100 +60	+120 +60	+160 +60	+40 +34	+44 +34	+48 +34	+59 +34	+74 +34	+26 +20	+30 +20	+34 +20	+45 +20	+60 +20	+80 +20	+18 +14	+20 +14
3	6	+300 +270	+318 +270	+345 +270	+390 +270	+158 +140	+170 +140	+188 +140	+215 +140	+260 +140	+88 +70	+100 +70	+118 +70	+145 +70	+190 +70	+54 +46	+58 +46	+64 +46	+76 +46	+94 +46	+38 +30	+42 +30	+48 +30	+60 +30	+78 +30	+105 +30	+25 +20	+28 +20
6	10	+316 +280	+338 +280	+370 +280	+430 +280	+172 +150	+186 +150	+208 +150	+240 +150	+300 +150	+102 +80	+116 +80	+138 +80	+170 +80	+230 +80	+65 +56	+71 +56	+78 +56	+92 +56	+114 +56	+49 +40	+55 +40	+62 +40	+76 +40	+98 +40	+130 +40	+31 +25	+34 +25
10	18	+333 +290	+360 +290	+400 +290	+470 +290	+177 +150	+193 +150	+220 +150	+260 +150	+330 +150	+122 +95	+138 +95	+165 +95	+205 +95	+275 +95	—	—	—	—	—	+61 +50	+68 +50	+77 +50	+93 +50	+120 +50	+160 +50	+40 +32	+43 +32
18	30	+352 +300	+384 +300	+430 +300	+510 +300	+193 +160	+212 +160	+244 +160	+290 +160	+370 +160	+143 +110	+162 +110	+194 +110	+240 +110	+320 +110	—	—	—	—	—	+78 +65	+86 +65	+98 +65	+117 +65	+149 +65	+195 +65	+49 +40	+53 +40
30	40	+372 +310	+410 +310	+470 +310	+560 +310	+209 +170	+232 +170	+270 +170	+330 +170	+420 +170	+159 +120	+182 +120	+220 +120	+280 +120	+370 +120	—	—	—	—	—	+96 +80	+105 +80	+119 +80	+142 +80	+180 +80	+240 +80	+61 +50	+66 +50
40	50	+382 +320	+420 +320	+480 +320	+570 +320	+219 +180	+242 +180	+280 +180	+340 +180	+430 +180	+169 +130	+192 +130	+230 +130	+290 +130	+380 +130													
50	65	+414 +340	+460 +340	+530 +340	+640 +340	+236 +190	+264 +190	+310 +190	+380 +190	+490 +190	+186 +140	+214 +140	+260 +140	+330 +140	+440 +140	—	—	—	—	—	+119 +100	+130 +100	+146 +100	+174 +100	+220 +100	+290 +100	+73 +60	+79 +60
65	80	+434 +360	+480 +360	+550 +360	+660 +360	+246 +200	+274 +200	+320 +200	+390 +200	+500 +200	+196 +150	+224 +150	+270 +150	+340 +150	+450 +150													
80	100	+467 +380	+520 +380	+600 +380	+730 +380	+274 +220	+307 +220	+360 +220	+440 +220	+570 +220	+224 +170	+257 +170	+310 +170	+390 +170	+520 +170	—	—	—	—	—	+142 +120	+155 +120	+174 +120	+207 +120	+260 +120	+340 +120	+87 +72	+94 +72
100	120	+497 +410	+550 +410	+630 +410	+760 +410	+294 +240	+327 +240	+380 +240	+460 +240	+590 +240	+234 +180	+267 +180	+320 +180	+400 +180	+530 +180													

公称尺寸/mm		公差带																								
		E				EF						F							FG					G		
大于	至	7	8	9	10	4	5	6	7	8	9	4	5	6	7	8	9	10	4	5	6	7	8	4	5	6
—	3	+24 +14	+28 +14	+39 +14	+54 +14	+13 +10	+14 +10	+16 +10	+20 +10	+24 +10	+35 +10	+9 +6	+10 +6	+12 +6	+16 +6	+20 +6	+31 +6	+46 +6	+7 +4	+8 +4	+10 +4	+14 +4	+18 +4	+5 +2	+6 +2	+8 +2
3	6	+32 +20	+38 +20	+50 +20	+68 +20	+18 +14	+19 +14	+22 +14	+26 +14	+32 +14	+44 +14	+14 +10	+15 +10	+18 +10	+22 +10	+28 +10	+40 +10	+58 +10	+10 +6	+11 +6	+14 +6	+18 +6	+24 +6	+8 +4	+9 +4	+12 +4
6	10	+40 +25	+47 +25	+61 +25	+83 +25	+22 +18	+24 +18	+27 +18	+33 +18	+40 +18	+54 +18	+17 +13	+19 +13	+22 +13	+28 +13	+35 +13	+49 +13	+71 +13	+12 +8	+14 +8	+17 +8	+23 +8	+30 +8	+9 +5	+11 +5	+14 +5
10	18	+50 +32	+59 +32	+75 +32	+102 +32	—	—	—	—	—	—	+21 +16	+24 +16	+27 +16	+34 +16	+43 +16	+59 +16	+86 +16	—	—	—	—	—	+11 +6	+14 +6	+17 +6
18	30	+61 +40	+73 +40	+92 +40	+124 +40	—	—	—	—	—	—	+26 +20	+29 +20	+33 +20	+41 +20	+53 +20	+72 +20	+104 +20	—	—	—	—	—	+13 +7	+16 +7	+20 +7
30	50	+75 +50	+89 +50	+112 +50	+150 +50	—	—	—	—	—	—	+32 +25	+36 +25	+41 +25	+50 +25	+64 +25	+87 +25	+125 +25	—	—	—	—	—	+16 +9	+20 +9	+25 +9
50	80	+90 +60	+106 +60	+134 +60	+180 +60	—	—	—	—	—	—	—	+43 +30	+49 +30	+60 +30	+76 +30	+104 +30	—	—	—	—	—	—	—	+23 +10	+29 +10
80	100	+107 +72	+126 +72	+159 +72	+212 +72	—	—	—	—	—	—	—	+51 +36	+58 +36	+71 +36	+90 +36	+123 +36	—	—	—	—	—	—	—	+27 +12	+34 +12
100	120																									

续表

公称尺寸/mm		公差带																											
		G		H													J			JS									
大于	至	7	8	1	2	3	4	5	6	7	8	9	10	11	12	13	6	7	8	1	2	3	4	5	6	7	8	9	10
—	3	+12 +2	+16 +2	+0.8 0	+1.2 0	+2 0	+3 0	+4 0	+6 0	+10 0	+14 0	+25 0	+40 0	+60 0	+100 0	+140 0	+2 −4	+4 −6	+6 −8	±0.4	±0.6	±1	±1.5	±2	±3	±5	±7	±12	±20
3	6	+16 +4	+22 +4	+1 0	+1.5 0	+2.5 0	+4 0	+5 0	+8 0	+12 0	+18 0	+30 0	+48 0	+75 0	+120 0	+180 0	+5 −3	±6	+10 −8	±0.5	±0.75	±1.25	±2	±2.5	±4	±6	±9	±15	±24
6	10	+20 +5	+27 +5	+1 0	+1.5 0	+2.5 0	+4 0	+6 0	+9 0	+15 0	+22 0	+36 0	+58 0	+90 0	+150 0	+220 0	+5 −4	+8 −7	+12 −10	±0.5	±0.75	±1.25	±2	±3	±4.5	±7	±11	±18	±29
10 14	14 18	+24 +6	+33 +6	+1.2 0	+2 0	+3 0	+5 0	+8 0	+11 0	+18 0	+27 0	+43 0	+70 0	+110 0	+180 0	+270 0	+6 −5	+10 −8	+15 −12	±0.6	±1	±1.5	±2.5	±4	±5.5	±9	±13	±21	±35
18 24	24 30	+28 +7	+40 +7	+1.5 0	+2.5 0	+4 0	+6 0	+9 0	+13 0	+21 0	+33 0	+52 0	+84 0	+130 0	+210 0	+330 0	+8 −5	+12 −9	+20 −13	±0.75	±1.25	±2	±3	±4.5	±6.5	±10	±16	±26	±42
30 40	40 50	+34 +9	+48 +9	+1.5 0	+2.5 0	+4 0	+7 0	+11 0	+16 0	+25 0	+39 0	+62 0	+100 0	+160 0	+250 0	+390 0	+10 −6	+14 −11	+24 −15	±0.75	±1.25	±2	±3.5	±5.5	±8	±12	±19	±31	±50
50 65	65 80	+40 +10	+56 +10	+2 0	+3 0	+5 0	+8 0	+13 0	+19 0	+30 0	+46 0	+74 0	+120 0	+190 0	+300 0	+460 0	+13 −6	+18 −12	+28 −18	±1	±1.5	±2.5	±4	±6.5	±9.5	±15	±23	±37	±60
80 100	100 120	+47 +12	+66 +12	+2.5 0	+4 0	+6 0	+10 0	+15 0	+22 0	+35 0	+54 0	+87 0	+140 0	+220 0	+350 0	+540 0	+16 −6	+22 −13	+34 −20	±1.25	±2	±3	±5	±7.5	±11	±17	±27	±43	±70

公称尺寸/mm		公差带																											
		JS			K								M						N							P			
大于	至	11	12	13	3	4	5	6	7	8	9	10	3	4	5	6	7	8	4	5	6	7	8	9	10	4	5	6	7
—	3	±30	±50	±70	0 −2	0 −3	0 −4	0 −6	0 −10	0 −14	0 −25	0 −40	−2 −4	−2 −5	−2 −6	−2 −8	−2 −12	−2 −16	−4 −7	−4 −8	−4 −10	−4 −14	−4 −18	−4 −29	−4 −44	−6 −9	−6 −10	−6 −12	−6 −16
3	6	±37	±60	±90	0 −2.5	+0.5 −3.5	0 −5	+2 −6	+3 −9	+5 −13	—	—	−3 −5.5	−2.5 −6.5	−3 −8	−1 −9	0 −12	+2 −16	−6.5 −10.5	−7 −12	−5 −13	−4 −16	−2 −20	0 −30	0 −48	−10.5 −14.5	−11 −16	−9 −17	−8 −20
6	10	±45	±75	±110	0 −2.5	+0.5 −3.5	+1 −5	+2 −7	+5 −10	+6 −16	—	—	−5 −7.5	−4.5 −8.5	−4 −10	−3 −12	0 −15	+1 −21	−8.5 −12.5	−8 −14	−7 −16	−4 −19	−3 −25	0 −36	0 −58	−13.5 −17.5	−13 −19	−12 −21	−9 −24
10 14	14 18	±55	±90	±135	0 −3	+1 −4	+2 −6	+2 −9	+6 −12	+8 −19	—	—	−6 −9	−5 −10	−4 −12	−4 −15	0 −18	+2 −25	−10 −15	−9 −17	−9 −20	−5 −23	−3 −30	0 −43	0 −70	−16 −21	−15 −23	−15 −26	−11 −29
18 24	24 30	±65	±105	±165	−0.5 −4.5	0 −6	+1 −8	+2 −11	+6 −15	+10 −23	—	—	−6.5 −10.5	−6 −12	−5 −14	−4 −17	0 −21	+4 −29	−13 −19	−12 −21	−11 −24	−7 −28	−3 −36	0 −52	0 −84	−20 −26	−19 −28	−18 −31	−14 −35
30 40	40 50	±80	±125	±195	−0.5 −4.5	+1 −6	+2 −9	+3 −13	+7 −18	+12 −27	—	—	−7.5 −11.5	−6 −13	−5 −16	−4 −20	0 −25	+5 −34	−14 −21	−13 −24	−12 −28	−8 −33	−3 −42	0 −62	0 −100	−23 −30	−22 −33	−21 −37	−17 −42
50 65	65 80	±95	±150	±230	—	—	+3 −10	+4 −15	+9 −21	+14 −32	—	—	—	—	−6 −19	−5 −24	0 −30	+5 −41	—	−15 −28	−14 −33	−9 −39	−4 −50	0 −74	0 −120	—	−27 −40	−26 −45	−21 −51
80 100	100 120	±110	±175	±270	—	—	+2 −13	+4 −18	+10 −25	+16 −38	—	—	—	—	−8 −23	−6 −28	0 −35	+6 −48	—	−18 −33	−16 −38	−10 −45	−4 −58	0 −87	0 −140	—	−32 −47	−30 −52	−24 −59

续表

公称尺寸/mm		公差带																													
		P		R						S					T			U				V			X				Y		
大于	至	8	9	4	5	6	7	8	9	5	6	7	8	9	6	7	8	6	7	8	9	6	7	8	6	7	8	9	6	7	8
—	3	−6 −20	−6 −31	−10 −13	−10 −14	−10 −16	−10 −20	−10 −24	−10 −35	−14 −18	−14 −20	−14 −24	−14 −28	−14 −39	—	—	—	−18 −24	−18 −28	−18 −32	−18 −43	—	—	—	−20 −26	−20 −30	−20 −34	−20 −45	—	—	—
3	6	−12 −30	−12 −42	−13.5 −17.5	−14 −19	−12 −20	−11 −23	−15 −33	−15 −45	−18 −23	−16 −24	−15 −27	−19 −37	−19 −49	—	—	—	−20 −28	−19 −31	−23 −41	−23 −53	—	—	—	−25 −33	−24 −36	−28 −46	−28 −58	—	—	—
6	10	−15 −37	−15 −51	−17.5 −21.5	−17 −23	−16 −25	−13 −28	−19 −41	−19 −55	−21 −27	−20 −29	−17 −32	−23 −45	−23 −59	—	—	—	−25 −34	−22 −37	−28 −50	−28 −64	—	—	—	−31 −40	−28 −43	−34 −56	−34 −70	—	—	—
10	14	−18 −45	−18 −61	−21 −26	−20 −28	−20 −31	−16 −34	−23 −50	−23 −66	−25 −33	−25 −36	−21 −39	−28 −55	−28 −71	—	—	—	−30 −41	−26 −44	−33 −60	−33 −76	—	—	—	−37 −48	−33 −51	−40 −67	−40 −83	—	—	—
14	18																					−36 −47	−32 −50	−39 −66	−42 −53	−38 −56	−45 −72	−45 −88	—	—	—
18	24	−22 −55	−22 −74	−26 −32	−25 −34	−24 −37	−20 −41	−28 −61	−28 −80	−32 −41	−31 −44	−27 −48	−35 −68	−35 −87	—	—	—	−37 −50	−33 −54	−41 −74	−41 −93	−43 −56	−39 −60	−47 −80	−50 −63	−46 −67	−54 −87	−54 −106	−59 −72	−55 −76	−63 −96
24	30														−37 −50	−33 −54	−41 −74	−44 −57	−40 −61	−48 −81	−48 −100	−51 −64	−47 −68	−55 −88	−60 −73	−56 −77	−64 −97	−64 −116	−71 −84	−67 −88	−75 −108
30	40	−26 −65	−26 −88	−31 −38	−30 −41	−29 −45	−25 −50	−34 −73	−34 −96	−39 −50	−38 −54	−34 −59	−43 −82	−43 −105	−43 −59	−39 −64	−48 −87	−55 −71	−51 −76	−60 −99	−60 −122	−63 −79	−59 −84	−68 −107	−75 −91	−71 −96	−80 −119	−80 −142	−89 −105	−85 −110	−94 −133
40	50														−49 −65	−45 −70	−54 −93	−65 −81	−61 −86	−70 −109	−70 −132	−76 −92	−72 −97	−81 −120	−92 −108	−88 −113	−97 −136	−97 −159	−109 −125	−105 −130	−114 −153
50	65	−32 −78	−32 −106	—	−36 −49	−35 −54	−30 −60	−41 −87	—	−48 −61	−47 −66	−42 −72	−53 −99	−53 −127	−60 −79	−55 −85	−66 −112	−81 −100	−76 −106	−87 −133	−87 −161	−96 −115	−91 −121	−102 −148	−116 −135	−111 −141	−122 −168	−122 −196	−138 −157	−133 −163	−144 −190
65	80				−38 −51	−37 −56	−32 −62	−43 −89		−54 −67	−53 −72	−48 −78	−59 −105	−59 −133	−69 −88	−64 −94	−75 −121	−96 −115	−91 −121	−102 −148	−102 −176	−114 −133	−109 −139	−120 −166	−140 −159	−135 −165	−146 −192	−146 −220	−168 −187	−163 −193	−174 −220
80	100	−37 −91	−37 −124	—	−46 −61	−44 −66	−38 −73	−51 −105	—	−66 −81	−64 −86	−58 −93	−71 −125	−71 −158	−84 −106	−78 −113	−91 −145	−117 −139	−111 −146	−124 −178	−124 −211	−139 −161	−133 −168	−146 −200	−171 −193	−165 −200	−178 −232	−178 −265	−207 −229	−201 −236	−214 −268
100	120				−49 −64	−47 −69	−41 −76	−54 −108		−74 −89	−72 −94	−66 −101	−79 −133	−79 −166	−97 −119	−91 −126	−104 −158	−137 −159	−131 −166	−144 −198	−144 −231	−165 −187	−159 −194	−172 −226	−203 −225	−197 −232	−210 −264	−210 −297	−247 −269	−241 −276	−254 −308

公称尺寸/mm		公差带												
		Z				ZA			ZB			ZC		
大于	至	6	7	8	9	7	8	9	7	8	9	7	8	9
—	3	−26 −32	−26 −36	−26 −40	−26 −51	−32 −42	−32 −46	−32 −57	−40 −50	−40 −54	−40 −65	−60 −70	−60 −74	−60 −85
3	6	−32 −40	−31 −43	−35 −53	−35 −65	−38 −50	−42 −60	−42 −72	−46 −58	−50 −68	−50 −80	−76 −88	−80 −98	−80 −110
6	10	−39 −48	−36 −51	−42 −64	−42 −78	−46 −61	−52 −74	−52 −88	−61 −76	−67 −89	−67 −103	−91 −106	−97 −119	−97 −133
10	14	−47 −58	−43 −61	−50 −77	−50 −93	−57 −75	−64 −91	−64 −107	−83 −101	−90 −117	−90 −133	−123 −141	−130 −157	−130 −173
14	18	−57 −68	−53 −71	−60 −87	−60 −103	−70 −88	−77 −104	−77 −120	−101 −119	−108 −135	−108 −151	−143 −161	−150 −177	−150 −193
18	24	−69 −82	−65 −86	−73 −106	−73 −125	−90 −111	−98 −131	−98 −150	−128 −149	−136 −169	−136 −188	−180 −201	−188 −221	−188 −240
24	30	−84 −97	−80 −101	−88 −121	−88 −140	−110 −131	−118 −151	−118 −170	−152 −173	−160 −193	−160 −212	−210 −231	−218 −251	−218 −270
30	40	−107 −123	−103 −128	−112 −151	−112 −174	−139 −164	−148 −187	−148 −210	−191 −216	−200 −239	−200 −262	−265 −290	−274 −313	−274 −336
40	50	−131 −147	−127 −152	−136 −175	−136 −198	−171 −196	−180 −219	−180 −242	−233 −258	−242 −281	−242 −304	−316 −341	−325 −364	−325 −387
50	65	—	−161 −191	−172 −218	−172 −245	−215 −245	−226 −272	−220 −300	−289 −319	−300 −346	−300 −374	−394 −424	−405 −451	−405 −479
65	80	—	−199 −229	−210 −256	−210 −284	−263 −293	−274 −320	−274 −348	−349 −379	−360 −406	−360 −434	−469 −499	−480 −526	−480 −554
80	100	—	−245 −280	−258 −312	−258 −345	−322 −357	−335 −389	−335 −422	−432 −467	−445 −499	−445 −532	−572 −607	−585 −639	−585 −672
100	120	—	−297 −332	−310 −364	−310 −397	−387 −422	−400 −454	−400 −487	−512 −547	−525 −579	−525 −612	−677 −712	−690 −744	−690 −777

注：①公称尺寸小于 1mm 时，各级的 A 和 B 均不采用。

②公称尺寸小于 1mm 时，大于 8 级的 N 不采用。

③IT14～IT18 只用于大于 1mm 的公称尺寸。

④公称尺寸至 24mm 的 T5～T8 的偏差值未列入表内，建议以 U5～U8 代替；如非要 T5～T8，可按 GB/T1800.1 计算。

⑤公称尺寸至 14mm 的 V5～V8 的偏差值未列入表内，建议以 Z5～Z8 代替；如非要 V5～V8，可按 GB/T1800.1 计算。

⑥公称尺寸至 18mm 的 Y6～Y10 的偏差值未列入表内，建议以 Z6～Z10 代替；如非要 Y6～Y10，可按 GB/T1800.1 计算。

表 4-1-13　公称尺寸至 120mm 轴的极限偏差（GB/T1800.2—2009）　（单位：μm）

公称尺寸/mm		公差带																			
		a					b						c					cd			
大于	至	9	10	11	12	13	8	9	10	11	12	13	8	9	10	11	12	5	6	7	8
—	3	−270 −295	−270 −310	−270 −330	−270 −370	−270 −410	−140 −154	−140 −165	−140 −180	−140 −200	−140 −240	−140 −280	−60 −74	−60 −85	−60 −100	−60 −120	−60 −160	−34 −38	−34 −40	−34 −44	−34 −48
3	6	−270 −300	−270 −318	−270 −345	−270 −390	−270 −450	−140 −158	−140 −170	−140 −188	−140 −215	−140 −260	−140 −320	−70 −88	−70 −100	−70 −118	−70 −145	−70 −190	−46 −51	−46 −54	−46 −58	−46 −64
6	10	−280 −316	−280 −338	−280 −370	−280 −430	−280 −500	−150 −172	−150 −186	−150 −208	−150 −240	−150 −300	−150 −370	−80 −102	−80 −116	−80 −138	−80 −170	−80 −230	−56 −62	−56 −65	−56 −71	−56 −78
10 14	14 18	−290 −333	−290 −360	−290 −400	−290 −470	−290 −560	−150 −177	−150 −193	−150 −220	−150 −260	−150 −330	−150 −420	−95 −122	−95 −138	−95 −165	−95 −205	−95 −275	—	—	—	—
18 24	24 30	−300 −352	−300 −384	−300 −430	−300 −510	−300 −630	−160 −193	−160 −212	−160 −244	−160 −290	−160 −370	−160 −490	−110 −143	−110 −162	−110 −194	−110 −240	−110 −320	—	—	—	—
30	40	−310 −372	−310 −410	−310 −470	−310 −560	−310 −700	−170 −209	−170 −232	−170 −270	−170 −330	−170 −420	−170 −560	−120 −159	−120 −182	−120 −220	−120 −280	−120 −370	—	—	—	—
40	50	−320 −382	−320 −420	−320 −480	−320 −570	−320 −710	−180 −219	−180 −242	−180 −280	−180 −340	−180 −430	−180 −570	−130 −169	−130 −192	−130 −230	−130 −290	−130 −380				
50	65	−340 −414	−340 −460	−340 −530	−340 −640	−340 −800	−190 −236	−190 −264	−190 −310	−190 −380	−190 −490	−190 −650	−140 −186	−140 −214	−140 −260	−140 −330	−140 −440	—	—	—	—
65	80	−360 −434	−360 −480	−360 −550	−360 −660	−360 −820	−200 −246	−200 −274	−200 −320	−200 −390	−200 −500	−200 −660	−150 −196	−150 −224	−150 −270	−150 −340	−150 −450				
80	100	−380 −467	−380 −520	−380 −600	−380 −730	−380 −920	−220 −274	−220 −307	−220 −360	−220 −440	−220 −570	−220 −760	−170 −224	−170 −257	−170 −310	−170 −390	−170 −520	—	—	—	—
100	120	−410 −497	−410 −550	−410 −630	−410 −760	−410 −950	−240 −294	−240 −327	−240 −380	−240 −460	−240 −590	−240 −780	−180 −234	−180 −267	−180 −320	−180 −400	−180 −530				

公称尺寸/mm		公差带																						
		cd		d							e						ef							f
大于	至	9	10	5	6	7	8	9	10	11	5	6	7	8	9	10	3	4	5	6	7	8	9	3
—	3	−34 −59	−34 −74	−20 −24	−20 −26	−20 −30	−20 −34	−20 −45	−20 −60	−20 −80	−14 −18	−14 −20	−14 −24	−14 −28	−14 −39	−14 −54	−10 −12	−10 −13	−10 −14	−10 −16	−10 −20	−10 −24	−10 −35	−6 −8
3	6	−46 −76	−46 −94	−30 −35	−30 −38	−30 −42	−30 −48	−30 −60	−30 −78	−30 −105	−20 −25	−20 −28	−20 −32	−20 −38	−20 −50	−20 −68	−14 −16.5	−14 −18	−14 −19	−14 −22	−14 −26	−14 −32	−14 −44	−10 −12.5
6	10	−56 −92	−56 −114	−40 −46	−40 −49	−40 −55	−40 −62	−40 −76	−40 −98	−40 −130	−25 −31	−25 −34	−25 −40	−25 −47	−25 −61	−25 −83	−18 −20.5	−18 −22	−18 −24	−18 −27	−18 −33	−18 −40	−18 −54	−13 −15.5
10 14	14 18	—	—	−50 −58	−50 −61	−50 −68	−50 −77	−50 −93	−50 −120	−50 −160	−32 −40	−32 −43	−32 −50	−32 −59	−32 −75	−32 −102	—	—	—	—	—	—	—	−16 −19
18 24	24 30	—	—	−65 −74	−65 −78	−65 −86	−65 −98	−65 −117	−65 −149	−65 −195	−40 −49	−40 −53	−40 −61	−40 −73	−40 −92	−40 −124	—	—	—	—	—	—	—	−20 −24
30 40	40 50	—	—	−80 −91	−80 −96	−80 −105	−80 −119	−80 −142	−80 −180	−80 −240	−50 −61	−50 −66	−50 −75	−50 −89	−50 −112	−50 −150	—	—	—	—	—	—	—	−25 −29
50 65	65 80	—	—	−100 −113	−100 −119	−100 −130	−100 −146	−100 −174	−100 −220	−100 −290	−60 −73	−60 −79	−60 −90	−60 −106	−60 −134	−60 −180	—	—	—	—	—	—	—	—
80 100	100 120	—	—	−120 −135	−120 −142	−120 −155	−120 −174	−120 −207	−120 −260	−120 −340	−72 −87	−72 −94	−72 −107	−72 −126	−72 −159	−72 −212	—	—	—	—	—	—	—	—

续表

公称尺寸/mm		公差带																						
		f						fg						g						h				
大于	至	4	5	6	7	8	9	3	4	5	6	7	8	3	4	5	6	7	8	1	2	3	4	5
—	3	−6 −9	−6 −10	−6 −12	−6 −16	−6 −20	−6 −31	−4 −6	−4 −7	−4 −8	−4 −10	−4 −14	−4 −18	−2 −4	−2 −5	−2 −6	−2 −8	−2 −12	−2 −16	0 −0.8	0 −1.2	0 −2	0 −3	0 −4
3	6	−10 −14	−10 −15	−10 −18	−10 −22	−10 −28	−10 −40	−6 −8.5	−6 −10	−6 −11	−6 −14	−6 −18	−6 −24	−4 −6.5	−4 −8	−4 −9	−4 −12	−4 −16	−4 −22	0 −1	0 −1.5	0 −2.5	0 −4	0 −5
6	10	−13 −17	−13 −19	−13 −22	−13 −28	−13 −35	−13 −49	−8 −10.5	−8 −12	−8 −14	−8 −17	−8 −23	−8 −30	−5 −7.5	−5 −9	−5 −11	−5 −14	−5 −20	−5 −27	0 −1	0 −1.5	0 −2.5	0 −4	0 −6
10 14	14 18	−16 −21	−16 −24	−16 −27	−16 −34	−16 −43	−16 −59	—	—	—	—	—	—	−6 −9	−6 −11	−6 −14	−6 −17	−6 −24	−6 −33	0 −1.2	0 −2	0 −3	0 −5	0 −8
18 24	24 30	−20 −26	−20 −29	−20 −33	−20 −41	−20 −53	−20 −72	—	—	—	—	—	—	−7 −11	−7 −13	−7 −16	−7 −20	−7 −28	−7 −40	0 −1.5	0 −2.5	0 −4	0 −6	0 −9
30 40	40 50	−25 −32	−25 −36	−25 −41	−25 −50	−25 −64	−25 −87	—	—	—	—	—	—	−9 −13	−9 −16	−9 −20	−9 −25	−9 −34	−9 −48	0 −1.5	0 −2.5	0 −4	0 −7	0 −11
50 65	65 80	−30 −38	−30 −43	−30 −49	−30 −60	−30 −76	−30 −104	—	—	—	—	—	—	—	−10 −18	−10 −23	−10 −29	−10 −40	−10 −56	0 −2	0 −3	0 −5	0 −8	0 −13
80 100	100 120	−36 −46	−36 −51	−36 −58	−36 −71	−36 −90	−36 −123	—	—	—	—	—	—	—	−12 −22	−12 −27	−12 −34	−12 −47	−12 −66	0 −2.5	0 −4	0 −6	0 −10	0 −15

公称尺寸/mm		公差带																											
		h								j			js													k			
大于	至	6	7	8	9	10	11	12	13	5	6	7	1	2	3	4	5	6	7	8	9	10	11	12	13	3	4	5	6
—	3	0 −6	0 −10	0 −14	0 −25	0 −40	0 −60	0 −100	0 −140	±2	+4 −2	+6 −4	±0.4	±0.6	±1	±1.5	±2	±3	±5	±7	±12	±20	±30	±50	±70	+2 0	+3 0	+4 0	+6 0
3	6	0 −8	0 −12	0 −18	0 −30	0 −48	0 −75	0 −120	0 −180	+3 −2	+6 −2	+8 −4	±0.5	±0.75	±1.25	±2	±2.5	±4	±6	±9	±15	±24	±37	±60	±90	+2.5 0	+5 +1	+6 +1	+9 +1
6	10	0 −9	0 −15	0 −22	0 −36	0 −58	0 −90	0 −150	0 −220	+4 −2	+7 −2	+10 −5	±0.5	±0.75	±1.25	±2	±3	±4.5	±7	±11	±18	±29	±45	±75	±110	+2.5 0	+5 +1	+7 +1	+10 +1
10 14	14 18	0 −11	0 −18	0 −27	0 −43	0 −70	0 −110	0 −180	0 −270	+5 −3	+8 −3	+12 −6	±0.6	±1	±1.5	±2.5	±4	±5.5	±9	±13	±21	±35	±55	±90	±135	+3 0	+6 +1	+9 +1	+12 +1
18 24	24 30	0 −13	0 −21	0 −33	0 −52	0 −84	0 −130	0 −210	0 −330	+5 −4	+9 −4	+13 −8	±0.75	±1.25	±2	±3	±4.5	±6.5	±10	±16	±26	±42	±65	±105	±165	+4 0	+8 +2	+11 +2	+15 +2
30 40	40 50	0 −16	0 −25	0 −39	0 −62	0 −100	0 −160	0 −250	0 −390	+6 −5	+11 −5	+15 −10	±0.75	±1.25	±2	±3.5	±5.5	±8	±12	±19	±31	±50	±80	±125	±195	+4 0	+9 +2	+13 +2	+18 +2
50 65	65 80	0 −19	0 −30	0 −46	0 −74	0 −120	0 −190	0 −300	0 −460	+6 −7	+12 −7	+18 −12	±1	±1.5	±2.5	±4	±6.5	±9.5	±15	±23	±37	±60	±95	±150	±230	—	+10 +2	+15 +2	+21 +2
80 100	100 120	0 −22	0 −35	0 −54	0 −87	0 −140	0 −220	0 −350	0 −540	+6 −9	+13 −9	+20 −15	±1.25	±2	±3	±5	±7.5	±11	±17	±27	±43	±70	±110	±175	±270	—	+13 +3	+18 +3	+25 +3

续表

公称尺寸/mm		公差带																													
		k				m						n						p							r						
大于	至	7	8	9	10	3	4	5	6	7	8	3	4	5	6	7	8	3	4	5	6	7	8	9	3	4	5	6	7	8	9
—	3	+10 0	+14 0	+25 0	+40 0	+4 +2	+5 +2	+6 +2	+8 +2	+12 +2	+16 +2	+6 +4	+7 +4	+8 +4	+10 +4	+14 +4	+18 +4	+8 +6	+9 +6	+10 +6	+12 +6	+16 +6	+20 +6	+31 +6	+12 +10	+13 +10	+14 +10	+16 +10	+20 +10	+24 +10	+35 +10
3	6	+13 +1	+18 0	+30 0	+48 0	+6.5 +4	+8 +4	+9 +4	+12 +4	+16 +4	+22 +4	+10.5 +8	+12 +8	+13 +8	+16 +8	+20 +8	+26 +8	+14.5 +12	+16 +12	+17 +12	+20 +12	+24 +12	+30 +12	+42 +12	+17.5 +15	+19 +15	+20 +15	+23 +15	+27 +15	+33 +15	+45 +15
6	10	+16 +1	+22 0	+36 0	+58 0	+8.5 +6	+10 +6	+12 +6	+15 +6	+21 +6	+28 +6	+12.5 +10	+14 +10	+16 +10	+19 +10	+25 +10	+32 +10	+17.5 +15	+19 +15	+21 +15	+24 +15	+30 +15	+37 +15	+51 +15	+21.5 +19	+23 +19	+25 +19	+28 +19	+34 +19	+41 +19	+55 +19
10	14	+19 +1	+27 0	+43 0	+70 0	+10 +7	+12 +7	+15 +7	+18 +7	+25 +7	+34 +7	+15 +12	+17 +12	+20 +12	+23 +12	+30 +12	+39 +12	+21 +18	+23 +18	+26 +18	+29 +18	+36 +18	+45 +18	+61 +18	+26 +23	+28 +23	+31 +23	+34 +23	+41 +23	+50 +23	+66 +23
14	18																														
18	24	+23 +2	+33 0	+52 0	+84 0	+12 +8	+14 +8	+17 +8	+21 +8	+29 +8	+41 +8	+19 +15	+21 +15	+24 +15	+28 +15	+36 +15	+48 +15	+26 +22	+28 +22	+31 +22	+35 +22	+43 +22	+55 +22	+74 +22	+32 +28	+34 +28	+37 +28	+41 +28	+49 +28	+61 +28	+80 +28
24	30																														
30	40	+27 +2	+39 0	+62 0	+100 0	+13 +9	+16 +9	+20 +9	+25 +9	+34 +9	+48 +9	+21 +17	+24 +17	+28 +17	+33 +17	+42 +17	+56 +17	+30 +26	+33 +26	+37 +26	+42 +26	+51 +26	+65 +26	+88 +26	+38 +34	+41 +34	+45 +34	+50 +34	+59 +34	+73 +34	+96 +34
40	50																														
50	65	+32 +2	+46 0	+74 0	+120 0	—	+19 +11	+24 +11	+30 +11	+41 +11	—	—	+28 +20	+33 +20	+39 +20	+50 +20	—	—	+40 +32	+45 +32	+51 +32	+62 +32	+78 +32	—	—	+49 +41	+54 +41	+60 +41	+71 +41	+87 +41	—
65	80																									+51 +43	+56 +43	+62 +43	+73 +43	+89 +43	—
80	100	+38 +3	+54 0	+87 0	+140 0	—	+23 +13	+28 +13	+35 +13	+48 +13	—	—	+33 +23	+38 +23	+45 +23	+58 +23	—	—	+47 +37	+52 +37	+59 +37	+72 +37	+91 +37	—	—	+61 +51	+66 +51	+73 +51	+86 +51	+105 +51	—
100	120																									+64 +54	+69 +54	+76 +54	+89 +54	+108 +54	—

公称尺寸/mm		公差带																										
		s						t				u					v				x					y		
大于	至	4	5	6	7	8	9	5	6	7	8	5	6	7	8	9	5	6	7	8	5	6	7	8	9	6	7	8
—	3	+17 +14	+18 +14	+20 +14	+24 +14	+28 +14	+39 +14	—	—	—	—	+22 +18	+24 +18	+28 +18	+32 +18	+43 +18	—	—	—	—	+24 +20	+26 +20	+30 +20	+34 +20	+45 +20	—	—	—
3	6	+23 +19	+24 +19	+27 +19	+31 +19	+37 +19	+49 +19	—	—	—	—	+28 +23	+31 +23	+35 +23	+41 +23	+53 +23	—	—	—	—	+33 +28	+36 +28	+40 +28	+46 +28	+58 +28	—	—	—
6	10	+27 +23	+29 +23	+32 +23	+38 +23	+45 +23	+59 +23	—	—	—	—	+34 +28	+37 +28	+43 +28	+50 +28	+64 +28	—	—	—	—	+40 +34	+43 +34	+49 +34	+56 +34	+70 +34	—	—	—
10	14	+33 +28	+36 +28	+39 +28	+46 +28	+55 +28	+71 +28	—	—	—	—	+41 +33	+44 +33	+51 +33	+60 +33	+76 +33	—	—	—	—	+48 +40	+51 +40	+58 +40	+67 +40	+83 +40	—	—	—
14	18							—	—	—	—						+47 +39	+50 +39	+57 +39	+66 +39	+53 +45	+56 +45	+63 +45	+72 +45	+88 +45	—	—	—
18	24	+41 +35	+44 +35	+48 +35	+56 +35	+68 +35	+87 +35	—	—	—	—	+50 +41	+54 +41	+62 +41	+74 +41	+93 +41	+56 +47	+60 +47	+68 +47	+80 +47	+63 +54	+67 +54	+75 +54	+87 +54	+106 +54	+76 +63	+84 +63	+96 +63
24	30							+50 +41	+54 +41	+62 +41	+74 +41	+57 +48	+61 +48	+69 +48	+81 +48	+100 +48	+64 +55	+68 +55	+76 +55	+88 +55	+73 +64	+77 +64	+85 +64	+97 +64	+116 +64	+88 +75	+96 +75	+108 +75

续表

公称尺寸/mm		公差带																							
		s						t				u					v				x					y		
大于	至	4	5	6	7	8	9	5	6	7	8	5	6	7	8	9	5	6	7	8	5	6	7	8	9	6	7	8
30	40	+50 +43	+54 +43	+59 +43	+68 +43	+82 +43	+105 +43	+59 +48	+64 +48	+73 +48	+87 +48	+71 +60	+76 +60	+85 +60	+99 +60	+122 +60	+79 +68	+84 +68	+93 +68	+107 +68	+91 +80	+96 +80	+105 +80	+119 +80	+142 +80	+110 +94	+119 +94	+133 +94
40	50							+65 +54	+70 +54	+79 +54	+93 +54	+81 +70	+86 +70	+95 +70	+109 +70	+132 +70	+92 +81	+97 +81	+106 +81	+120 +81	+108 +97	+113 +97	+122 +97	+136 +97	+159 +97	+130 +114	+139 +114	+153 +114
50	65	+61 +53	+66 +53	+72 +53	+83 +53	+99 +53	+127 +53	+79 +66	+85 +66	+96 +66	+112 +66	+100 +87	+106 +87	+117 +87	+133 +87	+161 +87	+115 +102	+121 +102	+132 +102	+148 +102	+135 +122	+141 +122	+152 +122	+168 +122	+196 +122	+163 +144	+174 +144	+190 +144
65	80	+67 +59	+72 +59	+78 +59	+89 +59	+105 +59	+133 +59	+88 +75	+94 +75	+105 +75	+121 +75	+115 +102	+121 +102	+132 +102	+148 +102	+176 +102	+133 +120	+139 +120	+150 +120	+166 +120	+159 +146	+165 +146	+176 +146	+192 +146	+220 +146	+193 +174	+204 +174	+220 +174
80	100	+81 +71	+86 +71	+93 +71	+106 +71	+125 +71	+158 +71	+106 +91	+113 +91	+126 +91	+145 +91	+139 +124	+146 +124	+159 +124	+178 +124	+211 +124	+161 +146	+168 +146	+181 +146	+200 +146	+193 +178	+200 +178	+213 +178	+232 +178	+265 +178	+236 +214	+249 +214	+268 +214
100	120	+89 +79	+94 +79	+109 +79	+114 +79	+133 +79	+166 +79	+119 +104	+126 +104	+139 +104	+158 +104	+159 +144	+166 +144	+179 +144	+198 +144	+231 +144	+187 +172	+194 +172	+207 +172	+226 +172	+225 +210	+232 +210	+245 +210	+264 +210	+297 +210	+276 +254	+289 +254	+308 +254

公称尺寸/mm		公差带													
		z				za				zb			zc		
大于	至	6	7	8	9	6	7	8	9	7	8	9	7	8	9
—	3	+32 +26	+36 +26	+40 +26	+51 +26	+38 +32	+42 +32	+46 +32	+57 +32	+50 +40	+54 +40	+65 +40	+70 +60	+74 +60	+85 +60
3	6	+43 +35	+47 +35	+53 +35	+65 +35	+50 +42	+54 +42	+60 +42	+72 +42	+62 +50	+68 +50	+80 +50	+92 +80	+98 +80	+110 +80
6	10	+51 +42	+57 +42	+64 +42	+78 +42	+61 +52	+67 +52	+74 +52	+88 +52	+82 +67	+89 +67	+103 +67	+112 +97	+119 +97	+133 +97
10	14	+61 +50	+68 +50	+77 +50	+93 +50	+75 +64	+82 +64	+91 +64	+107 +64	+108 +90	+117 +90	+133 +90	+148 +130	+157 +130	+173 +130
14	18	+71 +60	+78 +60	+87 +60	+103 +60	+88 +77	+95 +77	+104 +77	+120 +77	+126 +108	+135 +108	+151 +108	+168 +150	+177 +150	+193 +150
18	24	+86 +73	+94 +73	+106 +73	+125 +73	+111 +98	+119 +98	+131 +98	+150 +98	+157 +136	+169 +136	+188 +136	+209 +188	+221 +188	+240 +188
24	30	+101 +88	+109 +88	+121 +88	+140 +88	+131 +118	+139 +118	+151 +118	+170 +118	+181 +160	+193 +160	+212 +160	+239 +218	+251 +218	+270 +218
30	40	+128 +112	+137 +112	+151 +112	+174 +112	+164 +148	+173 +148	+187 +148	+210 +148	+225 +200	+239 +200	+262 +200	+299 +274	+313 +274	+336 +274
40	50	+152 +136	+161 +136	+175 +136	+198 +136	+196 +180	+205 +180	+219 +180	+242 +180	+267 +242	+281 +242	+304 +242	+350 +325	+364 +325	+387 +325
50	65	+191 +172	+202 +172	+218 +172	+246 +172	+245 +226	+256 +226	+272 +226	+300 +226	+330 +300	+346 +300	+374 +300	+435 +405	+451 +405	+479 +405
65	80	+229 +210	+240 +210	+256 +210	+284 +210	+293 +274	+304 +274	+320 +274	+348 +274	+390 +360	+406 +360	+434 +360	+510 +480	+526 +480	+554 +480
80	100	+280 +258	+293 +258	+312 +258	+345 +258	+357 +335	+370 +335	+389 +335	+422 +335	+480 +445	+499 +445	+532 +445	+620 +585	+639 +585	+672 +585
100	120	+332 +310	+345 +310	+364 +310	+397 +310	+422 +400	+435 +400	+454 +400	+487 +400	+560 +525	+579 +525	+612 +525	+725 +690	+744 +690	+777 +690

注：①公称尺寸小于 1mm 时，各级的 a 和 b 均不采用。②IT14～IT18 只用于大于 1mm 的公称尺寸。③公称尺寸至 24mm 的 t5～t8 的偏差值未列入表内，建议以 u5～u8 代替；如非要 t5～t8，则可按 GB/T1800.1 计算。④公称尺寸至 14mm 的 V5～V8 的偏差值未列入表内，建议以 X5～X8 代替；如非要 V5～V8，可按 GB/T1800.1 计算。⑤公称尺寸至 18mm 的 y6～y10 的偏差值未列入表内，建议以 z6～z10 代替；如非要 y6～y10，可按 GB/T1800.1 计算。

表 4-1-14　公称尺寸至 500mm 的基孔制优先、常用配合（GB/T1801—2009）

基准孔	a	b	c	d	e	f	g	h	js	k	m	n	p	r	s	t	u	v	x	y	z
	间隙配合								过渡配合			过盈配合									
H6						H6/f5	H6/g5	H6/h5	H6/js5	H6/k5	H6/m5	H6/n5	H6/p5	H6/r5	H6/s5	H6/t5					
H7						H7/f6	◤H7/g6	◤H7/h6	H7/js6	◤H7/k6	H7/m6	◤H7/n6	◤H7/p6	H7/r6	◤H7/s6	H7/t6	◤H7/u6	H7/v6	H7/x6	H7/y6	H7/z6
H8					H8/e7	◤H8/f7	H8/g7	◤H8/h7	H8/js7	H8/k7	H8/m7	H8/n7	H8/p7	H8/r7	H8/s7	H8/t7	H8/u7				
				H8/d8	H8/e8	H8/f8		H8/h8													
H9			H9/c9	◤H9/d9	H9/e9	H9/f9		◤H9/h9													
H10			H10/c10	H10/d10				H10/h10													
H11	H11/a11	H11/b11	◤H11/c11	H11/d11				◤H11/h11													
H12		H12/b12						H12/h12													

注：① $\frac{H6}{n5}$、$\frac{H7}{p6}$在公称尺寸小于或等于 3mm 和$\frac{H8}{r7}$在小于或等于 100mm 时，为过渡配合。

②标注◤的配合为优先配合。

表 4-1-15　公称尺寸至 500mm 的基轴制优先、常用配合（GB/T1801—2009）

基准轴	A	B	C	D	E	F	G	H	JS	K	M	N	P	R	S	T	U	V	X	Y	Z
	间隙配合								过渡配合			过盈配合									
h5						F6/h5	G6/h5	H6/h5	JS6/h5	K6/h5	M6/h5	N6/h5	P6/h5	R6/h5	S6/h5	T6/h5					
h6						F7/h6	◤G7/h6	◤H7/h6	JS7/h6	◤K7/h6	M7/h6	◤N7/h6	◤P7/h6	R7/h6	◤S7/h6	T7/h6	◤U7/h6				
h7					E8/h7	◤F8/h7		◤H8/h7	JS8/h7	K8/h7	M8/h7	N8/h7									
h8				D8/h8	E8/h8	F8/h8		H8/h8													
h9				◤D9/h9	E9/h9	F9/h9		◤H9/h9													
h10				D10/H10				H10/H10													
h11	A11/h11	B11/h11	◤C11/h11	D11/h11				◤H11/h11													
h12		B12/h12						H12/h12													

注：标注◤的配合为优先配合。

表 4-1-16　尺寸至 500mm 优先配合选用说明

优先配合 基孔制	优先配合 基轴制	说　　明
H11/c11	C11/h11	间隙非常大，用于很松的、转动很慢的动配合；要求大公差与大间隙的外露组件；要求装配方便的很松的配合
H6/d9	D6/h9	间隙很大的自由转动配合，用于公差等级不高时，或有大的温度变动、高转速或小的轴颈压力时
H8/f7	F8/h7	间隙不大的转动配合，用于中等转速与中等轴颈压力的精确转动；也用于装配较易的中等定位配合
H7/g6	G7/h6	间隙很小的滑动配合，用不希望自由转动，但可自由移动和滑动并精密定位时；也可用于要求明确的定位配合
H7/h6	H7/h6	均为间隙定位配合，零件可自由装拆，而工作时一般相对静止不动。在最大实体条件下的间隙为零，在最小实体条件下的间隙由标准公差等级决定
H8/h7	H8/h7	
H9/h9	H9/h9	
H11/h11	H11/h11	
H7/k6	K7/h6	过渡配合，用于精密定位
H7/n6	N7/h6	过渡配合，允许有较大的过盈的更精密定位
H7/p9	P7/h6	过盈定位配合，即小过盈配合，用于定位精度特别重要时，能以最好的定位精度达到部件的刚性及对中的性能要求，而对内孔承受压力无特殊要求，不依靠配合的紧固件传递摩擦负荷
H7/s6	S7/h6	中等压入配合，适用于一般钢件；或用于薄壁件的冷缩配合，用于铸铁件可得到最紧的配合
H7/u6	U7/h6	压入配合，适用于可以受高压力的零件或不宜承受大压入力的冷缩配合

表 4-1-17　公称尺寸至 120mm 的优先、常用配合极限间隙或极限过盈（GB/T1801—2009）

基孔制		H6/f5	H6/g5	H6/h5	H7/f6	◤H7/g6	H7/h6	H8/e7	◤H8/f7	H8/g7	◤H8/h7	H8/d8	H8/e8	H8/f8	H8/h8	H9/c9	◤H9/d9
基轴制		F6/h5	G6/h5	H6/h5	F7/h6	◤G7/h6	◤H7/h6	E8/h7	◤F8/h7		◤H8/h7	D8/h8	E8/h8	F8/h8	H8/h8		◤D9/h9
公称尺寸/mm 大于	至	间　隙　配　合　1μm															
—	3	+16 +6	+12 +2	+10 0	+22 +6	+18 +2	+16 0	+38 +14	+30 +6	+26 +2	+24 0	+48 +20	+42 +14	+34 +6	+28 0	+110 +60	+70 +20
3	6	+23 +10	+17 +4	+13 0	+30 +10	+24 +4	+20 0	+50 +20	+40 +10	+34 +4	+30 0	+66 +30	+56 +20	+46 +10	+36 0	+130 +70	+90 +30
6	10	+28 +13	+20 +5	+15 0	+37 +13	+29 +5	+24 0	+62 +25	+50 +13	+42 +5	+37 0	+84 +40	+69 +25	+57 +13	+44 0	+152 +80	+112 +40
10	14	+35 +16	+25 +6	+19 0	+45 +16	+35 +6	+29 0	+77 +32	+61 +16	+51 +6	+45 0	+104 +50	+86 +32	+70 +16	+54 0	+181 +95	+136 +50
14	18																
18	24	+42 +20	+29 +7	+22 0	+54 +20	+41 +7	+34 0	+94 +40	+74 +20	+61 +7	+54 0	+131 +65	+106 +40	+86 +20	+66 0	+214 +110	+169 +65
24	30																
30	40	+52 +25	+36 +9	+27 0	+66 +25	+50 +9	+41 0	+114 +50	+89 +25	+73 +9	+65 0	+158 +80	+128 +50	+103 +25	+78 0	+244 +120	+204 +80
40	50															+254 +130	
50	65	+62 +30	+42 +10	+32 0	+79 +30	+59 +10	+49 0	+136 +60	+106 +30	+86 +10	+76 0	+192 +100	+152 +60	+122 +30	+92 0	+288 +140	+248 +100
65	80															+298 +150	
80	100	+73 +36	+49 +12	+37 0	+93 +36	+69 +12	+57 0	+161 +72	+125 +36	+101 +12	+89 0	+228 +120	+180 +72	+144 +36	+108 0	+344 +170	+294 +120
100	120															+354 +180	

续表

基孔制		H9/e9	H9/f9	▼H9/h9	H10/c10	H10/d10	H10/h10	H11/a11	H11/b11	▼H11/c11	H11/d11	▼H11/h11	H12/b12	H12/h12	H6/js5		H6/k5		H6/m5		H7/js6		▼H7/k6		H7/m6		▼H7/n6		H8/js7		H8/k7	
基轴制		E9/h9	F9/h9	▼H9/h9		D10/h10	H10/h10	A11/h11	B11/h11	▼C11/h11	D11/h11	▼H11/h11	B12/h12	H12/h12		JS6/h5		K6/h5		M6/h5		JS7/h6		▼K7/h6		M7/h6		▼N7/h6		JS8/h7		K8/h7
公称尺寸/mm		间隙配合													过渡配合																	
大于	至																															
—	3	+64 +14	+56 +6	+50 0	+140 +60	+100 +20	+80 0	+390 +270	+260 +140	+180 +60	+140 +20	+120 0	+340 +140	+200 0	+8 −2	+7 −3	+6 −4	+4 −6	+4 −6	+2 −8	+13 −3	+11 −5	+10 −6	+6 −10	±8	+4 −12	+6 −10	+2 −14	+19 −5	+17 −7	+14 −10	+10 −14
3	6	+80 +20	+70 +10	+60 0	+166 +70	+126 +30	+96 0	+420 +270	+290 +140	+220 +70	+180 +30	+150 0	+380 +140	+240 0	+10.5 −2.5	+9 −4	+7 −6		+4 −9		+16 −4	+14 −6	+11 −9		+8 −12		+4 −16		+24 −6	+21 −9	+17 −13	
6	10	+97 +25	+85 +13	+72 0	+196 +80	+156 +40	+116 0	+460 +280	+330 +150	+260 +80	+220 +40	+180 0	+450 +150	+300 0	+12 −3	+10.5 −4.5	+8 −7		+3 −12		+19.5 −4.5	+16 −7	+14 −10		+9 −15		+5 −19		+29 −7	+26 −11	+21 −16	
10	14	+118 +32	+102 +16	+86 0	+235 +95	+190 +50	+140 0	+510 +290	+370 +150	+315 +95	+270 +50	+220 0	+510 +150	+360 0	+15 −4	+13.5 −5.5	+10 −9		+4 −15		+23.5 −5.5	+20 −9	+17 −12		+11 −18		+6 −23		+36 −9	+31 −13	+26 −19	
14	18																															
18	24	+144 +40	+124 +20	+104 0	+278 +110	+233 +65	+168 0	+560 +300	+420 +160	+370 +110	+325 +65	+260 0	+580 +160	+420 0	+17.5 −4.5	+15.5 −6.5	±11		+5 −17		+27.5 −6.5	+23 −10	+19 −15		+13 −21		+6 −28		+43 −10	+37 −16	+31 −23	
24	30																															
30	40	+174 +50	+149 +25	+124 0	+320 +120	+280 +80	+200 0	+630 +310	+490 +170	+440 +120	+400 +80	+320 0	+670 +170	+500 0	+21.5 −5.5	+19 −8	+14 −13		+7 −20		+33 −8	+28 −12	+23 −18		+16 −25		+8 −33		+51 −12	+44 −19	+37 −27	
40	50				+330 +130			+640 +320	+500 +180	+450 +130			+680 +180																			
50	65	+280 +60	+178 +30	+148 0	+380 +140	+340 +100	+240 0	+720 +340	+570 +190	+520 +140	+480 +100	+380 0	+790 +190	+600 0	+25.5 −6.5	+22.5 −9.5	+17 −15		+8 −24		+39.5 −9.5	+34 −15	+28 −21		+19 −30		+10 −39		+61 −15	+53 −23	+44 −32	
65	80				+390 +150			+740 +360	+580 +200	+530 +150			+800 +200																			
80	100	+246 +72	+210 +36	+174 0	+450 +170	+400 +120	+280 0	+820 +380	+660 +220	+610 +170	+560 +120	+440 0	+920 +220	+700 0	+29.5 −7.5	+26 −11	+19 −18		+9 −28		+46 −11	+39 −17	+32 −25		+22 −35		+12 −45		+71 −17	+62 −27	+51 −38	
100	120				+460 +180			+850 +410	+680 +240	+620 +180			+940 +240																			

基孔制		H8/m7		H8/n7		H8/p7	H6/n5		H6/p5		H6/r5		H6/s5		H6/t5	▼H7/p6		H7/r6		▼H7/s6		H7/t6	▼H7/u6		H7/v6	H7/x6	H7/y6	H7/z6	H8/r7	H8/s7	H8/t7	H8/u7
基轴制			M8/h7		N8/h7			N6/h5		P6/h5		R6/h5		S6/h5	T6/h5		▼P7/h6		R7/h6		▼S7/h6	T7/h6		▼U7/h6								
公称尺寸/mm		过渡配合					过盈配合																									
大于	至																															
—	3	+12 −12	+8 −16	+10 −14	+6 −18	+8 −16	+2 −8	0 −10	0 −10	−2 −12	−4 −14	−6 −16	−8 −18	−10 −20	—	+4 −12	0 −16	0 −16	−4 −20	−4 −20	−8 −24	—	−8 −24	−12 −28	—	−10 −26	—	−16 −32	+4 −20	0 −24	—	−4 −28
3	6	+14 −16		+10 −20		+6 −24	0 −13		−4 −17		−7 −20		−11 −24		—	0 −20		−3 −23		−7 −27		—	−11 −31		—	−16 −36	—	−23 −43	+3 −27	−1 −31	—	−5 −35
6	10	+16 −21		+12 −25		+7 −30	−1 −16		−6 −21		−10 −25		−14 −29		—	0 −24		−4 −28		−8 −32		—	−13 −37		—	−19 −43	—	−27 −51	+3 −34	−1 −38	—	−6 −43
10	14	+20 −25		+15 −30		+9 −36	−1 −20		−7 −26		−12 −31		−17 −36		—	0 −29		−5 −34		−10 −39		—	−15 −44		—	−22 −51	—	−32 −61	+4 −41	−1 −46	—	−6 −51
14	18																								−21 −50	−27 −56	—	−42 −71				
18	24	+25 −29		+18 −36		+11 −43	−2 −24		−9 −31		−15 −37		−22 −44		—	−1 −35		−7 −41		−14 −48		—	−20 −54		−26 −60	−33 −67	−42 −76	−52 −86	+5 −49	−2 −56	—	−8 −62
24	30														−28 −50							−20 −54	−27 −61		−34 −68	−43 −77	−54 −88	−67 −101			−8 −62	−15 −69
30	40	+30 −34		+22 −42		+13 −51	−1 −28		−10 −37		−18 −45		−27 −54		−32 −59	−1 −42		−9 −50		−18 −59		−23 −64	−35 −76		−43 −84	−55 −96	−69 −110	−87 −128	+5 −59	−4 −68	−9 −73	−21 −85
45	50														−38 −65							−29 −70	−45 −86		−56 −97	−72 −113	−89 −130	−111 −152			−15 −79	−31 −95
50	65	+35 −41		+26 −50		+14 −62	−1 −33		−13 −45		−22 −54		−34 −66		−47 −79	−2 −51		−11 −60		−23 −72		−36 −85	−57 −106		−72 −121	−92 −141	−114 −163	−142 −191	+5 −71	−7 −83	−20 −96	−41 −117
65	80										−24 −56		−40 −72		−56 −88			−13 −62		−29 −78		−45 −94	−72 −121		−90 −139	−116 −165	−144 −193	−180 −229	+3 −73	−13 −89	−29 −105	−56 −132
80	100	+41 −48		+31 −58		+17 −72	−1 −38		−15 −52		−29 −66		−49 −86		−69 −106	−2 −59		−16 −73		−36 −93		−56 −113	−89 −146		−111 −168	−143 −200	−179 −236	−223 −280	+3 −86	−17 −106	−37 −126	−70 −159
100	120										−32 −69		−57 −94		−82 −119			−19 −76		−44 −101		−69 −126	−109 −166		−137 −194	−175 −232	−219 −276	−275 −332	0 −89	−25 −114	−50 −139	−90 −179

注：①表中“+”值为间隙量，“−”值为过盈量。②标注▼的配合为优先配合。③$\frac{H6}{n5}$、$\frac{H7}{p6}$在公称尺寸小于或等于 3mm 时，为过渡配合。④$\frac{H8}{r7}$在公称尺寸小于或等于 100mm 时为过渡配合。

（五）线性尺寸和角度尺寸未注（一般）公差值

表 4-1-18　线性尺寸的极限偏差数值（GB/T1804—2000）　　（单位：mm）

公差等级	基本尺寸分段							
	0.5～3	>3～6	>6～30	>30～120	>120～400	>400～1000	>1000～2000	>2000～4000
精密 f	±0.05	±0.05	±0.1	±0.15	±0.2	±0.3	±0.5	—
中等 m	±0.1	±0.1	±0.2	±0.3	±0.5	±0.8	±1.2	±2
粗糙 c	±0.2	±0.3	±0.5	±0.8	±1.2	±2	±3	±4
最粗 v	—	±0.5	±1	±1.5	±2.5	±4	±6	±8

表 4-1-19　倒圆半径和倒角高度尺寸的极限偏差数值（GB/T1804—2000）（单位：mm）

公差等级	基本尺寸分段			
	0.5～3	>3～6	>6～30	>30
精密 f 中等 m	±0.2	±0.5	±1	±2
粗糙 c 最粗 v	±0.4	±1	±2	±4

注：①倒圆半径和倒角高度的含义参见 GB/T6403.4。②GB/T1800.1—2009 中规定“基本尺寸”改为“公称尺寸”。

表 4-1-20　角度尺寸的极限偏差数值（GB/T1804—2000）

公差等级	长度分段，mm				
	～10	>10～50	>50～120	>120～400	>400
精密 f 中等 m	±1°	±30′	±20′	±10′	±5′
粗糙 c	±1°30′	±1°	±30′	±15′	±10′
最粗 v	±3°	±2°	±1°	±30′	±20′

注：①角度尺寸的极限偏差值按角度短边长度确定，对圆锥角按圆锥素线长度确定。
②一般公差在图样上只标注公称尺寸，不注极限偏差，但应在图样上的技术要求或有关技术文件和其他标准中，用本标准号和公差等级代号表示。例如，选用中等级时，则表示为：GB/T1804-m。

二、几 何 公 差

（一）几何公差的类型及几何特征符号

表 4-2-1　几何公差的特征项目及符号（GB/T1182—2008）

公　　差	特征项目	符　号	有或无基准要求
形 状 公 差	直线度	⏤	无
	平面度	⏥	无
	圆度	○	无
	圆柱度	⌭	无
	线轮廓度	⌒	无
	面轮廓度	⌓	无
方 向 公 差	平行度	∥	有
	垂直度	⊥	有
	倾斜度	∠	有
	线轮廓度	⌒	有
	面轮廓度	⌓	有
位 置 公 差	位置度	⌖	有或无
	同轴（同心）度	◎	有
	同轴度（用于轴线）	◎	有
	对称度	⌯	有
	线轮廓度	⌒	有
	面轮廓度	⌓	有

续表

公　　差	特征项目	符　号	有或无基准要求
跳 动 公 差	圆跳动	↗	有
	全跳动	⌰	有

表 4-2-2　几何公差的附加符号（GB/T1182—2008）

说　　明	符　　号	说　　明	符　　号
被测要素		最小实体要求	Ⓛ
		自由状态条件（非刚性零件）	Ⓕ
		全周（轮廓）	⌀→
基准要素	A　A	包容要求	Ⓔ
		公共公差带	CZ
		小径	LD
基准目标	φ2/A1	大径	MD
		中径、节径	PD
理论正确尺寸	50	线素	LE
延伸公差带	Ⓟ	不凸起	NC
最大实体要求	Ⓜ	任意横截面	ACS

注：①GB/T 1182—1996 中规定的基准符号为 Ⓐ（此符号已不再使用）。②如需标注可逆要求，可采用符号Ⓜ，见 GB/T 16671。

（二）几何公差的注出公差值

表 4-2-3　直线度、平面度公差值（GB/T1184—1996）　　（单位：μm）

公差等级	主参数 L/mm								应 用 举 例（参考）
	≤10	>10～16	>16～25	>25～40	>40～63	>63～100	>100～160	>160～250	
1	0.2	0.25	0.3	0.4	0.5	0.6	0.8	1	用于精密量具、测具仪器以及精度要求极高的精密机械零件，如零级样板、平尺、零级宽平尺、工具显微镜等精密测量仪器的导轨面
2	0.4	0.5	0.6	0.8	1	1.2	1.5	2	
3	0.8	1	1.2	1.5	2	2.5	3	4	用于零级及 1 级宽平尺工作面、1 级样板平尺的工作面、测量仪器圆弧导轨的直线度、测量仪器的测杆等
4	1.2	1.5	2	2.5	3	4	5	6	用于量具、测量仪器和机床的导轨，如 1 级宽平尺、零级平板、测量仪器的 V 形导轨、高精度平面磨床的 V 形导轨和滚动导轨、轴承磨床及平面磨床床身直线度等
5	2	2.5	3	4	5	6	8	10	用于 1 级平板、2 级宽平尺、平面磨床的纵导轨、垂直导轨、立柱导轨和平面磨床的工作台，液压龙门刨床导轨面、六角车床床身导轨面、柴油机进排气门导杆等
6	3	4	5	6	8	10	12	15	用于 1 级平板、普通车床床身导轨面、龙门刨床导轨面、滚齿机立柱导轨、床身导轨及工作台、自动车床床身导轨、平面磨床垂直导轨、卧式镗床、铣床的工作台以及机床主轴箱导轨、柴油机进排气门导杆直线度、柴油机机体上部结合面等
7	5	6	8	10	12	15	20	25	用于 2 级平板、0.02 游标卡尺尺身的直线度、机床床头箱体、滚齿机床身导轨的直线度、镗床工作台、摇臂钻底座工作台、柴油机气门导杆、液压泵盖的平面度，压力机导轨及滑块的直线度
8	8	10	12	15	20	25	30	40	用于 2 级平板、车床溜板箱体、机床主轴箱体、机床传动箱体、自动车床底座的直线度、汽缸盖结合面、汽缸座、内燃机连杆分离面的平面度、减速机壳体的结合面

续表

公差等级	主参数 L/mm								应用举例（参考）
	≤10	>10~16	>16~25	>25~40	>40~63	>63~100	>100~160	>160~250	
9	12	15	20	25	30	40	50	60	用于3级平板、机床溜板箱、立钻工作台、螺纹磨床的挂轮架、金相显微镜的载物台、柴油机汽缸体、连杆的分离面、缸盖的结合面、阀片的平面度、空气压缩机汽缸体、柴油机缸孔环面的平面度以及辅助机构及手动机械的支承面
10	20	25	30	40	50	60	80	100	用于3级平板、自动车床床身底面的平面度、车床挂轮架的平面度、柴油机汽缸体、摩托车的曲轴箱体等结合面
11	30	40	50	60	80	100	120	150	用于易变形的薄片、薄壳零件、如离合器的摩擦片、汽车发动机缸盖的结合面等
12	60	80	100	120	150	200	250	300	

注：主参数 L 图例

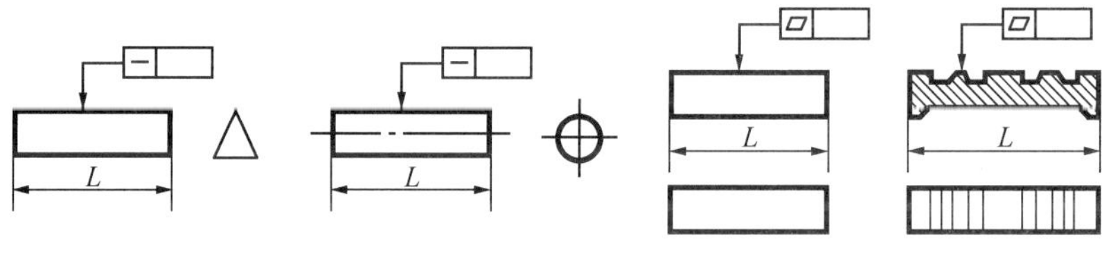

表 4-2-4　圆度、圆柱度公差值（GB/T1184—1996）　　（单位：μm）

公差等级	主参数 d(D)/mm								应用举例（参考）
	≤3	>3~6	>6~10	>10~18	>18~30	>30~50	>50~80	>80~120	
0	0.1	0.1	0.12	0.15	0.2	0.25	0.3	0.4	高精度量仪主轴、机床主轴，以及滚动轴承滚珠、滚柱等
1	0.2	0.2	0.25	0.25	0.3	0.4	0.5	0.6	
2	0.3	0.4	0.4	0.5	0.6	0.6	0.8	1	精密量仪主轴、外套、阀套；高压油泵柱塞及套，精密机床主轴、轴颈、针阀圆柱表面，喷油泵柱塞套；高速柴油机进排门等
3	0.5	0.6	0.6	0.8	1	1	1.2	1.5	高精度外圆磨床轴承、主轴套筒、喷油嘴针、阀体高精度微型轴承（内外环等）
4	0.8	1	1	1.2	1.5	1.5	2	2.5	较高精密机床主轴，精密机床主轴箱孔，高压阀门活塞、活塞销，阀体孔，工具显微镜顶针，高压油泵柱塞，较高精度滚动轴承配合轴，铣削动力头箱孔等
5	1.2	1.5	1.5	2	2.5	2.5	3	4	一般量仪主轴，测杆外圆，陀螺仪轴颈，一般机床主轴，较精密机床主轴及主轴箱孔，柴油机、汽油机的活塞、活塞销孔，铣削动力头轴承座孔，高压空气压缩机十字头销、活塞、较低精度滚动轴承配合轴等
6	2	2.5	2.5	3	4	4	5	6	仪表端盖外圆，一般机床主轴及箱孔，中等压力下液压装置工作面（包括泵、压缩机的活塞和汽缸）汽车发动机凸轮轴，纺机锭子，拖拉机曲轴主轴颈，通用减速器轴颈，高速船用发动机曲轴

续表

公差等级	主参数 d(D)/mm								应用举例（参考）
	≤3	>3~6	>6~10	>10~18	>18~30	>30~50	>50~80	>80~120	
7	3	4	4	5	6	7	8	10	大功率低速柴油机曲轴、活塞、活塞销、连杆，汽缸；高速柴油机箱体孔、千斤顶压油缸活塞、液压传动的分配机构，机车传动轴、水泵以及一般减速器轴颈
8	4	5	6	8	9	11	13	15	低速发动机、减速器，大功率拖拉机汽缸体、活塞，印刷机传墨辊，内燃机曲轴，柴油机机体曲柄轴颈，气压机连杆盖、体、孔、凸轮轴，小型船用汽缸套
9	6	8	9	11	13	16	19	22	空气压缩机缸体，液压传动筒，通用机械杠杆与拉杆用套筒、销子，拖拉机活塞环、套筒孔
10	10	12	15	18	21	25	30	35	印染机导布辊，绞车、吊车、起重机滑动轴承轴颈等
11	14	18	22	27	33	39	46	54	
12	25	30	36	43	52	62	74	87	

注：主参数 $d(D)$ 图例

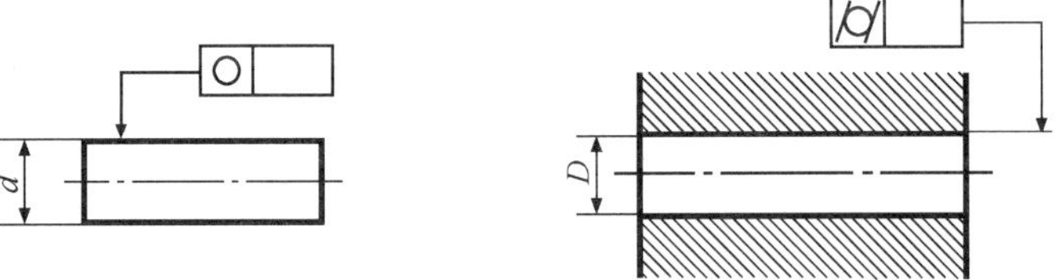

表 4-2-5　平行度、垂直度、倾斜度公差值（GB/T1184—1996）　　（单位：μm）

公差等级	主参数 L、d(D)/mm							应用举例（参考）	
	≤10	>10~16	>16~25	>25~40	>40~63	>63~100	>100~160	平行度	垂直度
1	0.4	0.5	0.6	0.8	1	1.2	1.5	高精度机床、测量仪器以及量具等主要基准面和工作面	
2	0.8	1	1.2	1.5	2	2.5	3	精密机床、测量仪器、量具及模具的基准面和工作面，精密机床上重要箱体主轴孔对基准面的要求，尾架孔对基准面的要求	精密机床导轨，机床主轴轴向定位面，精密机床主轴肩端面，滚动轴承座圈端面，齿轮测量仪的心轴，光学分度头心轴，涡轮轴端面，精密刀具、量具的工作面和基准面
3	1.5	2	2.5	3	4	5	6		
4	3	4	5	6	8	10	12	普通机床、测量仪器、量具及模具的基作面和工作面，高精度轴承座圈、端盖、挡圈的端面	普通机床导轨，精密机床重要零件，机床主轴偏摆，发动机轴和离合器的凸缘，汽缸的支承端面，安装4、5级轴承的箱体的凸肩
5	5	6	8	10	12	15	20	机床主轴孔对基准面要求，重要轴承孔对基准面要求，床头箱体重要孔间要求，一般减速器壳体孔、齿轮泵的轴孔端面等	

续表

公差等级	主参数 L、d (D) /mm ≤10	>10~16	>16~25	>25~40	>40~63	>63~100	>100~160	应用举例（参考）平行度	垂直度
6	8	10	12	15	20	25	30	一般机床零件的工作面或基准，压力机和锻锤的工作面，中等精度钻模的工作面，一般刀、量、模具；机床一般轴承孔对基准面的要求，床头箱一般孔间要求，汽缸轴线，变速器箱体孔，主轴花键对定心直径，重型机械轴承的端面，卷扬机、手动传动装置中的传动轴	低精度机床主要基准面和工作面、回转工作台端面跳动，一般导轨，主轴箱体孔，刀架、砂轮架及工作台回转中心，机床轴肩、汽缸配合面对其轴线，活塞销孔对活塞中心线以及装 6、0 级轴承壳体孔的轴线等
7	12	15	20	25	30	40	50		
8	20	25	30	40	50	60	80		
9	30	40	50	60	80	100	120	低精度零件，重型机械滚动轴承端盖，柴油机和煤气发动机的曲轴孔、轴颈等	花键轴轴肩端面、皮带运输机法兰盘等端面对轴心线，手动卷扬机及传动装置中轴承端面、减速器壳体平面等
10	50	60	80	100	120	150	200		
11	80	100	120	150	200	250	300	零件的非工作面，卷扬机、运输机上用的减速器壳体平面	农业机械齿轮端面等
12	120	150	200	250	300	400	500		

主参数 L、d (D) 图例：

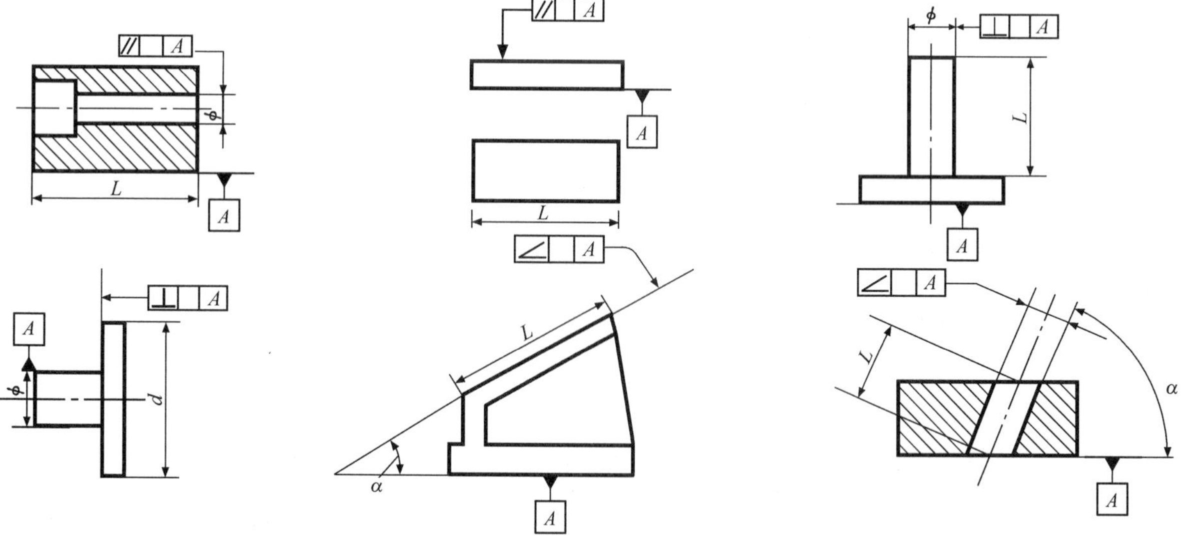

注：GB/T1182—2008 中规定的基准符号为 [A 基准符号]，符号 Ⓐ 已不再使用。

表 4-2-6　同轴度、对称度、圆跳动和会跳动公差值（GB/T1184—1996）（单位：μm）

公差等级	主参数 d (D)、B、L/mm ≤1	>1~3	>3~6	>6~10	>10~18	>18~30	>30~50	>50~120	>120~250	应用举例（参考）
1	0.4	0.4	0.5	0.6	0.8	1	1.2	1.5	2	用于同轴度或旋转精度要求很高的零件，一般需要按尺寸精度 1 级或高于 1 级制造的零件，如 1、2 级用于精密测量仪器的主轴和顶尖，柴油机喷嘴针阀等；3、4 级用于机床主轴轴颈，砂轮轴轴颈，汽轮机主轴，测量仪器的小齿轮轴，高精度滚动轴承内、外圈，标准精度或高精度机床主轴与工作台，5、6 级精度滚动轴承座圈，液压泵和液压透平轮轴承的配合面，安装齿轮精度为 4～5 级的轴颈，转速 3000～10000r/min 的高速轴等
2	0.6	0.6	0.8	1	1.2	1.5	2	2.5	3	
3	1.0	1.0	1.2	1.5	2	2.5	3	4	5	
4	1.5	1.5	2	2.5	3	4	5	6	8	
5	2.5	2.5	3	4	5	6	8	10	12	应用范围较广的精度等级，用于精度要求比较高，一般按尺寸精度 2 级或 3 级制造的零件，如 5 级精度常用在机床轴颈，测量仪器的测量杆，汽轮机主轴，柱塞油泵转子，高精度滚动轴承外圈，一般精度轴承内圈，标准精度的自动机床的套筒，安装齿轮机床连接轴的法兰，高精度的快速轴。6、7 级精度用在内燃机曲轴、汽轮机轴轴颈、水泵轴，齿轮轴，汽车后桥输出轴，电机转子，0 级精度滚动轴承内圈，印刷机传墨辊，安装齿轮精度8～9级的轴颈、柴油、汽油发动机的曲轴轴颈，拖拉机曲轴轴颈，液压传动轴端压盖，转速达 1000r/min 的轴，长达 1000mm 的传动轴等
6	4	4	5	6	8	10	12	15	20	
7	6	6	8	10	12	15	20	25	30	
8	10	10	12	15	20	25	30	40	50	用于一般精度要求，通常按尺寸精度 9～10 级制造的零件。如 8 级精度用于拖拉机、发动机分配轴轴颈，9 级精度以下齿轮轴的配合面，水泵叶轮，离心泵泵体，棉花精梳机前后滚子，9 级精度用于内燃机汽缸套配合面，自行车中轴。安装齿轮精度为 10～11 级精度的轴颈，拖拉机汽缸套筒配合表面，长 1～4m 的一般传动轴，10 级精度用于摩托车活塞，印染机导布辊，内燃机活塞环槽底径对活塞中心，汽缸套外圈对内孔等
9	15	20	25	30	40	50	60	80	100	
10	25	40	50	60	80	100	120	150	200	
11	40	60	80	100	120	150	200	250	300	用于无特殊要求，一般按尺寸公差 12～13 级制造的零件等
12	60	120	150	200	250	300	400	500	600	

续表

主参数 d（D）、B、L 图例：

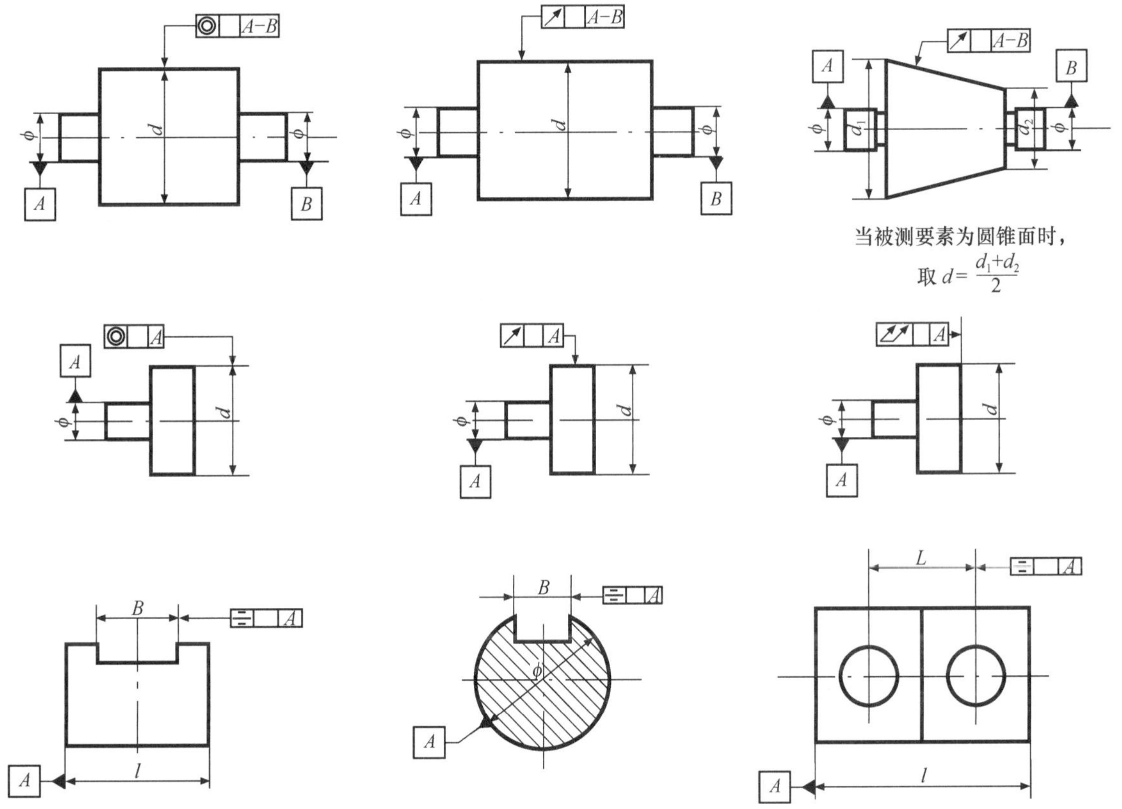

表 4-2-7　位置度数系（GB/T1184—1996）　　（单位：μm）

1	1.2	1.5	2	2.5	3	4	5	6	8
1×10^n	1.2×10^n	1.5×10^n	2×10^n	2.5×10^n	3×10^n	4×10^n	5×10^n	6×10^n	8×10^n

注：n 为正整数。

表 4-2-8　位置度公差的计算（螺栓螺钉连接的孔）

连接形式	螺栓连接 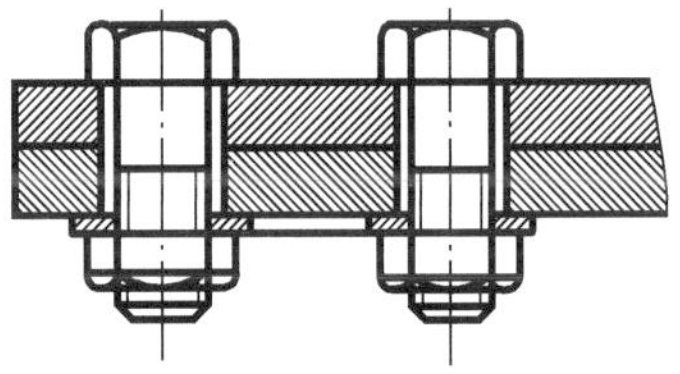	螺钉连接 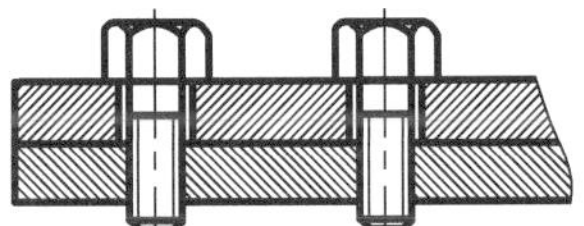
公式	$t\leqslant KZ$，$Z=D_{min}-d_{max}$	$t\leqslant 0.5KZ$，$Z=D_{min}-d_{max}$
	不需调整的固定连接：$K=1$ 需要调整的固定连接：$K=0.8$ 或 $K=0.6$ 被连接零件采用不相等位置度公差 t_a，t_b 时，应满足：$t_a+t_b=2t$	
选择公差值	按上式计算并经圆整后，查表 4-2-7 选择标准公差值	

（三）几何公差的未注公差值

表 4-2-9　几何公差未注公差值（GB/T1184—1996）　　（单位：mm）

公差等级	直线度、平面度				垂直度		对称度		圆跳动
	基本长度范围								
	≤10	>10～30	>30～100	>100～300	≤100	>100～300	≤100	>100～300	—
H	0.02	0.05	0.1	0.2	0.2	0.3	0.5		0.1
K	0.05	0.1	0.2	0.4	0.4	0.6	0.6		0.2
L	0.1	0.2	0.4	0.8	0.6	1	0.6	1	0.5

注：①对于线轮廓度、面轮廓度、倾斜度、位置度和全跳动的未注形位公差，均由各要素的注出或未注线性尺寸公差或角度公差控制，对这些项目的未注公差不必作特殊的标注。

②圆度的未注公差值等于给出的直径公差值，但不能大于表 4-2-9 中的径向圆跳动值。

③对圆柱度的未注公差值不作规定。圆柱度误差由圆度、直线度和相应线的平行度误差组成，而其中每一项误差均由它们的注出公差或未注公差控制。

④平行度的未注公差值等于给出的尺寸公差值，或是直线度和平面度未注公差值中的相应公差值取较大者，应取两要素中的较长者作基准，若要素长度相等则可选任一要素为基准。

（四）几何公差值的选用规定

表 4-2-10　几何公差值的选用规定（供参考）

	选用原则和规定
图样上注出公差值	（1）根据零件的功能要求，并考虑加工的经济性和零件的结构、刚性等情况按表中数系确定要素的公差值，并考虑下列情况： • 在同一要素上给出的形状公差值应小于方向公差值和位置公差值。如要求平行的两个表面，其平面度公差值应小于平行度的公差值 • 圆柱形零件的形状公差值（轴线的直线度除外）在一般情况下应小于其尺寸公差值 • 平行度公差值应小于其相应的距离公差值 （2）对于下列情况，考虑加工难易程度和除主参数外其他参数的影响，在满足零件功能的要求下，适当降低 1～2 级选用： • 孔相对于轴 • 细长比较大的轴或孔 • 距离较大的轴或孔 • 宽度较大（一般大于 1/2 长度）的零件表面 • 线对线和线对面相对于面对面的平行度 • 线对线和线对面相对于面对面的垂直度
图样上未注公差值	（1）圆度公差值应不大于尺寸公差值 （2）对于标有Ⓔ的圆柱表面，其圆柱度应遵守包容要求的规定；对于不标Ⓔ的圆柱表面，由圆度、素线的直线度未注公差值和要素的尺寸公差分别控制 （3）对于标有Ⓔ的平行要素，其平行度应遵守包容要求的规定；对于不标Ⓔ的平行要素，由平面度或直线度的未注公差值和平行要素间的尺寸公差分别控制 （4）垂直要素、倾斜要素由角度公差和直线度或平面度未注公差值分别控制 （5）跳动和全跳动的公差值不应大于该要素的形状、方向和位置的未注公差的综合值

（五）几何公差图样标注示例

技 术 要 求

1.未注尺寸公差按 GB/T1804-m。

2.未注几何公差按GB/T1184-K。

示例 1　减速器输出轴

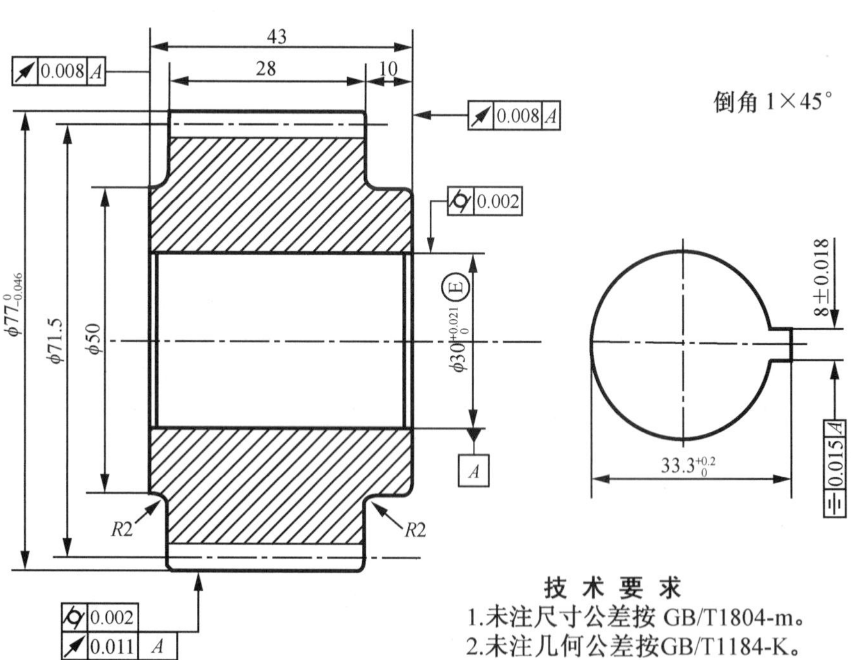

技 术 要 求

1.未注尺寸公差按 GB/T1804-m。

2.未注几何公差按GB/T1184-K。

示例 2　齿轮

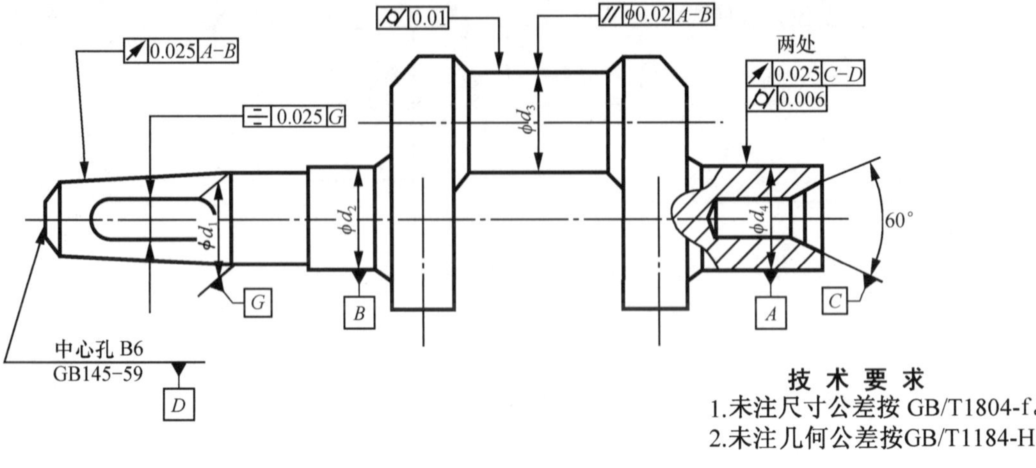

技 术 要 求

1.未注尺寸公差按 GB/T1804-f。

2.未注几何公差按GB/T1184-H。

示例 3　曲轴

三、表面粗糙度

（一）表面粗糙度评定参数及其数值

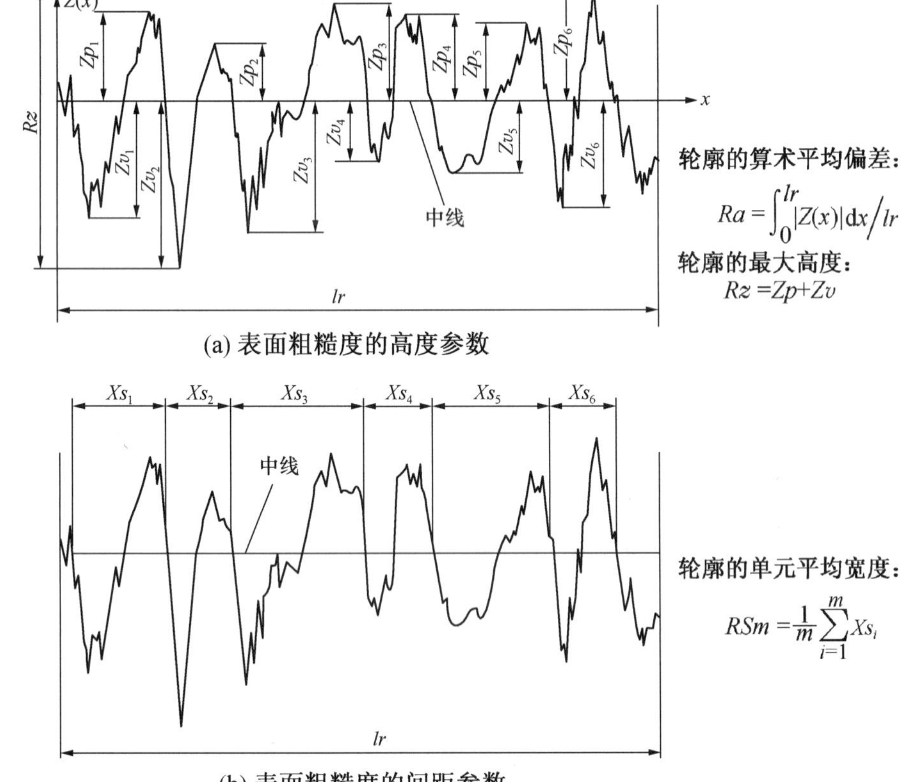

轮廓的算术平均偏差：

$$Ra=\int_0^{lr}|Z(x)|\mathrm{d}x/lr$$

轮廓的最大高度：

$$Rz=Zp+Zv$$

(a) 表面粗糙度的高度参数

轮廓的单元平均宽度：

$$RSm=\frac{1}{m}\sum_{i=1}^{m}Xs_i$$

(b) 表面粗糙度的间距参数

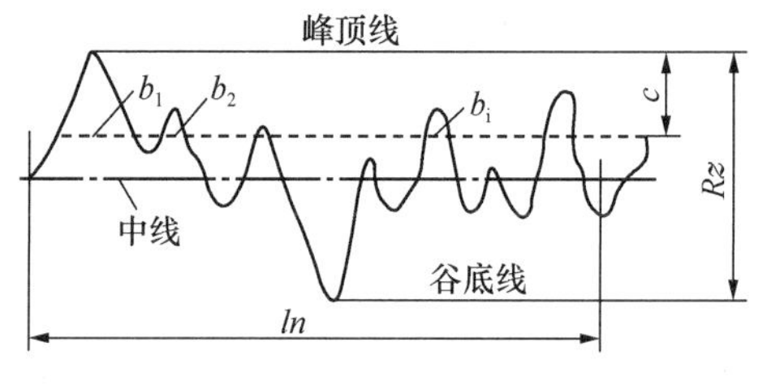

轮廓的支承长度率：$Rmr(c)=\frac{Ml(c)}{ln}$　$Ml(c)=b_1+b_2+\cdots+b_n=\sum_{i=1}^{n}b_i$

(c) 表面粗糙度的混合参数（形状参数）

表 4-3-1　轮廓算术平均偏差 *Ra* 的数值（GB/T1031—2009）　（单位：μm）

Ra	0.012	0.2	3.2	50
	0.025	0.4	6.3	100
	0.05	0.8	12.5	
	0.1	1.6	25	

表 4-3-2　轮廓最大高度 *Rz* 的数值（GB/T1031—2009）　（单位：μm）

Rz	0.025	0.4	6.3	100	1 600
	0.05	0.8	12.5	200	
	0.1	1.6	25	400	
	0.2	3.2	50	800	

表 4-3-3　轮廓单元平均宽度 *RSm* 的数值（GB/T1031—2009）　（单位：mm）

RSm	0.006	0.1	1.6	
	0.0125	0.2	3.2	
	0.025	0.4	6.3	
	0.05	0.8	12.5	

表 4-3-4　轮廓支承长度率 *Rmr*(*c*) 的数值（GB/T1031—2009）　（单位：%）

Rmr (*c*)	10	15	20	25	30	40	50	60	70	80	90

注：选用支承长度率参数 *Rmr*(*c*)时，必须同时给出轮廓截面高度 *c* 的数值。*c* 值可用微米或 *Rz* 的百分数表示。*Rz* 的百分数系列如下：5%，10%，15%，20%，25%，30%，40%，50%，60%，70%，80%，90%。

表 4-3-5　*Ra* 和 *Rz* 参数值与取样长度 *lr* 值的对应关系（GB/T1031—2009）

Ra/μm	*Rz*/μm	*lr*/mm	*ln*/mm(*ln*=5*l*)
≥0.008～0.02	≥0.025～0.10	0.08	0.4
>0.02～0.1	>0.10～0.50	0.25	1.25
>0.1～2.0	>0.50～10.0	0.8	4.0
>2.0～10.0	>10.0～50.0	2.5	12.5
>10.0～80.0	>50.0～320	8.0	40.0

注：取样长度按此表选取时，在图样上可省略不标。

（二）表面粗糙度的选用

表 4-3-6　表面粗糙度的选用原则及应用举例（供参考）

表　面　粗　糙　度　选　用　原　则

(1)在同一零件上，工作表面的粗糙度值应小于非工作表面的粗糙度

(2)对摩擦表面，速度越高，单位面积承受的压力越大，则表面粗糙度值应小些，尤其对滚动摩擦的表面应规定较小的粗糙度值

(3)对承受变动载荷的零件表面，以及易产生应力集中的部位（如沟槽、圆角等处），粗糙度值应选得小些

(4)要求配合稳定可靠时，粗糙度值也应选得小些。在间隙配合中，间隙愈小，粗糙度值应愈小；在过盈配合中，为了保证联结强度，也应规定较小的粗糙度值

(5)配合零件的表面粗糙度应与尺寸公差及形状公差相协调。一般说来，尺寸公差及形状公差要求小时，表面粗糙度值也要求小。然而，在实际生产中也有这样的情况，尺寸公差要求很大而表面粗糙度却要求很小，例如机床的手柄或手轮表面等

(6)一般情况下，同样尺寸公差的轴的粗糙度比孔的要求高

Ra	应　用　举　例
12.5	多用于粗加工的非配合表面，如轴端面、倒角、钻孔、齿轮及皮带轮的侧面，键槽非工作表面，垫圈的接触面，不重要的安装支承面，螺钉、铆钉孔表面，铆铲零件的刃口等
6.3	半精加工表面。用于不重要零件的非配合表面，如支柱、轴、支架、外壳、衬套、盖等的端面，紧固件的自由表面，如螺栓、螺钉、双头螺栓和螺母的表面，不要求定心及配合特性的表面，如螺栓孔、螺钉孔和铆钉孔等表面，飞轮、皮带轮、离合器、联轴节、凸轮、偏心轮的侧面，平键及键槽上下面，楔键侧面，花键非定心表面，齿轮顶圆表面，所有轴和孔的退刀槽，不重要的铰接配合表面，犁的提升板把，小轴和提升离合器爪的销轴，犁铧、犁侧板、深耕铲等零件的摩擦工作面，插秧爪面等
3.2	半精加工表面。用于外壳、箱体、盖面、套筒、支架和其他零件连接而不形成配合的表面；扳手和手轮的外圆表面；要求有定心及配合特性的固定支承表面，定心的轴肩，键和键槽的工作表面；不重要的紧固螺纹的表面，非传动用的梯形螺纹、锯齿形螺纹表面，燕尾槽的表面，需要发蓝的表面，需要滚花的预加工表面，低速下工作的滑动轴承和轴的摩擦表面，张紧链轮、导向滚轮壳孔与轴的配合表面，止推滑动轴承及中间垫片的工作表面，滑块及导向面（速度 20～50m/min），收割机械切割器的摩擦片、动刀片、压力片的摩擦面，切草刀的内表面，脱粒机格板工作表面等
1.6	要求有定心及配合特性的固定支承，衬套、轴承和定位销的压入孔表面，不要求定心及配合特性的活动支承面，活动关节及花键结合面，8 级齿轮的齿面、齿条齿面，传动螺纹工作面，低速转动的轴颈、楔形键及键槽上下面，轴承盖凸肩表面（对中心用）、端盖内侧滑块及导向面、三角皮带轮槽表面，电镀前金属表面等
0.80	要求保证定心及配合特性的表面，锥销与圆柱销的表面，与 0 级和 6 级精度滚动轴承相配合的孔和轴颈表面，中速转动的轴颈，过盈配合的孔 H7，间隙配合的孔 H8、H9，花键轴上的定心表面，滑动导轨面 不要求保证定心及配合特性的活动支承面，高精度的活动球状接头表面、支承垫圈、套齿叉形件、磨削的轮齿、榨油机螺旋榨辊面等
0.40	要求能长期保持所规定的配合特性的孔 H7、H6，7 级精度的齿轮工作面，蜗杆齿面（7～8 级），与 D 级滚动轴承配合的孔和轴颈表面；要求保证定心及配合特性的表面；滑动轴承轴瓦的工作表面；刻度盘表面；导杆及推杆表面。工作时受反复应力的重要零件，在不破坏配合特性下工作，要求保证其耐久性和疲劳强度所要求的表面、受力螺栓的圆柱表面，曲轴和凸轮轴的工作表面，发动机气门头圆锥面，与橡胶油封相配的轴表面等
0.20	工作时承受反复应力的重要零件表面，保证零件的疲劳强度、防腐性和耐久性，并在工作时不破坏配合特性的表面：轴颈表面，活塞表面，要求气密的表面和支承面，精密机床主轴锥孔，顶尖圆锥表面。精确配合的孔 H6、H5，3、4、5 级精度齿轮的工作表面。与 4 级精度滚动轴承配合的孔和轴颈表面；喷油器针阀体的密封配合面，液压油缸和柱塞的表面。喷雾器活塞缸套内表面。齿轮泵轴颈等

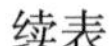

续表

Ra	应用举例
0.10	工作时承受较大反复应力的重要零件表面，保证零件的疲劳强度、耐蚀性及在活动接头工作中耐久性的一些表面，精密机床主轴箱与套筒配合的孔，活塞销的表面，液压传动用孔的表面，阀的工作面，气缸内表面，保证精确定心的锥体表面，仪器中承受摩擦的表面，如导轨，槽面等
0.05	特别精密的滚动轴承套圈滚道、滚珠及滚柱表面，摩擦离合器的摩擦表面，工作量规的测量表面，精密刻度盘表面，精密机床主轴套筒外圆面等
0.025	特别精密的滚动轴承套圈滚道、滚珠及滚柱表面，量仪中中等精度间隙配合零件的工作表面，柴油发动机高压油泵中柱塞和柱塞套的配合表面，保证高度气密的接合表面等
0.012	仪器的测量表面，量仪中高精度间隙配合零件的工作表面，尺寸超过 100mm 的量块工作表面等
0.008	量块的工作表面，高精度测量仪器的测量面，光学测量仪器中金属镜面，高精度仪器摩擦机构的支撑面等

表 4-3-7　表面粗糙度的符号及其含义(GB/T131—2006)

名称	符号	说明
基本图形符号（简称基本符号）		未指定工艺方法获得的表面。仅用于简化代号标注，没有补充说明时不能单独使用
扩展图形符号		用去除材料方法获得的表面。如通过机械加工方法获得的表面
		用不去除材料方法获得的表面；也可用于表示保持上道工序形成的表面
完整图形符号		在上述三个图形符号的长边上加一横线，用于标注表面粗糙度特征的补充信息
工件轮廓各表面的图形符号		在完整图形符号上加一圆圈，表示在图样某个视图上构成封闭轮廓的各表面有相同的表面粗糙度要求。它标注在图样中工件的封闭轮廓线上，如果标注会引起歧义时，各表面应分别标注

表 4-3-8　表面纹理的标注(GB/T131—2006)

符号	解释和示例	
=	纹理平行于视图所在的投影面	纹理方向
⊥	纹理垂直于视图所在的投影面	纹理方向

续表

符号	解释和示例	
×	纹理呈两斜向交叉且与视图所在的投影面相交	纹理方向

注：如果表面纹理不能清楚地用标准中规定的符号要求，必要时，可以在图样上加注说明。

表 4-3-9　表面粗糙度的标注示例

序号	符号	含义
1	Rz 0.4	表示不允许去除材料，单向上限值，默认传输带，轮廓的最大高度个季度 0.4μm，评定长度为 5 个取样长度(默认)，“16%规则”(默认)
2	Rz max 0.2	表示去除材料，单向上限值，默认传输带，轮廓最大高度的最大值 0.2μm，评定长度为 5 个取样长度(默认)，“最大规则”
3	U Ramax 3.2 L Ra 0.8	表示不允许去除材料，双向极限值，两极限值均使用默认传输带，上限值：算术平均偏差 3.2μm，评定长度为 5 个取样长度(默认)，“最大规则”；下限值：算术平均偏差 0.8μm，评定长度为 5 个取样长度(默认)，“16%规则”(默认)
4	L Ra 1.6	表示任意加工方法，单向下限值，默认传输带，算术平均偏差 1.6μm，评定长度为 5 个取样长度(默认)，“16%规则”(默认)
5	0.008–0.8/Ra 3.2	表示去除材料，单向上限值，传输带 0.008～0.8mm，算术平均偏差 3.2μm，评定长度为 5 个取样长度(默认)，“16%规则”(默认)
6	–0.8/Ra3 3.2	表示去除材料，单向上限值，传输带：根据 GB/T6062，取样长度 0.8mm，算术平均偏差 3.2μm，评定长度包含 3 个取样长度(即 $ln=0.8mm\times3=2.4mm$)，“16%规则”(默认)
7	铣 Ra 0.8 ⊥ –2.5/Rz 3.2	表示去除材料，两个单向上限值：①默认传输带和评定长度，算术平均偏差 0.8μm，“16%规则”(默认)；②传输带为－2.5mm，默认评定长度，轮廓的最大高度 3.2μm，“16%规则”(默认)。表面纹理垂直于视图所在的投影面。加工方法为铣削
8	0.008–4/Ra 50 3 0.008–4/Ra 6.3	表示去除材料，双向极限值：上限值 $Ra=50\mu m$，下限值 $Ra=6.3\mu m$；上、下极限传输带均为 0.008～4mm；默认的评定长度均为 $ln=4\times5=20mm$；“16%规则”(默认)。加工余量为 3 mm
9	 Y　Z	简化符号：符号及所加字母的含义由图样中的标注说明

表 4-3-10　表面粗糙度要求在图样上的标注方法示例

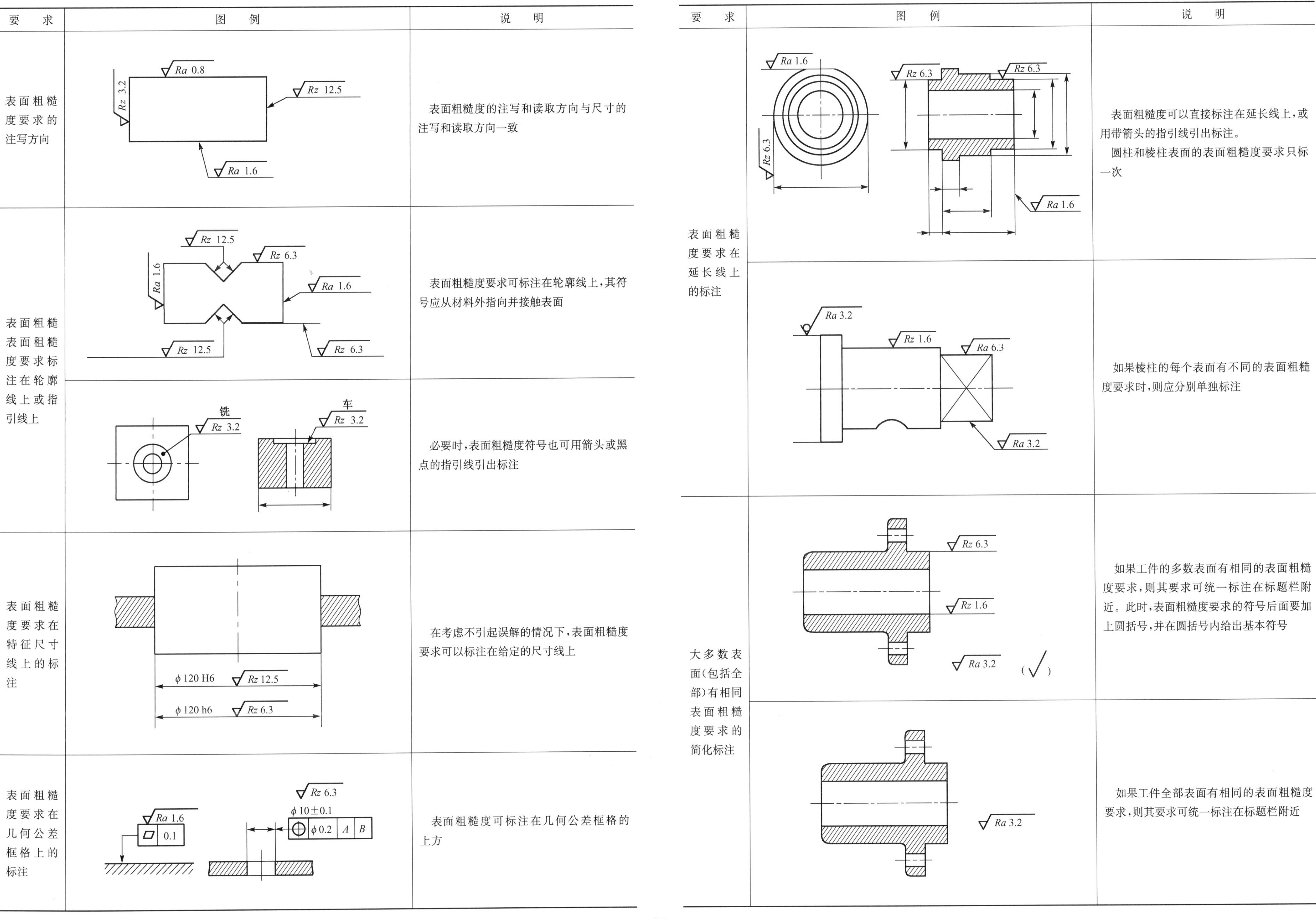

要　求	图　例	说　明
表面粗糙度要求的注写方向		表面粗糙度的注写和读取方向与尺寸的注写和读取方向一致
表面粗糙表面粗糙度要求标注在轮廓线上或指引线上		表面粗糙度要求可标注在轮廓线上，其符号应从材料外指向并接触表面
		必要时，表面粗糙度符号也可用箭头或黑点的指引线引出标注
表面粗糙度要求在特征尺寸线上的标注		在考虑不引起误解的情况下，表面粗糙度要求可以标注在给定的尺寸线上
表面粗糙度要求在几何公差框格上的标注		表面粗糙度可标注在几何公差框格的上方

续表

要　求	图　例	说　明
表面粗糙度要求在延长线上的标注		表面粗糙度可以直接标注在延长线上，或用带箭头的指引线引出标注。 圆柱和棱柱表面的表面粗糙度要求只标一次
		如果棱柱的每个表面有不同的表面粗糙度要求时，则应分别单独标注
大多数表面（包括全部）有相同表面粗糙度要求的简化标注		如果工件的多数表面有相同的表面粗糙度要求，则其要求可统一标注在标题栏附近。此时，表面粗糙度要求的符号后面要加上圆括号，并在圆括号内给出基本符号
		如果工件全部表面有相同的表面粗糙度要求，则其要求可统一标注在标题栏附近

续表

要　求	图　例	说　明
多个表面有相同的表面粗糙度要求或图纸空间有限时的简化标注	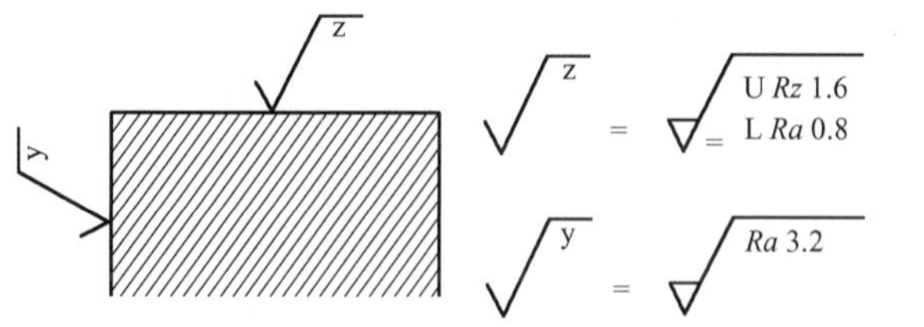 z　y　z = U Rz 1.6 L Ra 0.8　y = Ra 3.2 在图纸空间有限时的简化标注	可用带字母的完整符号，以等式的形式，在图形或标题栏附近，对有相同表面粗糙度要求的表面进行简化标注
	 = Ra 3.2 (a)未指定工艺方法的多个表面结构要求的简化注法  = Ra 3.2 (b)要求去除材料的多个表面结构要求的简化注法  = Ra 3.2 (c)不允许去除材料的多个表面结构要求的简化注法	可用表面粗糙度基本符号(a)和扩展图形符号(b)、(c)，以等式的形式给出多个表面有相同的表面粗糙度要求
键槽表面的表面粗糙度要求的注法	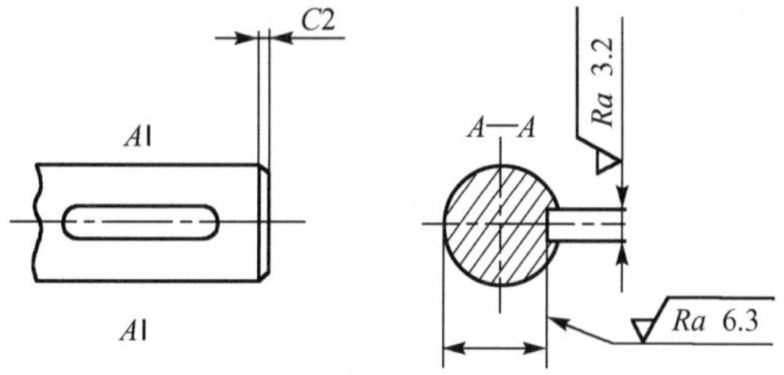 C2　A　A—A　Ra 3.2　A　Ra 6.3	键槽宽度两侧面的表面粗糙度要求标注在键槽宽度的尺寸线上：单向上限值 $Ra=3.2\mu m$；键槽底面的表面粗糙度要求标注在带箭头的指引线上：单向上限值 $Ra=6.3\mu m$。(其他要求：极限值的判断原则、评定长度和传输带等均为默认)
倒角、倒圆表面的表面粗糙度要求的注法	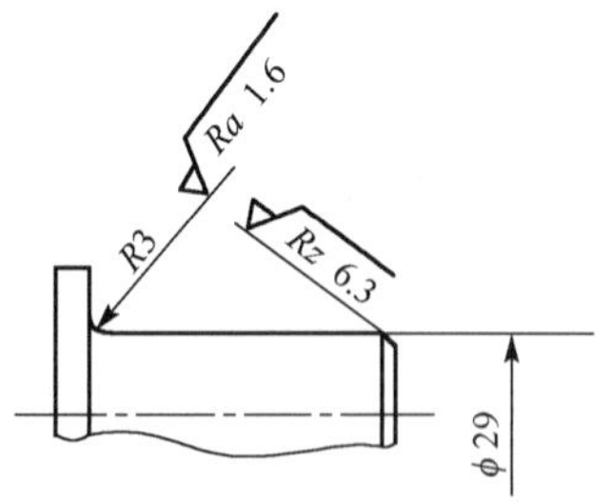 Ra 1.6　R3　Rz 6.3　φ29	倒圆表面的表面粗糙度要求标注在带箭头的指引线上：单向上限 $Ra=1.6\mu m$；倒角表面的表面粗糙度要求标注在其轮廓延长线上：单向上限值 $Ra=6.3\mu m$
两种或多种工艺获得的同一表面的注法	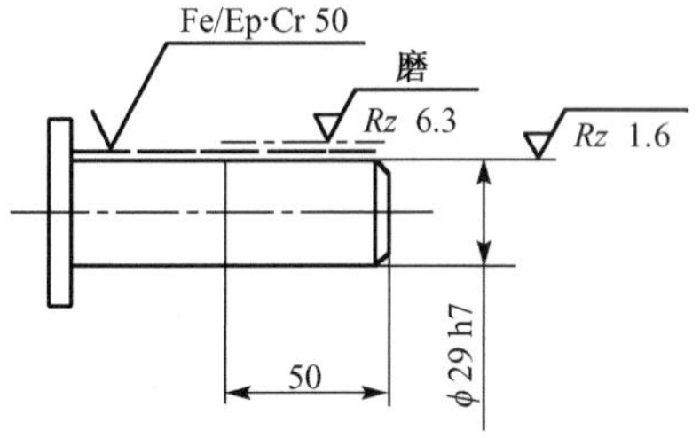 Fe/Ep·Cr 50　磨　Rz 6.3　Rz 1.6　50　φ29 h7	由几种不同的工艺方法获得的同一表面，当需要明确每种工艺方法的表面粗糙度要求时，可按照左图进行标注

表 4-3-11　表面结构要求的图形标注的演变(摘自 GB/B131—2006)

	GB/T131 的版本			
	1983(第一版)[a]	1993(第二版)[b]2006(第三版)[c]	说明主要问题的示例	
a	1.6	1.6　1.6	Ra 1.6	Ra 只采用“16%规则”
b	R_y 3.2	R_y 3.2　R_y 3.2	Rz 3.2	除了 Ra“16%规则”的参数
c	—d	1.6max	Ra max 1.6	“最大规则”
d	1.6　0.8	1.6　0.8	−0.8/Ra 1.6	Ra 加取样长度
e	—d	—d	0.025−0.8/Ra 1.6	传输带
f	R_y 3.2　0.8	R_y 3.2　0.8	−0.8/Rz 6.3	除 Ra 外其他参数及取样长度
g	1.6 R_y 6.3	1.6 R_y 6.3	Ra 6.3 Rz 6.3	Ra 及其他参数
h	—d	R_y 3.2	Rz3 1.6	评定长度中的取样长度个数如果不是 5
j	—d	—d	L Ra 1.6	下限值
k	3.2 1.6	3.2 1.6	U Ra 3.2 L Ra 1.6	上、下限值

a　既没有定义默认值也没有其他的细节，尤其是
——无默认评定长度；
——无默认取样长度；
——无“16%规则”或“最大规则”。

b　在 GB/T3505—1983 和 GB/T10610—1989 中定义的默认值和规则仅用于参数 R_a、R_y 和 R_z(十点高度)。此外，GB/T131—1993 中存在着参数代号书写不一致问题，标准正文要求参数代号第二个字母标注为下标，但在所有的图表中，第二个字母都是小写，而当时所有的其他表面结构标准都使用下标。

c　新的 R_z 为原 R_y 的定义，原 R_y 的符号不再使用。

d　表示没有该项。

四、螺 纹 公 差

(一) 普通螺纹

表 4-4-1　直径与螺距标准组合系列(GB/T193—2003)　　(单位：mm)

公称直径 D、d			螺　距　P										
第 1 系列	第 2 系列	第 3 系列	粗　牙	细　牙									
				3	2	1.5	1.25	1	0.75	0.5	0.35	0.25	0.2
1			0.25										0.2
	1.1		0.25										0.2
1.2			0.25										0.2
1.2	1.4		0.3										0.2

续表

公称直径 D、d			螺距 P										
				细牙									
第1系列	第2系列	第3系列	粗牙	3	2	1.5	1.25	1	0.75	0.5	0.35	0.25	0.2
1.6			0.35										0.2
	1.8		0.35										0.2
2			0.4									0.25	
	2.2		0.45									0.25	
2.5			0.45								0.35		
3			0.5								0.35		
	3.5		0.6								0.35		
4			0.7							0.5			
	4.5		0.75							0.5			
5			0.8							0.5			
		5.5								0.5			
6			1						0.75				
	7		1						0.75				
8			1.25					1	0.75				
		9	1.25					1	0.75				
10			1.5				1.25	1	0.75				
		11	1.5			1.5		1	0.75				
12			1.75				1.25	1					
	14		2			1.5	1.25[a]	1					
		15				1.5		1					
16			2			1.5		1					
		17				1.5		1					
	18		2.5		2	1.5		1					
20			2.5		2	1.5		1					

注:①a仅用于发动机的火花塞。

②直径优先选用第1系列,其次第2系列,第3系列尽可能不用。

表 4-4-2 螺纹公差等级(GB/T197—2003)

种别	螺纹直径		公差等级	基本偏差
内螺纹	中径	D_2	4,5,6,7,8	G,H
	小径(顶径)	D_1		
外螺纹	中径	d_2	3,4,5,6,7,8,9	e,f,g,h
	大径(顶径)	d	4,6,8	

表 4-4-3 内、外螺纹中径公差(GB/T197—2003) (单位:μm)

公称直径/mm		螺距	内螺纹中径公差 T_{D2}				外螺纹中径公差 T_{d2}			
			公差等级							
>	≤	P/mm	5	6	7	8	5	6	7	8
5.6	11.2	1	118	150	190	236	90	112	140	180
		1.25	125	160	200	250	95	118	150	190
		1.5	140	180	224	280	106	132	170	212
11.2	22.4	1	125	160	200	250	95	118	150	190
		1.25	140	180	224	280	106	132	170	212
		1.5	150	190	236	300	112	140	180	224
		1.75	160	200	250	315	118	150	190	236
		2	170	212	265	335	125	160	200	250
		2.5	180	224	280	355	132	170	212	265

续表

公称直径/mm		螺距	内螺纹中径公差 T_{D2}				外螺纹中径公差 T_{d2}			
			公差等级							
>	≤	P/mm	5	6	7	8	5	6	7	8
22.4	45	1	132	170	212	—	100	125	160	200
		1.5	160	200	250	315	118	150	190	236
		2	180	224	280	355	132	170	212	265
		3	212	265	335	425	160	200	250	315
		3.5	224	280	355	450	170	212	265	335

表 4-4-4 内、外螺纹顶径公差(GB/T197—2003) (单位:μm)

公差项目 / 公差等级 / 螺距 P/mm	内螺纹顶径(小径)公差 T_{D1}				外螺纹顶径(大径)公差 T_d		
	5	6	7	8	4	6	8
0.75	150	190	236	—	90	140	—
0.8	160	200	250	315	95	150	236
1	190	236	300	375	112	180	280
1.25	212	265	335	425	132	212	335
1.5	236	300	375	475	150	236	375
1.75	265	335	425	530	170	265	425
2	300	375	475	600	180	280	450
2.5	355	450	560	710	212	335	530
3	400	500	630	800	236	375	600

表 4-4-5 内、外螺纹的基本偏差(GB/T197—2003) (单位:μm)

螺纹 / 基本偏差 / 螺距 P/mm	内螺纹		外螺纹			
	G	H	e	f	g	h
	EI		es			
0.75	+22	0	−56	−38	−22	0
0.8	+24	0	−60	−38	−24	0
1	+26	0	−60	−40	−26	0
1.25	+28	0	−63	−42	−28	0
1.5	+32	0	−67	−45	−32	0
1.75	+34	0	−71	−48	−34	0
2	+38	0	−71	−52	−38	0
2.5	+42	0	−80	−58	−42	0
3	+48	0	−85	−63	−48	0

表 4-4-6 螺纹牙侧表面粗糙度推荐值 (单位:μm)

螺纹中径公差等级 / Ra 的上限值 / 螺纹工作表面	4,5	6,7	8~9
螺栓,螺钉,螺母	1.6	3.2	3.2~6.3
轴及套上的螺纹	0.8~1.6	1.6	3.2

表 4-4-7　内、外螺纹的推荐公差带(GB/T197—2003)

	公差精度	G			H		
		S	N	L	S	N	L
内螺纹	精密	—	—	—	4H	5H	6H
	中等	(5G)	**6G**	(7G)	**5H**	**[6H]**	**7H**
	粗糙	—	(7G)	(8G)	—	7H	8H

	公差精度	e			f			g			h		
		S	N	L	S	N	L	S	N	L	S	N	L
外螺纹	精密	—	—	—	—	—	—	—	(4g)	(5g4g)	(3h4h)	**4h**	(5h4h)
	中等	—	**6e**	(7e6e)	—	6f	—	(5g6g)	**[6g]**	(7g6g)	(5h6h)	6h	(7h6h)
	粗糙	—	(8e)	(9e8e)	—	—	—	—	8g	(9g8g)	—	—	—

注:①优先选用粗字体公差带,其次选用一般字体公差带,最后选用括号内公差带。
②带方框的粗字体公差带用于大量生产的紧固件螺纹。

螺纹标记:

完整的螺纹标记依次由普通螺纹特征代号(M)、尺寸代号(公称直径×螺距,单位为 mm)、公差带代号及其他信息(旋合长度组代号、旋向代号)组成、并且尺寸代号、公差带代号、旋合长度组代号和旋向代号之间各用短横线"—"分开。例如:

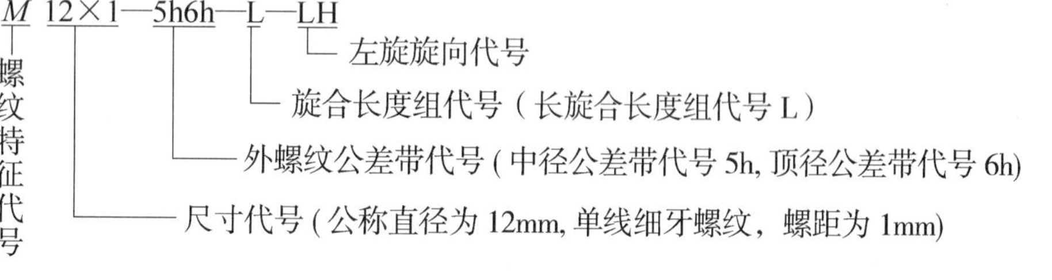

表示内、外螺纹配合时,内螺纹公差带代号在前,外螺纹公差带代号在后，中间用斜线分开。例如 M20×2—7H/7g6g—L。

标注螺纹标记时应注意:粗牙螺纹不标注其螺距数值;中等旋合长度组代号(N)不标注;右旋螺纹不标注旋向代号。此外,对于中等公差精度螺纹,公称直径 D(或 d)≥1.6mm 的 6H、6g 公差带和公称直径 D (或 d)≤1.4mm 的 5H、6h 公差带的代号不标注。

表 4-4-8　螺纹的旋合长度（GB/T197—2003）　　　　（单位：mm）

基本大径 D、d		螺距 P	旋合长度 S	N		L
>	≤		≤	>	≤	>
0.99	1.4	0.2 0.25 0.3	0.5 0.6 0.7	0.5 0.6 0.7	1.4 1.7 2	1.4 1.7 2
1.4	2.8	0.2 0.25 0.35 0.4 0.45	0.5 0.6 0.8 1 1.3	0.5 0.6 0.8 1 1.3	1.5 1.9 2.6 3 3.8	1.5 1.9 2.6 3 3.8

续表

基本大径 D、d		螺距 P	旋合长度 S	N		L
>	≤		≤	>	≤	>
2.8	5.6	0.35 0.5 0.6 0.7 0.75 0.8	1 1.5 1.7 2 2.2 2.5	1 1.5 1.7 2 2.2 2.5	3 4.5 5 6 6.7 7.5	3 4.5 5 6 6.7 7.5
5.6	11.2	0.75 1 1.25 1.5	2.4 3 4 5	2.4 3 4 5	7.1 9 12 15	7.1 9 12 15
11.2	22.4	1 1.25 1.5 1.75 2 2.5	3.8 4.5 5.6 6 8 10	3.8 4.5 5.6 6 8 10	11 13 16 18 24 30	11 13 16 18 24 30

（二）光学仪器特种细牙螺纹

表 4-4-9　光学仪器螺纹直径与螺距系列（ZBN30 006—88）　　　　（单位：mm）

公称直径 D，d			螺距 P 特种细牙				
第一系列	第二系列	第三系列	1.5	1	0.75	0.5	0.35
4							0.35
5							0.35
6							0.35
		7					0.35
8							0.35
		9					0.35
10							0.35
		13			0.75	0.5	
		15			0.75	0.5	
		17			0.75	0.5	
		19			0.75	0.5	
		21			0.75	0.5	
		23			0.75	0.5	
24						0.5	
		25			0.75	0.5	
		26			0.75	0.5	
	27					0.5	
		28			0.75	0.5	
		29			0.75	0.5	
30						0.5	

表 4-4-10　光学仪器螺纹旋合长度（ZBN30 006—88）　　（单位：mm）

公称直径 D，d		螺距 P	旋合长度 S	旋合长度 N		旋合长度 L
>	≤		≤	>	≤	>
2.8	5.6	0.35	1	1	3	3
5.6	11.2		1.1	1.1	3.3	3.3
11.2	22.4	0.5	1.8	1.8	5.4	5.4
		0.75	2.7	2.7	8.1	8.1
22.4	45	0.5	2.1	2.1	6.2	6.2
		0.75	3.1	3.1	9.4	9.4
		1	4	4	12	12

表 4-4-11　光学仪器螺纹的选用公差带（ZBN30 006—88）

精度	内螺纹公差带位置 H			外螺纹公差带位置 g			外螺纹公差带位置 h		
	S	N	L	S	N	L	S	N	L
精密	(4H)	4H，5H						4h	
中等	(5H)	6H	(7H)		6g		(5h，6h)	6h	(7h，6h)

注：①括号内的公差带尽可能不用；

②光学仪器螺纹标记示例：TM15×0.5—4h6g—S 表示光学仪器特种细牙螺纹直径为 15mm，螺距为 0.5mm，中径公差带代号为 4h，顶径公差带为 6g，旋合长度为 S。

五、滚动轴承和孔、轴结合的公差与配合

表 4-5-1　向心轴承（圆锥滚子轴承除外）公差（GB/T307.1—94）

内圈技术条件

基本内径/mm		外形尺寸公差/μm 内径 Δd_{mp} 0		6		5		4		2		Δd_s 4		2		宽度 ΔB_s 06542		旋转精度/μm K_{ia} 0	6	5	4	2	S_d 5	4	2	S_{ia} 5	4	2
超过	到	上偏差	下偏差	上偏差	下偏差	上偏差	下偏差	上偏差	下偏差	上偏差	下偏差	上偏差	下偏差	上偏差	下偏差	上偏差	下偏差	max	max	max	max	max	max	max	max	max	max	max
18	30	0	−10	0	−8	0	−6	0	−5	0	−2.5	0	−5	0	−2.5	0	−120	13	8	4	3	2.5	8	4	1.5	8	4	2
30	50	0	−12	0	−10	0	−8	0	−6	0	−2.5	0	−6	0	−2.5	0	−120	15	10	5	4	2.5	8	4	1.5	8	4	2.5
50	80	0	−15	0	−12	0	−9	0	−7	0	−4	0	−7	0	−4	0	−150	20	10	5	4	2.5	8	5	1.5	8	5	2.5
80	120	0	−20	0	−15	0	−10	0	−8	0	−5	0	−8	0	−5	0	−200	25	13	6	5	2.5	9	5	2.5	9	5	2.5

外圈技术条件

基本内径/mm		外形尺寸公差/μm 外径 ΔD_{mp} 0		6		5		4		2		ΔD_s 4		2		宽度 ΔC_s ΔC_{1s} 06542		旋转精度/μm K_{ea} 0	6	5	4	2	S_D S_{D1} 5	4	2	S_{ea} 5	4	2	S_{ea1} 5	4	2
超过	到	上偏差	下偏差	上偏差	下偏差	上偏差	下偏差	上偏差	下偏差	上偏差	下偏差	上偏差	下偏差	上偏差	下偏差	上偏差	下偏差	max	max	max	max	max	max	max	max	max	max	max	max	max	max
30	50	0	−11	0	−9	0	−7	0	−6	0	−4	0	−6	0	−4	与同一轴承内圈的 ΔB_S 相同		20	10	7	5	2.5	8	4	1.5	8	5	2.5	11	7	4
50	80	0	−13	0	−11	0	−9	0	−7	0	−4	0	−7	0	−4			25	13	8	5	4	8	4	1.5	10	5	4	14	7	6
80	120	0	−15	0	−13	0	−10	0	−8	0	−5	0	−8	0	−5			35	18	10	6	5	9	5	2.5	11	6	5	16	8	7
120	150	0	−18	0	−15	0	−11	0	−9	0	−5	0	−9	0	−5			40	20	11	7	5	10	5	2.5	13	7	5	18	10	7

表 4-5-2　向心轴承和轴的配合　轴公差带代号（GB/T275—93）

运转状态 说明	运转状态 举例	负荷状态	深沟球轴承、调心球轴承和角接触球轴承	圆柱滚子轴承和圆锥滚子轴承	调心滚子轴承	公差带
圆柱孔轴承						
			轴承公称内径/mm			
旋转的内圈负荷及摆动负荷	一般通用机械、电动机、机床主轴、泵、内燃机、直齿轮传动装置、铁路机车车辆轴箱、破碎机等	轻负荷	≤18	—	—	h5
			>18～100	≤40	≤40	j6①
			>100～200	>40～140	>40～100	k6①
			—	>140～200	>100～200	m6①
		正常负荷	≤18	—	—	j5 js5
			>18～100	≤40	≤40	k5②
			>100～140	>40～100	>40～65	m5②
			>140～200	>100～140	>65～100	m6
		重负荷		>50～140	>50～100	n6
				>140～200	>100～140	p6③
				>200	>140～200	r6
固定的内圈负荷	静止轴上的各种轮子，张紧轮绳轮、振动筛、惯性振动器	所有负荷	所有尺寸			f6 g6① h6 j6
仅有轴向负荷			所有尺寸			j6、js6
圆锥孔轴承						
所有负荷	铁路机车车辆轴箱		装在退卸套上的所有尺寸			h8（IT6）⑤④
	一般机械传动		装在紧定套上的所有尺寸			h9（IT7）⑤④

注：①凡对精度有较高要求的场合，应用 j5、k5、…代替 j6、k6、…。

②圆锥滚子轴承、角接触球轴承配合对游隙影响不大，可用 k6、m6 代替 k5、m5。

③重负荷下轴承游隙应选大于 0 组。

④凡有较高精度或转速要求的场合，应选用 h7（IT5）代替 h8（IT6）等。

⑤IT6、IT7 表示圆柱度公差数值。

表 4-5-3　向心轴承和外壳的配合　孔公差带代号（GB/T275—93）

运转状态 说明	运转状态 举例	负荷状态	其他状况	公差带① 球轴承	公差带① 滚子轴承
固定的外圈负荷	一般机械、铁路机车车辆轴箱、电动机、泵、曲轴主轴承	轻、正常、重	轴向易移动，可采用剖分式外壳	H7、G7②	
		冲击	轴向能移动，可采用整体或剖分式外壳	J7、JS7	
摆动负荷		轻、正常			
		正常、重	轴向不移动，采用整体式外壳	K7	
		冲击		M7	
旋转的外圈负荷	张紧滑轮、轮毂轴承	轻		J7	K7
		正常		K7、M7	M7、N7
		重		—	N7、P7

注：①并列公差带随尺寸的增大从左至右选择，对旋转精度有较高要求时，可相应提高一个公差等级。

②不适用于剖分式外壳。

表 4-5-4　推力轴承和轴的配合　轴公差带代号（GB/T275—93）

运转状态	负荷状态	推力球和推力滚子轴承	推力调心滚子轴承	公差带
		轴承公称内径/mm		
仅有轴向负荷		所有尺寸		j6、js6
固定的轴圈负荷	径向和轴向联合负荷	—	≤250	j6
		—	>250	js6
旋转的轴圈负荷或摆动负荷		—	≤200	k6①
		—	>200～400	m6
		—	>400	n6

注：①要求较小过盈时，可分别用 j6、k6、m6 代替 k6、m6、n6。
②推力调心滚子轴承中包括推力圆锥滚子轴承、推力角接触球轴承。

表 4-5-5　推力轴承和外壳的配合　孔公差带代号（GB/T275—93）

运转状态	负荷状态	轴承类型	公差带	备　注
仅有轴向负荷		推力球轴承	H8	
		推力圆柱、圆锥滚子轴承	H7	
		推力调心滚子轴承		外壳孔与座圈间间隙为 0.001D（D 为轴承公称外径）
固定的座圈负荷	径向和轴向联合负荷	推力角接触球轴承、推力调心滚子轴承、推力圆锥滚子轴承	H7	
旋转的座圈负荷或摆动负荷			K7	普通使用条件
			M7	有较大径向负荷时

表 4-5-6　轴和外壳的几何公差（GB/T275—93）

公称尺寸/mm		圆柱度 t				轴向圆跳动 t_1			
		轴颈		外壳孔		轴肩		外壳孔肩	
		轴承公差等级							
		0	6（6x）	0	6（6x）	0	6（6x）	0	6（6x）
超过	到	公　差　值　/μm							
	6	2.5	1.5	4	2.5	5	3	8	5
6	10	2.5	1.5	4	2.5	6	4	10	6
10	18	3.0	2.0	5	3.0	8	5	12	8
18	30	4.0	2.5	6	4.0	10	6	15	10
30	50	4.0	2.5	7	4.0	12	8	20	12
50	80	5.0	3.0	8	5.0	15	10	25	15
80	120	6.0	4.0	10	6.0	15	10	25	15
120	180	8.0	5.0	12	8.0	20	12	30	20
180	250	10.0	7.0	14	10.0	20	12	30	20
250	315	12.0	8.0	16	12.0	25	15	40	25
315	400	13.0	9.0	18	13.0	25	15	40	25
400	500	15.0	10.0	20	15.0	25	15	40	25

注：GB/T1182—2008 中"几何公差"即旧标准中的"形状和位置公差"。

表 4-5-7　配合面的表面粗糙度（GB/T275—93）　　（单位：μm）

轴或轴承座直径/mm		轴或外壳配合表面直径公差等级								
		IT7			IT6			IT5		
		表面粗糙度								
超过	到	Rz	Ra		Rz	Ra		Rz	Ra	
			磨	车		磨	车		磨	车
	80	10	1.6	3.2	6.3	0.8	1.6	4	0.4	0.8
80	500	16	1.6	3.2	10	1.6	3.2	6.3	0.8	1.6
端面		25	3.2	6.3	25	3.2	6.3	10	1.6	3.2

表 4-5-8　滚动轴承的图样标注示例

名　称	装　配　图	零　件　图	
		轴	外　壳　孔
示　例	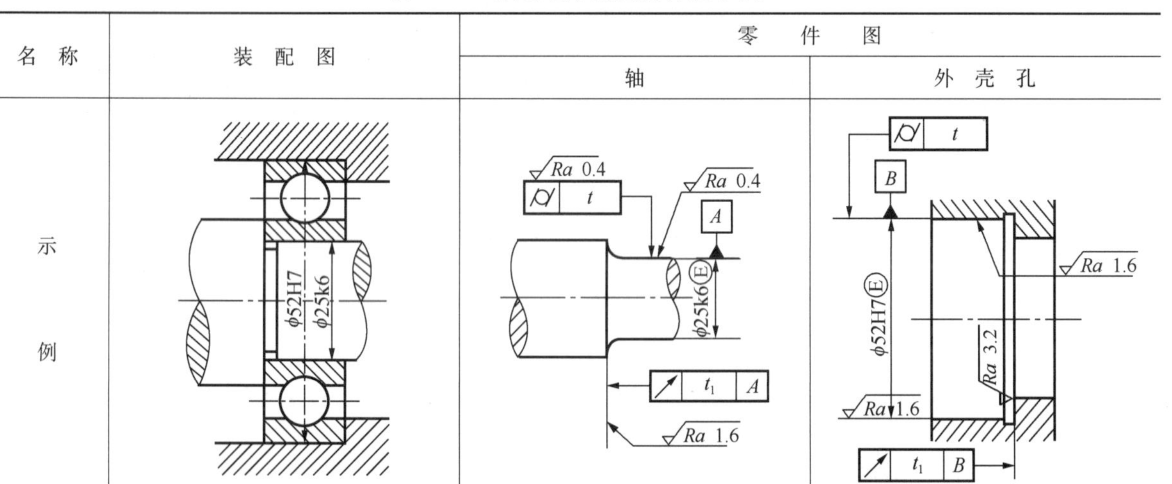		

六、圆柱齿轮精度

表 4-6-1　通用机械或重型机械用圆柱齿轮模数（GB/T1357—2008）　　（单位：mm）

Ⅰ系列	Ⅱ系列	Ⅰ系列	Ⅱ系列	Ⅰ系列	Ⅱ系列
1		4			14
	1.125		4.5	16	
1.25		5			18
	1.375		5.5	20	
1.5		6			22
	1.75		(6.5)	25	
2			7		28
	2.25	8		32	
2.5			9		36
	2.75	10		40	28
3			11		45
	3.5	12		50	

注：①在选用模数时，应优先采用第一系列，括号内的模数尽可能不用。
②本标准适用于渐开线圆柱齿轮，对于斜齿轮是指法向模数。

（一）圆柱齿轮精度

（1）圆柱齿轮偏差项目及其允许值。

表 4-6-2　偏差项目和代号（GB/T10095.1～2—2008，GB/Z18620.1～4—2008）

分类	序号	偏差 名称	偏差 代号	偏差的允许值 名称	偏差的允许值 代号	评定内容
必检参数	1	齿距累积总偏差	F_p	齿距累积总偏差	F_p	传递运动准确性
	2	齿距累积偏差	F_{pk}	齿距累积偏差	$\pm F_{pk}$	
	3	单个齿距偏差	f_{pt}	单个齿距偏差	$\pm f_{pt}$	传动平稳性
	4	齿廓总偏差	F_α	齿廓总偏差	F_α	
	5	螺旋线总偏差	F_β	螺旋线总偏差	F_β	载荷分布均匀性
	6	齿厚偏差	E_{sn}	齿厚上、下偏差	E_{sns}、E_{sni}	齿轮侧隙
	7	公法线长度偏差	E_{bn}	公法线长度上、下偏差	E_{bns}、E_{bni}	
可选用参数	8	切向综合总偏差	F_i'	切向综合总偏差	F_i'	传递运动准确性
	9	径向综合总偏差	F_i''	径向综合总偏差	F_i''	
	10	径向跳动	F_r	径向跳动公差	F_r	
	11	一齿切向综合偏差	f_i'	一齿切向综合偏差	f_i'	传动平稳性
	12	一齿径向综合偏差	f_i''	一齿径向综合偏差	f_i''	
齿轮副参数	13	圆周侧隙	j_{wt}			齿轮副侧隙
	14	法向侧隙	j_{bn}	法向最小侧隙	$j_{bn\,min}$	
	15	中心距偏差	f_a	中心距偏差	$\pm f_a$	
	16	轴线平面内的轴线平行度偏差	$f_{\Sigma\delta}$	轴线平面内的平行度偏差	$f_{\Sigma\delta}$	齿轮副接触精度
	17	垂直平面上的轴线平行度偏差	$f_{\Sigma\beta}$	垂直平面上的平行度偏差	$f_{\Sigma\beta}$	

表 4-6-3　$\pm f_{pt}$、F_p、$\pm F_{pk}$、F_α、f_i'、F_i'、F_r、F_w 的允许值（GB/T10095.1～2—2008）　（单位：μm）

分度圆直径 d/mm	模数 m/mm ＼ 精度等级	单个齿距偏差$\pm f_{pt}$ 5	6	7	8	齿距累积总偏差 F_p 5	6	7	8	齿廓总偏差 F_α 5	6	7	8	径向跳动公差 F_r 5	6	7	8	f_i'/K 值 5	6	7	8	公法线长度变动公差 F_w 5	6	7	8
5≤d≤20	0.5≤m≤2	4.7	6.5	9.5	13	11	16	23	32	4.6	6.5	9.0	13	9.0	13	18	25	14	19	27	38	10	14	20	29
	2<m≤3.5	5.0	7.5	10	15	12	17	23	33	6.5	9.5	13	19	9.5	13	19	27	16	23	32	45				
20<d≤50	0.5≤m≤2	5.0	7.0	10	14	14	20	29	41	5.0	7.5	10	15	11	16	23	32	14	20	29	41	12	16	23	32
	2<m≤3.5	5.5	7.5	11	15	15	21	30	42	7.0	10	14	20	12	17	24	34	17	24	34	48				
	3.5<m≤6	6.0	8.5	12	17	15	22	31	44	9.0	12	18	25	12	17	25	35	19	27	38	54				
50<d≤125	0.5≤m≤2	5.5	7.5	11	15	18	26	37	52	6.0	8.5	12	17	15	21	29	42	16	22	31	44	14	19	28	37
	2<m≤3.5	6.0	8.5	12	17	19	27	38	53	8.0	11	16	22	15	21	30	43	18	25	36	51				
	3.5<m≤6	6.5	9.0	13	18	19	28	39	55	9.5	13	19	27	16	22	31	44	20	29	40	57				
125<d≤280	0.5≤m≤2	6.0	8.5	12	17	24	35	49	69	7.0	10	14	20	20	28	39	55	17	24	34	49	16	22	31	44
	2<m≤3.5	6.5	9.0	13	18	25	35	50	70	9.0	13	18	25	20	28	40	56	20	28	39	56				
	3.5<m≤6	7.0	10	14	20	25	36	51	72	11	15	21	30	20	29	41	58	22	31	44	62				
280<d≤560	0.5≤m≤2	6.5	9.5	13	19	32	46	64	91	8.5	12	17	23	26	36	51	73	19	27	39	54	19	25	37	53
	2<m≤3.5	7.0	10	14	20	33	46	65	92	10	15	21	29	26	37	52	74	22	31	44	62				
	3.5<m≤6	8.0	11	16	22	33	47	66	94	12	17	24	34	27	38	53	75	24	34	48	68				

注：①本表中 F_w 为根据我国的生产实践提出的，供参考。

②将 f_i'/K 乘以 K 即得到 f_i'；当 $\varepsilon_\gamma<4$ 时，$K=0.2\left(\frac{\varepsilon_\gamma+4}{\varepsilon_\gamma}\right)$；当 $\varepsilon_\gamma\geqslant4$ 时，$K=0.4$。

③$F_i'=F_p+f_i'$。

④$\pm F_{pk}=f_{pt}+1.6\sqrt{(k-1)m_n}$（5 级精度），通常取 $k=z/8$；按相邻两级的公比$\sqrt{2}$，可求得其他级 $\pm F_{pk}$ 值。

表 4-6-4　F_β 的允许值（GB/T10095.1—2008）　（单位：μm）

分度圆直径 d/mm	齿宽 b/mm ＼ 精度等级	螺旋线总偏差 F_β 5	6	7	8
5≤d≤20	4≤b≤10	6.0	8.5	12	17
	10<b≤20	7.0	9.5	14	19
20<d≤50	4≤b≤10	6.5	9.0	13	18
	10<b≤20	7.0	10	14	20
	20<b≤40	8.0	11	16	23
50<d≤125	4≤b≤10	6.5	9.5	13	19
	10<b≤20	7.5	11	15	21
	20<b≤40	8.5	12	17	24
	40<b≤80	10	14	20	28
125<d≤280	4≤b≤10	7.0	10	14	20
	10<b≤20	8.0	11	16	22
	20<b≤40	9.0	13	18	25
	40<b≤80	10	15	21	29
	80<b≤160	12	17	25	35
280<d≤560	10<b≤20	8.5	12	17	24
	20<b≤0	9.5	13	19	27
	40<b≤0	11	15	22	31
	80<b≤60	13	18	26	36
	160<b≤250	15	21	30	43

表 4-6-5　F_i''、f_i''的允许值（GB/T10095.2—2008）　（单位：μm）

分度圆直径 d/mm	模数 m_n/mm ＼ 精度等级	径向综合总偏差 F_i'' 5	6	7	8	一齿径向综合偏差 f_i'' 5	6	7	8
5≤d≤20	0.2≤m_n≤0.5	11	15	21	30	2.0	2.5	3.5	5.0
	0.5<m_n≤0.8	12	16	23	33	2.5	4.0	5.5	7.5
	0.8<m_n≤1.0	12	18	25	35	3.5	5.0	7.0	10
	1.0<m_n≤1.5	14	19	27	38	4.5	6.5	9.0	13

续表

分度圆直径 d/mm	公差项目 / 精度等级 / 模数 m_n/mm	径向综合总偏差 F''_i 5	6	7	8	一齿径向综合偏差 f''_i 5	6	7	8
$20<d\leqslant50$	$0.2\leqslant m_n\leqslant0.5$	13	19	26	37	2.0	2.5	3.5	5.0
	$0.5<m_n\leqslant0.8$	14	20	28	40	2.5	4.0	5.5	7.5
	$0.8<m_n\leqslant1.0$	15	21	30	42	3.5	5.0	7.0	10
	$1.0<m_n\leqslant1.5$	16	23	32	45	4.5	6.5	9.0	13
	$1.5<m_n\leqslant2.5$	18	26	37	52	6.5	9.5	13	19
$50<d\leqslant125$	$1.0\leqslant m_n\leqslant1.5$	19	27	39	55	4.5	6.5	9.0	13
	$1.5<m_n\leqslant2.5$	22	31	43	61	6.5	9.5	13	19
	$2.5<m_n\leqslant4.0$	25	36	51	72	10	14	20	29
	$4.0<m_n\leqslant6.0$	31	44	62	88	15	22	31	44
	$6.0<m_n\leqslant10$	40	57	80	114	24	34	48	67
$125<d\leqslant280$	$1.0\leqslant m_n\leqslant1.5$	24	34	48	68	4.5	6.5	9.0	13
	$1.5<m_n\leqslant2.5$	26	37	53	75	6.5	9.5	13	19
	$2.5<m_n\leqslant4.0$	30	43	61	86	10	15	21	29
	$4.0<m_n\leqslant6.0$	36	51	72	102	15	22	31	44
	$6.0<m_n\leqslant10$	45	64	90	127	24	34	48	67
$280<d\leqslant560$	$1.0\leqslant m_n\leqslant1.5$	30	43	61	86	4.5	6.5	9.0	13
	$1.5<m_n\leqslant2.5$	33	46	65	92	6.5	9.5	13	19
	$2.5<m_n\leqslant4.0$	37	52	73	104	10	15	21	29
	$4.0<m_n\leqslant6.0$	42	60	84	119	15	22	31	44
	$6.0<m_n\leqslant10$	51	73	103	145	24	34	48	68

（2）渐开线圆柱齿轮副公差。

表 4-6-6　对于中、大模数齿轮 $j_{bn\,min}$ 的推荐数据（GB/Z18620.2—2008）　（单位：mm）

模数 m_n	最小中心距 a 50	100	200	400	800	1600
1.5	0.09	0.11	—	—	—	—
2	0.10	0.12	0.15	—	—	—
3	0.12	0.14	0.17	0.24	—	—
5	—	0.18	0.21	0.28	—	—
8	—	0.24	0.27	0.34	0.47	—
12	—	—	0.35	0.42	0.55	—
18	—	—	—	0.54	0.67	0.94

表 4-6-7　齿轮装配后接触斑点（%）（GB/Z18620.4—2008）

参数 / 精度等级 / 齿轮	$(b_{c1}/b)\times100\%$ 直齿轮	斜齿轮	$(h_{c1}/h)\times100\%$ 直齿轮	斜齿轮	$(b_{c2}/b)\times100\%$ 直齿轮	斜齿轮	$(h_{c2}/h)\times100\%$ 直齿轮	斜齿轮
4 级及更高	50	50	70	50	40	40	50	30
5 和 6	45	45	50	40	35	35	30	20
7 和 8	35	35	50	40	35	35	30	20
9 至 12	25	25	50	40	25	25	30	20

表 4-6-8　轴线平行度偏差的推荐最大值（GB/Z18620.3—2008）

轴线平面内的轴线平行度偏差	$f_{\Sigma\delta}=(L/b)F_\beta$
垂直平面上的轴线平行度偏差	$f_{\Sigma\beta}=0.5f_{\Sigma\delta}$

注：L 为较大的轴承跨距，b 为齿轮宽度。

表 4-6-9　中心距极限偏差 $\pm f_a$（GB/T10095—1988）　（单位：μm）

中心距 a/mm \ 齿轮精度等级	5、6	7、8
≥6～10	7.5	11
>10～18	9	13.5
>18～30	10.5	16.5
>30～50	12.5	19.5
>50～80	15	23
>80～120	17.5	27
>120～180	20	31.5
>180～250	23	36
>250～315	26	40.5

（3）渐开线圆柱齿轮精度等级的选用。

表 4-6-10　精度等级的应用（供参考）

齿轮用途	精度等级	齿轮用途	精度等级	齿轮用途	精度等级
测量齿轮	3～5	轻型汽车	5～8	拖拉机、轧钢机	6～10
汽轮机减速器	3～6	载重汽车	6～9	起重机	7～10
金属切削机床	3～8	一般减速器	6～9	矿山绞车	8～10
航空发动机	3～7	机车	6～7	农业机械	8～11

表 4-6-11　齿轮平稳性精度等级的选用（供参考）

精度等级	圆周速度/(m·s⁻¹) 直齿	斜齿	面的终加工	工作条件
3 级（极精密）	到 40	到 75	特精密的磨削和研齿；用精密滚刀或单边剃齿后的大多数不经淬火的齿轮	要求特别精密的或在最平稳且无噪声的特别高速下工作的齿轮传动；特别精密机构中的齿轮；特别高速传动（透平齿轮）；检测 5～6 级齿轮用的测量齿轮
4 级（特别精密）	到 35	到 70	精密磨齿；用精密滚刀和挤齿或单边剃齿后的大多数齿轮	特别精密分度机构中或在最平稳、无噪声的极高速下工作的齿轮传动；特别精密分度机构中的齿轮；高速透平传动；检测 7 级齿轮用的测量齿轮
5 级（高精密）	到 20	到 40	精密磨齿；大多数用精密滚刀加工，进而挤齿或剃齿的齿轮	精密分度机构中或要求极平稳且无噪声的高速工作的齿轮传动；精密机构用齿轮；透平齿轮；检测 8 级和 9 级齿轮用测量齿轮
6 级（高精密）	到 16	到 30	精密磨齿或剃齿	要求最高效率且无噪声的高速下平稳工作的齿轮传动或分度机构的齿轮传动；特别重要的航空、汽车齿轮；读数装置用特别精密传动的齿轮
7 级（精密）	到 10	到 15	无需热处理仅用精确刀具加工的齿轮；至于淬火齿轮必须精整加工（磨齿、挤齿、珩齿等）	增速和减速用齿轮传动；金属切削机床送刀机构用齿轮；高速减速器用齿轮；航空、汽车用齿轮；读数装置用齿轮
8 级（中等精密）	到 6	到 10	不磨齿，必要时光整加工或对研	无需特别精密的一般机械制造用齿轮，包括在分度链中的机床传动齿轮，飞机、汽车制造业中的不重要齿轮，起重机构用齿轮，农业机械中的重要齿轮，通用减速器齿轮
9 级（较低精度）	到 2	到 4	无需特殊光整工作	用于粗糙工作的齿轮

(4) 渐开线圆柱齿轮的齿坯公差。

表 4-6-12　齿坯尺寸公差（GB/T10095—88）

齿轮精度等级		5	6	7	8	9	10	11	12
孔	尺寸公差	IT5	IT6	IT7		IT8		IT9	
轴	尺寸公差	IT5		IT6		IT7		IT8	
顶圆直径公差		IT7	IT8			IT9		IT11	

注：①齿轮的三项精度等级不同时，齿轮的孔、轴尺寸公差按最高精度等级确定，并采用包容要求。

②齿顶圆柱面不作基准时，齿顶圆直径公差按 IT11 给定，但不得大于 $0.1m_n$。

③齿顶圆的尺寸公差带通常采用 h11 或 h8。

表 4-6-13　齿坯基准面的形状公差和跳动公差

形状公差		圆跳动公差	
圆度或圆柱度	平面度	径　向	轴　向
$0.04(L/b)F_\beta$ 或 $0.1F_p$ 取两者中之小值	$0.06(D_d/b)\times F_\beta$	$0.15(L/b)F_\beta$ 或 $0.3F_p$ 取两者中之大值	$0.2(D_d/b)F_\beta$

注：①D_d 为基准面直径。

②齿坯的公差应减至能经济地制造的最小值。

表 4-6-14　齿面表面粗糙度推荐极限值（GB/Z18620.4—2008）　（单位：μm）

齿轮精度等级	Ra		Rz	
	$m_n\leqslant 6$	$6<m_n\leqslant 25$	$m_n\leqslant 6$	$6<m_n\leqslant 25$
3	—	0.16	—	1.0
4	—	0.32	—	2.0
5	0.5	0.63	3.2	4.0
6	0.8	1.00	5.0	6.3
7	1.25	1.60	8.0	10
8	2.0	2.5	12.5	16
9	3.2	4.0	20	25
10	5.0	6.3	32	40

表 4-6-15　齿轮各基准面粗糙度推荐的 Ra 上限值　（单位：μm）

齿轮的精度等级 / 各面的粗糙度 Ra	5	6	7		8	9	
齿面加工方法	磨齿	磨或珩齿	剃或珩齿	精插精铣	插齿或滚齿	滚齿	铣齿
齿轮基准孔	0.32～0.63	1.25	1.25～2.5			5	
齿轮轴基准轴颈	0.32	0.63	1.25		2.5		
齿轮基准端面	2.5～1.25	2.5～5			3.2～5		
齿轮顶圆	1.25～2.5	3.2～5					

(5) 图样标注。

1) 齿轮精度等级的标注。当齿轮所有偏差项目的公差同为某一精度等级时，图样上可标注精度等级和标准号。例如同为 7 级时，可标注为：

7GB/T10095.1～2　或　7GB/T10095.1　或　7GB/T10095.2

当齿轮偏差项目的公差的精度等级不同时，图样上可按齿轮传递运动准确性、平稳性和载荷分布均匀性的顺序，分别标注它们的精度等级及带括号的对应公差符号和标准号。例如齿距累积总公差 F_p 和单个齿距极限偏差 f_{pt}、齿廓总公差 F_α 皆为 7 级，而螺旋线总公差 F_β 为 6 级时，可标注为：

$7(F_p、f_{pt}、F_\alpha)、6(F_\beta)$　GB/T10095.1

2) 齿厚偏差的标注。

齿厚偏差（或公法线长度偏差）应在图样右上角的参数表中注出其公称长度和极限偏差数值。当齿轮的公称齿厚为 S_n、齿厚上偏差为 E_{sns}、齿厚下偏差为 E_{sni}时，可标注为：$S_{nE_{sni}}^{E_{sns}}$。

当齿轮的公称公法线长度为 W_k、公法线长度上偏差为 E_{bns}、公法线长度下偏差为 E_{bni}时，可标注为：$W_{kE_{bni}}^{E_{bns}}$，并同时注出跨齿数 k。

（二）小模数渐开线圆柱齿轮精度制（$m_n<1$mm）（GB2363—90）

(1) 小模数渐开线圆柱齿轮、齿轮副误差和公差项目及代号。

表 4-6-16　齿轮、齿轮副误差和公差的项目及代号

分类		序号	误差项目	代号	公差项目		代号
齿轮	Ⅰ组	1	切向综合误差	$\Delta F_i'$	切向综合公差		F_i'
		2	径向综合误差	$\Delta F_i''$	径向综合公差		F_i''
		3	齿距累积误差	ΔF_p	齿距累积公差		F_p
		4	齿圈径向跳动	ΔF_r	齿圈径向跳动公差		F_r
		5	公法线长度变动	ΔF_W	公法线长度变动公差		F_W
	Ⅱ组	1	一齿切向综合误差	$\Delta f_i'$	一齿切向综合公差		f_i'
		2	一齿径向综合误差	$\Delta f_i''$	一齿径向综合公差		f_i''
		3	齿距偏差	Δf_{pt}	齿距极限偏差	上偏差	$+f_{pt}$
						下偏差	$-f_{pt}$
		4	基节偏差	Δf_{pb}	基节极限偏差	上偏差	$+f_{pb}$
						下偏差	$-f_{pb}$
		5	齿形误差	Δf_f	齿形公差		f_f
	Ⅲ组	1	齿向误差	ΔF_β	齿向公差		F_β

分类		序号	误差项目	代号	公差项目		代号
齿轮	齿侧间隙	2	法向侧隙	j_n	法向侧隙的极限值	最大	$j_{n\max}$
						最小	$j_{n\min}$
		3	双啮中心距偏差	$\Delta''E_a$	双啮中心距极限偏差	上偏差	E_{as}''
						下偏差	E_{ai}''
		4	量柱测量距偏差	ΔE_M	量柱测量距极限偏差	上偏差	E_{Ms}
						下偏差	E_{Mi}
		5	公法线平均长度偏差	ΔE_{Wm}	公法线平均长度极限偏差	上偏差	E_{Wms}
						下偏差	E_{Wmi}
齿轮副		1	传动切向综合误差	$\Delta F_{it}'$	传动切向综合公差		F_{it}'
		2	传动一齿切向综合误差	$\Delta f_{it}'$	传动一齿切向综合公差		f_{it}'
		3	中心距偏差	Δf_a	中心距极限偏差	上偏差	$+f_a$
						下偏下	$-f_a$
		4	轴心线平行度误差 x 方向轴心线平行度误差 y 方向轴心线平行度误差	Δf_x Δf_y	x 方向轴心线平行度公差 y 方向轴心线平行度公差		f_x f_y

(2) 小模数渐开线圆柱齿轮检验与标注。

表 4-6-17　小模数渐开线圆柱齿轮检验组

指标 \ 检验项目 \ 检验组		A	B	C	D	E
精度	Ⅰ	$\Delta F_i''$、ΔF_W	$\Delta F_i'$	ΔF_p	ΔF_r、ΔF_{pk}	ΔF_r、ΔF_W
	Ⅱ	$\Delta f_i''$	$\Delta f_i'$	Δf_f、Δf_{pt}	Δf_f、Δf_{pb}	
	Ⅲ	ΔF_β				
侧隙		$\Delta E_a''$或 ΔE_M 或 ΔE_{Wm}				

注：①对 $m_n\leqslant 1$，齿宽 $B\leqslant 2$mm 的直齿轮允许不检验 ΔF_β。

②当确认刀具能保证 f_{pb}时，允许不检验 Δf_{pb}。

③公差表中未给出数值的项目，其含义是对这些项目不需检验。

④齿轮的验收可选表中任一检验组。

表 4-6-18　小模数渐开线圆柱齿轮标注示例

序号	示例	说明
1	7-6-7　g　GB2363—90	齿轮的Ⅰ组的精度等级为 7 级，Ⅱ组的精度等级为 6 级，Ⅲ组的精度等级为 7 级，侧隙类型为 g 类
2	8　d　GB2363—90	齿轮的Ⅰ、Ⅱ、Ⅲ组的精度等级均为 8 级，侧隙类型为 d 类

七、普通平键和键槽公差

表 4-7-1　普通平键和键槽的尺寸与极限偏差（GB/T1095—2003 和 GB/T1096—2003）　（单位：mm）

键尺寸 $b\times h$	键 宽度 极限偏差 b：h8	键 高度 极限偏差 h：h11 (h8)①	键槽 宽度 b 基本尺寸	极限偏差 正常联结 轴 N9	极限偏差 正常联结 毂 JS9	极限偏差 紧密联结 轴和毂 P9	极限偏差 松联结 轴 H9	极限偏差 松联结 毂 D10	深度 轴 t_1 基本尺寸	深度 轴 t_1 极限偏差	深度 毂 t_2 基本尺寸	深度 毂 t_2 极限偏差	备注 公称直径②
2×2	0 −0.014	(0 −0.014)	2	−0.004 −0.029	±0.0125	−0.006 −0.031	+0.025 0	+0.060 +0.020	1.2	+0.1 0	1.0	+0.1 0	6～8
3×3			3						1.8		1.4		>8～10
4×4	0 −0.018	(0 −0.018)	4	0 −0.030	±0.015	−0.012 −0.042	+0.030 0	+0.078 +0.030	2.5		1.8		>10～12
5×5			5						3.0		2.3		>12～17
6×6			6						3.5		2.8		>17～22
8×7	0 −0.022	0 −0.090	8	0 −0.036	±0.018	−0.015 −0.051	+0.036 0	+0.098 +0.040	4.0	+0.2 0	3.3	+0.2 0	>22～30
10×8			10						5.0		3.3		>30～38
12×8	0 −0.027		12	0 −0.043	±0.0215	−0.018 −0.061	+0.043 0	+0.120 +0.050	5.0		3.3		>38～44
14×9			14						5.5		3.8		>44～50
16×10			16						6.0		4.3		>50～58
18×11		0 −0.110	18						7.0		4.4		>58～65
20×12	0 −0.033		20	0 −0.052	±0.026	−0.022 −0.074	+0.052 0	+0.149 +0.065	7.5		4.9		>65～75
22×14			22						9.0		5.4		>75～85
25×14			25						9.0		5.4		>85～95
28×16			28						10.0		6.4		>95～110

注：①普通平键的截面形状为矩形时，高度 h 公差带为 h11；截面形状为方形时，其高度 h 公差带为 h8。
②公称直径在标准中未给，此处给出供使用者参考。

表 4-7-2　普通平键联结的三组配合及其应用

配合种类	宽度 b 的公差带 键	宽度 b 的公差带 轴键槽	宽度 b 的公差带 轮毂键槽	应　用
松联结	h8	H9	D10	用于导向平键，轮毂在轴上移动
正常联结		N9	JS9	键在轴键槽中和轮毂键槽中均固定，用于载荷不大的场合
紧密联结		P9	P9	键在轴键槽中和轮毂键槽中均牢固地固定，用于载荷较大、有冲击和双向转矩的场合

表 4-7-3　平键结合的图样标注示例

平键和键槽的尺寸	轴键槽尺寸和公差	轮毂键槽尺寸和公差
A　A—A　b　h　L　d　t_1　t_2　$d-t_1$　$d+t_2$	8N9($^{0}_{-0.036}$)　Ra 3.2　0.015 A　Ra 6.3　$21^{0}_{-0.2}$　$\phi25^{0}_{-0.021}$　A	8JS9(±0.018)　Ra 3.2　0.015 A　$28.3^{+0.2}_{0}$　Ra 6.3　$\phi25^{+0.033}_{0}$　A

注：①本例键槽宽 b 选用的是正常联结。
②键槽中心平面对其轴线的对称度公差按 GB/T1184—1996 确定，一般取 7～9 级，本例取 8 级。
③键槽配合表面粗糙 Ra 上限值一般取 1.6～3.2μm，非配合表面取 6.3μm。

第五篇　常 用 材 料

一、铸铁的种类、牌号及应用

表 5-1-1　铸铁的种类、牌号及应用

种　类	牌　号	应　　用
灰铸铁 (GB9439—88)	HT100	机床中受轻负荷、磨损无关重要的铸件，如托盘、盖、罩、手轮、把手、重锤等形状简单且性能要求不高的零件
	HT150	承受中等弯曲应力，摩擦面间压强高于 500kPa 的铸件，如多数机床的底座；有相对运动和磨损的零件，如溜板、工作台等；汽车中的变速箱、排气管、进气管等
	HT200	承受较大弯曲应力，要求保持气密性的铸件，如机床立柱、刀架、齿轮箱体、多数机床床身滑板、箱体、液压缸、泵体、阀体、刹车毂、飞轮、气缸盖、带轮、轴承盖、叶轮等
	HT250	炼钢用轨道板、气缸套、齿轮、机床立柱、齿轮箱体、机床床身、磨床转体、液压缸、泵体、阀体
	HT300	承受高弯曲应力、拉应力、要求保持高度气密性的铸件，如重型机床床身、多轴机床主轴箱、卡盘齿轮、高压液压缸、泵体、阀体
	HT350	轧钢滑板、辊子、炼焦柱塞、圈筒混合机齿圈、支承轮座、挡轮座
球墨铸铁 (GB1348—88)	QT400—18 QT400—15	韧性高，低温性能较好，具有一定的耐蚀性。用于制作汽车拖拉机中的驱动桥壳体、离合器壳体、差速器壳体、减速器壳体，1.62～6.48MPa（16～64 个大气压）阀门的阀体、阀盖等
	QT450—10 QT500—7	具有中等的强度和韧性。用于制作内燃机中液压泵齿轮、汽轮机的中温气缸隔板、水轮机阀门体、机车车辆轴瓦等
	QT600—3 QT700—2 QT800—2	具有较高的强度、耐磨性及一定的韧性。用于制作部分机床的主轴，内燃机、空压机、冷冻机、制氧机和泵的曲轴、缸体、缸套等
	QT900—2	具有高强度、耐磨性、较高的弯曲疲劳强度。用于制作内燃机中的凸轮轴，拖拉机的减速齿轮，汽车中的螺旋锥齿轮等
可锻铸铁 (GB9440—88)	KTH300—06 KTH350—10	黑心可锻铸铁比灰铸铁强度高，塑性和韧性更好，可承受冲击和扭转负荷，具有良好的耐蚀性，切削性能良好。制作薄壁铸件，多用于机床零件、运输机械零件、升降机械零件、管道配件、低压阀门等
	KTZ450—06 KTZ550—04 KTZ650—02 KTZ700—02	珠光体可锻铸铁的塑性、韧性比黑心可锻铸铁稍差，但其强度高，耐磨性好，低温性能优于球墨铸铁，加工性良好。可替代有色合金、低合金钢，及低、中碳钢制作较高强度和耐磨性的零件
	KTB400—05 KTB450—07	白心可锻铸铁由于工艺复杂，生产周期长，性能较差，国内在机械工业中较少应用，一般仅限于薄壁件的制造

二、碳素结构钢的种类、牌号及应用

表 5-2-1　一般工程用铸造碳钢件牌号、力学性能及特性和用途

牌号	铸件厚度/mm	室温下试样力学性能（最小值） σ_s 或 $\sigma_{0.2}$ /MPa	σ_b /MPa	δ/%	根据合同选择 φ/%	冲击韧性 A_{kV}/J	冲击韧性 α_{kU}/(J/cm²)	特性和用途
ZG200—400	<100	200	400	25	40	30	60	有良好的塑性、韧性和焊接性，用于各种形状的机件，如机座、变速箱壳等
ZG230—450		230	450	22	32	25	45	有较好的塑性、韧性，焊接性良好，可切削性尚好，用于铸造平坦的零件，如机座、机盖、箱体、铁砧台、锤轮及工作温度在450℃以下的管路附件等
ZG270—500		270	500	18	25	22	35	有较高的强度和较好的塑性，铸造性良好，焊接性尚可，可切削性好，用于各种形状的机件，如飞轮、机架、蒸汽锤、桩锤、联轴器、水压机工作缸、横梁等
ZG310—570		310	570	15	21	15	30	强度和切削性良好，塑性、韧性较低，用于负荷较大的零件，各种形状的机件，如联轴器、轮、汽缸、齿轮、齿轮圈及重负荷机架等
ZG340—640		340	640	10	18	10	20	有较高的强度、硬度和耐磨性，切削性一般，焊接性差，流动性好，裂纹敏感性较大，用于起重运输机中齿轮、联轴器及重要的机件等

表 5-2-2　碳素结构钢的牌号、力学性能及应用举例（GB/T700—1988）

牌号	等级	拉伸试验 σ_s/MPa 钢材厚度（直径）/mm ≤16	>16~40	>40~60	>60~100	>100~150	>150	σ_b/MPa	δ_s/% 钢材厚度（直径）/mm ≤16	>16~40	>40~60	>60~100	>100~150	>150	冲击试验 温度/℃	A_{kv}（纵向）/J	应用举例
		不小于							不小于								
Q195	—	195	185	—	—	—	—	315~390	33	32	—	—	—	—	—	—	受较轻载荷的零件、冲压件和焊接件
Q215	A	215	205	195	185	175	165	335~410	31	30	29	28	27	26	—	—	垫圈、焊接件和渗碳零件
	B														20	27	
Q235	A	235	225	215	205	195	185	375~460	26	25	24	23	22	21	—	—	金属结构件，焊接件、螺栓、螺母，C、D级用于重要的焊接件，可作渗碳零件，但心部强度低
	B														20	27	
	C														0		
	D														−20		
Q255	A	255	245	235	225	215	205	410~510	24	23	22	21	20	19	—	—	轴、吊钩等零件，焊接性能尚可
	B														20	27	
Q275	—	275	265	255	245	235	225	490~610	20	19	18	17	16	15	—	—	

表 5-2-3　优质碳素钢的牌号，力学性能及其特性与用途（GB/T699—1999）

钢号	热处理	截面尺寸/mm	力学性能 σ_b /MPa	σ_s ($\sigma_{0.2}$) /MPa	δ_5/%	φ/%	A_{kU}/J	交货状态HBS 未热处理	退火钢	特性和用途
			≥					≤		
30	正火	试样毛坯25	490	295	21	50	63	179		截面尺寸小时，淬火并回火后呈索氏体组织，从而获得良好的强度和韧性的综合性能。用于制造螺钉、拉杆、轴、机座等
35			530	315	20	45	55	197		
40	正火	试样毛坯25	570	335	19	45	47	217	187	有较高的强度，加工性好，冷变形时塑性中等，焊接性差，焊前须预热，焊后应热处理，多在正火和调质状态下使用
45	正火	试样毛坯25	600	355	16	40	39	229	197	强度较高，韧性和塑性尚好，焊接性能差，水淬时有形成裂纹倾向，应用广泛。截面小时调质处理，截面较大时正火处理，也可表面淬火。用作齿轮、蜗杆、键、轴、销、曲轴等
50	正火	试样毛坯25	630	375	14	40	31	241	207	强度高、韧性和塑性较差，焊接性能差，水淬时有形成裂纹倾向，切削性能中等。一般经正火或调质处理。用于制作要求高强度零件
55			645	380	13	35	—	255	217	

表 5-2-4　较高含锰量优质碳素结构钢的力学性能（GB/T699—1999）

钢号	热处理	截面尺寸/mm	力学性能 σ_b /MPa	σ_s ($\sigma_{0.2}$) /MPa	δ_5/%	φ/%	A_{kU}/J	交货状态HBS 未热处理	退火钢	特性和用途
			≥					≤		
15Mn	正火	试样毛坯25	410	245	26	55	—	163		属于高锰低碳渗碳钢，焊接性尚可，淬透性、强度和塑性比15钢高。用于制造芯部力学性能要求高的渗碳零件，如凸轮轴、齿轮等
20Mn			450	275	24	50	—	197		
25Mn			490	295	22	50	71	207		
30Mn			540	315	20	45	63	217	187	淬透性比相应的碳钢高，冷变形时塑性尚好，切削性能好，一般在正火状态下使用。用于制造螺栓、螺母、轴等
35Mn			560	335	19	45	55	229	197	
40Mn			590	355	17	45	47	229	207	切削性能好，冷变形时的塑性中等，焊接性不好。用于制造在高应力或变应力下工作的零件，如轴、螺钉等
45Mn			620	375	15	40	39	241	217	焊接性较差。用作耐磨零件如转轴、心轴、齿轮、螺栓、螺母、花键轴、凸轮轴、曲轴等
50Mn			645	390	13	40	31	255	217	用于制造耐磨性要求很高、承受高负荷的热处理零件，如齿轮、齿轮轴、摩擦盘等

三、合金钢的种类、牌号及应用

表 5-3-1　合金结构钢的牌号、热处理工艺参数、力学性能及其特性与用途（GB/T3077—1999）

钢号	热处理 淬火 温度/℃ 第一次淬火	第二次淬火	淬火 冷却剂	回火 温度/℃	回火 冷却剂	试样毛坯尺寸/mm	力学性能 σ_b/MPa ≥	σ_s/MPa ≥	δ_5/% ≥	φ/% ≥	A_{kU}/J ≥	供应状态硬度HBS	特性和用途
20Mn2	850 880		水、油 水、油	200 440	水、空 水、空	15	785 785	590 590	10	40	47	≤187	截面较小时，相当于20Cr钢。渗碳后56～62HRC
30Mn2	840		水	500	水	25	785	635	12	45	63	≤207	用作冷镦的螺栓及截面较大的调质零件
35Mn2	840		水	500	水	25	835	685	12	45	55	≤207	截面小时（≤15mm）与40Cr相当。表面淬火硬度40～50HRC
40Mn2	840		水	540	水	25	885	735	12	45	55	≤217	直径在50mm以下时可代替40Cr作重要螺栓及零件
45Mn2	840		油	550	水、油	25	885	735	10	45	47	≤217	强度、耐磨性和淬透性较高，调质后有良好的综合力学性能
50Mn2	820		油	550	水、油	25	930	785	9	40	39	≤229	用于汽车花键轴，重型机械的齿轮，直径<80mm可代替45Cr
20MnV	880		水、油	200	水、空	15	785	590	10	40	55	≤187	相当于20CrNi渗碳钢
27SiMn	920		水	450	水、油	25	980	835	12	40	39	≤217	低淬透性调质钢。用于要求高韧性和耐磨性的热冲压件，也可正火或热轧状态下使用

表 5-3-2　弹簧钢的牌号、热处理工艺参数、力学性能及其特性与用途（GB/T1222—1984）

钢号	热处理 淬火温度/℃	冷却剂	回火温度/℃	力学性能≥ σ_s/MPa	σ_b/MPa	δ/% δ_5	δ_{10}	φ/%	特性和用途
65Mn	830	油	540	800	1000		8	30	强度高，有回火脆性，制作较大尺寸的弹簧、座垫弹簧、弹簧发条、气门簧
55Si2Mn	870	油	480	1200	1300		6	30	可得到良好的综合力学性能，用于制作汽车、拖拉机、机车车辆的板簧、螺旋弹簧，工作温度低于250℃的耐热弹簧，高应力的重要弹簧
55Si2MnB	870	油	480	1200	1300		6	30	
55SiMnVB	860	油	460	1250	1400		5	30	
60Si2Mn	870	油	480	1200	1300		5	25	
60Si2MnA	870	油	440	1400	1600		5	20	
60Si2CrA	870	油	420	1600	1800	6		20	综合力学性能好，强度高，冲击韧度高，制作高负荷、耐冲击的重要弹簧，工作温度低于250℃的耐热弹簧
60Si2CrVA	850	油	410	1700	1900	6		20	

表 5-3-3　滚动轴承钢的牌号、热处理工艺参数、力学性能及其特性与用途

类别	牌号	热处理 淬火温度/℃	冷却剂	回火温度/℃	力学性能 α_{kU}/(J·cm^{-2})	硬度/HRC	特性和用途
铬轴承钢	GCr6	830	油	160		61～65	淬透性比GCr15差，用于滚动轴承、导轨等，但应用较少
	GCr9	830	油	160	6.18	61～65	
	GCr15	830～845	油	150～160	5.4～8.4	61～65	有高强度和耐磨性，淬透性好，热处理方便，合金元素量少，价廉，接触疲劳强度高，广泛用于滚动轴承、导轨、丝杠、量具
	GCr15SiMn	830	油	180		62	力学性能与GCr15相近，但淬透性好，用于制造大型轴承零件

四、工具钢的牌号及应用

表 5-4-1　碳素工具钢的牌号、热处理工艺参数及其特性与应用（GB/T1298—1986）

牌号	退火后钢的硬度HBS ≤	热处理 淬火温度/℃ 冷却剂	淬火后硬度HRC ≤	特性和用途
T8 T8A	187	780～800 水	62	经淬火回火处理后，可得较高的硬度和耐磨性，但强度和塑性不高，淬透性低，高温硬度低。用于制造切刃在工作中不变热的工具，如木工铣刀、锪钻、斧、錾子、手锯、圆锯片、简单形状的模子、软金属切削刀具、钳工装配工具、铆钉冲模、台虎钳钳口、弹性垫圈等
T8Mn				性能与T8、T8A相近。但淬透性较好，可以制造截面较大的工具
T9 T9A	192	760～780 水		性能与T8相近，用于制作硬度、韧性较高，但不受强烈冲击震动的工具，如锉刀、丝锥、板牙、木工工具、切草机刀片、收割机中切割零件
T10 T10A	197			韧性较好、强度较高、耐磨性比T8、T9高，但高温硬度低、淬透性不高，淬火变形较大。用作刃口锋利稍受冲击的各种工具，如车刀、刨刀、铣刀、切纸刀、冲模、冷镦模、拉丝模、卡板量具、钻头、丝锥、板牙以及冲击不大的耐磨零件

表 5-4-2　合金工具钢的牌号、热处理工艺参数及其特性与应用（GB/T1299—2000）

类别	牌号	交货状态HBS	试样淬火 淬火温度/℃	冷却剂	HRC ≥	特性和用途
量具刃具用钢	9SiCr	241～197	820～860	油	62	ϕ45～50mm的工件在油中可淬透，耐磨性好，热处理变形小，但脱碳倾向较大。适用于切削不剧烈且变形小的刃具，如板牙、丝锥、钻头、铰刀、拉刀、齿轮铣刀等，还可用作冷冲模
	8MnSi	≤229	800～820	油	60	韧性、淬透性与耐磨性均优于碳素工具钢。多用作木工凿子、锯条及其他木工工具，小尺寸热锻模与冲头，拔丝模、冷冲模及切削工具
	Cr06	241～187	780～810	水	64	淬火后的硬度和耐磨性都很高，淬透性不好，较脆。多经冷轧成薄钢板后，用于制作剃刀、刀片及外科医疗刀具，也可用作刮刀、刻刀、锉刀等
	Cr2	229～179	830～860	油	62	淬火后的硬度很高，淬火变形不大，高温塑性差。多用于低速、加工材料不很硬的切削刀具，如车刀、插刀、铣刀、铰刀等，还可用作量具、样板、量规、冷轧辊、钻套和拉丝模
	W	229～187	800～830	水	62	淬火后的硬度和耐磨性较碳素工具钢好，热处理变形小，水淬不易开裂。多用于工作温度不高、切削速度不大的刀具，如小型麻花钻、丝锥、板牙、铰刀、锯条等

五、铜和铜合金

表 5-5-1　铸造铜合金的牌号、力学性能和用途（GB/T11176—1987）

组别	合金牌号（合金代号）	合金名称	铸造方法	力学性能，≥ σ_b/MPa	$\sigma_{0.2}$/MPa	δ_s/%	硬度HBS	特性和用途
锡青铜	ZCuSn5Pb5Zn5 （ZQSn5-5-5）	5-5-5 锡青铜	S、J Li、La	200 250	90 100	13 13	59.0 63.5	耐磨性和耐蚀性好，易加工，铸造性能和气密性较好。用于较高负荷，中等滑动速度工作的耐磨、耐腐蚀零件，如轴瓦、缸套、离合器、泵件压盖以及蜗轮等

续表

组别	合金牌号（合金代号）	合金名称	铸造方法	力学性能，≥ σ_b /MPa	$\sigma_{0.2}$ /MPa	δ_s /%	硬度 HBS	特性和用途
锡青铜	ZCuSn10Pb1（ZQSn10-1）	10-1 锡青铜	S J Li La	220 310 330 360	130 170 170① 170①	3 2 4 6	78.5 88.5 88.5 88.5	耐磨性极好，有较好的铸造性能和切削加工性能，在大气和淡水中有良好的耐蚀性 可用于高负荷（20MPa以下）和高滑动速度（8m/s）下工作的耐磨零件，如连杆衬套、轴瓦、蜗轮等
	ZCuSn10Pb5（ZQSn10-5）	10-5 锡青铜	S J	195 245	120 140① 140①	10 10	68.5 68.5	耐磨蚀，特别对稀硫酸、盐酸和脂肪酸。用作轴瓦等
	ZCuSn10Zn2（ZQSn10-2）	10-2 锡青铜	S J Li、La	240 245 270	80 140 110	12 6 7	68.5 78.5 78.5	耐蚀性、耐磨性和切削加工性能好，铸造性能好，铸件致密性较高，气密性较好 在中等及较高负荷和小滑动速度下工作的重要管道配件，以及阀、旋塞、泵体、叶轮和蜗轮等

表 5-5-2　加工用纯铜和铜合金的主要特性和应用范围

组别	代号	主要特性和应用举例
纯铜	T_1 T_2	一号铜，含 Cu+Ag99.95%。 二号铜，含 Cu+Ag99.90%。 导电、导热、耐蚀和加工性能好。可以焊接和钎焊。不宜在高温（>370℃）还原性气氛中加工（退火、焊接等）和使用。用于电线电缆、导电螺钉、化工用蒸发器及各种管道
	T_3	三号铜含 Cu+Ag99.70%，有较好的导电、导热、耐蚀和加工性能。可以焊接和钎焊。含降低导电、导热性能的杂质较多。用于一般场合，如电气开关、垫圈、垫片、铆钉、油管及其他管道
无氧铜	TU_1 TU_2	含铜 99.97%（TU1）和 99.95%（TU2）。纯度高，导电、导热性好。加工性能和焊接、耐蚀、耐基性好。主要用于电真空仪器仪表器件
磷脱氧铜	TP1 TP2	焊接和冷弯性能好。可在还原气氛中加工、使用。但不宜在氧化气氛中加工、使用。TP1 的导电、导热性能比 TP2 高。用作汽油或气体输送管，排水管、冷凝器、热交换器零件
银铜	TAg0.1	含铜 99.5%，银 0.06%～0.12%。显著提高了软化温度（再结晶温度）和蠕变强度。有很好的耐磨性，电接触性和耐蚀性，用于制造电车线时，比一般硬铜使用寿命提高 2～4 倍。用于电机整流小片，点焊电极、通信线、引线、电子管材料等
普通黄铜	H96	在普通黄铜中强度最低，但比纯铜高。导热导电性好，在大气和淡水耐蚀性好。塑性良好，易加工、锻、焊和镀锡。用作导管、冷凝管和散热片
	H80	有较高的温度，塑性较好，在大气、淡水中有较好的耐蚀性。用作造纸网、薄壁管、皱纹管及房屋建筑用品
	H68	在黄铜中塑性最好，有较高的强度，加工性好、易焊接，易产生腐蚀开裂，在普通黄铜中应用最广泛。常用作复杂的冷冲件和深冲件，波纹管、弹壳、垫片等
	H62	力学性能好，热态下塑性好，易钎焊和焊接，易产生腐蚀破裂，价格便宜，应用广泛。常用作弯折和深拉零件、铆钉、垫圈、螺母、气压表弹簧、筛网、散热片等
铁黄铜	Hfe59-1-1	有高的强度和韧性，减摩性良好，在大气和海水中的耐蚀性高，热态下塑性良好，但有腐蚀破裂倾向。制造在摩擦和受海水腐蚀条件下工作的零件
铅黄铜	HPb59-1	加工性能好，力学性能良好，易钎焊和焊接。常用作螺钉、垫圈、螺母、套等切削、冲压加工的零件
铝黄铜	HA177-2	强度和硬度高，塑性好，可压力加工，耐海水腐蚀，有脱锌和腐蚀倾向。在船舶和海滨热电站中作冷凝管及其他耐磨零件
	HA159-3-2	耐蚀性在各种黄铜中最好，强度高，腐蚀破裂倾向不大，冷态下塑性低，热态下压力加工性好。用于发动机和船舶业在常温下工作的高耐蚀件
锰黄铜	HMn58-2	应用较广的黄铜品种。在海水和过热蒸汽，氯化物中有较高的耐蚀性，但有腐蚀破裂倾向。力学性能良好，导热、导电性低。在热态下易于进行压力加工。用于腐蚀条件下工作的重要零件和弱电流工业用零件

续表

组别	代号	主要特性和应用举例
锡黄铜	HSn90-1	力学性能和工艺性能接近 H90，但耐蚀性高，减摩性好，可用作耐磨合金。用于汽车、拖拉机弹性套管及其他腐蚀减摩零件
	HSn62-1	在海水中耐蚀性好，力学性能良好，有冷脆性只宜热加工，易焊接和钎焊，有腐蚀破裂倾向。用于海轮上的耐蚀零件，与海水、油、蒸汽接触的导管，热工设备零件等
硅黄铜	HSi80-3	耐蚀、耐磨性能好，无腐蚀破裂倾向，力学性能好，冷热压力加工性能好，易焊接和钎焊，导热、导电性能是黄铜中最低的。用作船舶零件，蒸汽管和水管配件
锡青铜	QSn4-3	耐磨性、弹性高，抗磁性良好，能冷态和热态加工，易焊接和钎焊。即用于制造弹簧等弹性元件，化工设备的耐蚀零件，抗磁零件，造纸机的刮刀
	QSn6.5-0.1	磷锡青铜，有高强度、弹性、耐磨性和抗磁性，压力加工性能良好，可焊接和钎焊，加工性能好，在淡水及大气中耐蚀。常用于制造弹簧和要求导电性好的弹簧接触片，要求耐磨的零件，如轴套、齿轮、蜗轮和抗磁零件
铝青铜	QA19-4	含铁的铝青铜，强度高，减摩性好，有良好的耐蚀性，可电焊和气焊，热态下压力加工性能良好。可作高锡青铜的代用品，但容易胶合，速度有一定限制。可用于制造轴承、蜗轮、螺母和耐蚀零件
	QA15 QA17	有较高的强度、弹性和耐磨性。在大气、海水、淡水和某些酸中有耐蚀性，可电焊、气焊、不易钎焊。常用于制造要求耐蚀的弹性元件，蜗轮轮缘等，可代替 QWn4-3、QSN6.5-0.1 等。QA17 强度较高
铍青铜	QBe2	含有少量镍，物理、化学、力学综合性能良好。淬火后具有高强度、弹性、耐磨性和耐热性。还有高导电、导热和耐寒性，无磁性。易于焊接和钎焊，在大气、淡水和海水中耐蚀性极好。常用作精密仪器的弹性元件，耐蚀件、轴承衬套，在矿山和炼油厂中要求冲击不发生火花的工具和各种深冲零件
硅青铜	QSi3-1	含有锰的硅青铜，有高强度，弹性和耐磨性。塑性好，低温下不变脆。焊接和钎焊性能好，能与钢、青铜和其他合金焊接。在大气、淡水和海水中耐蚀性高。不能热处理硬化，常在退火和加工硬化状态下使用。用于制造在腐蚀介质中工作的弹性元件。蜗轮、齿轮、轴套等，可用于代替锡青铜，甚至铍青铜

表 5-5-3　纯铜板的规格和力学性能（GB/T2040—1989）

牌号	状态	厚度/mm	宽度/mm	长度/mm	抗拉强度 σ_b/MPa	伸长率 δ_{10} /%	维氏硬度 HV5
T2、T3、TP1、TP2	热轧（R）	4～14	200～300	1000～6000	195	30	—
	软（M）	0.2～10	200～3000	400～6000	196	32	—
	半硬（Y2）	0.2～10			245～343	8	—
	硬（Y）	0.2～10			295	—	85

表 5-5-4　黄铜板的规格和力学性能（GB/T2040—1989）

合金牌号	热轧（R）				软（M）		半硬（Y2）		硬（Y）		特硬（T）	
	厚度/mm	宽度/mm	抗拉强度 σ_b/MPa	伸长率 δ_{10}/%	抗拉强度 σ_b/MPa	伸长率 δ_{10}/%	抗拉强度 σ_b/MPa	伸长率 δ_{10}/%	抗拉强度 σ_b/MPa	伸长率 δ_{10}/%	抗拉强度 σ_b/MPa	伸长率 δ_{10}/%
H62	4.0～60.0	200～3000	≥294	≥30	≥294	≥40	243～460	≥20	≥412	≥10	≥588	≥2.5
H68			≥294	≥40	≥294	≥40	343～441	≥25	≥392	≥13	≥490	≥3
H80					≥265	≥50			≥392	≥2		
H90					—	≥35	333～441	≥7	≥392	≥3		
H96					≥216	≥33			≥323	≥3		
HPb59-1			≥372	≥18	≥343	≥25	392～490	≥12	≥588	≥3		

注：软、半硬、硬、特硬状态的板厚度 0.20～10.00mm，宽度 200～3000mm。

表 5-5-5　铝青铜板的规格和力学性能（GB/T2043—1989）

合金牌号	材料状态	抗拉强度 σ_b/MPa≥	伸长率 δ_{10}（%）≥	厚度/mm	宽度/mm	长度/mm
QA15	软（M）	274	33	0.4～12.0	100～1000	500～2000
QA19—2		441	18			
QA17	半硬（Y2）	588～735	10			
QA15	硬（Y）	588	2.5			
AQ17		637	5			
QA19—2		588	5			

表 5-5-6 硅青铜板的规格和力学性能（GB/T2047—1980）

合金牌号	材料状态	抗拉强度 σ_b/MPa	伸长率 δ_{10}/%≥	90°弯曲试验 d=弯曲半径 a=板材厚度	厚度/mm	宽度/mm	长度/mm
QSi3—1	软（M）	≥345	40	$d=a$	0.4～12.0	100～1000	500～2000
	硬（Y）	590～735	3	$d=2a$			
	特硬（T）	≥685	1				

表 5-5-7 锡青铜板的规格和力学性能（GB/T2048—1989）

合金牌号	材料状态	抗拉强度 σ_b/MPa≥	伸长率 δ_{10}/%≥	厚度/mm	宽度/mm	长度/mm
QSn6.5—0.1	半硬（Y2）	440～569	8	0.2～12.0	150～800	≥500
QSn6.5—0.1	硬（Y）	460～687	5	0.3～12.0	150～600	≥500
QSn3—3 QSn4—0.3			3			
QSn6.5—0.1 QSn4—3	特硬（T）	637	1			

六、常用变形铝合金的牌号及应用

表 5-6-1 常用变形铝合金的代号及应用范围

类别	代号	应用范围
防锈铝	3A21	Al-Mn 系防锈铝，应用最广。强度不高，不能热处理强化，常用冷加工方法提高力学性能。退火状态下塑性高，冷作硬化时塑性低。用于制造油箱、汽油或润滑油导管、铆钉等
	5A02	Al-Mg 系防锈铝，强度较高，塑性与耐腐蚀性高。热处理不能强化，退火状态下可切削性不良，可抛光。用于焊接油箱，制造润滑油导管，车辆、船舶的内部装饰等
	5A03	Al-Mg 系防锈铝，性能与 5A02 相似。但焊接性能较好。用于制造在液体下工作的中等强度的焊接件，冷冲压的零件和骨架
	5A05，5B05	Al-Mg 系防锈铝，强度与 5A03 相当，热处理不能强化，退火状态塑性高。抗腐蚀性高。5A05 用于制造在液体中工作的焊接零件，油箱、管道和容器。5B05 用作铆接铝合金和镁合金结构的铆钉。铆钉在退火状态下铆接
	5A06	Al-Mg 系防锈铝，有较高的强度和腐蚀稳定性。气焊和点焊的焊接接头强度为基体强度的 90%～95%，切削性能良好，用于焊接容器、受力零件、飞机蒙皮及骨架零件
硬铝	2A11	应用最早的硬铝，一般称为标准硬铝。具有中等强度，在退火、刚淬火和热态下的可塑性尚好，可热处理强化，在淬火或自然时效状态下使用，点焊焊接性良好。用作中等强度的零件和构件，空气螺旋桨叶片、螺栓、铆钉等。铆钉应在淬火后 2h 内铆入结构
	2A12	高强度硬铝，可进行热处理强化，在退火和刚淬火条件下塑性中等，点焊焊接性良好。气焊和氩弧焊不良。抗蚀性不高。用于制作高负荷零件和构件（不包括冲压件和锻件）如飞机骨架零件、蒙皮、翼肋、铆钉等 150℃
	2A06	高强度硬铝。可作为 150～250℃工作结构的板材。对淬火自然时效后冷作硬化的板材，在 200℃长期（>100h）加热的情况下，不宜采用
锻铝	2A70	耐热锻铝。成分与 2A80 基本相同，但加入微量的钛，含硅较少，热强度较高。可热处理强化，工艺性能比 2A80 稍好。用于制造内燃机活塞和高温下工作的复杂锻件，如压气机叶轮等
	6A02	工业上应用较为广泛的锻铝。具有中等强度（但低于其他锻铝）。易于锻造、冲压、易于点焊和氢原子焊，气焊尚好。用于制造形状复杂的锻件和模锻件
	7A03	可以热处理强化，常温时抗剪强度较高，耐蚀性、可切削性尚好，用作受力结构的铆钉。当工作温度在 125℃以下时，可代替 2A10
超硬铝	7A04	最常用的超硬铝。在退火和刚淬火状态塑性中等。通常在淬火人工时效状态下使用，此时强度比一般硬铝高得多，但塑性较低。点焊焊接性良好。气焊不良，热处理的切削性良好。用于制造承受高载荷的零件，如飞机的大梁、蒙皮、接头、起落架等
	7A09	高强度铝合金，塑性稍优于 7A04、低于 2A12，静疲劳强度，对缺口不敏感等，优于 7A04，用于制造飞机蒙皮和主要受力零件

七、常用非金属材料的牌号及应用

表 5-7-1 各种非金属材料的种类、名称、牌号（或代号）及应用

种类	名称、牌号（或代号）		性能及应用
工程塑料	聚酰胺 俗称尼龙（PA）		具有良好的机械强度和耐磨性，广泛用作机械、化工及电气零件，如轴承、齿轮、凸轮、滚子、辊轴、泵叶轮、风扇叶轮、蜗轮、螺钉、螺母、垫圈、高压密封圈、阀座、输油管、储油容器等
	聚四氟乙烯 （PTFE）		在强酸、强碱、强氧化剂中不腐蚀，也不溶于任何溶剂，美称“塑料王”。又具有良好的高低温性能、电绝缘性、不吸水和低摩擦系数等。用于机械中的耐蚀零件，如密封垫圈、活塞环、轴承、化工设备管道、泵、阀门以及人造血管、心脏等
	聚甲醛（POM）		具有良好的耐磨损性能和良好的干摩擦性能，用于制造轴承、齿轮、滚轮、辊子、阀门上的阀杆螺母、垫圈、法兰、垫片、泵叶轮、鼓风机叶片、弹簧、管道等
	聚碳酸酯（PC）		具有高的冲击韧性的优异的尺寸稳定性，用于制造齿轮、蜗轮、蜗杆、齿条、凸轮、心轴、轴承、滑轮、铰链、传动链、螺栓、螺母、垫圈、铆钉、泵叶轮、汽车化油器部件、节流阀、各种外壳等
	丙烯腈-丁二烯- 苯乙烯（ABS）		作一般结构或耐磨受力传动零件和耐腐蚀设备，用 ABS 制成的泡沫夹层板可做小轿车车身
	硬聚氯乙烯（PVC）		制品有管、棒、板、焊条及管件、除作日常生活用品外，主要用作耐腐蚀的结构材料或设备衬里材料及电气绝缘材料
	聚甲基丙烯酸甲酯，俗称有机玻璃（PMMA）		具有高的透明度和一定强度，耐紫外线及大气老化，易于成型加工。可用于要求有一定强度的透明结构材料，如各种油标的罩面板等
橡胶	硅橡胶（Si）	主链含有硅、氟原子的特种橡胶	耐高温可达 300℃，低温可达−100℃。是目前最好的耐寒、耐高温橡胶。绝缘性优良，缺点是强度低，耐油、溶剂、酸碱性能差，价格较贵。主要用于耐高、低温制品，如胶管、密封件、电缆绝缘层。由于无毒无味，用于食品、医疗
	丁苯橡胶（SBR）	丁二烯和苯乙烯的共聚体	产量最大的合成橡胶，耐磨性、耐老化和耐热性超过天然橡胶。缺点是弹性较低，抗屈挠性能差，加工性能差，用于代替天然橡胶制作轮胎胶管等
工业用毛毡	毡圈 FZ/T92010—91		用于轴伸端处、轴与轴承盖之间的密封（密封处速度 v<5m/s 的脂润滑及转速不高的稀油润滑）

表 5-7-2 石棉橡胶板的牌号、性能规格（GB/T3985—1995）

牌号	表面颜色	适用条件	性能					
			σ_b /MPa ≥	密度 /(g·cm⁻²)	压缩率 /%	回弹率 /% ≥	应力松弛率 /% ≤	蒸汽密封性
XB450	紫色	450℃，压力 6MPa	19.0			45		在 400～450℃，压力 11～12MPa，保持 30min，无击穿
XB400		400℃，压力 5MPa	15.0					在 300～400℃，压力 8～9MPa，保持 30min，无击穿

附录　课程设计指导书

一、概　　述

1. 课程设计的目的和要求

课程设计是“机械学基础”、“精密机械设计基础”等课程的一个重要教学环节。课程设计不仅可以加强学生对理论与实际的联系的理解，进一步巩固所学课程的内容，而且要求学生综合地应用先修课程（制图、力学、金属工艺学等）中的知识，学会使用有关技术资料，完成一个简单仪表或仪器装置的设计，即完成一个工程技术人员在机械设计方面所必须具备的基本技能训练。课程设计是培养学生分析和解决工程实际问题能力的重要环节之一。

通过课程设计，要求学生：

（1）能根据设计任务提出的技术要求，合理地选择仪器和装置的组成环节和元件，确定和计算其参数，并设计出合理的结构。

（2）正确运用工程图表达设计方案，并能初步制订指导加工和装配零、部件的技术条件（如零件的公差和配合，仪表的安装、调试、检验等要求），以满足性能要求。

（3）熟悉和运用各种设计资料、图册、手册、标准和规范，合理选用材料及各种标准件，使结构更加经济合理。

（4）能编写设计说明书。

2. 课程设计的内容、进度和方式

为达到上述目的和要求，必须适当地选择设计题目，它不仅要能基本反映课程的教学内容，同时设计的工作量又应与教学计划规定的课时数相适应，并且还应适当地结合专业。考虑到学生的实际情况，也允许对课程内容有进一步的扩展和引伸。选题还应结合生产实践，以便提供实物参考分析，一般应选择较完整的小型仪器仪表或独立的部件和装置，即应具备“麻雀虽小，五脏俱全”的特点。

课程设计要求每个学生完成以下内容：

· 总装配图　　1 张
· 部件图　　1～2 张
· 零件图　　2～3 张
· 设计说明书一份（16 开纸 10～15 页）

整个设计安排 10 个设计日，进度如下：

· 任务分析、定设计方案、理论计算　　1 日
· 总装配图设计　　6 日
· 部件图、零件图设计　　1 日
· 编写说明书　　1 日
· 答辩　　1 日

课程设计是在教师指导下进行的。在设计过程中提倡独立思考、深入钻研的学习精神和严肃认真、一丝不苟、有错必改使设计精益求精的工作态度。反对不求甚解、照抄照搬、敷衍塞责、容忍错误的作法。

设计分阶段进行，每一阶段的设计经认真检查无误后，方可继续进行。为提高设计效率，最好集中安排课程设计，即集中两周进行。

二、仪器设计的基本程序

1. 任务分析

无论是一个完整的仪器，或者是仪器仪表中某一结构或装置，在设计前，都必须首先对设计任务进行充分的分析和了解。这些设计任务是根据仪器仪表的使用要求和用途提出的，包括测量对象、测量范围、精度等级、工作状况、使用条件和寿命、成本等技术条件，这些都是设计的原始依据。从设计开始进行的一系列工作，都是围绕这些设计任务进行的。

2. 资料收集及分析

现代的工程设计，绝大多数都是在现有工程技术发展的基础上进行的，即对于将要设计的仪器仪表或某一装置，基本上都可以找到相应的同类产品和类似的结构，即样机；另一方面，设计涉及的有关理论、公式、加工工艺、测试方法、误差分析等也大多有人作过论述和分析。这些资料，一般分散在各种中外著作、论文、专利、期刊和教材之中。收集到这部分资料，无疑能开阔眼界，了解到目前国内外该产品的现状和水平，对提高设计质量，借鉴和引用先进科学技术，缩短设计周期都是极其重要的。设计和研究工作开展前的资料收集与分析工作所花费的时间一般占整个设计时间的 10%～15%。当然，此项工作不一定完全集中在设计工作的开始，常常是在设计中穿插进行的。课程设计和真正的设计是有差别的，因为我们不可能有那么多的时间和条件去进行该项工作，而由教师指定了参考资料和准备了相应样机，供设计者参考。

3. 设计方案的制定

在进行了以上两项工作后，就要制定设计方案。在一些重要的设计中，为了使设计更好地符合要求，常常要提出两个或两个以上的设计方案，或者是一个方案，其中关键部分提出几个方案，在此基础上进行分析比较。有时，还要开方案审定会，邀请有关的研究、设计、使用单位共同审定、答辩。总之，设计方案的确定是一个十分重要的工作，它将确定仪器仪表的工作原理、组成环节、采用什么样的元器件等；而后的工作，都将围绕此设计方案来进行。

4. 理论计算

设计方案确定后，就要根据任务中给出的技术条件来确定组成环节中各元器件和机构的参数，在此应注意：

（1）在设计中，根据技术条件所给出的数据和要求（已知条件）往往少于要确定的参数。因此，首先应参照现有的各种标准，考虑到工艺、体积、装配等问题先确定某些参数，然后再根据已知的技术条件来求得其他参数。

（2）随着标准化工作的发展，许多元器件，甚至某些机构和装置都逐渐系列化、标准化了。对于这些元器件的设计就可按标准选用。这不仅缩短了设计周期，而且按标准选用的元器件和机构，由于有专业厂进行生产，它的质量好、成本低。因此，凡已有标准的一定要按标准选用，而无需再进行设计。

5. 总装配图设计

（1）总装配图的作用。

1）总装配图是用结构图的形式来表达仪器仪表的工作原理、组成仪器仪表的零件和部件的结构形状及其相互联接关系、各调整环节的结构等，并以总装配图为基础、绘制仪器仪表的全部部件装配图和零件图。

2）在生产过程中，装配车间将根据装配图的要求，将已生产好的零件组装成部件，然后再装成完整的仪器仪表，并使其性能和精度达到设计要求。

3）工艺人员将根据总装配图的要求，配置相应的工艺装备及必要的检验仪器及工具，以保证装配工作的进行。

（2）总装配图的内容。

1）一组视图。在仪器仪表装配图中除三个主要的视图外，还经常采用必要的向视图和局部剖视图，以清晰、完整地表达仪表工作原理、零件间的装配关系、相对位置和结构形状。

2）必要的尺寸标注。

• 总体尺寸：是表示仪器仪表总的长、宽、高尺寸，说明占的空间体积。该尺寸是包装、运输、安装所不可少的。

• 配合尺寸：是指在总装过程中使装配者了解和实现的有关配合性质的尺寸，同时也是为有关配合作工艺准备。例如，过渡配合和过盈配合就要准备必要的压力装备。

• 安装尺寸：是指仪器仪表或装置在使用时要与其他结构安装在一起时所需的尺寸。

• 其他重要尺寸：是指设计者认为有必要标注的，保证产品质量性能所需的尺寸，如传动零件中心距及其偏差等。

3）技术要求。在总装配图上，除必要的视图外，还应有必要的技术要求，以文字的形式写在总装配图上，它包括：

• 对装配的要求。指明装配的方法，装配中的注意事项，装配后应达到的标准等。

• 对检验、调整方面的要求。仪器有的部分在装配中要加以检验，其性能达到要求后方能装入仪器。例如开锁器延时的时间、遥控板仪表杆机构参数的调整等，均应在技术条件中加以说明，必要时应说明调整方法。

• 对外观、涂饰、维护、保养、运输等方面的要求。

• 标题栏及部件、零件明细表。标题栏和明细表是为了说明仪器及其部件、零件的名称、数量、材料、规格标准，以便于装配和审阅。在实际生产中，仪器仪表并不是将组成它们的全部零件都送入总装车间，而常是先将若干零件组成部件，再由若干部件及零件组成新的、更复杂的部件，最后再组装成完整的仪器仪表。所以，在一般情况下，列总装图的明细表时，只需列出进入总装时所需的那些部件及零件，因而，其数量是少于全部零件的数量。如何确定哪些部件与零件参加总装，这与仪器的具体结构有关，同时也要求设计人员必须具备必要的结构、工艺方面的知识。

填写明细表的过程也是最后确定材料及标准件的过程，应尽量减少材料和标准件的品种和规格。

在课程设计中，总装配图的设计将用去全部设计时间的一半，是设计中的重点。一些课堂教学中无法论述的问题，如总体布置、各环节之间的联系、各种辅助零件的结构、零件的工艺性、材料与标准化、公差与配合以及装配和检验等问题都会被提出，这些问题要由设计者全面考虑，从而开阔了知识面，培养了分析问题和解决问题的能力。

应当指出，在结构设计中，经常发现按原来理论计算出的某些参数要用结构来实现时会十分困难，因而必须重新修改；又有一些局部尺寸虽经理论计算是合理的，但在进行整体设计时与其他部分有个相互协调过程，这时就需修改某些参数直至合适为止。这种协调各环节关系的能力只有在进行结构设计时才能得到锻炼和提高，而这种能力对一个工程技术人员来讲是必不可缺的。

由上可知，理论计算和结构设计并非截然分开，而是相互依赖、互相补充、交叉进行的。这种边计算、边画图、边修改是设计的正常过程。

6．部件图设计

部件由若干个零件组成，也可以是若干个小的部件和零件组成。部件是根据它在仪器仪表中的作用、相互间的联系，以及考虑到工艺和装配上的要求来确定的，是具有一定功能的组合体。根据部件在仪器仪表中的作用和要求，车间要制定相应的部件装配工艺规程。因而，部件图的基本内容与总装配图一样，包括一组视图、必要的尺寸标注、技术要求、标题栏及零件明细表四部分。

7．零件图设计

零件是组成仪器仪表的最小实体。零件图是表达零件的图样，是零件制造、检验和制订工艺规程的基本技术文件。

一张完整的零件图应包括以下内容：

（1）一组表示零件结构形状的图形，即各种视图、剖面、剖视、向视图，以便将零件完整、清晰、真实地表示出来。

（2）完整、清晰、合理的尺寸标注。制造零件时，零件上各种结构的形状、大小、相互间的位置都是依据零件图上标注的尺寸来确定的。尺寸标注不完整，零件将不能加工；清晰是指尺寸标注应符号机械制图规定，以利于看图，各个尺寸应达到位置明显，层次分明，排列整齐。合理地标注尺寸其含义较广，主要是指：

1）标注足够的尺寸而不重复，且要便于零件的加工，应避免加工时作任何计算，且还要避免尺寸封闭。大部分尺寸最好集中标注在最能反映零件特征的视图上。

2）尺寸标注时应合理地选择基准，使零件便于加工和测量。

3）一些标准的结构尺寸，例如螺纹孔、沉头孔、中心孔、键槽等，应参照有关标准的规定，以便采用标准的刀具、量具。

合理地标注尺寸，需要有一定的工艺、测量知识和实践的经验，在设计时可根据具体情况参考有关资料。

零件的结构形状及主要尺寸应与装配图一致，不应随意更改。如果必须更改，应对装配图作相应的修改。

（3）必要的技术条件。

1）根据零件在仪器仪表中的作用，制定公差与配合、表面粗糙度方面的技术要求，以便指导加工和检验。

2）根据需要，对材料制定必要的热处理及表面处理规范等。

3）对齿轮等传动零件还应列出主要几何参数、精度及偏差表。

（4）标题栏。在图纸右下角应画出标题栏。

8．编写技术资料（设计说明书等）

设计说明书是设计工作的总结，它包括方案的比较、工作原理介绍、理论计算资料（每个组成环节的计算公式及参数的确定、必要的精度分析）、调整方法、优缺点的分析、设计心得以及一些应加以说明的问题。

设计说明书要求论述清楚、文字精炼、插图简明、计算正确、书写整洁，用 16 开纸并加上封面装订成册。

课程设计答辩是设计者对自己的设计做出评价，系统地考虑设计中的问题，锻炼用设计图和口头答辩的形式来阐述自己设计思想的能力，并能促进设计者相互交流经验，有利取长补短，共同提高。

当然，在实践中设计程序不是一层不变的，有时会交替进行。某些重要的设计或新产品的设计还要进行样机试制，通过样机发现问题，总结经验，提高质量，再对设计加以修改，重复上述程序。

在课程设计中是不可能完全按照实际那样去实践设计的各个程序，只能完成其中主要的几个程序，即方案分析，理论计算，总装配图设计及个别部件图、零件图设计和设计说明书的编写等方

面。此外，在完成上述程序中，就其内容、深度和完整性方面也和真正的设计有所差别。例如，我们仅能完成一小部分的部件图、零件图，有的计算也从略，或者不作详细计算。但是，就其整体来说，是模拟了实际的设计，因而也就达到了培养仪器仪表结构设计能力的目的。

三、仪器结构设计的基本方法

1. 正确处理继承和创新的关系

现代科学技术，特别是工程技术，经过数百年的发展，已使结构设计方法逐渐形成一套合乎客观规律的科学方法。因而，继承是设计过程中首先遇到的问题。收集资料，理解消化，了解其使用条件、适用范围、演变过程，从而借鉴和吸收其合适的部分以达到满足提出的技术要求的目的，这些都是继承。继承的过程也是学习的过程。另一方面，仪器仪表的使用要求又是千变万化的，随着科学技术的发展，许多新的元器件、新的结构、新的设计计算方法又不断出现，这就要求在设计中根据新的情况对现有仪器仪表进行改进和提高，这就是创新。对初学者来说，继承则更为重要，这是因为一个设计者首先应熟悉和了解一般的设计方法，掌握一些常用元器件的设计和结构，从而积累设计方法和经验。忽视继承，就是不尊重长期以来所积累的设计和知识，也就不可能作出好的设计。同样，忽视独创和革新，就只能陷于盲目抄袭和生搬硬套，设计不出好的产品，设计者也无法提高自己的设计水平。总之，继承和创新两方面应适当结合，在课程设计中应以继承学习为主，为创新打好基础。

2. 深入分析样机和有关资料

要继承和借鉴已有的结构，必须对现有的样机和资料进行深入分析，了解其工作原理和各环节的结构特点、设计要领，并作出必要的分析验算，这将为以后的设计提供依据。

3. 确定元件和结构参数的方法

（1）计算法确定参数。

这是根据所设计的元件或机构的特性公式，在假设某些参数为已知的情况下经理论计算后得到的参数。在仪器仪表的设计中，一些比较重要的、对机构特性影响较大的参数，应由计算确定，这就有可能保证仪器仪表的基本性能和精度。但计算出的参数不一定要精确到很多位，一般可进行圆整，这是工程中允许的。

（2）根据标准确定参数。

随着工业和技术的发展，各种元器件、机构、产品、材料等各方面的标准不断地扩大，设计时凡是形成标准的，就一定要首先选用。例如各种联接件都有标准，齿轮的模数、各种滚动轴承、宝石轴承、弹簧钢丝等也是如此，都必须按标准来选定。由理论公式计算出的数值应按标准加以圆整。

（3）按结构确定参数。

这些参数往往是较次要的，因而在设计中可根据它们在仪器仪表中可能占有的空间位置以及与其他零件的关系来确定。例如，敏感元件的外径尺寸，模数和传动比确定后齿轮齿数的确定等。在确定这些参数时灵活性很大，工程中可用类比法确定，同时还应考虑强度、工艺性和经济性等因素。

上述方法仅是一般的论述，在设计实践中往往很难规定哪些参数由理论计算确定，哪些由结构确定。一般情况下，先确定次要参数，后根据理论公式确定主要参数。

对于初学者，习惯于理论计算，而对后两种方法感到困难，这是由于设计经验少，生产和工艺知识缺乏的缘故。因而，通过课程设计来培养这方面的能力就十分必要。

（4）建立标准化的观念。

随着工业、科学技术、贸易等发展，人们为了取得最佳的经济效果（例如成本低、生产周期短、耗费材料少、互换性好、易于管理等），将大量具有重复性和多样性的事物（大到某一产品如飞机、汽车、钟表、机床；小到一个零件，如螺钉、螺母）在一定的范围内做出统一的规定，经过一定的批准程序，并以特定的形式颁发的技术法规，这就是标准。对设计者来说，标准化的概念就是正确地贯彻和使用标准。

4. 标准化的作用

（1）标准的分级。

目前我国的技术标准分为三级：

国家标准，是指对全国经济、技术发展有重大意义，必须在全国范围内统一的技术标准，其代号为GB。这一级标准由国家标准总局委托有关部门起草，经审批后由总局发布。

部标准，是指全国性各专业范围内的技术标准，这类标准很多，必须报国家标准总局备案。

企业标准，是指尚未颁发国家标准和部颁标准的情况下，或在保证贯彻国家标准的前提下，为满足使用要求而补充的企业内部的标准。在一定条件下，它应向高一级的标准过渡。

（2）标准的分类。

标准按其性质和内容可分为四大类：基础标准、产品标准、方法标准和安全卫生与环境保护标准。现将在课程设计中可能碰见的标准简单介绍如下：

1）基础标准，是指作为标准化工作基础，具有广泛指导意义的标准，按其用途又分为：

• 技术语言的标准，如名词术语、符号代号、工程制图、图样管理、标准编号法等。
• 尺寸参数系列标准，如优先数和优先数列、模数等。
• 互换性的标准，如公差与配合、几何公差、表面粗糙度、螺纹、齿轮公差等。
• 结构要素标准，如中心孔、倒角、倒圆、锥度、退刀槽等。
• 工艺方面的标准，如焊接、强度、硬度等方面。

2）产品标准，它是工农业产品和工程建设的质量、规格、性能等方面作出的技术规定，是从事生产、建设工作的共同技术依据。它一般包括性能、寿命、可靠性、安全性、经济性方面的要求。课程设计中选用的弹性元件、轴承、各种螺钉、螺母、垫片、销钉、铆钉等属于此标准。

（3）标准化的作用。

1）标准化是现代化生产的必要条件。现代工业生产的特点是社会化程度高，分工愈来愈细，专业生产日益发展。因而必须有标准来使它们的生产和技术保持高度的统一与和谐。

2）标准化是组织专业生产的前提。提高生产率和质量，增加规格，必须依靠专业化生产。先进的加工手段也只有专业化才能实现。没有标准，就保证不了互换性、通用性。

3）标准化是提高产品质量的技术保证。

4）标准化能做到合理利用资源，减小材料的消耗。

5）标准化是推广应用新技术的桥梁。一些新产品、新工艺、新材料和新技术，一旦经过研究成功，经过鉴定纳入相应的标准后，就能得到迅速推广和应用。

综上所述，建立标准化的概念，充分而正确地使用标准，已经是设计工作的重要一环。

设计中正确运用标准，有利于零件中的互换性和加工工艺性，从而收到良好的经济效果；同时也可减轻设计工作量，节省设计时间。在设计中是否采用标准，也是评价设计质量的一项指标。

设计中采用标准件时，有些必须外购（例如专业化生产的滚动轴承、传动胶带和橡胶油封等），有些则自行制造（例如联轴器、键等）。后者的主要尺寸参数一般宜按标准规定。

为了制造、测量和安装方便，许多非标准件的尺寸，也要求尽量圆整为标准数列（如标准直径和长度）或选用优先数列。但对于一些有严格几何关系的尺寸，如齿轮传动的啮合尺寸，则必须保证其正确的几何关系，而不能任意圆整。例如，一斜齿轮，其法面模数 $m_n=3\text{mm}$，$z=20$，$\beta=10°$，

其分度圆直径 $d=60.926$mm，不应圆整为 $d=60$mm。

四、图纸的规格

无论是总装配图，还是部件图和零件图，其图纸的规格均应按国家标准中机械制图的规定见附表-4-1，即绘制图样时应采用国家标准中规定的幅面尺寸。图样比例，请参见附表-4-2、附表-4-3。

附表-4-1 (GB/T14689—2008)

需要装订的图样，其图框格式如下：

不留装订边的图样，其图框格式如下：

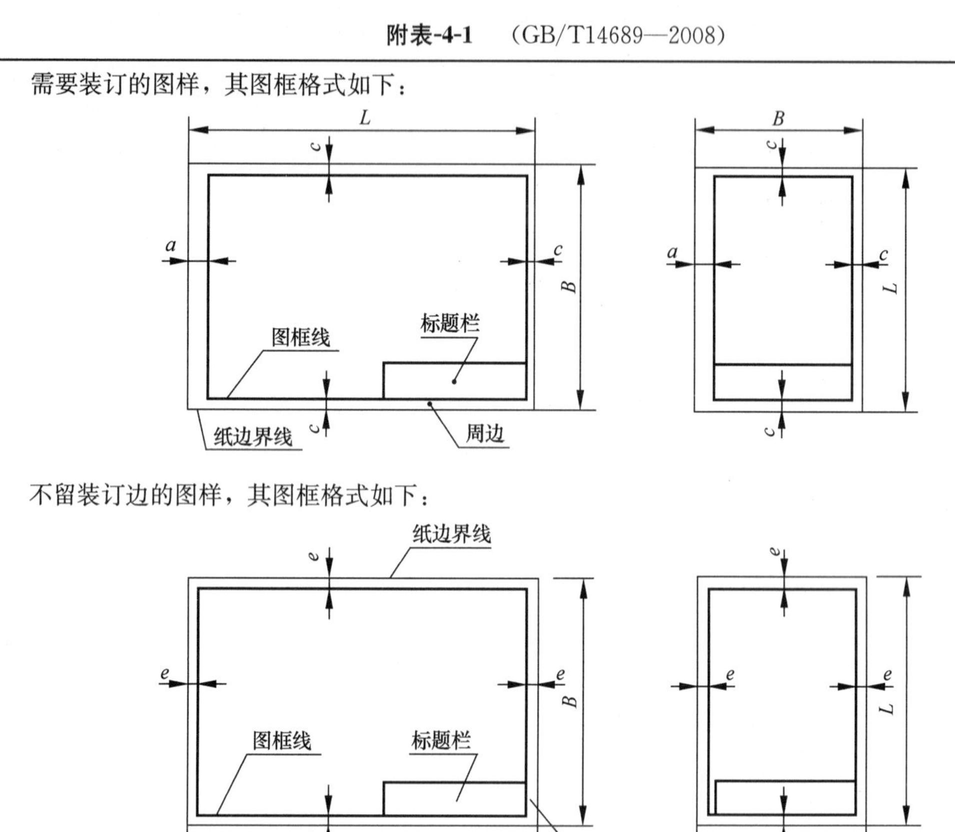

(单位：mm)

幅面代号	A0	A1	A2	A3	A4
$B\times L$	841×1 189	594×841	420×594	294×420	210×297
e	20		10		
c	10			5	
a	25				

附表-4-2 (GB/T14690—1993) (单位：mm)

种类	比例		
原值比例	1∶1		
放大比例	5∶1 5×10ⁿ∶1	2∶1 2×10ⁿ∶1	 1×10ⁿ∶1
缩小比例	1∶2 1∶2×10ⁿ	1∶5 1∶5×10ⁿ	1∶10 1∶1×10ⁿ

注：n 为正整数，下同。

附表-4-3

种类	比例				
放大比例	4∶1 4×10ⁿ∶1	2.5∶1 2.5×10ⁿ∶1			
缩小比例	1∶1.5 1∶1.5×10ⁿ	1∶2.5 1∶2.5×10ⁿ	1∶3 1∶3×10ⁿ	1∶4 1∶4×10ⁿ	1∶6 1∶6×10ⁿ

标题栏格式（GB10609.1—2008）：

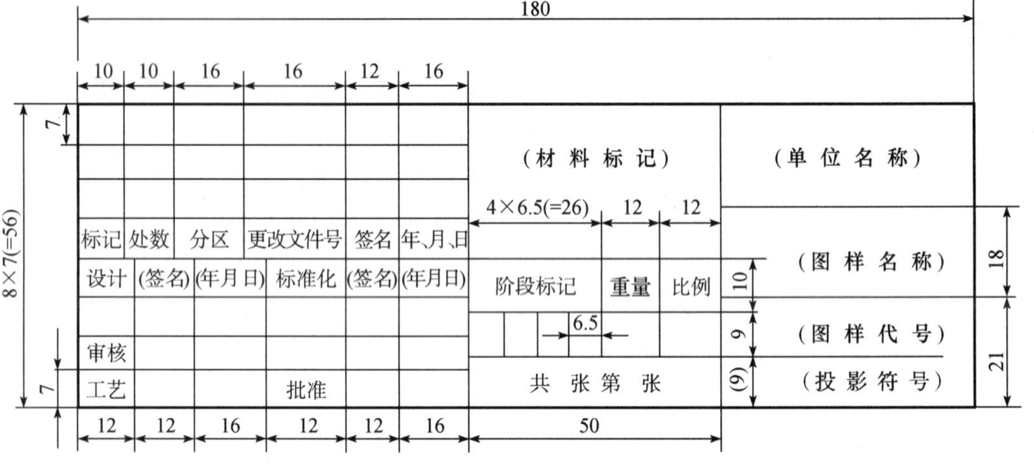

明细栏格式（GB10609.2—2009）：

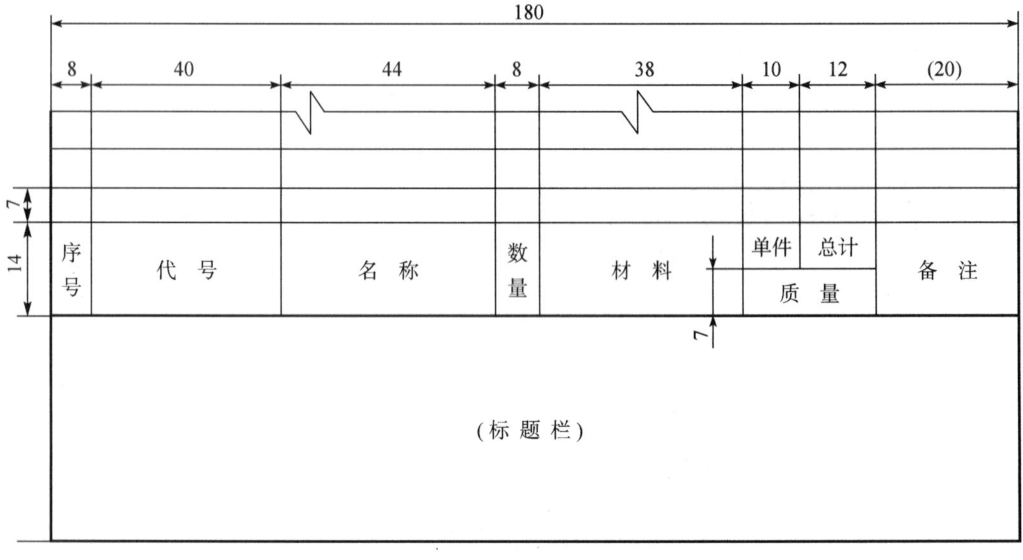

推荐制图课中使用的标题栏格式：

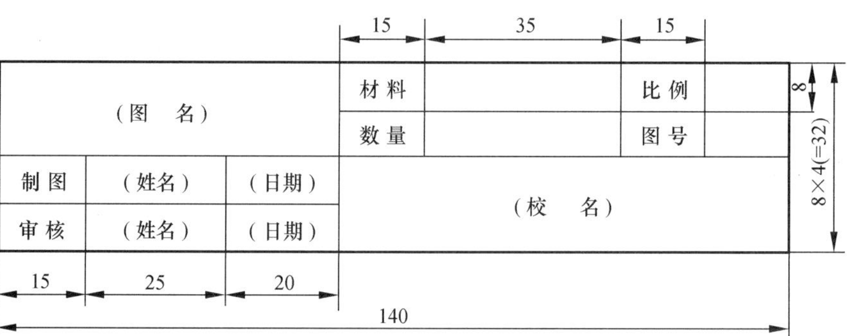

推荐制图课中使用的明细栏格式：

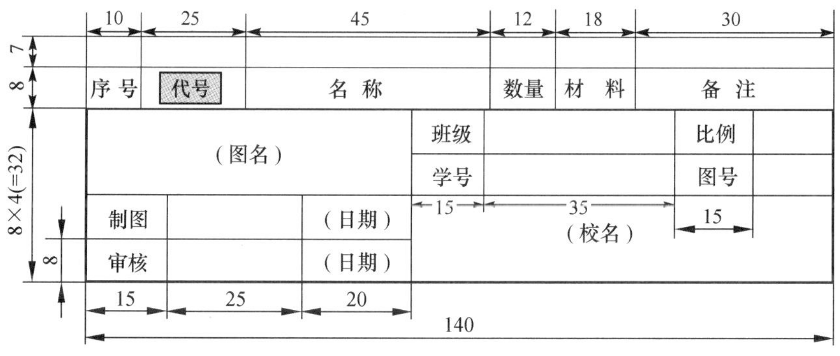

五、紧固件国家标准

附表-5-1　普通螺纹基本尺寸（GB/T196—2003）

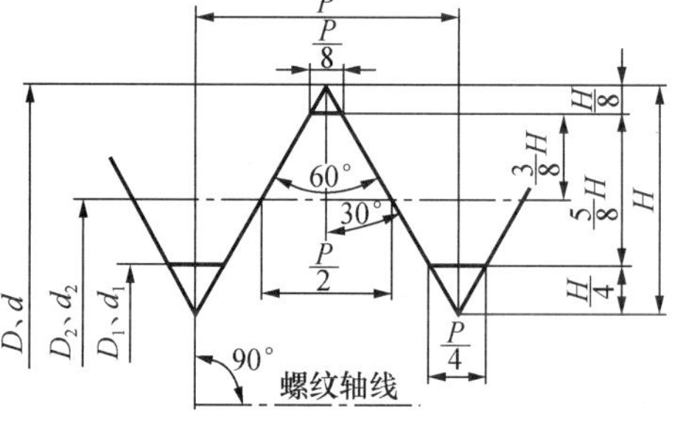

基本尺寸

$D=d$

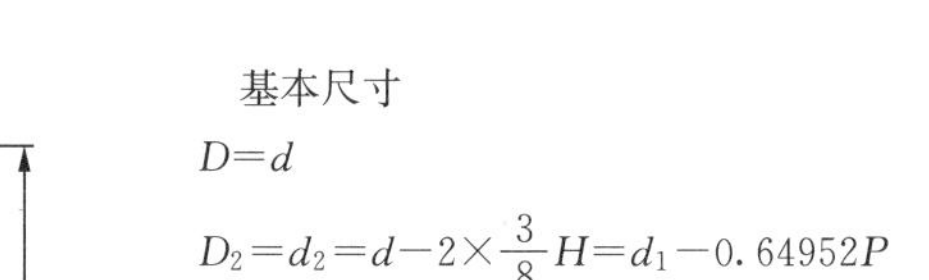

$D_2=d_2=d-2\times\frac{3}{8}H=d_1-0.64952P$

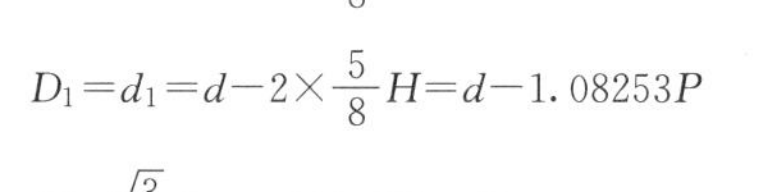

$D_1=d_1=d-2\times\frac{5}{8}H=d-1.08253P$

$H=\frac{\sqrt{3}}{2}P=0.866025404P$

（单位：mm）

公称直径 D、d			螺距 P	中径 D_2 或 d_2	小径 D_1 或 d_1
第一系列	第二系列	第三系列			
5			0.8	4.480	4.134
			0.5	4.675	4.459
		5.5	0.5	5.175	4.959
6			1	5.350	4.917
			0.75	5.513	5.188
	7		1	6.350	5.917
			0.75	6.513	6.188
8			1.25	7.188	6.647
			1	7.350	6.917
			0.75	7.513	7.188

续表

公称直径 D、d			螺距 P	中径 D_2 或 d_2	小径 D_1 或 d_1
第一系列	第二系列	第三系列			
10			1.25	9.188	8.647
			1	9.350	8.917
			0.75	9.513	9.188
		11	(1.5)	10.026	9.376
			1	10.350	9.917
			0.75	10.513	10.188
12			1.75	10.863	10.106
			1.5	11.026	10.376
			1.25	11.188	10.647
			1	11.350	10.917
	14		2	12.701	11.835
			1.5	13.026	12.376
			(1.25)	13.188	12.647
			1	13.350	12.917
		15	1.5	14.026	13.376
			(1)	14.350	13.917
16			2	14.701	13.835
			1.5	15.026	14.376
			1	15.350	14.917
		17	1.5	16.026	15.376
			(1)	16.350	15.917
	18		2.5	16.376	15.294
			2	16.701	15.835
			1.5	17.026	16.376
			1	17.350	16.917
20			2.5	18.376	17.294
			2	18.701	17.835
			1.5	19.026	18.376
			1	19.350	18.917
	22		2.5	20.376	19.294
			2	20.701	19.835
			1.5	21.036	20.376
			1	21.350	20.917
24			3	22.051	20.752
			2	22.701	21.835
			1.5	23.026	22.376
			1	23.350	22.917
		25	2	23.701	22.835
			1.5	24.026	23.376
			1	24.350	23.917
		26	1.5	25.026	24.376
	27		3	25.051	23.752
			2	25.701	24.835
			1.5	26.026	25.376
			1	26.350	25.917
		28	2	26.701	25.835
			1.5	27.026	26.376
			1	27.350	26.917
30			3.5	27.727	26.211
			(3)	28.051	26.752
			2	28.701	27.835
			1.5	29.026	28.376
			1	29.350	28.917
		32	2	30.701	29.835
			1.5	31.026	30.376
	33		3.5	30.727	29.211
			(3)	31.051	29.752
			2	31.701	30.835
			1.5	32.026	31.376
		35	1.5	34.026	33.376
36			4	33.402	31.670
			3	34.051	32.752
			2	34.701	33.835
			1.5	35.026	34.376
		38	1.5	37.026	36.376

附表-5-2 梯形螺纹牙型尺寸（GB5796—86）

$H_1=0.5P$

$h_3=H_4=H_1+a_c$　　$d_3=d-2h_3$

$Z=0.25P=H_1/2$　　$D_2=d_2=d-0.5P$

$R_{1max}=0.5a_c$　　$D_4=d+2a_c$

$R_{2max}=a_c$　　$D_1=d-P$

a_c—牙顶间隙

（单位：mm）

公称直径		螺距 P	公称直径		螺距 P	公称直径		螺距 P	公称直径		螺距 P
第一系列	第二系列		第一系列	第二系列		第一系列	第二系列		第一系列	第二系列	
8		1.5	32	30	10，6*，3	70	65	16，10*，4	160	170	28，16*，6
10	9	2*，1.5	36	34		80	75		180		28，18*，8
	11	3，2*		38	10，7*，3		85	18，12*，4	200	190	32，18*，8
12	14	3*，2	40	42		90	95		220	210	36，20*，8
16	18	4*，2	44		12，7*3	100	110	20，12*，4		230	36，20*，8
20			48	46	12，8*，3	120	130	22，14*，6	240		36，22*，8
24	22	8，5*，3	52	50	12，8*，3	140		24，14*，6	260	250	40，22*，12
28	26		60	55	14，9*，3		150	24，16*，6	280	270	40，24*，12

注：牙顶间隙：$P=1.5$，$a_c=0.15$；$P=2\sim5$；$P=6\sim12$，$a_c=0.5$；$P=14\sim40$，$a_c=1$。

标记示例：

内螺纹：Tr40×7—7H

外螺纹：Tr40×7—7e

左旋螺纹：Tr40×7LH—7e

螺纹副：Tr40×7—7H/7e

旋合长度为L组的多线螺纹：　Tr40×14(P7)—8e—L

附表-5-3 普通螺纹的余留长度、钻孔余留深度（JB/ZQ4247—1986）　（单位：mm）

螺距 P	攻丝 l_1	l_2	钻孔 l_3	末端 a	螺距 P	攻丝 l_1	l_2	钻孔 l_3	末端 a
0.5	1	2	3	0.5～1.5	1.5	3	4.5	9	2～3
0.7	1.5	2.5	4	1～2	1.75	3.5	5.5	11	2～3
0.8	1.5	2.5	5	1.5～2.5	2	4	6	12	2.5～4
1	2	3.5	6	1.5～2.5	2.5	5	7	15	2.5～4
1.25	2.5	4	8	2～3	3	6	8	18	3～5

注：①拧入深度 L 由设计决定。

②钻孔深度 $L_2=L+l_3$；攻丝深度 $L_1=L+l_1$。

附表-5-4 紧固件通孔及沉孔尺寸　（单位：mm）

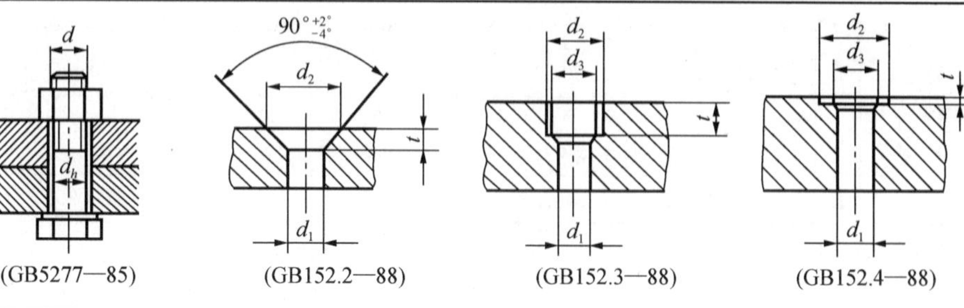

螺纹规格			M4	M5	M6	M8	M10	M12	M14	M16	M18	M20	M22	M24	M27	M30
螺栓和螺钉通孔 d_h（GB5277—85）	精装配		4.3	5.3	6.4	8.4	10.5	13	15	17	19	21	23	25	28	31
	中等装配		4.5	5.5	6.6	9	11	13.5	15.5	17.5	20	22	24	26	30	33
	粗装配		4.8	5.8	7	10	12	14.5	16.5	18.5	21	24	26	28	32	35
沉头螺钉及半沉头螺钉用沉孔（GB152.2—88）	d_2		9.6	10.6	12.8	17.6	20.3	24.4	28.4	32.4	—	40.4	—	—	—	—
	$t\approx$		2.7	2.7	3.3	4.6	5	6	7	8	—	10	—	—	—	—
圆柱头螺钉用沉孔（GB152.3—88）	d_2		8	10	11	15	18	20	24	26	—	33	—	40	—	48
	d_3		—	—	—	—	—	16	18	20	—	24	—	28	—	36
	t	GB70—85	4.6	5.7	6.8	9	11	13	15	17.5	—	21.5	—	25.5	—	32
		GB65—85	3.2	4	4.7	6	7	8	9	10.5	—	12.5	—	—	—	—
六角头螺栓和六角螺母用沉孔（GB152.4—88）	d_2		10	11	13	18	22	26	30	33	36	40	43	48	53	61
	d_3		—	—	—	—	—	16	18	20	22	24	26	28	33	36
	t		只要能制出与通孔轴线垂直的圆平面即可（刮平）													

注：①GB152.2～152.4—88 中，通孔直径 d_1 与中等装配时的螺栓和螺钉通孔 d_h 相同。

②GB152.3—88 中的 t，分别用于内六角圆柱头螺钉（GB70—85）和开槽圆柱头螺钉（GB65—85）。

附表-5-5 零件倒圆与倒角（GB403.4—86）　（单位：mm）

倒圆、倒角型的尺寸：

内角倒圆　外角倒圆　外角倒角　内角倒角

倒圆 R 和倒角 C 的尺寸系列值

0.1	0.2	0.3	0.4	0.5	0.6	0.8	1.0	1.2	1.6	2.0	2.5	3.0
4.0	5.0	6.0	8.0	10	12	16	20	25	32	40	50	—

与直径 ϕ 相应的倒角 C、倒圆 R 的推荐值

ϕ	～3	>3～6	>6～10	>10～18	>18～30	>30～50	>50～80	>80～120	>120～180
C或R	0.2	0.4	0.6	0.8	1.0	1.6	2.0	2.5	3.0
ϕ	>180～250	>250～320	>320～400	>400～500	>500～630	>630～800	>800～1000	>1000～1250	>1250～1600
C或R	4.0	5.0	6.0	8.0	10	12	16	20	25

内角、外角分别为倒圆、倒角（倒角为45°）的四种装配方式：

$C_1>R$　　$R_1>R$　　$C<0.58R_1$　　$C_1>C$

注：①本标准适用于一般机械切削加工零件的外角和内角的倒圆、倒角。不适用于有特殊要求的倒圆、倒角。

②α 一般采用45°，也可采用30°或60°。

③R_1、C_1 的偏差为正，R、C 的偏差为负。

④按上述关系装配时，内角与外角取值要适当，外角的倒圆或倒角过大会影响零件工作面；内角的倒圆或倒角过小会产生应力集中。

附表-5-6 圆柱形轴伸（GB1569—90） （单位：mm）

	d	10，11	12，14	16，18，19	20，22，24	25，28	30，32，35，38
	L	23/20	30/25	40/28	50/36	60/42	80/58
	d	40，42，45，48，50，55，56	60，63，65，70，71，75	80，85，90，95	100，110，120，125	130，140，150	160，170，180
	L	110/82	140/105	170/130	210/165	250/200	300/240

注：①L 分式表示：长系列/短系列。

②轴径 d 公差：$d \leqslant 30$mm 时，为 j6；30mm$<d\leqslant 50$mm 时，为 k6；$d>50$mm 时，为 m6。

③圆锥形轴伸见 GB1570—90。

附表-5-7 开槽圆柱头螺钉（GB/T65—2000） （单位：mm）

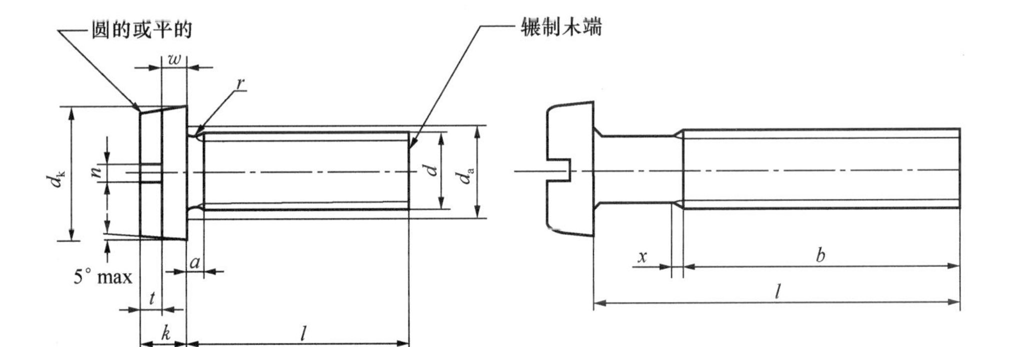

螺纹规格 d		M1.6	M2	M2.5	M3	(M3.5)①	M4	M5	M6	M8	M10
P②		0.35	0.4	0.45	0.5	0.6	0.7	0.8	1	1.25	1.5
a	max	0.7	0.8	0.9	1	1.2	1.4	1.6	2	2.5	3
b	min	25	25	25	25	38	38	38	38	38	38
d_k	公称=max	3.00	3.80	4.50	5.50	6.00	7.00	8.50	10.00	13.00	16.00
	min	2.86	3.62	4.32	5.32	5.82	6.78	8.28	9.78	12.73	15.73
d_a	max	2	2.6	3.1	3.6	4.1	4.7	5.7	6.8	9.2	11.2
k	公称=max	1.10	1.40	1.80	2.00	2.40	2.60	3.30	3.9	5.0	6.0
	min	0.96	1.26	1.66	1.86	2.26	2.46	3.12	3.6	4.7	5.7
n	公称	0.4	0.5	0.6	0.8	1	1.2	1.2	1.6	2	2.5
	max	0.60	0.70	0.80	1.00	1.20	1.51	1.51	1.91	2.31	2.81
	min	0.46	0.56	0.66	0.86	1.06	1.26	1.26	1.66	2.06	2.56
r	min	0.1	0.1	0.1	0.1	0.1	0.2	0.2	0.25	0.4	0.4
t	min	0.45	0.6	0.7	0.85	1	1.1	1.3	1.6	2	2.4
w	min	0.4	0.5	0.7	0.75	1	1.1	1.3	1.6	2	2.4
x	max	0.9	1	1.1	1.25	1.5	1.75	2	2.5	3.2	3.8

l①、③ 公称	min	max	每 1000 件钢螺钉的质量（ρ=7.85kg/dm³）≈kg M1.6	M2	M2.5	M3	(M3.5)	M4	M5	M6	M8	M10
2	1.8	2.2	0.07									
3	2.8	3.2	0.082	0.16	0.272							
4	3.76	4.24	0.094	0.179	0.302	0.515						

续表

l 公称	min	max	M1.6	M2	M2.5	M3	(M3.5)	M4	M5	M6	M8	M10
5	4.76	5.24	0.105	0.198	0.332	0.56	0.786	1.09				
6	5.76	6.24	0.117	0.217	0.362	0.604	0.845	1.17	2.06			
8	7.71	8.29	0.14	0.254	0.422	0.692	0.966	1.33	2.3	3.56		
10	9.71	10.29	0.163	0.291	0.482	0.78	1.08	1.47	2.55	3.92	7.85	
12	11.65	12.35	0.186	0.329	0.542	0.868	1.2	1.63	2.8	4.27	8.49	14.6
(14)	13.65	14.35	0.209	0.365	0.602	0.956	1.32	1.79	3.05	4.62	9.13	15.6
16	15.65	16.35	0.232	0.402	0.662	1.04	1.44	1.95	3.3	4.98	9.77	16.6
20	19.58	20.42		0.478	0.782	1.22	1.68	2.25	3.78	5.69	11	18.6
25	24.58	25.42			0.932	1.44	1.98	2.64	4.4	6.56	12.6	21.1
30	29.58	30.42				1.66	2.28	3.02	5.02	7.45	14.2	23.6
35	34.5	35.5					2.57	3.41	5.62	8.25	15.8	26.1
40	39.5	40.5						3.8	6.25	9.2	17.4	28.6
45	44.5	45.5							6.88	10	18.9	31.1
50	49.5	50.5							7.5	10.9	20.6	33.6
(55)	54.05	55.95								11.8	22.1	36.1
60	59.05	60.95								12.7	23.7	38.6
(65)	64.05	65.95									25.2	41.1
70	69.05	70.95									26.8	43.6
(75)	74.05	75.95									28.3	46.1
80	79.05	80.95									29.8	48.6

注：阶梯实线间为商品长度规格。

①尽可能不采用括号内的规格。

②P 为螺距。

③公称长度在阶梯虚线以上的螺钉，制出全螺纹（$b=l-a$）。

④标记：螺纹规格 d=M5，公称长度 L=20mm，性能等级为 4.8 级，不经表面处理的开槽。圆柱头螺钉的标记示例：螺钉 GB/T65 M5×20。

附表-5-8 开槽沉头螺钉（GB/T68—2000） （单位：mm）

螺纹规格 d		M1.6	M2	M2.5	M3	(M3.5)①	M4	M5	M6	M8	M10
P②		0.35	0.4	0.45	0.5	0.6	0.7	0.8	1	1.25	1.5
a	max	0.7	0.8	0.9	1	1.2	1.4	1.6	2	2.5	3
b	min	25	25	25	25	38	38	38	38	38	38

续表

d_k[③]	理论值	max	3.6	4.4	5.5	6.3	8.2	9.4	10.4	12.6	17.3	20
	实际值	公称=max	3.0	3.8	4.7	5.5	7.3	8.40	9.30	11.30	15.80	18.30
		min	2.7	3.5	4.4	5.2	6.94	8.04	8.94	10.87	15.37	17.78
k[③]		公称=max	1	1.2	1.5	1.65	2.35	2.7	2.7	3.3	4.65	5
n		公称	0.4	0.5	0.6	0.8	1	1.2	1.2	1.6	2	2.5
		max	0.60	0.70	0.80	1.00	1.20	1.51	1.51	1.91	2.31	2.81
		min	0.6	0.56	0.66	0.86	1.06	1.26	1.26	1.66	2.06	2.56
r		max	0.4	0.5	0.6	0.8	0.9	1	1.3	1.5	2	2.5
t		max	0.50	0.6	0.75	0.85	1.2	1.3	1.4	1.6	2.3	2.6
		min	0.32	0.4	0.50	0.60	0.9	1.0	1.1	1.2	1.8	2.0
x		max	0.9	1	1.1	1.25	1.5	1.75	2	2.5	3.2	3.8
l[①④]			每 1000 件钢螺钉的质量（ρ=7.85kg/dm³）									
公称	min	max										
2.5	2.3	2.7	0.053									
3	2.8	3.2	0.058	0.101								
4	3.76	4.24	0.069	0.119	0.206							
5	4.76	5.24	0.081	0.137	0.236	0.335						
6	5.76	6.24	0.093	0.152	0.266	0.379	0.633	0.903				
8	7.71	8.29	0.116	0.193	0.326	0.467	0.753	1.06	1.48	2.38		
10	9.71	10.29	0.139	0.231	0.386	0.555	0.873	1.22	1.72	2.73	5.68	
12	11.65	12.35	0.162	0.268	0.446	0.643	0.993	1.37	1.96	3.08	6.32	9.54
(14)	13.65	14.35	0.185	0.306	0.507	0.731	1.11	1.53	2.2	3.43	6.96	10.6
16	15.65	16.35	0.208	0.343	0.567	0.82	1.23	1.68	2.44	3.78	7.6	11.6
20	19.58	20.42		0.417	0.687	0.996	1.47	2	2.92	4.48	8.88	13.6
25	24.58	25.42			0.838	1.22	1.77	2.39	3.52	5.36	10.5	16.1
30	29.58	30.42				1.44	2.07	2.78	4.12	6.23	12.1	18.7
35	34.5	35.5					2.37	3.17	4.72	7.11	13.7	21.2
40	39.5	40.5						3.56	5.32	7.98	15.3	23.7
45	44.5	45.5							5.92	8.86	16.9	26.2
50	49.5	50.5							6.25	9.73	18.5	28.8
(55)	54.05	55.95								10.6	20.1	31.3
60	59.05	60.95								11.5	21.7	33.8
(65)	64.05	65.95									23.3	36.3
70	69.05	70.95									24.9	38.9
(75)	74.05	75.95									26.5	41.4
80	79.05	80.95									28.1	43.9

注：阶梯实线间为商品长度规格。

①尽可能不采用括号内的规格。

②P 为螺距。

③见 GB/T5279。

④公称长度在阶梯虚线以上的螺钉，制出全螺纹（$b=l-a$）。

⑤螺纹规格 d 为 M5，公称长度 L=20mm，性能等级为 4.8 级、不经表面处理的开槽。

沉头螺钉标记示例：螺钉 GB/T68 M5×20。

附表-5-9 十字槽沉头螺钉（GB/T819.1—2000）

（单位：mm）

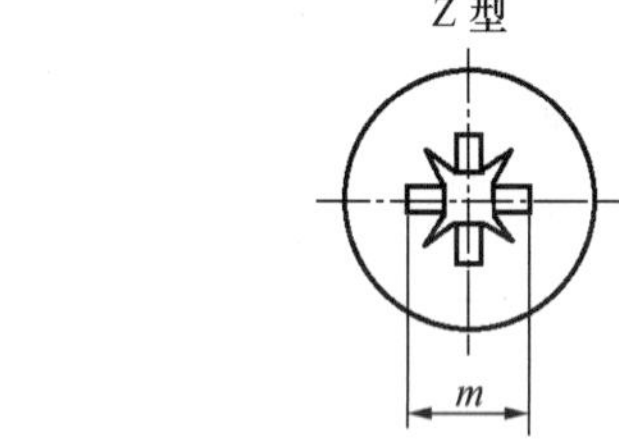

十字槽

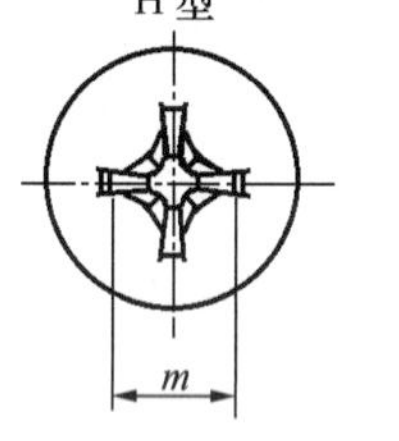

H 型

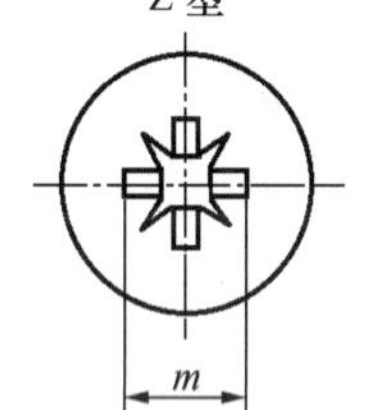

Z 型

螺纹规格 d			M1.6	M2	M2.5	M3	(M3.5)[①]	M4	M5	M6	M8	M10
P[②]			0.35	0.4	0.45	0.5	0.6	0.7	0.8	1	1.25	1.5
a		max	0.7	0.8	0.9	1	1.2	1.4	1.6	2	2.5	3
b		min	25	25	25	25	38	38	38	38	38	38
d_k[③]	理论值	max	3.6	4.4	5.5	6.3	8.2	9.4	10.4	12.6	17.3	20
	实际值	公称=max	3.0	3.8	4.7	5.5	7.30	8.40	9.30	11.30	15.80	18.30
		min	2.7	3.5	4.4	5.2	6.94	8.04	8.94	10.87	15.37	17.78
k[③]		公称=max	1	1.2	1.5	1.65	2.35	2.7	2.7	3.3	4.65	5
r		max	0.4	0.5	0.6	0.8	0.9	1	1.3	1.5	2	2.5
x		max	0.9	1	1.1	1.25	1.5	1.75	2	2.5	3.2	3.8
十字槽（系列1，深的[④]）	槽号	No.	0		1		2			3	4	
	H 型	m 参考	1.6	1.9	2.9	3.2	4.4	4.6	5.2	6.8	8.9	10
		插入深度 max	0.9	1.2	1.8	2.1	2.4	2.6	3.2	3.5	4.6	5.7
		插入深度 min	0.6	0.9	1.4	1.7	1.9	2.1	2.7	3.0	4.0	5.1
	Z 型	m 参考	1.6	1.9	2.8	3	4.1	4.4	4.9	6.6	8.8	9.8
		插入深度 max	0.95	1.20	1.73	2.01	2.20	2.51	3.05	3.45	4.60	5.64
		插入深度 min	0.70	0.95	1.48	1.76	1.75	2.06	2.60	3.00	4.15	5.19
l[①⑤]			每 1000 件钢螺钉的质量（ρ=7.85kg/dm³）									
公称	min	max										
3	2.8	3.2	0.058	0.101	0.176							
4	3.76	4.24	0.069	0.119	0.206	0.291						
5	4.76	5.24	0.081	0.137	0.236	0.335	0.573	0.825				
6	5.76	6.24	0.093	0.152	0.266	0.379	0.633	0.903	1.24			

续表

8	7.71	8.29	0.116	0.193	0.326	0.467	0.753	1.06	1.48	2.38		
10	9.71	10.29	0.139	0.231	0.386	0.555	0.873	1.22	1.72	2.73	5.68	
12	11.65	12.35	0.162	0.268	0.446	0.643	0.993	1.37	1.96	3.08	6.32	9.54
(14)	13.65	14.35	0.185	0.306	0.507	0.731	1.11	1.53	2.2	3.43	6.96	10.6
16	15.65	16.35	0.208	0.343	0.567	0.82	1.23	1.68	2.44	3.78	7.6	11.6
20	19.58	20.42		0.417	0.687	0.996	1.47	2	2.92	4.48	8.88	13.6
25	24.58	25.42			0.838	1.22	1.77	2.39	3.52	5.36	10.5	16.1
30	29.58	30.42				1.44	2.07	2.78	4.12	6.23	12.1	18.7
35	34.5	35.5					2.37	3.17	4.72	7.11	13.7	21.2
40	39.5	40.5						3.56	5.32	7.98	15.3	23.7
45	44.5	45.5							5.92	8.86	16.9	26.2
50	49.5	50.5							6.52	9.73	18.5	28.8
(55)	54.05	55.95								10.6	20.1	31.3
60	59.05	60.95								11.5	21.7	33.8

注：阶梯实线间为商品长度规格。

①尽可能不采用括号内的规格。

②P 为螺距。

③见 GB/T5279。

④见 GB/T5279.2。

⑤公称长度在阶梯虚线以上的螺钉，制出全螺纹（$b=l-a$）。

⑥螺纹规格 d 为 M5，公称长度 $L=20$mm，性能等级为 4.8 级，H 型十字槽，不经表面处理的 A 级十字槽沉头螺钉的标记：螺钉 GB/T819.1 M5×20。

附表-5-10　精密机械用十字槽螺钉（GB/T13806.1—1992）　　（单位：mm）

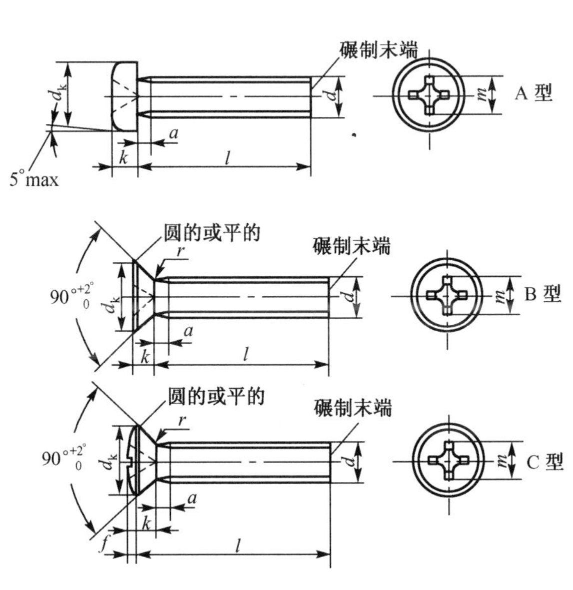

标记示例：

螺纹规格 d = M1.6、公称长度 l = 2.5mm、产品等级为 F 级、不经表面处理、用 Q215 制造的 A 型十字槽圆柱头螺钉记为：

螺钉　GB/T13806.1 M1.6×2.5

产品等级为 A 级、用 H68 制造，B 型，其余同上记为：

螺钉　GB/T13806.1 BM1.6×2.5—AH68

续表

螺纹规格				d	M1.2	(M1.4)	M1.6	M2	M2.5	M3
a				max	0.5	0.6	0.7	0.8	0.9	1
d_k	max	A 型			2	2.3	2.6	3	3.8	5
		B 型			2	2.35	2.7	3.1	3.8	5.5
		C 型			2.2	2.5	2.8	3.5	4.3	5.5
k	max	A 型			0.55			0.7	0.9	1.4
		B、C 型			0.7		0.8	0.9	1.1	1.4
H 型十字槽	槽号	No			0				1	
	插入深度	A 型		min	0.20	0.25	0.28	0.30	0.40	0.85
				max	0.32	0.35	0.40	0.45	0.60	1.10
		B 型		min	0.5		0.6	0.7	0.8	1.1
				max	0.7		0.8	0.9	1.1	1.4
		C 型		min	0.7		0.8	0.9	1.1	1.2
				max	0.9		1.0	1.1	1.4	1.5
l①	长度范围				1.6～4	1.8～5	2～6	2.5～8	3～10	4～10
材料					钢：Q215；铜：H68、HPb59—1					
表面处理					1）不经表面处理　2）氧化　3）镀锌钝化					

注：尽可能不采用括号内规格。

①长度系列（单位为 mm）为 1.6、(1.8)、2、(2.2)、2.5、(2.8)、3、(3.5)、4、(4.5)、5、(5.5)、6、(7)、8、(9)、10。

附表-5-11　开槽大圆柱头螺钉（GB/T833—1988）**和开槽球面大圆柱头螺钉**（GB/T947—1988）

GB/T 833　　GB/T 947

标记示例：

螺纹规格 d=M5、公称长度 l=20mm、性能等级为 4.8 级、不经表面处理的开槽大圆柱头螺钉和开槽球面大圆柱头螺钉分别标记为：

螺钉　GB/T833　M5×20

螺钉　GB/T947　M5×20

（单位：mm）

螺纹规格	d	M1.6	M2	M2.5	M3	M4	M5	M6	M8	M10
d_k	max	6	7	9	11	14	17	20	25	30
k	max	1.2	1.4	1.8	2	2.8	3.5	4	5	6
a	max	0.7	0.8	0.9	1	1.4	1.6	2	2.5	3
n	公称	0.4	0.5	0.6	0.8	1.0	1.2	1.5	2.0	2.5
t	min	0.6	0.7	0.9	1	1.4	1.7	2.0	2.5	3
W	min	0.26	0.36	0.56	0.66	1.06	1.22	1.3	1.5	1.8
l① 长度范围	GB/T833	2.5～5	3～6	4～8	4～10	5～12	6～14	8～16	10～16	12～20
	GB/T947	2～5	2.5～6	3～8	4～10	5～12	6～14	8～16	10～16	12～20
性能等级	钢	4.8								
	不锈钢	A1—50、C4—50								
表面处理	钢	1）不经处理　2）镀锌钝化								
	不锈钢	不经处理								

①长度系列（单位为 mm）为 2.5、3、4、5、6～16（2 进位）、20。

附表-5-12　圆锥销（GB/T117—2000）

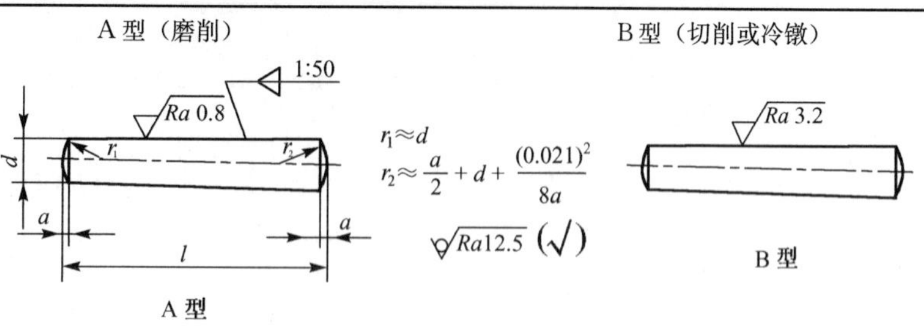

标记示例

公称直径 d =10mm、长度 l=60mm、材料为 35 钢、热处理硬度 28～38HRC、表面氧化处理的 A 型圆锥销：

销　GB/T117　10×60

附表 20　　(单位：mm)

d（公称）	0.6	0.8	1	1.2	1.5	2	2.5	3	4	5
$a\approx$	0.08	0.1	0.12	0.16	0.2	0.25	0.3	0.4	0.5	0.63
l（商品规格范围公称长度）	4～8	5～12	6～16	6～20	8～24	10～35	10～35	12～45	14～55	18～60
d（公称）	6	8	10	12	16	20	25	30	40	50
$a\approx$	0.8	1	1.2	1.6	2	2.5	3	4	5	6.3
l（商品规格范围公称长度）	22～90	22～120	26～160	32～180	40～200	45～200	50～200	55～200	60～200	65～200
l 系列	2，3，4，5，6，8，10，12，14，16，18，20，22，24，26，28，30，32，35，40，45，50，55，60，65，70，75，80，85，90，95，100，120，140，160，180，200									

附表-5-13　圆柱销（GB/T119.1—2000）——不淬硬钢和奥氏体不锈钢

末端形状，由制造者确定

允许倒角或凹穴

≈15°

标记示例

公称直径 d=6mm、公差为 m6、公称长度 l=30、材料为钢、不经淬火、不经表面处理的圆柱销：

销 GB/T119.1　6m6×30

附表 19　　(单位：mm)

公称直径 d（m6/h8）	0.6	0.8	1	1.2	1.5	2	2.5	3	4	5
$c\approx$	0.12	0.16	0.20	0.25	0.30	0.35	0.40	0.50	0.63	0.80
l（商品规格范围公称长度）	2～6	2～8	4～10	4～12	4～16	6～20	6～24	8～30	8～40	10～50
公称直径 d（m6/h8）	6	8	10	12	16	20	25	30	40	50
$c\approx$	1.2	1.6	2.0	2.5	3.0	3.5	4.0	5.0	6.3	8.0
l（商品规格范围公称长度）	12～60	14～80	18～95	22～140	26～180	35～200	50～200	60～200	80～200	95～200
l 系列	2，3，4，5，6，8，10，12，14，16，18，20，22，24，26，28，30，32，35，40，45，50，55，60，65，70，75，80，85，90，95，100，120，140，160，180，200									

注：①材料用钢时硬度要求为 125～245 HV30，用奥氏体不锈钢 A1（GB/T3098.6）时硬度要求 210～280 HV30。

②公差 m6：Ra≤0.8μm；公差 h8：Ra≤1.6μm。

附表-5-14　开口销（GB/T91—2000）

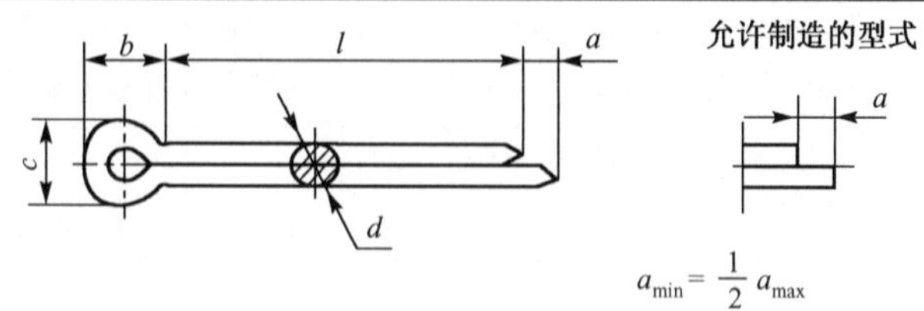

标记示例

公称直径 d=5mm、长度 l=50mm、材料为低碳钢、不经表面处理的开口销：

销　GB/T91　5×50

附表 21　　(单位：mm)

公称规格		0.6	0.8	1	1.2	1.6	2	2.5	3.2	4	5	6.3	8	10	13
d	max	0.5	0.7	0.9	1.0	1.4	1.8	2.3	2.9	3.7	4.6	5.9	7.5	9.5	12.4
	min	0.4	0.6	0.8	0.9	1.3	1.7	2.1	2.7	3.5	4.4	5.7	7.3	9.3	12.1
C	max	1	1.4	1.8	2	2.8	3.6	4.6	5.8	7.4	9.2	11.8	15	19	24.8
	min	0.9	1.2	1.6	1.7	2.4	3.2	4	5.1	6.5	8	10.3	13.1	16.6	21.7
$b\approx$		2	2.4	3	3	3.2	4	5	6.4	8	10	12.6	16	20	26
a_{max}		1.6	1.6	1.6	2.5	2.5	2.5	2.5	3.2	4	4	4	4	6.3	6.3
l（商品规格范围公称长度）		4～12	5～16	6～20	8～26	8～32	10～40	12～50	14～65	18～80	22～100	30～120	40～160	45～200	70～200
l 系列		4，5，6，8，10，12，14，16，18，20，22，24，26，28，30，32，36，40，45，50，55，60，65，70，75，80，85，90，95，100，120，140，160，180，200													

注：公称规格等于开口销孔直径。对销孔直径推荐的公差为：

公称规格≤1.2：H13；

公称规格>1.2：H14。

附表-5-15　六角头螺栓—C 级（GB/T5780—2000）、六角头螺栓—A 和 B 级（GB/T5782—2000）

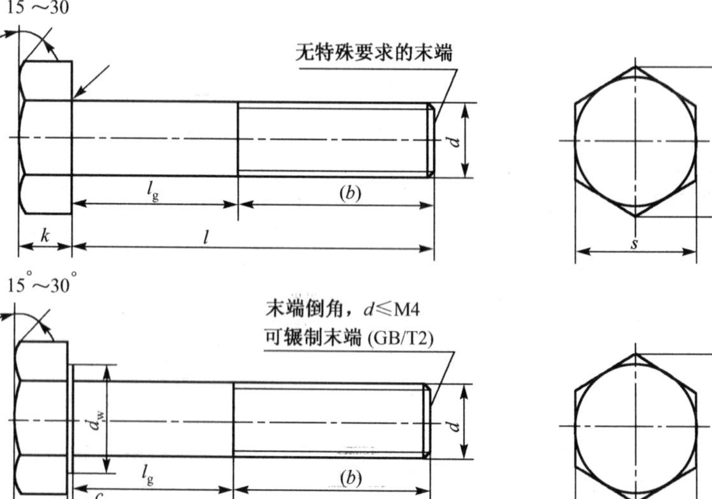

标记示例

螺纹规格 d=M12、公称长度 l=80、性能等级为 8.8 级，表面氧化、A 级的六角头螺栓：

螺栓 GB/T5782　M12×80

附表 6 （单位：mm）

螺纹规格 *d*			M3	M4	M5	M6	M8	M10	M12	M16	M20	M24	M30	M36	M42
b 参考	$l\leqslant125$		12	14	16	18	22	26	30	38	46	54	66	—	—
	$125<l\leqslant200$		18	20	22	24	28	32	36	44	52	60	72	84	96
	$l>200$		31	33	35	37	41	45	49	57	65	73	85	97	109
c			0.4	0.4	0.5	0.5	0.6	0.6	0.6	0.8	0.8	0.8	0.8	0.8	1
d_w	产品等级	A	4.57	5.88	6.88	8.88	11.63	14.63	16.63	22.49	28.19	33.61	—	—	—
		B C	4.45	5.74	6.74	8.74	11.47	14.47	16.47	22	27.7	33.25	42.75	51.11	59.95
e	产品等级	A	6.01	7.66	8.79	11.05	14.38	17.77	20.03	26.75	33.53	39.98	—	—	—
		B C	5.88	7.50	8.63	10.89	14.20	17.59	19.85	26.17	32.95	39.55	50.85	60.79	72.02
k 公称			2	2.8	3.5	4	5.3	6.4	7.5	10	12.5	15	18.7	22.5	26
r			0.1	0.2	0.2	0.25	0.4	0.4	0.6	0.6	0.8	0.8	1	1	1.2
s 公称			5.5	7	8	10	13	16	18	24	30	36	46	55	65
l（商品规格范围）			20～30	25～40	25～50	30～60	40～80	45～100	50～120	65～160	80～200	90～240	110～300	140～360	160～440
l 系列			12，16，20，25，30，35，40，45，50，55，60，65，70，80，90，100，110，120，130，140，150，160，180，200，220，240，260，280，300，320，340，360，380，400，420，440，460，480，500												

注：①A 级用于 $d\leqslant24$ 和 $l\leqslant10d$ 或 $\leqslant150$ 的螺栓；B 级用于 $d>24$ 和 $l>10d$ 或 >150 的螺栓。
②螺纹规格 *d* 范围：GB/T5780 为 M5～M64；GB/T5782 为 M1.6～M64。
③公称长度 *l* 范围：GB/T5780 为 25～500；GB/T5782 为 12～500。

附表-5-16 螺母

六角螺母—C 级（GB/T41—2000）　1 型六角螺母—A 级和 B 级（GB/T6170—2000）　六角薄螺母（GB/T6172.1—2000）

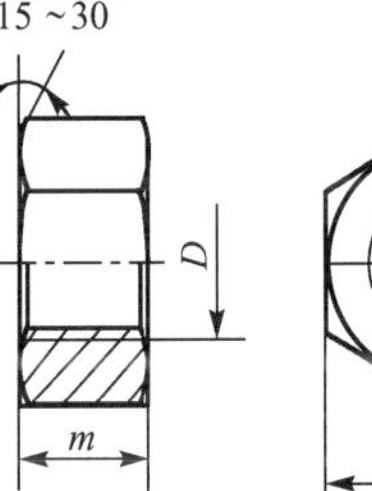

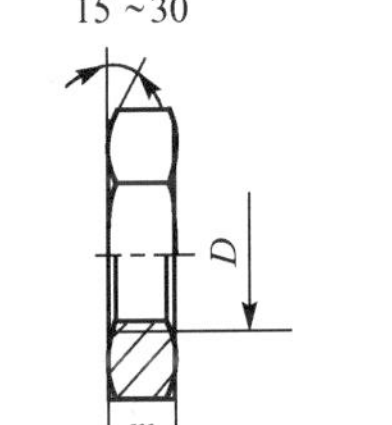

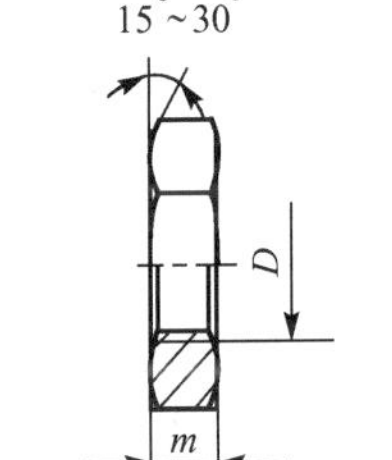

标记示例

螺纹规格 D=M12、性能等级为 5 级、不经表面处理、C 级的六角螺母：

螺母 GB/T41 M12

螺纹规格 D=M12、性能等级为 8 级、不经表面处理、A 级的 1 型六角螺母：

螺母 GB/T6170 M12

附表 12 （单位：mm）

螺纹规格 D		M3	M4	M5	M6	M8	M10	M12	M16	M20	M24	M30	M36	M42
e	GB/T41			8.63	10.89	14.20	17.59	19.85	26.17	32.95	39.55	50.85	60.79	72.02
	GB/T6170	6.01	7.66	8.79	11.05	14.38	17.77	20.03	26.75	32.95	39.55	50.85	60.79	72.02
	GB/T6172.1	6.01	7.66	8.79	11.05	14.38	17.77	20.03	26.75	32.95	39.55	50.85	60.79	72.02
s	GB/T41			8	10	13	16	18	24	30	36	46	55	65
	GB/T6170	5.5	7	8	10	13	16	18	24	30	36	46	55	65
	GB/T6172.1	5.5	7	8	10	13	16	18	24	30	36	46	55	65
m	GB/T41			5.6	6.1	7.9	9.5	12.2	15.9	18.7	22.3	26.4	31.5	34.9
	GB/T6170	2.4	3.2	4.7	5.2	6.8	8.4	10.8	14.8	18	21.5	25.6	31	34
	GB/T6172.1	1.8	2.2	2.7	3.2	4	5	6	8	10	12	15	18	21

注：A 级用于 D≤16；B 级用于 D>16。

附表-5-17 圆螺母（GB/T812—1988） （单位：mm）

$D\leqslant$M100×2，槽数 $n=4$

$D\geqslant$M105×2，槽数 $n=6$

标记示例

螺纹规格 $D\times P$=M16×1.5，材料为 45 钢、槽或全部热处理后，硬度为 35～45HRC，表面氧化的圆螺母的标记：

螺母 GB/T812—2000 M16×1.5

螺纹规格 $D\times P$	d_k	d_1	*m*	*h*/min	*t*/min	*c*	c_1	螺纹规格 $D\times P$	d_k	d_1	*m*	*h*/min	*t*/min	*c*	c_1
M10×1	22	16	8	4	2	0.5	0.5	M35×1.5*	52	43	10	6	3	1	0.5
M12×1.25	25	19						M36×1.5	55	46					
M14×1.5	28	20						M39×1.5	58	49				1.5	
M16×1.5	30	22		5	2.5			M40×1.5*	58	49					
M18×1.5	32	24						M42×1.5	62	53					
M20×1.5	35	27						M45×1.5	68	59					
M22×1.5	38	30	10					M48×1.5	72	61	12	8	3.5		
M24×1.5	42	34				1		M50×1.5*	72	61					
M25×1.5	42	34						M52×1.5	78	67					
M27×1.5	45	37						M55×2*	78	67					
M30×1.5	48	40						M56×2	85	74					1
M33×1.5	52	43		6	3			M60×2	90	79					

*仅用于滚动轴承锁紧装置。

附表-5-18　平垫圈

小垫圈—A 级 (GB/T 848—2002)　　平垫圈—A 级 (GB/T 97.1—2002)　　平垫圈 倒角型—A 级 (GB/T 97.2—2002)

标记示例

标准系列、规格 8mm、性能等级为 140HV 级、不经表面处理的平垫圈：
垫圈　GB/T97.1　8

附表 13　　(单位：mm)

公称尺寸（螺纹规格 d）		1.6	2	2.5	3	4	5	6	8	10	12	14	16	20	24	30	36
d_1	GB/T848	1.7	2.2	2.7	3.2	4.3	5.3	6.4	8.4	10.5	13	15	17	21	25	31	37
	GB/T97.1	1.7	2.2	2.7	3.2	4.3	5.3	6.4	8.4	10.5	13	15	17	21	25	31	37
	GB/T97.2						5.3	6.4	8.4	10.5	13	15	17	21	25	31	37
d_2	GB/T848	3.5	4.5	5	6	8	9	11	15	18	20	24	28	34	39	50	60
	CB/T97.1	4	5	6	7	9	10	12	16	20	24	28	30	37	44	56	66
	GB/T97.2						10	12	16	20	24	28	30	37	44	56	66
h	GB/T848	0.3	0.3	0.5	0.5	0.8	1	1.6	1.6	2	2.5	2.5	3	3	4	4	5
	GB/T97.1	0.3	0.3	0.5	0.5	0.8	1	1.6	1.6	2	2.5	2.5	3	3	4	4	5
	GB/T97.2						1	1.6	1.6	2	2.5	2.5	3	3	4	4	5

附表-5-19　弹簧垫圈

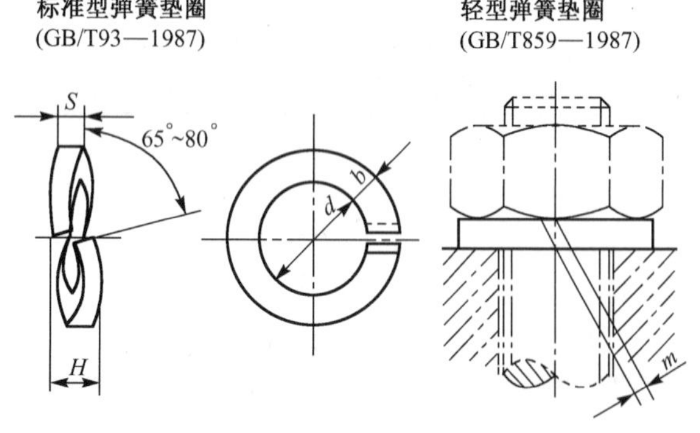

标记示例

规格 16mm、材料为 65Mn、表面氧化的标准型弹簧垫圈：
垫圈　GB/T93　16

续表

附表 14　　(单位：mm)

规格（螺纹大径）		3	4	5	6	8	10	12	(14)	16	(18)	20	(22)	24	(27)	30
d		3.1	4.1	5.1	6.1	8.1	10.2	12.2	14.2	16.2	18.2	20.2	22.5	24.5	27.5	30.5
H	GB/T93	1.6	2.2	2.6	3.2	4.2	5.2	6.2	7.2	8.2	9	10	11	12	13.6	15
	GB/T859	1.2	1.6	2.2	2.6	3.2	4	5	6	6.4	7.2	8	9	10	11	12
S (b)	GB/T93	0.8	1.1	1.3	1.6	2.1	2.6	3.1	3.6	4.1	4.5	5	5.5	6	6.8	7.5
S	GB/T859	0.6	0.8	1.1	1.3	1.6	2	2.5	3	3.2	3.6	4	4.5	5	5.5	6
m≤	GB/T93	0.4	0.55	0.65	0.8	1.05	1.3	1.55	1.8	2.05	2.25	2.5	2.75	3	3.4	3.75
	GB/T859	0.3	0.4	0.55	0.65	0.8	1	1.25	1.5	1.6	1.8	2	2.25	2.5	2.75	3
b	GB/T859	1	1.2	1.5	2	2.5	3	3.5	4	4.5	5	5.5	6	7	8	9

注：①括号内的规格尽可能不采用。
②m 应大于零。

附表-5-20　圆螺母用止动垫圈（GB/T858—1988）　　(单位：mm)

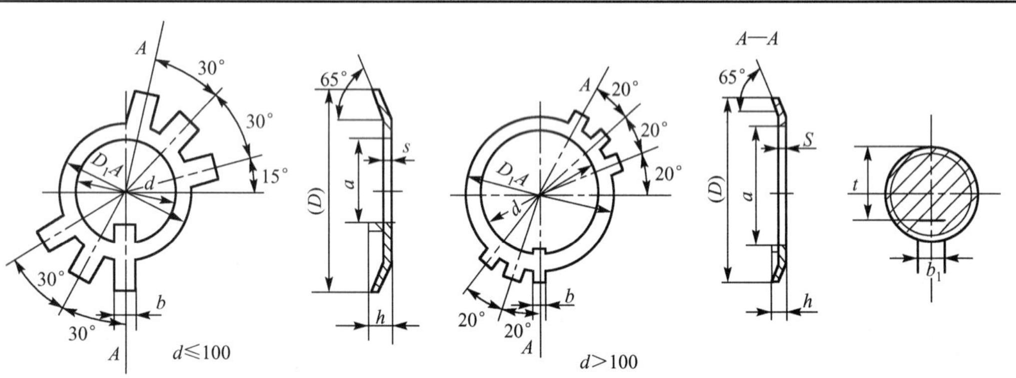

标记示例

规格为 16mm、材料为 Q235A、经退火、表面氧化的圆螺母用止动垫圈：
垫圈 GB/T858—1988　16

规格（螺纹直径）	d	(D)	D_1	S	b	a	h	轴端 b_1	轴端 t	规格（螺纹直径）	d	(D)	D_1	S	b	a	h	轴端 b_1	轴端 t
10	10.5	25	16	1	3.8	8	3	4	7	35*	35.5	56	43	1.5	5.7	32	5	6	—
12	12.5	28	19			9			8	36	36.5	60	46			33			32
14	14.5	22	20			11			10	39	39.5	62	49			36			35
16	16.5	34	22		4.8	13		5	12	40*	40.5	62	49			37			—
18	18.5	35	24			15	4		14	42	42.5	66	53			39			38
20	20.5	38	27			17			16	45	45.5	72	59			42			41
22	22.5	42	30			19			18	48	48.5	76	61		7.7	45		8	44
24	24.5	45	34			21			20	50*	50.5	76	61			47			—
25*	25.5	45	34			22	5		—	52	52.5	82	67			49	6		48
27	27.5	48	37			24			23	55*	56	82	67			52			—
30	30.5	52	40			27			26	56	57	90	74			53			52
33	33.5	56	43	1.5	5.7	30		6	29	60	61	94	79			57			56

* 仅用于滚动轴承锁紧装置。

附表-5-21 紧定螺钉

开槽锥端紧定螺钉 (GB/T71—1985)　　开槽平端紧定螺钉 (GB/T73—1985)　　开槽长圆柱端紧定螺钉 (GB/T75—1985)

标记示例

螺纹规格 d=M5、公称长度 l=12、性能等级为 14H 级、表面氧化的开槽长圆柱端紧定螺钉：
螺钉 GB/T75　M5×12

附表 11　　　　(单位：mm)

螺纹规格 d		M1.6	M2	M2.5	M3	M4	M5	M6	M8	M10	M12
P（螺距）		0.35	0.4	0.45	0.5	0.7	0.8	1	1.25	1.5	1.75
n		0.25	0.25	0.4	0.4	0.6	0.8	1	1.2	1.6	2
t		0.74	0.84	0.95	1.05	1.42	1.63	2	2.5	3	3.6
d_t		0.16	0.2	0.25	0.3	0.4	0.5	1.5	2	2.5	3
d_p		0.8	1	1.5	2	2.5	3.5	4	5.5	7	8.5
z		1.05	1.25	1.5	1.75	2.25	2.75	3.25	4.5	5.3	6.3
l	GB/T71—1985	2~8	3~10	3~12	4~16	6~20	8~25	8~30	10~40	12~50	14~60
	GB/T73—1985	2~8	2~10	2.5~12	3~16	4~20	5~25	6~30	8~40	10~50	12~60
	GB/T75—1985	2.5~8	3~10	4~12	5~16	6~20	8~25	10~30	10~40	12~50	14~60
l 系列		2，2.5，3，4，5，6，8，10，12，(14)，16，20，25，30，35，40，45，50，(55)，60									

注：①l 为公称长度。
②括号内的规格尽可能不采用。

附表-5-22 普通型平键（GB/T1096—2003）

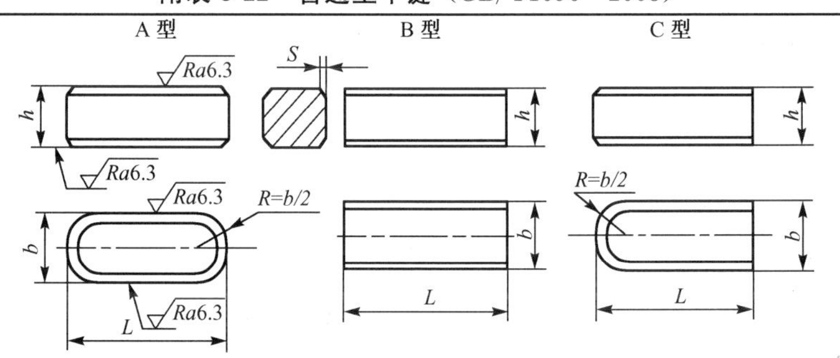

标记示例

宽度 b=18mm、高度 h=11mm、长度 L=100mm 普通 A 型平键的标记：
GB/T1096　键 18×100
宽度 b=18mm、高度 h=11mm、长度 L=100mm 普通 B 型平键的标记：
GB/T1096　键 B18×100
宽度 b=18mm、高度 h=11mm、长度 L=100mm 普通 C 型平键的标记：
GB/T1096　键 C18×100

附表 16　　　　(单位：mm)

宽度 b	基本尺寸	2	3	4	5	6	8	10	12	14	16	18	20	22
	极限偏差（h8）	0 −0.014		0 −0.018			0 −0.022		0 −0.027				0 −0.033	

续表

		基本尺寸	2	3	4	5	6	7	8	8	9	10	11	12	14
高度 h	极限偏差	矩形（h11）	—		—			0 −0.090				0 −0.110			
		方形（h8）	0 −0.014		0 −0.018			—				—			
倒角或倒圆 s			0.16~0.25			0.25~0.40			0.40~0.60					0.60~0.80	
长度 L															
基本尺寸	极限偏差（h14）														
6	0 −0.36				—	—	—	—	—	—	—	—	—	—	—
8						—	—	—	—	—	—	—	—	—	—
10							—	—	—	—	—	—	—	—	—
12	0 −0.43						—	—	—	—	—	—	—	—	—
14								—	—	—	—	—	—	—	—
16								—	—	—	—	—	—	—	—
18					标				—	—	—	—	—	—	—
20	0 −0.52								—	—	—	—	—	—	—
22			—			准				—	—	—	—	—	—
25			—							—	—	—	—	—	—
28			—				长				—	—	—	—	—
32	0 −0.62		—								—	—	—	—	—
36			—					度				—	—	—	—
40			—	—								—	—	—	—
45			—	—					范				—	—	—
50			—	—	—									—	—
56	0 −0.74		—	—	—					围					—
63			—	—	—	—									
70			—	—	—	—									
80			—	—	—	—	—								

附表-5-23 普通型半圆键（GB/T1099.1—2003）

标记示例

宽度 b=6mm、高度 h=10mm、直径 D=25mm 普通半圆键的标记：
GB/T1099.1　键 6×25

续表

附表 18 （单位：mm）

键尺寸 $b\times h\times D$	宽度 b		高度 h		直径 D		$L\approx$	S	
	基本尺寸	极限偏差 (h9)	基本尺寸	极限偏差 (h12)	基本尺寸	极限偏差 (h12)		min	max
1×1.4×4	1.0	0 −0.025	1.4	0 −0.060	4	0 −0.120	3.9	0.16	0.25
1.5×2.6×7	1.5		2.6		7	0 −0.150	6.8		
2×2.6×7	2.0		2.6		7		6.8		
2×3.7×10	2.0		3.7	0 −0.075	10		9.7		
2.5×3.7×10	2.5		3.7		10		9.7		
3×5×13	3.1		5.0		13	0 −0.180	12.7		
3×6.5×1.6	3.0		6.5	0 −0.090	16		15.7		
4×6.5×16	4.0	0 −0.030	6.5		16		15.7	0.25	0.40
4×7.5×19	4.0		7.5		19	0 −0.210	18.6		
5×6.5×16	5.0		6.5		16	0 −0.180	15.7		
5×7.5×19	5.0		7.5		19	0 −0.210	18.6		
5×9×22	5.0		9.0		22		21.6		
6×9×22	6.0		9.0		22		21.6		
6×10×25	6.0		10.0		25		24.5		
8×11×28	8.0	0 −0.036	11.0	0 −0.110	28		27.4	0.40	0.60
10×13×32	10.0		13.0		32	0 −0.250	31.4		

附表-5-24 孔用弹性挡圈—A 型（GB/T893.1—1986） （单位：mm）

d_3—允许套入的最佳轴径

标记示例

孔径 d_0=50mm、材料 65Mn、热处理硬度 44～51HRC、经表面氧化处理的 A 型孔用弹性挡圈：

挡圈 GB/T893.1—1986 50

续表

孔径 d_0	挡圈											沟槽（推荐）					轴 $d_3\leqslant$
	D	d	a_{max}	R	s	$b\approx$	c	d_1	R_1	R_2	a	d_2		m		n	
												基本尺寸	极限偏差	基本尺寸	极限偏差	$\geqslant$	
50	54.2	47.5	7.35	23.3	2	4.7	1.2	3	3	1.5	45°	53	+0.30 0	2.2	+0.14 0	45	36
52	56.2	59.5		24.3								55					38
55	59.2	52.2		25.8								58					40
56	60.2	52.4		26.3		5.2	1.3					59					41
58	62.2	54.4		27.3							36°	61					43
60	64.2	56.4		28.3								63					44
62	66.2	58.4		29.3								65					45
63	67.2	59.4		29.8					4	2		66					46
65	59.2	61.4	8.75	30.4	2.5							68		2.7			48
68	72.5	63.9	8.8	32		5.7	1.4					71					50
70	74.5	65.9		33								73					53
72	76.5	67.9		34								75					55
75	79.5	70.1	9	35.3		6.3	1.6					78					56
78	82.5	73.1	9.4	36.5								81	+0.35 0				60
80	85.5	75.3	9.7	37.7		6.8	1.7					83.5				5.3	63
82	87.5	77.3		38.7							30°	85.5					65
85	90.5	80.3		40.2								88.5					68
88	93.5	82.6		41.7		7.3	1.8					91.5					70
90	95.5	84.5		42.7								93.5					72
92	97.5	86		43.7		7.7	1.9					95.5					73
95	100.5	88.9		45.2								98.5					75
98	103.5	92	10.7	46.7					5	2.5		101.5					78
100	105.5	93.9		47.7								103.5					80
102	108	95.9	10.75	48.9	3	8.1	2	4				106	+0.54 0	3.2	+0.18 0	6	82
105	112	99.6	11.25	50.4								109					83
108	115	101.8		51.9		8.8	2.2					112					86
110	117	103.8		52.9								114					88
112	119	105.1		53.9		9.3	2.3					116					89
115	122	108.1	11.35	55.5								119					90
120	127	113	11.45	57.8								124	+0.63 0				95
125	132	117		60.3		10	2.5					129					100
130	137	121		62.8		10.7	2.7					134					105
135	142	126		65.3								139					110
140	147	131		67.8								144					115
145	152	135.7	12.45	70.3		10.9	2.75		6	3		149					118
150	158	141.2	12.95	72.8			2.8					155					121

注：①材料：65Mn、60Si2MnA。

②热处理（淬火并回火）：$d_0\leqslant$48mm、硬度为 47～54HRC；$d_0>$48mm、硬度为 44～51HRC。

附表-5-25　轴用弹性挡圈—A型（GB/T894.1—1986）　　（单位：mm）

d_3- 允许套入的最小轴径

标记示例

公称直径 d_0=50mm、材料为 65Mn、热处理 44～51HRC、经表面氧化的 A 型轴用弹性挡圈：

挡圈　GB/T894.1—1986　50

轴径 d_0	挡圈											沟槽（推荐）					孔 d_3≥
	d	s	b≈	d_1	D	R	R_1	B_1	B_2	L	c	d_2		m		n≥	
	基本尺寸	基本尺寸									基本尺寸	基本尺寸	极限偏差	基本尺寸	极限偏差		
20	18.5	1	2.68	2	22.5	13.3	11.2	2.5	8.5	14.5	0.67	19	0 −0.13	1.1	+0.14 0	1.5	29
21	19.5				23.5	13.9	11.8					20					31
22	20.5				24.5	14.5	12.4					21					32
24	22.2	1.2	3.32		27.2	15.5	13.3				0.83	22.9	0 −0.21	1.3		1.7	34
25	23.2				28.2	16	13.8					23.9					35
26	24.2				29.2	16.6	14.4					24.9					36
28	25.9		3.6		31.3	17.7	15.3	3	11	19	0.9	26.6				2.1	38.4
29	26.9		3.72		32.5	18.3	15.9				0.93	27.6					39.4
30	27.9				33.5	18.9	16.5					28.6					42
32	29.6		3.92	2.5	35.5	20	17.4				0.98	30.3	0 −0.25			2.6	44
34	31.5	1.5	4.32		38	21.2	18.5				1.08	32.3		1.7			46
35	32.2		4.52		39	21.7	18.9				1.13	33				3	48
36	33.2				40	22.2	19.4					34					49
37	34.2				41	22.7	19.9					35					50
38	35.2		5.0		42.7	23.4	20.5				1.25	36					51
40	36.5				44	24.3	21.3					37.5				3.8	53
42	38.5			3	46	25.8	22.5					39.5					56
45	41.5				49	27.5	24.1					42.5					59.4
48	44.5				52	29.5	25.7					45.5					62.8
50	45.8	2	5.48		54	29.8	26.4	4	12	20	1.37	47		2.2		4.5	64.8
52	47.8				56	30.9	27.4					49					67
55	50.8				59	32.6	29					52	0 −0.30				70.4
56	51.8		6.12		61	33.2	29.6					53					71.7
58	53.8				63	34.2	30.6				1.53	55					73.6
60	55.8				65	35.3	31.6					57					75.8
62	57.8				67	36.4	42.7					69					79
63	58.8	2.5			68	37	33.2					60		2.7			79.6
65	60.8				70	38.2	34.3					62					81.6
68	63.5		6.32		73	39.8	35.8				1.58	65					85
70	65.5				75	41.4	37.3					67					87.2
72	67.5				77	41.95	37.9					69					89.4
75	70.5				80	73.7	39.5					72					92.8
78	73.5				83	45.4	41.4					75					96.2
80	74.5		7.0		85	45.9	41.6					76.5					98.2

注：①热材料：65Mn、60Si2MnA。

②热处理 d_0≤48mm、硬度为 47～54HRC；d_0>48mm、硬度为 44～51HRC。

附表-5-26　螺钉紧固轴端挡圈（GB/T891—1986）**和螺栓紧固轴端挡圈**（GB/T892—1986）　（单位：mm）

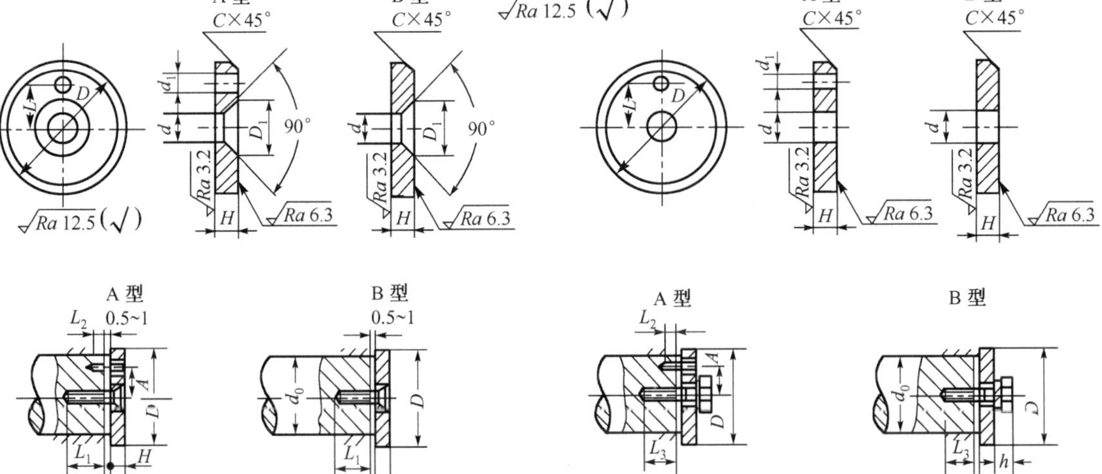

标记示例

公称直径 D=45mm、材料为 Q235A、不经表面处理的 A 型螺栓紧固轴端挡圈：

挡圈　GB/T892—1986　45

按 B 型制造时，应加标记 B：

挡圈　GB/T892—1986　B45

轴径 d_0≤	公称直径 D	H		L		d	d_1	D_1	c	螺栓 GB/T5781—2000（推荐）	螺钉 GB/T819.1—2000（推荐）	圆柱销 GB/T119—2000（推荐）	垫圈 GB/T93—1987（推荐）	安装尺寸			
		基本尺寸	极限偏差	基本尺寸	极限偏差									L_1	L_2	L_3	h
20	28	4	0 −0.30	7.5	±0.11	5.5	2.1	11	0.5	M5×16	M5×12	A2×10	5	14	6	16	5.1
22	30	4		7.5													
25	32	5		10		6.6	3.2	13	1	M6×20	M6×16	A3×12	6	18	7	20	6
28	35	5		10													
30	38	5		10													
32	40	5		12	±0.135												
35	45	5		12													
40	50	5		12		9	4.2	17	1.5	M8×25	M8×20	A4×14	8	22	8	24	8
45	55	6		16													
50	60	6		16													
55	65	6		16	±0.165												
60	70	6		20													
65	75	6		20													
70	80	6		20													
75	90	8	0 −0.36	25		13	5.2	25	2	M12×30	M12×25	A5×6	12	26	10	28	1.5
85	100	8		25													

注：①当挡圈安装在带螺纹孔的轴端时，紧固用螺栓允许加长。

②CB/T891—1986 的标记同 CB/T892—1986。

③材料为 Q235A、35 和 45。

附表-5-27　普通螺纹收尾、肩距、退刀槽、倒角（GB/T3—1997）　　（单位：mm）

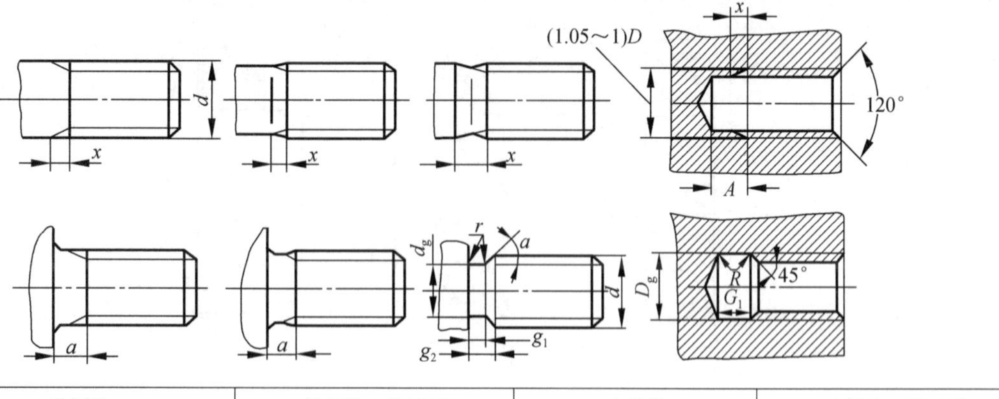

螺距 P	外螺纹					外螺纹、退刀槽				内螺纹				内螺纹、退刀槽			
	收尾 x		肩距 a			g_2 max	g_1 min	d_g	r ≈	收尾 x		肩距 A		G_1		D_g	R ≈
	一般	短	一般	长	短					一般	短	一般	长	一般	短		
0.2	0.5	0.25	0.6	0.8	0.4	—	—	—	—	0.8	0.4	1.2	1.6	—	—	—	—
0.25	0.6	0.3	0.75	1	0.5	0.75	0.4	$d-0.4$	0.12	1	0.5	1.5	2				
0.3	0.75	0.4	0.9	1.2	0.6	0.9	0.5	$d-0.5$	0.16	1.2	0.6	1.8	2.4				
0.35	0.9	0.45	1.05	1.4	0.7	1.05	0.6	$d-0.6$	0.16	1.4	0.7	2.2	2.8				
0.4	1	0.5	1.2	1.6	0.8	1.2	0.6	$d-0.7$	0.2	1.6	0.8	2.5	3.2				
0.45	1.1	0.6	1.35	1.8	0.9	1.35	0.7	$d-0.7$	0.2	1.8	0.9	2.8	3.6				
0.5	1.25	0.7	1.5	2	1	1.5	0.8	$d-0.8$	0.2	2	1	3	4	2	1	$D+0.3$	0.2
0.6	1.5	0.75	1.8	2.4	1.2	1.8	0.9	$d-1$	0.4	2.4	1.2	3.2	4.8	2.4	1.2		0.3
0.7	1.75	0.9	2.1	2.8	1.4	2.1	1.1	$d-1.1$	0.4	2.8	1.4	3.5	5.6	2.8	1.4		0.4
0.75	1.9	1	2.25	3	1.5	2.25	1.2	$d-1.2$	0.4	3	1.5	3.8	6	3	1.5		0.4
0.8	2	1	2.4	3.2	1.6	2.4	1.3	$d-1.3$	0.4	3.2	1.6	4	6.4	3.2	1.6		0.4
1	2.5	1.25	3	4	2	3	1.6	$d-1.6$	0.6	4	2	5	8	4	2	$D+0.5$	0.5
1.25	3.2	1.6	4	5	2.5	3.75	2	$d-2$	0.6	5	2.5	6	10	5	2.5		0.6
1.5	3.8	1.9	4.5	6	3	4.5	2.5	$d-2.3$	0.8	6	3	7	12	6	3		0.8
1.75	4.3	2.2	5.3	7	3.5	5.25	3	$d-2.6$	1	7	3.5	9	14	7	3.5		0.9
2	5	2.5	6	8	4	6	3.4	$d-3$	1	8	4	10	16	8	4		1
2.5	6.3	3.2	7.5	10	5	7.5	4.4	$d-3.6$	1.2	10	5	12	18	10	5		1.2
3	7.5	3.8	9	12	6	9	5.2	$d-4.4$	1.6	12	6	14	22	12	6		1.5
3.5	9	4.5	10.5	14	7	10.5	6.2	$d-5$	1.6	14	7	16	24	14	7		1.8
4	10	5	12	16	8	12	7	$d-5.7$	2	16	8	18	26	16	8		2
4.5	11	5.5	13.5	18	9	13.5	8	$d-6.4$	2.5	18	9	21	29	18	9		2.2
5	12.5	6.3	15	20	10	15	9	$d-7$	2.5	20	10	23	32	20	10		2.5
5.5	14	7	16.5	22	11	17.5	11	$d-7.7$	3.2	22	11	25	35	22	11		2.8
6	15	7.5	18	24	12	18	11	$d-8.3$	3.2	24	12	28	38	24	12		3

注：①外螺纹倒角和退刀槽过渡角一般按 45°，也可按 60°或 30°，当按 60°或 30°倒角时，倒角深度约等于螺纹深度。
②内螺纹倒角一般是 120°锥角，也可以是 90°锥角。
③细牙螺纹按本表螺距 P 选用。
④表中 l、a、a_1、b、b_1，均为一般值，需特殊值时见 GB/T3—1997。

六、滚动轴承尺寸及性能参数

附表-6-1　深沟球轴承（GB/T276—1994）

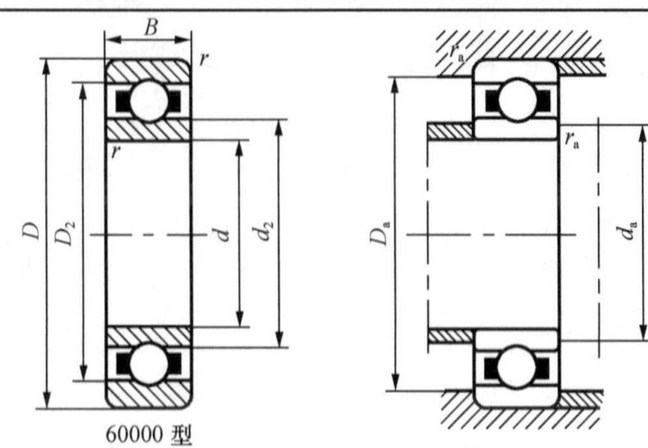

轴承代号	基本尺寸				安装尺寸			基本额定载荷		极限转速	
60000 型	d	D	B	r min	d_a min	D_a max	r_a max	C_r	C_{or}	脂润滑	油润滑
—	mm				mm			kN		r/min	
618/1	1	3	1	0.05	1.4	2.6	0.05	0.08	0.02	38000	48000
619/1		4	1.6	0.1	1.8	3.2	0.1	0.15	0.05	38000	48000
618/8	8	16	4	0.2	9.6	14.4	0.2	1.35	0.65	30000	38000
619/8		19	6	0.3	10.4	16.6	0.3	2.25	0.92	28000	36000
608		22	7	0.3	10.4	19.6	0.3	3.38	1.38	26000	34000
628		24	8	0.3	10.4	21.6	0.3	3.35	1.40	24000	32000
61800	10	19	5	0.3	12.4	16.6	0.3	1.40	0.75	26000	34000
61900		22	6	0.3	12.4	19.6	0.3	3.30	1.40	25000	32000
6000		26	8	0.3	12.4	23.6	0.3	4.58	1.98	20000	28000
6200		30	9	0.6	15.0	25.0	0.6	5.10	2.38	19000	26000
6300		35	11	0.6	15.0	30.0	0.6	7.65	3.48	18000	24000
16001	12	28	7	0.3	14.4	25.6	0.3	5.08	2.38	19000	26000
6001		28	8	0.3	14.4	25.6	0.3	5.10	2.38	19000	26000
6201		32	10	0.6	17.0	27.0	0.6	6.82	3.05	18000	24000
6301		37	12	1	18.0	31.0	1	9.72	5.08	17000	22000
16002	15	32	8	0.3	17.4	29.6	0.3	5.60	2.55	18000	24000
6002		32	9	0.3	17.4	29.6	0.3	5.58	2.85	18000	24000
6202		35	11	0.6	20.0	30.0	0.6	7.65	3.72	17000	22000
6302		42	13	1	21.0	36.0	1	11.5	5.42	16000	20000
6003	17	35	10	0.3	19.4	32.6	0.3	6.00	3.25	17000	22000
6203		40	12	0.6	22.0	35.0	0.6	9.58	4.78	16000	20000
6303		47	14	1	23.0	41.0	1	13.5	6.58	15000	19000
6403		62	17	1.1	24.0	55.0	1	22.5	10.8	11000	15000
6204	20	47	14	1	26.0	41.0	1	12.8	6.65	14000	18000
6304		52	15	1.1	27.0	45.0	1	15.8	7.88	13000	17000
6404		72	19	1.1	27.0	65.0	1	31.0	15.2	9500	13000
6205	25	52	15	1	31	46	1	14.0	7.88	12000	16000
6305		62	17	1.1	32	55	1	22.2	11.5	10000	14000
6405		80	21	1.5	34	71	1.5	38.2	19.2	8500	11000
6006	30	55	13	1	36	49	1	13.2	8.30	10000	14000
6206		62	16	1	36	56	1	19.5	11.5	9500	13000
6306		72	19	1.1	37	65	1	27.0	15.2	9000	12000
6406		90	23	1.5	39	81	1.5	47.5	24.5	8000	10000

续表

轴承代号	基本尺寸				安装尺寸			基本额定载荷		极限转速	
60000 型	d	D	B	r min	d_a min	D_a max	r_a max	C_r	C_{or}	脂润滑	油润滑
—	mm				mm			kN		r/min	
6207	35	72	17	1.1	42	65	1	25.5	15.2	8500	11000
6307		80	21	1.5	44	71	1.5	33.2	19.2	8000	100000
6407		100	25	1.5	44	91	1.5	56.8	29.5	6700	8500
6208	40	80	18	1.1	47	73	1	29.5	18.0	8000	10000
6308		90	23	1.5	49	81	1.5	40.8	24.0	7000	9000
6408		110	27	2	50	100	2	65.5	37.5	6300	8000
61809	45	58	7	0.3	47.4	55.6	0.3	4.65	4.32	8500	11000
61909		68	12	0.6	50	63	0.6	12.8	9.72	8500	11000
16009		75	10	0.6	50	70	0.6	21.0	10.2	8000	10000
6009		75	16	1	51	69	1	21.0	14.8	8000	10000
6209	45	85	19	1.1	52	78	1	31.5	20.5	7000	9000
6309		100	25	1.5	54	91	1.5	52.8	31.8	6300	8000
6409		120	29	2	55	110	2	77.5	45.5	5600	7000
6010	50	80	16	1	56	74	1	22.0	16.2	7000	9000
6210		90	20	1.1	57	83	1	35.0	23.2	6700	8500
6310		110	27	2	60	100	2	61.8	38.0	6000	7500
6410		130	31	2.1	62	118	2.1	92.2	55.2	5300	6700
6211	55	100	21	1.5	64	91	1.5	43.2	29.2	6000	7500
6311		120	29	2	65	110	2	71.5	44.8	5300	6700
6411		140	33	2.1	67	128	2.1	100	62.5	4800	6000
6012	60	95	18	1.1	67	88	1	31.5	24.2	6000	7500
6212		110	22	1.5	69	101	1.5	47.8	32.8	5600	7000
6312		130	31	2.1	72	118	2.1	81.8	51.8	5000	6300
6412		150	35	2.1	72	138	2.1	108	70.0	4500	5600
6231	65	120	23	1.5	74	111	1.5	57.2	40.0	5000	6300
6313		140	33	2.1	77	128	2.1	93.8	60.5	4500	5600
6413		160	37	2.1	77	148	2.1	118	78.5	4300	5300
6214	70	125	24	1.5	79	116	1.5	60.8	45.0	4800	6000
6314		150	35	2.1	82	138	2.1	105	68.0	4300	5300
6414		180	42	3	84	166	2.5	140	99.5	3800	4800
6215	75	130	25	1.5	84	121	1.5	66.0	49.5	4500	5600
6315		160	37	2.1	87	148	2.1	112	76.8	4000	5000
6415		190	45	3	89	176	2.5	155	115	3600	4500

附表-6-2　角接触球轴承（GB/T292—1994）

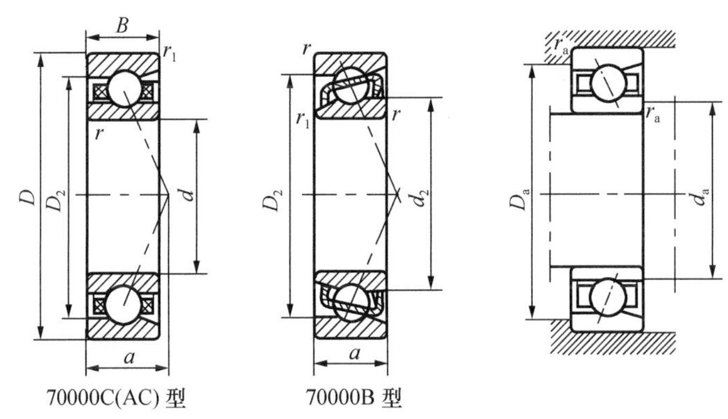

轴承代号	基本尺寸			a	安装尺寸			基本额定载荷		极限转速	
70000C（AC，B）型	d	D	B		d_a min	D_a max	r_a max	C_r	C_{or}	脂润滑	油润滑
—	mm			mm	mm			kN		r/min	
7000C	10	26	8	6.4	12.4	23.6	0.3	4.92	2.25	19000	28000
7000AC		26	8	8.2	12.4	23.6	0.3	4.75	2.12	19000	28000
7200C		30	9	7.2	15	25	0.6	5.82	2.95	18000	26000
7200AC		30	9	9.2	15	25	0.6	5.58	2.82	18000	26000
7001C	12	28	8	6.7	14.4	25.6	0.3	5.42	2.65	18000	26000
7001AC		28	8	8.7	14.4	25.6	0.3	5.20	2.55	18000	26000
7201C		32	10	8	17	27	0.6	7.35	3.52	17000	24000
7201AC		32	10	10.2	17	27	0.6	7.10	3.35	17000	24000
7002C	15	32	9	7.6	17.4	29.6	0.3	6.25	3.42	17000	24000
7002AC		32	9	10	17.4	29.6	0.3	5.95	3.25	17000	24000
7202C		35	11	8.9	20	30	0.6	8.68	4.62	16000	22000
7202AC		35	11	11.4	20	30	0.6	8.35	4.40	16000	22000
7003C	17	35	10	8.5	19.4	32.6	0.3	6.60	3.85	16000	22000
7003AC		35	10	11.1	19.4	32.6	0.3	6.30	3.68	16000	22000
7203C		40	12	9.9	22	35	0.6	10.8	5.95	15000	20000
7203AC		40	12	12.8	22	35	0.6	10.5	5.65	15000	20000
7004C	20	42	12	10.2	25	37	0.6	10.5	6.08	14000	19000
7004AC		42	12	13.2	25	37	0.6	10.0	5.78	14000	19000
7204C		47	14	11.5	26	41	1	14.5	8.22	13000	18000
7204AC		47	14	14.9	26	41	1	14.0	7.82	13000	18000
7204B		47	14	21.1	26	41	1	14.0	7.85	13000	18000
7005C	25	47	12	10.8	30	42	0.6	11.5	7.45	12000	17000
7005AC		47	12	14.4	30	42	0.6	11.2	7.08	12000	17000
7205C		52	15	12.7	31	46	1	16.5	10.5	11000	16000
7205AC		52	15	16.4	31	46	1	15.8	9.88	11000	16000
7205B		52	15	23.7	31	46	1	15.8	9.45	9500	14000
7305B		62	17	26.8	32	55	1	26.2	15.2	8500	12000
7006C	30	55	13	12.2	36	49	1	15.2	10.2	9500	14000
7006AC		55	13	16.4	36	49	1	14.5	9.85	9500	14000
7206C		62	16	14.2	36	56	1	23.0	15.0	9000	13000
7206AC		62	16	18.7	36	56	1	22.0	14.2	9000	13000
7206B		62	16	27.4	36	56	1	20.5	13.8	8500	12000
7306B		72	19	31.1	37	65	1	31.0	19.2	7500	10000

续表

轴承代号	基本尺寸			a	安装尺寸			基本额定载荷		极限转速	
70000C (AC，B) 型	d	D	B		d_a min	D_a max	r_a max	C_r	C_{or}	脂润滑	油润滑
—	mm			mm	mm			kN		r/min	
7007C	35	62	14	13.5	41	56	1	19.5	14.2	8500	12000
7007AC		62	14	18.3	41	56	1	18.5	13.5	8500	12000
7207C		72	17	15.7	42	65	1	30.5	20.0	8000	11000
7207AC		72	17	21	42	65	1	29.0	19.2	8000	11000
7207B		72	17	30.9	42	65	1	27.0	18.8	7500	10000
7307B		80	21	34.6	44	71	1.5	38.2	24.5	7000	9500
7008C	40	68	15	14.7	46	62	1	20.0	15.2	8000	11000
7008AC		68	15	20.1	46	62	1	19.0	14.5	8000	11000
7208C		80	18	17	47	73	1	36.8	25.8	7500	10000
7208AC		80	18	23	47	73	1	35.2	24.5	7500	10000
7208B		80	18	34.5	47	73	1	32.5	23.5	6700	9000
7308B		90	23	38.8	49	81	1.5	46.2	30.5	6300	8500
7408B		110	27	38.7	50	100	2	67.0	47.5	6000	8000
7009C	45	75	16	16	51	69	1	25.8	20.5	7500	10000
7009AC		75	16	21.9	51	69	1	25.8	19.5	7500	10000
7209C		85	19	18.2	52	78	1	38.5	28.5	6700	9000
7209AC		85	19	24.7	52	78	1	36.8	27.2	6700	9000
7209B		85	19	36.8	52	78	1	36.0	26.2	6300	8500
7309B		100	25	42.0	54	91	1.5	59.5	39.8	6000	8000
7010C	50	80	16	16.7	56	74	1	26.5	22.0	6700	9000
7010AC		80	16	23.2	56	74	1	25.2	21.0	6700	9000
7210C		90	20	19.4	57	83	1	42.8	32.0	6300	8500
7210AC		90	20	26.3	57	83	1	40.8	30.5	6300	8500
7210B		90	20	39.4	57	83	1	37.5	29.0	5600	7500
7310B		110	27	47.5	60	100	2	68.2	48.0	5000	6700
7410B		130	31	46.2	62	118	2.1	95.2	64.2	5000	6700
7011C	55	90	18	18.7	62	83	1	37.2	30.5	6000	8000
7011AC		90	18	25.9	62	83	1	35.2	29.2	6000	8000
7211C		100	21	20.9	64	91	1.5	52.8	40.5	5600	7500
7211AC		100	21	28.6	64	91	1.5	50.5	38.5	5600	7500
7211B		100	21	43	64	91	1.5	46.2	36.0	5300	7000
7311B		120	29	51.4	65	110	2	78.8	56.5	4500	6000
7012C	60	95	18	19.4	67	88	1	38.2	32.8	5600	7500
7012AC		95	18	27.1	67	88	1	36.2	31.5	5600	7500
7212C		110	22	22.4	69	101	1.5	61.0	48.5	5300	7000
7212AC		110	22	30.8	69	101	1.5	58.2	46.2	5300	7000
7212B		110	22	46.7	69	101	1.5	56.0	44.5	4800	6300
7312B		130	31	55.4	72	118	2.1	90.0	66.3	4300	5600
7412B		150	35	55.7	72	138	2.1	118	85.5	4300	5600
7013C	65	100	18	20.1	72	93	1	40.0	35.5	5300	7000
7013AC		100	18	28.2	72	93	1	38.0	33.8	5300	7000
7213C		120	23	24.2	74	111	1.5	69.8	55.2	4800	6300
7213AC		120	23	33.5	74	111	1.5	66.5	52.5	4800	6300
7213B		120	23	51.1	74	111	1.5	62.5	53.2	4300	5600
7313B		140	33	59.5	77	128	2.1	102	77.8	4000	5300

附表-6-3 推力球轴承（GB/T301—1995）

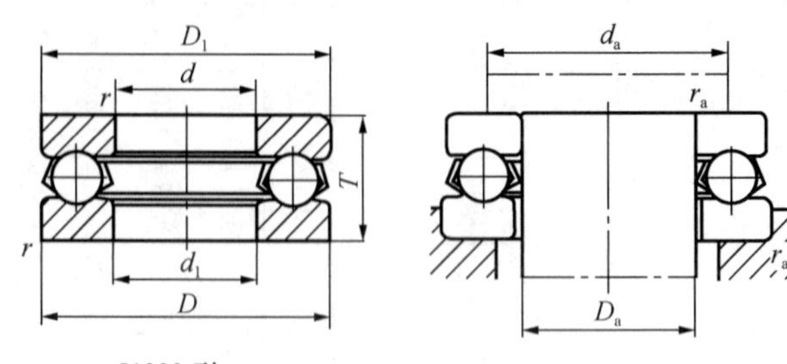

51000 型

轴承代号	基本尺寸			安装尺寸			基本额定载荷		最小载荷常数	极限转速	
51000 型	d	D	T	d_a min	D_a max	r_a max	C_r	C_{or}	A	脂润滑	油润滑
—	mm			mm			kN		—	r/min	
51100	10	24	9	18	16	0.3	10.0	14.0	0.001	6300	9000
51200		26	11	20	16	0.6	12.5	17.0	0.002	6000	8000
51101	12	26	9	20	18	0.3	10.2	15.2	0.001	6000	8500
51201		28	11	22	18	0.6	13.2	19.0	0.002	5300	7500
51102	15	28	9	23	20	0.3	10.5	16.8	0.002	5600	8000
51202		32	12	25	22	0.6	16.5	24.8	0.003	4800	6700
51103	17	30	9	25	22	0.3	10.8	18.2	0.002	5300	7500
51203		35	12	28	24	0.6	17.0	27.2	0.004	4500	6300
51104	20	35	10	29	26	0.3	14.2	24.5	0.004	4800	6700
51204		40	14	32	28	0.6	22.2	37.5	0.007	3800	5300
51304		47	18	36	31	1	35.0	55.8	0.016	3600	4500
51105	25	42	11	35	32	0.6	15.2	30.2	0.005	4300	6000
51205		47	15	38	34	0.6	27.8	50.5	0.013	3400	4800
51305		52	18	41	36	1	35.5	61.5	0.021	3000	4300
51405		60	24	46	39	1	55.5	89.2	0.044	2200	3400
51106	30	47	11	40	37	0.6	16.0	34.2	0.007	4000	5600
51206		52	16	43	39	0.6	28.0	54.2	0.016	3200	4500
51306		60	21	48	42	1	42.8	78.5	0.033	2400	3600
51406		70	28	54	46	1	72.5	125	0.082	1900	3000
51107	35	52	12	45	42	0.6	18.2	41.5	0.010	3800	5300
51207		62	18	51	46	1	39.2	78.2	0.033	2800	4000
51307		68	24	55	48	1	55.2	105	0.059	2000	3200
51407		80	32	62	53	1	86.8	155	0.13	1700	2600
51108	40	60	13	52	48	0.6	26.8	62.8	0.021	3400	4800
51208		68	19	57	51	1	47.0	98.2	0.050	2400	3600
51308		78	26	63	55	1	69.2	135	0.096	1900	3000
51408		90	36	70	60	1	112	205	0.22	1500	2200
51109	45	65	14	57	53	0.6	27.0	66.0	0.024	3200	4500
51209		73	20	62	56	1	47.8	105	0.059	2200	3400
51309		85	28	69	61	1	75.8	150	0.13	1700	2600
51409		100	39	78	67	1	140	262	0.36	1400	2000

附表-6-4 圆锥滚子轴承（GB/T297—1994）

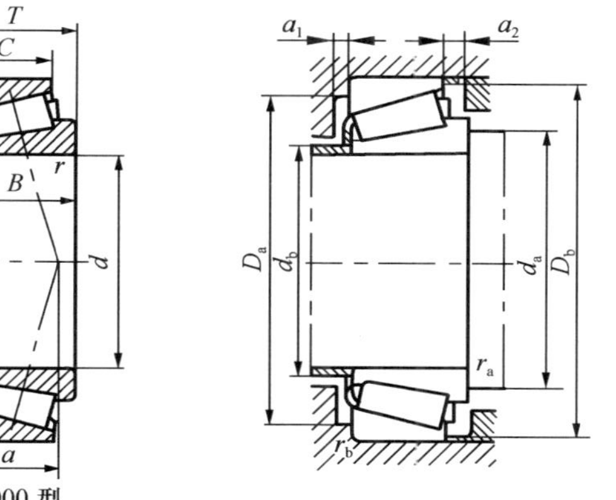

30000 型

轴承代号	基本尺寸					其他尺寸			安装尺寸									基本额定载荷		极限转速		质量	计算系数		
30000 型	d	D	T	B	C	a ≈	r min	r_1 min	d_a min	d_b max	D_a min	D_a max	D_b min	a_1 min	a_2 min	r_a max	r_b max	C_r	C_{or}	脂润滑	油润滑	W ≈	e	Y	Y_0
—	mm					mm			mm									kN		r/min		kg	—		
30302	15	42	14.25	13	11	9.6	1	1	21	22	36	36	38	2	3.5	1	1	22.8	21.5	9000	12000	0.094	0.29	2.1	1.2
30203	17	40	13.25	12	11	9.9	1	1	23	23	34	34	37	2	2.5	1	1	20.8	21.8	9000	12000	0.079	0.35	1.7	1
30303		47	15.25	14	12	10.4	1	1	23	25	40	41	43	3	3.5	1	1	28.2	27.2	8500	11000	0.129	0.29	2.1	1.2
32303		47	20.25	19	16	12.3	1	1	23	24	39	41	43	3	4.5	1	1	35.2	36.2	8500	11000	0.173	0.29	2.1	1.2
32904	20	37	12	12	9	8.2	0.3	0.3	—	—	—	—	—	—	—	0.3	0.3	13.2	17.5	9500	13000	0.056	0.32	1.9	1
32004		42	15	15	12	10.3	0.6	0.6	25	25	36	37	39	3	3	0.6	0.6	25.0	28.2	8500	11000	0.095	0.37	1.6	0.9
30204		47	15.25	14	12	11.2	1	1	26	27	40	41	43	2	3.5	1	1	28.2	30.5	8000	10000	0.126	0.35	1.7	1
30304		52	16.25	15	13	11.1	1.5	1.5	27	28	44	45	48	3	3.5	1.5	1.5	33.0	33.2	7500	9500	0.165	0.3	2	1.1
32304		52	22.25	21	18	13.6	1.5	1.5	27	26	43	45	48	3	4.5	1.5	1.5	42.8	46.2	7500	9500	0.230	0.3	2	1.1
329/22	22	40	12	12	9	8.5	0.3	0.3	—	—	—	—	—	—	—	0.3	0.3	15.0	20.0	8500	11000	0.065	0.32	1.9	1
320/22		44	15	15	11.5	10.8	0.6	0.6	27	27	38	39	41	3	3.5	0.6	0.6	26.0	30.2	8000	10000	0.100	0.40	1.5	0.8
32905	25	42	12	12	9	8.7	0.3	0.3	—	—	—	—	—	—	—	0.3	0.3	16.0	21.0	6300	10000	0.064	0.32	1.9	1
32005		47	15	15	11.5	11.6	0.6	0.6	30	30	40	42	44	3	3.5	0.6	0.6	28.0	34.0	7500	9500	0.11	0.43	1.4	0.8
33005		47	17	17	14	11.1	0.6	0.6	30	30	40	42	45	3	3	0.6	0.6	32.5	42.5	7500	9500	0.129	0.29	2.1	1.1
30205		52	16.25	15	13	12.5	1	1	31	31	44	46	48	2	3.5	1	1	32.2	37.0	7000	9000	0.154	0.37	1.6	0.9
33205		52	22	22	18	13.0	1.5	1.5	32	34	54	55	58	3	3.5	1.5	1.5	47.0	55.8	7000	9000	0.216	0.35	1.7	0.9
30305		62	18.25	17	15	20.1	1.5	1.5	32	31	47	55	59	3	5.5	1.5	1.5	46.8	48.0	6300	8000	0.263	0.3	2	1.1
31305		62	18.25	17	13	15.9	1.5	1.5	32	32	52	55	58	3	5.5	1.5	1.5	40.5	46.0	6300	8000	0.262	0.83	0.7	0.4
32305		62	25.25	24	20	14.0	1	1	31	30	43	46	49	4	4	1	1	61.5	68.8	6300	8000	0.368	0.3	2	1.1
329/28	28	45	12	12	9	9.0	0.3	0.3	—	—	—	—	—	—	—	0.3	0.3	16.8	22.8	7500	9500	0.069	0.32	1.9	1
320/28		52	16	16	12	12.6	1	1	34	33	45	46	49	3	4	1	1	31.5	40.5	6700	8500	0.142	0.43	1.4	0.8
332/28		58	24	24	19	15.0	1	1	34	33	49	52	55	4	5	1	1	58.0	68.2	6300	8000	0.286	0.34	1.8	1.0
32906	30	47	12	12	9	9.2	0.3	0.3	—	—	—	—	—	—	—	0.3	0.3	17.0	23.2	7000	9000	0.072	0.32	1.9	1
32006		55	17	17	13	13.3	1	1	36	35	48	49	52	3	4	1	1	35.8	46.8	6300	8000	0.170	0.43	1.4	0.8
33006		55	20	20	16	12.8	1	1	36	35	48	49	52	3	4	1	1	43.8	58.8	6300	8000	0.201	0.29	2.1	1.1
30206		62	17.25	16	14	13.8	1	1	36	37	53	56	58	2	3.5	1	1	43.2	50.5	6000	7500	0.231	0.37	1.6	0.9
32206		62	21.25	20	17	15.6	1	1	36	36	52	56	58	3	4.5	1	1	51.8	63.8	6000	7500	0.287	0.37	1.6	0.9
33206		62	25	25	19.5	15.7	1	1	36	36	53	56	59	5	5.5	1	1	63.8	75.5	6000	7500	0.342	0.34	1.8	1
30306		72	20.75	19	16	15.3	1.5	1.5	37	40	62	65	66	3	5	1.5	1.5	59.0	63.0	5600	7000	0.387	0.31	1.9	1.1
31306		72	20.75	19	14	23.1	1.5	1.5	37	37	55	65	68	3	7	1.5	1.5	52.5	60.5	5600	7000	0.392	0.83	0.7	0.4
32306		72	28.75	17	23	18.9	1.5	1.5	37	38	59	65	66	4	6	1.5	1.5	81.5	96.5	5600	7000	0.562	0.31	1.9	1.1
329/32	32	52	14	15	10	10.2	0.6	0.6	37	37	46	47	49	3	4	0.6	0.6	23.8	32.5	6300	8000	0.106	0.32	1.9	1
320/32		58	17	17	13	14.0	1	1	38	38	50	52	55	3	4	1	1	36.5	49.2	6000	7500	0.187	0.45	1.3	0.7
332/32		65	26	26	20.5	16.6	1	1	38	38	55	59	62	5	5.5	1	1	68.8	82.2	5600	7000	0.385	0.35	1.7	1

参考文献

[1] GB/T2822—2005 标准尺寸．北京：中国标准化出版社，2005.

[2] GB/T1800.1—2009 产品几何技术规范（GPS）极限与配合 第1部分：公差、偏差和配合的基础．北京：中国标准化出版社，2009.

[3] GB/T1800.2—2009 产品几何技术规范（GPS）极限与配合 第2部分：标准公差等级和孔、轴极限偏差表．北京：中国标准化出版社，2009.

[4] GB/T1801—2009 产品几何技术规范（GPS）极限与配合 公差带和配合的选择．北京：中国标准化出版社，2009.

[5] GB/T1804—2000 一般公差 未注公差的线性和角度尺寸公差．北京：中国标准化出版社，2000.

[6] GB/T1182—2008 产品几何技术规范（GPS）几何公差 形状、方向、位置和跳动公差标注．北京：中国标准化出版社，2008.

[7] GB/T3505—2009 产品几何技术规范（GPS）表面结构 轮廓法术语、定义及表面结构参数．北京：中国标准化出版社，2009.

[8] GB/T131—2006 产品几何技术规范（GPS）技术产品文件中表面结构的表示法．北京：中国标准化出版社，2007.

[9] GB/T196—2003 普通螺纹．北京：中国标准化出版社，2003.

[10] GB/T197—2003 普通螺纹 公差．北京：中国标准化出版社，2004.

[11] GB/T276—1994 滚动轴承尺寸及性能参数．北京：中国标准化出版社，1994.

[12] GB/T307.1—1994 滚动轴承 向心轴承 公差．北京：中国标准化出版社，1994.

[13] GB/T10095.1—2008 圆柱齿轮 精度制 第1部分：轮齿同侧齿面偏差的定义和允许值．北京：中国标准化出版社，2008.

[14] GB/T10095.2—2008 圆柱齿轮 精度制 第2部分：径向综合偏差与径向跳动的定义和允许值．北京：中国标准化出版社，2008.

[15] GB/Z18620.1～4—2008 圆柱齿轮 检验实施规范．北京：中国标准化出版社，2008.

[16] GB/2363—1990 小模数渐开线圆柱齿轮精度．北京：中国标准化出版社，1991.